国家一流专业建设系列教材

中级财务会计

杜国良 邓敏 ◎ 主　编

肖丽 ◎ 副主编

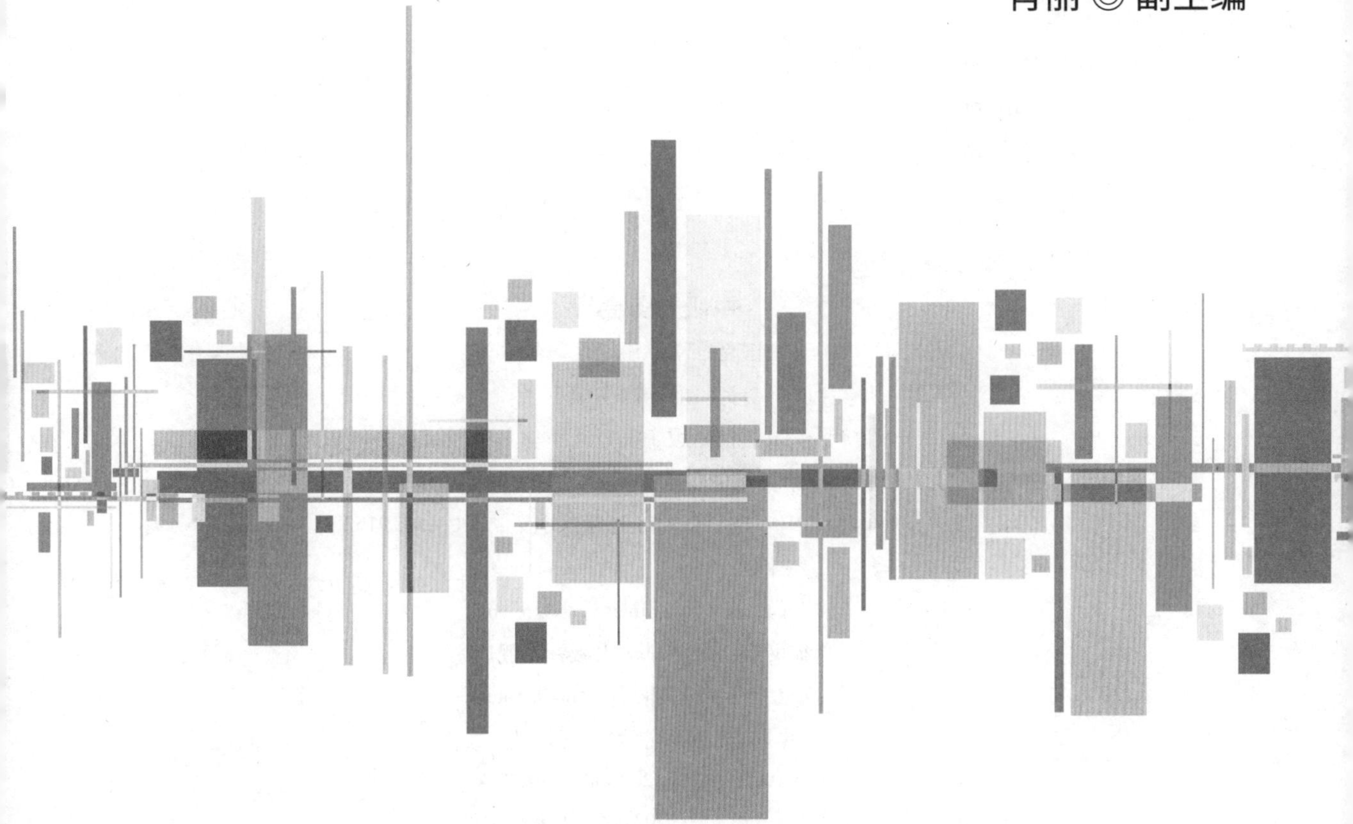

中国财经出版传媒集团

经济科学出版社
Economic Science Press

·北京·

图书在版编目（CIP）数据

中级财务会计／杜国良，邓敏主编．——北京：经济科学出版社，2024.3
国家一流专业建设系列教材
ISBN 978-7-5218-5641-5

Ⅰ.①中… Ⅱ.①杜…②邓… Ⅲ.①财务会计 - 高等学校 - 教材 Ⅳ.①F234.4

中国国家版本馆 CIP 数据核字（2024）第 048133 号

责任编辑：凌　敏　侯晓霞
责任校对：郑淑艳
责任印制：张佳裕

中级财务会计

杜国良　邓　敏　主编
肖　丽　副主编

经济科学出版社出版、发行　新华书店经销
社址：北京市海淀区阜成路甲 28 号　邮编：100142
教材分社电话：010-88191343　发行部电话：010-88191522
网址：www.esp.com.cn
电子邮箱：lingmin@esp.com.cn
天猫网店：经济科学出版社旗舰店
网址：http://jjkxcbs.tmall.com
北京密兴印刷有限公司印装
787×1092　16 开　26 印张　530000 字
2024 年 3 月第 1 版　2024 年 3 月第 1 次印刷
ISBN 978-7-5218-5641-5　定价：78.00 元
（图书出现印装问题，本社负责调换。电话：010-88191545）
（版权所有　侵权必究　打击盗版　举报热线：010-88191661
QQ：2242791300　营销中心电话：010-88191537
电子邮箱：dbts@esp.com.cn）

总 序

  武汉纺织大学会计学院是学校重点建设的特色学院,是中国会计学会理事单位、湖北省会计学会副会长单位、湖北省纺织产业发展研究会秘书依托单位、湖北省建设工程标准定额管理总站重点联系单位,与英国特许会计师公会、美国注册管理会计师协会联合开展本科及硕士阶段教育。学院以人才培养为中心,遵循"勇担当、精理论、重实践、能创新"的人才培养理念,立足湖北,面向华中地区,培养既具备扎实专业理论知识和实务技能,又具备国际视野和企业财务分析、财务管理与决策能力的高素质应用型创新人才,致力于将会计学、财务管理专业建设成"中部引领、国内示范"的高质量本科品牌专业。自2020年以来,会计学、财务管理专业先后获批国家一流本科专业建设点,2021年获批教育部首批新文科建设项目。近年来,学院凝练出的教学成果先后获湖北省教学成果一等奖2项。

  树立成果导向的教育理念,培养高素质应用型人才已经成为国内外高等教育改革的主流。在会计高等教育改革中,教材体系是否能够科学完整地反映出会计、财务管理学科中各主要分支学科之间相互联系、相互制约的特点,能否适应国内外会计学科的发展现状与未来趋势显得尤为重要。为及时反映与跟踪国内外会计、财务管理领域出现的重大变化,武汉纺织大学会计学院组织业务能力强、教学实践经验丰富的教师团队撰写了本套"国家一流专业建设系列教材"。该套教材包括《会计学原理》《中级财务会计》《财务管理》《管理会计学》《高级财务管理》《成本会计》《会计信息系统》《审计学》《税务会计实务》等专业主干课程的教科书。

  本套系列教材具有以下特点:

  一是科学性。本套系列教材以马克思主义经济学及现代管理学为指导,在深入阐明会计、财务管理等学科基本理论的基础上,展开对企业等经济活动主体具体业务的探讨。尤其是在阐明各种会计方法、技术和手段时,既注重从理论上进行解释,也注重案例分析与实务操作。

  二是系统性。本套系列教材立足对企业经营活动作逻辑性的系统处理,对课程及教材之间的相关性进行充分论证,最大限度降低教材之间的重叠,较好实现了教材内容之间的合理划分与关联性对接。

  三是实用性。本套系列教材在力求构建理论框架的同时,紧贴当代经济活动,着重通过实例对专业知识点进行阐述,以方便学生理解、掌握或应用,体现出鲜明的时代特征。

四是前瞻性。本套系列教材在一定程度上把握住了精品教材的创新力度，对相关原理的引入，吸收了会计、财务管理及相关交叉领域前沿的学术研究成果。

本套系列教材适用于普通高等学校的会计和财务管理专业教育，也可作为财会实务工作者的学习参考用书。我相信这套教材不仅将受到会计专业学生的欢迎，而且也能得到实际工作部门的好评，成为实际工作者的必读参考书。

李青原

教育部"长江学者奖励计划"特聘教授（2021）

2023 年 11 月

前 言

《中级财务会计》是武汉纺织大学会计学院编写的会计系列教材之一，是在掌握了《基础会计》课程的基本原理、基本方法的基础上进行深入学习的一门专业课程，也是会计学专业后续核心课程的基础。因此，本教材旨在承前启后，使其成为会计学专业核心课程的一座桥梁。本教材适用于会计学专业本科生教学，同时也可供企业经济管理人员，尤其是会计人员培训和自学之用。

本教材充分体现了我国企业会计准则理论的深度与广度，紧扣会计实务工作，运用财务会计理论指导会计实践。在编写过程中，本教材遵循我国财政部2006年发布的《企业会计准则》以及截至2023年底财政部新修订和新发布的《企业会计准则》《企业会计准则解释公告》，结合我国会计实务工作，全面阐述了企业财务会计的基本理论和方法。运用企业各项经济业务，通俗易懂地阐释了会计理论，尤其是《企业会计准则》的具体含义。在对教材内容谋篇布局时，依据我国会计准则体系，对总论、六大会计要素和财务报告等方面均作了较为全面的梳理、补充和完善，使其更加完整、准确。此外，为顺应OBE培养目标的导向和课程改革的要求，作者团队对该教材的思想政治教育元素进行了积极的探索和挖掘，将思政教育融入专业教育之中，丰富了教学内容，让会计学科内容更具深度。同时，教材强调了主动学习和创新的重要性，旨在激发学生的主动学习意识，培养学生的创新精神。

本教材在每一章的最后均附有思考与练习，便于读者学完每一章后复习、巩固所学内容。本书在编写的过程中突出了以下特点：

第一，课程思政与课程内容有机结合。本教材根据每一章的内容，提出了与该章内容密切相关的课程思政目标。既改变了以往财务会计教材只注重专业知识解读，忽略课程思政内容的做法，又改变了专业课教师不知道如何在专业教学中融入课程思政的困惑，使得课程思政很好地嵌入专业内容。

第二，体现最新会计理论规定与实务要求。本教材的理论部分涵盖了最新的《企业会计准则》规定和《企业会计准则解释公告》，实务部分的案例资料取自于我国上市公司近年发生的业务，理论与实务内容均体现了新颖性。

第三，信息技术的引入，使教材内容立体化。本教材以二维码的形式加入知识点，扩展了教学资源，使本教材的内容更加立体化。同时，在每一章的最后，还植入了思考与练习答案的二维码。学习者可以通过手机等智能设备扫一扫，在线获取答案，便于学习者检测学习过程中基本知识点的掌握情况。

本教材共分十三章。第一章主要介绍财务会计的一些基本概念、原理和基本理论；第二章至第十二章主要介绍资产、负债、所有者权益、收入、费用、利润六要素的有关理论和核算方法；第十三章主要介绍财务报告的有关内容、格式及编制方法。

本书在编写过程中，得到了经济科学出版社领导及编辑的大力支持和热心帮助，同时许多同行和读者也给本书提出了宝贵的意见，在此一并表示衷心的感谢。

本书由武汉纺织大学杜国良教授和邓敏副教授主编，负责全书写作大纲的拟订和编写的组织工作，并对全书进行了总纂。具体编写分工如下：第一章由杜国良教授撰写；第二章由邓敏副教授撰写；第三章由刘晓霞副教授撰写；第四章由漆俊美讲师撰写；第五章由解国芳副教授撰写；第六章由李冬冬讲师撰写；第七章由吴琛讲师撰写；第八章由刘容霞讲师撰写；第九章由曾洁琼教授撰写；第十章由尹朝晖副教授撰写；第十一章由程芙蓉副教授撰写；第十二章由肖丽教授和吴莎讲师撰写；第十三章由汪四新讲师撰写。

由于编者的水平有限，加上编写时间仓促，书中难免有疏漏之处，恳请广大读者和同行提出宝贵意见，以便修订、再版时更正。

编　者

2024 年 2 月

目 录

第一章 总论 ……………………………………………………………… 001
 第一节 财务会计概述 ……………………………………………… 001
 第二节 会计基本假设和会计要素 ………………………………… 004
 第三节 会计确认和计量 …………………………………………… 010
 第四节 会计的信息质量要求 ……………………………………… 013
 第五节 会计准则和会计制度 ……………………………………… 017
 思考与练习 …………………………………………………………… 020

第二章 货币资金与应收款项 ………………………………………… 022
 第一节 货币资金 …………………………………………………… 022
 第二节 应收款项 …………………………………………………… 035
 思考与练习 …………………………………………………………… 050

第三章 存货 …………………………………………………………… 052
 第一节 存货概述 …………………………………………………… 052
 第二节 存货的初始计量 …………………………………………… 054
 第三节 发出存货的计量 …………………………………………… 068
 第四节 存货的期末计量 …………………………………………… 078
 第五节 存货的清查 ………………………………………………… 085
 思考与练习 …………………………………………………………… 088

第四章 金融资产 ……………………………………………………… 093
 第一节 金融资产概述 ……………………………………………… 093
 第二节 以摊余成本计量的金融资产 ……………………………… 094

第三节　以公允价值计量且其变动计入其他综合收益的金融资产 …………… 100
　　第四节　以公允价值计量且其变动计入当期损益的金融资产 ……………… 108
　　第五节　金融资产的重分类 …………………………………………………… 112
　　思考与练习 ……………………………………………………………………… 117

第五章　长期股权投资 …………………………………………………………… 121
　　第一节　长期股权投资概述 …………………………………………………… 121
　　第二节　长期股权投资的初始计量 …………………………………………… 124
　　第三节　长期股权投资的后续计量 …………………………………………… 130
　　第四节　长期股权投资核算方法的转换 ……………………………………… 139
　　第五节　长期股权投资的减值与处置 ………………………………………… 147
　　思考与练习 ……………………………………………………………………… 149

第六章　固定资产 ………………………………………………………………… 154
　　第一节　固定资产概述 ………………………………………………………… 154
　　第二节　固定资产的初始计量 ………………………………………………… 157
　　第三节　固定资产的后续计量 ………………………………………………… 166
　　第四节　固定资产的处置 ……………………………………………………… 175
　　第五节　固定资产减值 ………………………………………………………… 182
　　思考与练习 ……………………………………………………………………… 184

第七章　无形资产 ………………………………………………………………… 187
　　第一节　无形资产概述 ………………………………………………………… 187
　　第二节　无形资产的初始计量 ………………………………………………… 189
　　第三节　无形资产的后续计量 ………………………………………………… 193
　　第四节　无形资产的处置 ……………………………………………………… 195
　　第五节　无形资产的减值 ……………………………………………………… 197
　　思考与练习 ……………………………………………………………………… 198

第八章　投资性房地产 …………………………………………………………… 201
　　第一节　投资性房地产概述 …………………………………………………… 201
　　第二节　投资性房地产的初始计量 …………………………………………… 203

第三节 投资性房地产的后续计量 ... 206
第四节 投资性房地产的转换 ... 209
第五节 投资性房地产的处置 ... 214
思考与练习 ... 216

第九章 流动负债 ... 220
第一节 流动负债概述 ... 220
第二节 短期借款 ... 222
第三节 应付票据和应付账款 ... 225
第四节 应付职工薪酬 ... 228
第五节 应交税费 ... 238
第六节 其他流动负债 ... 250
思考与练习 ... 252

第十章 非流动负债 ... 254
第一节 非流动负债概述 ... 254
第二节 长期借款 ... 255
第三节 应付债券 ... 257
第四节 其他非流动负债 ... 261
思考与练习 ... 262

第十一章 所有者权益 ... 265
第一节 所有者权益概述 ... 265
第二节 实收资本与其他权益工具 ... 266
第三节 资本公积与其他综合收益 ... 271
第四节 留存收益 ... 276
思考与练习 ... 282

第十二章 收入、费用和利润 ... 287
第一节 收入 ... 287
第二节 费用 ... 327
第三节 利润 ... 341

思考与练习 ·· 348

第十三章　财务报告 ·· 353
 第一节　财务报告概述 ··· 353
 第二节　资产负债表 ··· 357
 第三节　利润表 ··· 364
 第四节　现金流量表 ··· 371
 第五节　所有者权益变动表 ··· 390
 第六节　会计报表附注 ··· 394
 思考与练习 ·· 398

参考文献 ·· 403

第一章 总　　论

[**学习目标**]

通过本章的学习，了解财务会计的特征；重点掌握会计的基本假设和会计的基本要素、财务会计的确认和计量，以及财务会计的信息质量要求；理解会计准则和会计制度。

[**思政目标**]

"诚者，天之道也；思诚者，人之道也。"诚信是立人之本，无信而不立。2001年4月16日，时任国务院总理朱镕基给国家会计学院题写了校训——"诚信为本，操守为重，坚持准则，不做假账"，这一校训是社会经济发展的精神内核，更是全体会计人的价值追求。我们一定要自觉践行社会主义核心价值观，严格遵守会计职业道德，坚决不做假账。

第一节　财务会计概述

一、财务会计的概念与特征

财务会计是现代企业会计的一个重要分支，它与管理会计相对称，是传统会计的继承与发展。财务会计通过采用簿记的方法体系，以会计原则为指导，遵循会计准则和会计制度的要求，采用既定程序和方法，对过去、现在所发生的经济活动，进行确认、计量、报告，对企业的资金运动进行反映和控制，旨在为企业及以外的信息使用者提供所需要的会计信息。财务会计相对于管理会计而言，具有以下几个主要特征：

（一）以计量和传递会计信息为主要目标

不同于管理会计的目标，财务会计的主要目标是向企业的投资者、债权人、政府部门，以及社会公众提供会计信息。从信息的使用者来看，主要是与企业经济利益相关的投资者、潜在的投资者、债权人、主管机关、财税部门及其他有关方面的政府部门以及社会公众，但它同样为企业内部经营管理服务。从信息的性质来看，主要反映企业的整体情况，并着重历史信息。从信息的来源和用途来看，通过企业经济活动所产生的经济信息，了解企业的财务状况和经营成果。

（二）以会计报告为工作核心

财务会计作为一个会计信息系统，是以会计报告为主的最终成果。各项会计要素的数据转换为有助于会计决策的会计信息，最终是通过会计报告呈现出来的。现代财务会计所编制的报表是以公认的会计原则为指导而编制的通用报表。现代财务会计将报表的编制放在突出位置，所以财务会计的工作核心是会计报告。

（三）以传统会计模式作为数据处理和信息加工的基本方法

为了提供会计报表，财务会计要熟练运用信息加工处理的方法。传统的会计模式是历史成本模式，是依据复式记账系统，以权责发生制为基础，遵循历史成本原则，为财务会计提供的一种处理方法。

（四）以公认会计原则为基本原理和准则

公认会计原则是指导财务会计工作的基本原理和准则，是组织会计活动、处理会计业务的规范。财务会计提供的数据与信息，具有相对的精确性。由于市场经济是动态变化的，无论是企业与企业之间发生的交易，还是在企业内部发生的事项都带有不同程度的不确定性。因此，会计人员要在公认会计原则所允许的范围内进行合理的估计、判断和选择。

二、财务会计的目标

财务会计目标也称财务报告目标，是指人们通过会计活动所期望达到的目的或境界，即最终应该向一系列信息使用者提供有助于作出决策的各种会计信息。许多国家将其作为财务会计概念框架的逻辑起点，也是我国企业会计基本准则的最高层次。综观会计理论界对财务会计目标的研究，归纳起来主要有两种观点：受托责任观和决策有用观。

受托责任观认为，会计的目标就是以适当的方式有效反映企业管理当局（受托人）受托责任及其履行情况，会计应向所有者（委托人）报告受托人的经营活动及成果，以有助于所有者评价企业的经营业绩。而受托人的责任履行情况，往往通过财务报告进行反映，故财务报告成为受托人和委托人之间连接的纽带。

决策有用观认为，会计目标在于向信息使用者提供有助于经济决策的数量化信息。随着资本市场和股份制经济的发展，投资者及外部信息使用者更加关注公司在资本市场的价值及风险，会计信息的使用者对会计信息的需求也产生了变化。决策有用观更强调会计信息的相关性，即要求信息具有预测价值、反馈价值和及时性，更关注与企业未来现金流量有关的信息。

受托责任观和决策有用观各有侧重，并不矛盾。一方面，财务报表既可以提供会计信息满足信息使用者作出决策的需要；另一方面也可以反映企业管理层受托责任的履行情况。因此，包括我国在内的许多国家均采用了双重目标，我国《企业会计准则——基本准则》明确规定，财务会计报告的目标是向财务会计报告使用者提供与企业财务状况、经营成果和现金流量等有关的会计信息，反映企业管理层受托责任履行情况，有助于财务会计报告使用者作出经济决策。

三、财务会计信息的使用者

财务会计信息需求来自企业外部和内部两个方面，它们分别是会计信息的外部使用者和内部使用者。

（一）会计信息的外部使用者

会计信息的外部使用者主要是外部与企业有经济利害关系的企业外部人员，具体包括：

1. 投资者。现有的投资者通过了解企业的会计信息，分析企业的经营情况，以此作出追加或撤回投资的决策。潜在的投资者通过了解企业的会计信息，对企业过去的变化和现有状况分析来预测企业的未来前景，从而判断该企业是否值得投资。

2. 债权人。债权人将资金借给企业，非常看重企业的信誉、偿债能力以及公司未来的发展前景，债权人通过对企业会计信息的了解，可以决定是否扩大对企业的信贷规模或尽快收回发放给企业的贷款。债权人需要的有关借贷业务的常规信息，是通过与借款单位的会计信息交换得来的。

3. 政府及管理机构。政府的许多机关和管理机构都需要有关企业的信息。例如，国家的税收征管是以财务会计数据为基础的，税务机关需要企业有关利润和资源配置等信息，以制定和实施相应的税收政策；银行及保险监管法规的制定与实施也需要企业提供财务信息。许多政府部门及管理机构都需要会计信息进行协助。

4. 顾客。在市场经济体制下，企业的顾客可以说是最重要的外部利益集团。顾客对于信息的需要包括有关企业及其产品的信息，例如，价格、性能、企业信誉、企业商业信用方面的政策、可得到的折扣额、支付的到期日等。这些常规信息一般也是由会计系统提供。

5. 供应商。企业的生产经营活动需要采购较多的原材料、半成品等，供应商通过了解企业经营稳定性、信用状况以及支付能力信息，可以决定对企业销货是采取现销方式还是赊销方式。

（二）会计信息的内部使用者

为了履行职责，一个企业组织的各级管理部门都需要信息，不论是完成企业整体目标的最高管理部门，还是完成具体目标的某个管理部门。管理部门收到并利用这些信息作出有关决策；而管理部门的决策又反过来影响企业组织内部的经营管理，包括对会计信息的影响。另外，企业内部的员工也要使用会计信息。会计信息的使用者包括董事会、首席执行官（CEO）、首席财务官（CFO），以及其他企业经营的管理者。每位员工使用会计信息的目标不同，但宗旨是一样的，旨在制定战略，完成既定的经营目标。

第二节 会计基本假设和会计要素

一、会计基本假设

会计工作所处的经济环境十分复杂，受到很多不确定因素的影响，会计人员在会计核算过程中，面对这些复杂的经济环境，就需要作出一些合理的假设。即对会计核算所处时间、空间环境等所作的合理设定，是企业会计确认、计量和报告的前提。会计假设虽然有人为假定的一面，但是并不因此影响其客观性。事实上，作为进行会计活动的必要前提条件，会计假设是会计人员在长期的会计实践中逐步认识、总结而形成的。离开了会计假设，会计活动就失去了确认、计量、记录、报告的基础，会计工作就会陷入混乱甚至难以进行。会计的基本假设通常包括四个。

（一）会计主体

会计主体也称会计实体，是指会计工作服务的特定单位。会计主体假设规范了会计核算的空间范围。会计核算、监督应以会计主体本身发生的交易或事项进行会计确认、计量和报告。会计主体可以是一个特定的企业，也可以是一个企业的某一特定部门，也可以是若干家企业控股组成的集团公司等。会计主体的目的是向财务报告使用者反映企业财务状况、经营成果和现金流量，提供与其决策有用的信息。只有会计核算和财务报告的编制集中于反映特定对象的活动，并将其与其他经济实体区别开来，才能实现财务报告的目标。

会计主体应明确以下几个方面：

首先，明确会计主体，才能划定会计所要处理的各项交易或事项的范围。在会计工作中，只有那些影响企业本身经济利益的各项交易或事项才能加以确认、计量和报告；那些不影响企业本身经济利益的各项交易或事项则不能加以确认、计量和报告。明确会计主体，就是明确为谁核算、核算谁的经济业务。为了正确计量和确认资产、负债和所有者权益，以及企业的收益，必须以会计为之服务的特定实体的权利义务为界限，相对独立于其他实体。

其次，明确会计主体，才能将会计主体的经济活动与会计主体所有者的经济活动区分开来。例如，所有者的经济活动是属于企业所有者主体所发生的，不应纳入企业会计核算的范围，但是企业所有者投入到企业的资本或者企业向所有者分配的利润，则属于企业主体所发生的交易或者事项，应当纳入企业会计核算的范围。

最后，会计主体不同于法律主体。一般来说，法律主体必然是一个会计主体。例如，一个企业作为一个法律主体，应当建立财务会计系统，独立反映其财务状况、经营成果和现金流量。但是，会计主体不一定是法律主体。某母公司拥有10家子公司，母子公司均属于不同的法律主体，但母公司对子公司拥有控制权，为了全面反映由母子公司组成的企业集团整体的财务状况、经营成果和现金流量，就需要将企业集团作为一个会计主体，编制合并财务报表。

（二）持续经营

持续经营，是指会计主体的生产经营活动将无期限持续下去，在可以预见的将来不会面临破产进行清算。

面对现实中复杂的经济环境，企业的经营活动存在着不确定性，不同的可能性决定了企业采用不同的方法进行核算。但为了使会计核算中使用的账务处理方法保持稳定，保证会计信息系统加工、处理和提取会计信息的稳定，保证企业会计记录和会计报表的真实可靠，《企业会计准则》规定，会计核算应以企业持续、正常的生产经营活动为前提。也就是说，应当立足于企业持续经营的基础上。只有设定企业是持续经营的，才能进行正确的账务处理。例如，如果判断企业会持续经营，就可以假定企业的固定资产会在持续经营的生产经营过程中长期发挥作用，并服务于生产经营过程，固定资产就可以根据历史成本进行记录，并采用折旧的方法，将历史成本分摊到各个会计期间或相关产品的成本中。如果判断企业不会持续经营，固定资产就不应采用历史成本进行记录并按期计提折旧。

但是，当有确凿证据（通常是破产公告的发布）证明企业已经不能持续经营下去，该假设会自动失效，此时企业将由清算小组接管，会计核算方法随即改为破产清算会计。

（三）会计分期

会计分期是对持续经营假设的补充，是指将一个企业持续经营的生产经营活动划分为一个个连续的、长短相同的期间，据以结算盈亏，按期编制报财务报告，从而及时向财务报告使用者提供有关企业财务状况、经营成果和现金流量的信息。

明确会计分期假设意义重大。在持续经营的假设下，会计人员提供的会计信息，当开始和结束的划分无法明确时，若等到企业的经营活动全部结束再进行盈亏核算和编制报告，显然是不实际的。所以，只有划分会计期间，才能结算盈亏和编制报告，才产生当期与以前期间、以后期间的差别，也才使不同类型的会计主体有了记账的基准，进而出现折旧、摊销等账务处理方法。

会计分期的划分可以采用公历年度、营业周期两种方式。最常见的会计期间是一年，以一年确定的会计期间称为会计年度，按年度编制的财务报告也称为年报。我国的会计年度采用公历年度，其起讫日期自公历的 1 月 1 日至 12 月 31 日止。此外，会计期间通常具体划分为年度和中期。中期，是指短于一个完整会计年度的报告期间。半年度、季度和月度均称为会计中期。

（四）货币计量

货币计量是指会计主体在财务会计确认、计量和报告时，以货币计量反映会计主体的生产经营活动。企业在日常的经营活动中，经济活动是多种多样、错综复杂的，而记录经济活动的方式有很多种，例如，实物量度、工时量度和货币量度等。为了实现会计目的，必须综合反映会计主体的各项经济活动，这就要求有一个统一的计量尺度，而以价值形式的表示最为适当。因此，需要货币这样一个统一的量度。这是由货币的本身属性决定的：货币是商品的一般等价物，是衡量一般商品价值的共同尺度，具有价值尺度、流通手段、贮藏手段和支付手段等特点。其他计量单位，例如，重量、长度、容积、台、件等，只能从一个侧面反映企业的生产经营情况，无法在总量上进行汇总和比较，不便于会计计量和经营管理，只有选择货币尺度进行计量才能充分反映企业的生产经营情况。所以，《企业会计准则》规定会计核算应以人民币为记账本位币。

二、会计要素

会计要素是对会计对象所作的基本分类，是编制财务报告的依据，也是进行确认和计量的依据。会计要素按其性质分类，可以分为反映企业财务状况的会计要素和反映企业经营成果的会计要素。反映财务状况的会计要素包括资产、负债、所有者权益（股东权益）；反映企业经营成果的会计要素包括收入、费用（成本）和利润。会计要素是会计对象的具体化，是会计基本理论研究的基石，更是会计准则建设的核心。

（一）反映财务状况的会计要素

会计通过资产、负债、所有者权益三个静态要素来反映某个特定日期企业的财务状况，其量的表示为：资产＝负债＋所有者权益。

1. 资产。资产是指企业过去的交易或者事项形成的，由企业拥有或者控制的，预期会给企业带来经济利益的资源。根据资产的定义，资产具有以下三个特征：

（1）资产是由企业过去的交易或者事项形成的。换言之，资产必须是现实资产，而不是预期在未来发生的交易或者事项形成的，即预期的资产。资产是由过去已经发生的交易或者事项所产生的结果，这包括购买、生产、建造行为或其他交易和事项。

（2）资产是由企业拥有或者控制的资源。一般来说，企业拥有产权的经济资源才能够确认为资产。例如，企业购买的机器设备，产权归企业所有，且该机器设备能够为企业带来经济利益，可以确认为资产；反之一些特殊形式的资产，如融资租入的设备，企业并不具有其所有权，但是由于租赁合同中条款规定的租期相当长，接近于该资产的使用寿命，到租期结束时承租企业有优先购得这些资产的权利，在租期内企业有权支配资产，并从中受益，所以融资租入设备应当视为企业的资产（使用权资产）。

（3）资产预期会给企业带来经济利益。即资产直接或间接导致现金或现金等价物流入企业的潜力。这种潜力可以来自企业日常的生产经营活动，也可以是非日常活动，例如，货币资金购买的厂房设备、原料，制造商品或提供劳务，出售后收回货款，货款即为企业所获得的经济利益。同样也可以是减少现金或现金等价物流出的形式。但如果某一项目预期不能给企业带来经济利益，就不能将其确认为企业的资产，前期已经确认为资产的项目，如果不能再为企业带来经济利益，也不能再将其确认为企业的资产。

按照我国的《企业会计准则》，符合上述资产定义的资源，还要在同时满足以下条件时，才能确认为资产：第一，与该资源有关的经济利益很可能流入企业。第二，该资源的成本或者价值能够可靠地计量。符合资产定义和资产确认条件的项目，应当列入资产负债表；符合资产定义但不符合资产确认条件的项目，不应当列入资产负债表。

资产按其流动性可以分为流动资产和非流动资产。流动资产是指可以在一年内或者超过一年的一个营业周期内变现或者耗用的资产，包括现金、银行存款、短期投资、应收及预付款项、待摊费用、存货等。非流动资产是指在一年或超过一年的一个营业周期以上变现或耗用的资产，主要包括债权投资、长期股权投资、其他债权投资、其他权益工具投资、固定资产、在建工程、工程物资、无形资产、商誉和投资性房地产等。

2. 负债。负债是指企业过去的交易或者事项形成的，预期会导致经济利益流出企业的现时义务。负债具有如下基本特点：

（1）负债是企业过去的交易或者事项形成的。企业通过已经完成的交易或者已经发生的事项形成的现时义务，可以确认为负债。例如，企业已经收到机器设备，但尚未支付货款，是已经承担的债务，可以确认为负债；反之，如果企业已经签订合同，未来在购入机器设备时支付货款,则该项交易尚未实际发生,不能确认为负债。

(2) 负债是很可能导致经济利益流出企业的现时义务。无论负债以何种形式出现,其作为一种现时义务,最终的履行预期均会导致经济利益流出企业。具体表现为交付资产、提供劳务、将一部分股权转让给债权人等。

(3) 负债是企业承担的现时义务。例如,银行借款是因为企业接受了银行贷款形成的,如果没有接受贷款就不会发生银行借款这项负债。反之,未来发生的交易或者事项形成的义务,不属于现时义务,不应当确认为负债。例如,企业与供应商签订了一项购货合同,尚未收到货物且未支付款项,则这项义务属于潜在义务,不属于现时义务,不应确认负债。

将一项现时义务确认为负债,除应符合负债的定义外,还要同时满足两个条件:第一,与该义务有关的经济利益很可能流出企业。第二,未来流出的经济利益的金额能够可靠地计量。符合负债定义和负债确认条件的项目,应当列入资产负债表;符合负债定义但不符合负债确认条件的项目,不应当列入资产负债表。

负债按偿还期间的长短,分为流动负债和非流动负债。流动负债是指将在一年或超过一年的一个营业周期内偿还的债务,主要包括短期借款、应付票据、应付账款、预收账款、应付职工薪酬、应交税费、应付利润、其他应付款等。非流动负债是指偿还期在一年以上或长于一年的一个营业周期以上的债务,主要有长期借款、应付债券、长期应付款等。

3. 所有者权益。所有者权益,是指企业资产扣除负债后,由所有者享有的剩余权益。公司的所有者权益又称为股东权益。所有者权益的来源包括所有者投入的资本、直接计入所有者权益的利得和损失、留存收益等。

(1) 所有者投入的资本,是指所有者投入企业的资本部分,它既包括构成企业注册资本或者股本的金额,也包括投入资本超过注册资本或股本部分的金额,即资本溢价或股本溢价,这部分投入资本作为资本公积(资本溢价)反映。

(2) 直接计入所有者权益的利得和损失,是指企业非日常经营活动发生的不计入当期损益的利得或损失,称为其他综合收益。

(3) 留存收益,是指企业从历年实现的利润中提取或形成的留存于企业的内部积累,包括盈余公积和未分配利润。

(二) 反映经营成果的要素

经营成果是在一定时期内企业的各个或全部经营过程中获得的成果。具体而言,它是指企业生产经营过程中取得的收入与发生的耗费相配比的差额。企业一定期间的经营成果由收入、费用、利润三个动态要素形成,其量的表示为:收入 - 费用 = 利润。这三个要素通过利润表来反映。

1. 收入。收入分为广义的收入和狭义的收入。广义的收入是将企业日常活动及其之外的活动形成的经济利益流入均视为收入；狭义的收入则将收入限定在企业日常活动所形成的经济利益总流入，我国现行制度采用的是狭义的收入概念，即收入是指企业在日常活动中形成的、会导致所有者权益增加的、与所有者投入资本无关的经济利益的总流入。其中，日常活动是指企业为完成其经营目标所从事的经常性活动以及与之相关的活动。例如，工业企业制造并销售商品，由此产生的经济利益的总流入构成收入。收入具有以下特征：

（1）收入从企业的日常活动中产生，而不是从偶发的交易或事项中产生。例如，工商企业销售商品、提供劳务的收入等。有些经济活动也能为企业带来经济利益，但由于不是从企业的日常活动中产生的，就不属于企业的收入，而属于利得。

（2）收入是与所有者投入资本无关的经济利益总流入。收入会导致经济利益的流入，从而导致资产的增加。例如，企业销售商品，收到货款或者形成应收账款，一方面资产增加；另一方面销售商品导致的经济利益流入就形成了收入。但是投资者投入企业的资本，虽然也有经济利益的流入，但不能确认为收入，只能确认为所有者权益。

收入的确认除了要符合定义外，也要满足以下条件：第一，与收入相关的经济利益很可能流入企业。第二，经济利益流入的金额能够可靠地计量。第三，经济利益流入企业的结果会导致资产的增加或负债的减少。

2. 费用。费用也分为广义的费用和狭义的费用。广义的费用是指会计期间内经济利益的总流出，其表现形式为资产减少或负债增加引起的所有者权益减少，也包括各种费用和损失，如其他业务成本等。而狭义的费用是指与商品或劳务的提供相联系的耗费。我国《企业会计准则》所指的费用是狭义的费用，即：费用是企业生产经营过程中发生的各项耗费。但狭义的费用不包括损失。费用是日常经营活动所形成的；而损失是一种对收益的纯扣除，是非日常经营活动所形成的经济利益的流出，不能确认为费用。

费用的确认除了应当符合定义外，也应当满足严格的条件，即费用只有在经济利益很可能流出从而导致企业资产减少或者负债增加，经济利益的流出额能够可靠计量时才能予以确认。因此，费用的确认至少应当符合以下条件：第一，与费用相关的经济利益很可能流出企业；第二，经济利益流出企业的结果会导致资产的减少或者负债的增加；第三，经济利益的流出额能够可靠计量。

3. 利润。利润是企业在一定期间的经营成果，是企业经营效果的综合反映，也是其最终成果的具体体现。利润包括收入减费用后的净额和直接计入当期利润的利得和损失等。收入减费用后的净额反映的是企业日常活动的业绩，直接计入当期利润的利得和损失，反映的是企业非日常活动的业绩。当收入大于费用时，所得的净额为利润；当收入小于费用时，所得的净额为亏损。

第三节　会计确认和计量

一、会计确认、计量的基础

会计确认、计量基础包括权责发生制和收付实现制。在会计主体的经济活动中，经济业务的发生和货币的收支不是完全一致的，即存在着现金流动与经济活动的分离。又由于存在会计分期，即使企业的经济资源及其变动会引起现金流动，现金实际收付和资源变动的时间可能不太一致，由此而产生两个确认和记录会计要素的标准：一个标准是以取得收款权利或承担付款责任作为记录收入或费用的依据，按照资源及其变动的发生时间确认、计量和报告，称为权责发生制；另一个标准是根据货币收支与否来作为收入和费用确认、计量的依据，按照期间内实际流动的现金涉及相关项目进行确认、计量和报告，称为收付实现制。

权责发生制是以权利和责任的发生来决定收入和费用归属期的一项原则。在权责发生制下，凡是当期已经实现的收入和已经发生或应负担的费用，不论其款项是否收到或支出，都作为当期的收入和费用处理；反之，凡是不属于当期的收入和费用，即使款项在当期已经收到或付出，也不应作为本期的收入和费用处理。

与权责发生制相对应的是收付实现制。在收付实现制下，凡是在当期收到的收入和支出费用，不论是否属于当期，都应作为当期的收入和费用处理；反之，即使收入取得或费用发生，没有实际款项的收付不作为当期的收入和费用。即只要收到或支出了款项，就作为当期的收入或费用；而只要没有实际款项的收入或支出，则一律不作为本期的收入或费用。

根据权责发生制确认收入和费用，能更真实和准确地反映特定会计期间的经营活动成果。我国会计基本准则规定，企业应当以权责发生制为基础进行会计确认、计量和报告，而不应以收付实现制为基础；政府财务会计应采用权责发生制，政府预算会计应采用收付实现制。

二、会计的确认

会计确认贯穿整个会计工作的始终。会计要反映经济活动，需要从企业收集大量的经济活动所产生的数据，而这些经济数据并非全部属于会计信息系统处理对象的范围。账务处理的对象是能引起会计要素变化的各项经济业务。为了明确某一经济业务涉及哪个会计要素，企业各项经济业务所产生的数据是否应当在会计凭证、账簿中加以记录,以及怎样把账簿中的信息和其他数据转化为财务报告,都必须经过会计确认进行辨别和认定。会计确认包括会计记录的确认和编制会计报表的确认。

(一) 初始确认与再确认

从对会计信息的处理过程来看,会计确认包括初始确认和再确认两个环节。初始确认是指在一项交易或事项发生之后,明确其所涉及的会计要素,编制和审核会计凭证,然后登记相关会计账簿,对其所涉及的会计要素变动以文字和货币的形式反映出来的过程。

初始确认是对企业的交易或事项进行正式的会计记录的行为,而企业在经营过程中产生的经济数据并非都是会计信息,所以会计的初始确认应当关注的是企业发生的交易或事项是否应该被记录,应在何时、以多少金额、通过哪些会计要素在会计账簿中予以记录的问题。

从会计账簿的会计信息到财务报告信息,是财务会计加工信息的第二阶段,也就是会计的再确认。再确认的主要任务是编制和分析财务报表。再确认有四个特点:第一,它的数据来自日常的记录;第二,对会计要素的表述既用数字,也用文字;第三,把账簿记录转化为报表的要素,有一个挑选、分类、汇总的加工过程;第四,在财务报表中的表述,资产负债表和利润表以权责发生制为基础,现金流量表以收付实现制为基础。

反映在财务报表中的信息,不是单个账簿信息的移位和简单的相加合并,而是把这些信息进行重新分类和组合,丰富了信息的内涵,增大了信息的使用价值,形成一套科学的指标体系。

(二) 会计确认标准

会计确认标准是对会计确认行为的基本约束,指明了解决各种会计确认问题的方向。会计确认的标准是从会计信息质量的特征推导而出的,同时又有助于形成财务报表要素的定义,有助于解决编制财务报表的各种问题。会计确认标准由可靠性(真实性)、相关性、可比性、一致性等质量特征构成,其中可靠性和相关性是最主要的质量特征,也是会计确认的基本标准。

1. 可定义性。可定义性是指应予确认的项目必须符合某个财务报表要素的定义。例如,确认的资产必须符合资产的定义;确认的负债必须符合负债的定义;确认的收入、费用也必须符合相关要素的定义。

2. 可计量性。可计量性,即应予以确认的交易或事项要能够以某种计量属性可靠地进行计量。具体而言,就是被确认的会计要素必须能够用货币进行计量,凡是不能用货币进行计量的要素就不能加以确认。

3. 相关性。这里所说的相关性与会计信息质量要求中提到的相关性是一个概念。即应予确认项目的有关信息，在使用者的决策中起到作用，确认会计信息必须与使用者的信息需求密切联系起来，不同的使用者可能需要不同的会计信息，所以应当根据相关性进行会计确认，在确认时应尽量排除不相关的会计信息，确认相关的会计信息。

4. 可靠性。这里所说的可靠性与会计信息质量要求中提到的可靠性是一个概念。即应予确认的项目的有关会计信息应如实反映，会计信息是可验证和不偏不倚的。

（三）会计确认的原则

对收入和费用确认，应遵守权责发生制与配比原则。

1. 对收入（营业收入与其他收入，包括西方会计中的利得）的确认，应遵循收入实现原则，即在发出商品、提供劳务和同时收讫价款或取得索取价款的凭据时，方可确认为收入。对跨期的长期工程（含劳务）合同，一般应根据完成进度法或完成合同法确认收入。

2. 对费用（含资产处理损失）的确认，应以是否与确认的收入相关联为基本衡量标准。对一切预支的成本或费用，要递延到有关的收入取得时，才能计列；而一切同本期收入有关的未来费用，则要在本期内预提；对预期经济利益已经消失的原确认资产，应确认为损失（如提前报废固定资产的处理净损失）。

三、会计的计量

会计计量是为了将符合确认条件的会计要素进行登记入账并列报于财务报表而确定其金额的过程。作为财务会计的一个重要环节，会计计量的主要内容包括资产、负债、所有者权益、收入、费用、成本、损益等，并以资产计价与盈亏决定为核心。计量是一个模式，它由两个要素构成，即计量单位和计量属性。

（一）计量单位

会计计量单位是用以度量同类会计计量的标准量。作为计量单位的货币通常是指某国某地区的法定货币，在中国以人民币元为计量单位。货币计量单位有名义货币单位和购买力货币单位两种。在不存在恶性通货膨胀的情况下，一般以名义货币单位（面值货币单位）为计量单位，是按当时货币代表的价值计算，这符合采用实际成本核算原则。

（二）计量属性

会计计量属性是指会计要素的数量特征或外在表现形式，即被计量对象予以数量化的特征。会计计量属性反映了会计要素金额的确定基础，主要包括历史成本、重置成本、可变现净值、现值和公允价值等。

1. **历史成本**，又称实际成本，是指企业取得或建造某项财务物资时实际支付的现金及现金等价物。在历史成本计量模式下，资产按照购置时支付的现金或者现金等价物的金额，或者按照购置资产时所付出的代价的公允价值计算。负债按照因承担现时义务而收到的款项或者资产的金额，或者承担现时义务的合同金额，或者按照日常活动中为偿还负债预期需要支付的现金或者现金等价物的金额计算。

2. **重置成本**，又称现行成本，是指按照当前市场条件，重新取得相同的资产或与其相当的资产，所需要支付的现金或现金等价物。在重置成本计量下，资产按照现在购买相同或者相似的资产所需支付的现金或者现金等价物的金额计算。负债按照偿付该项负债所需支付的现金或者现金等价物的金额计算。

3. **可变现净值**，是指在正常生产经营状态下可带来的未来现金流入或将要支付的现金流出。在可变现净值的计量模式下，资产按照其正常对外销售所能收到现金或者现金等价物的金额扣减该资产至完工时估计将要发生的成本、估计的销售费用以及相关税费后的金额计算。

4. **现值**，是指对未来现金流量以恰当的折现率进行折现后的价值，是考虑货币时间价值因素的一种计量属性。在现值计量模式下，资产按照预计从其持续使用和最终处置中所产生的未来净现金流入量的折现金额计算。负债按照预计期限内需要偿还的未来净现金流出量的折现金额计算。现值计量属性考虑了货币时间价值，与决策相关性最强，但其未来现金流入量现值是不稳定的，决策可靠性较差。

5. **公允价值**，是指市场参与者在计量日发生的有序交易中，出售一项资产所能收到或者转移一项负债所需支付的价格。

企业以公允价值计量相关资产或负债，应考虑资产和负债的特征，包括资产状况及所在位置、对资产出售或者使用的限制等。

公允价值作为资产的现实价值，与决策相关性较强，有利于评价企业财务应变能力，消除费用分摊的主观随意性。但是，它无法反映企业预期使用资产价值，因而并非所有资产、负债都有变现的公允价值。

第四节 会计的信息质量要求

会计信息质量是指财务报告所揭示的会计信息应该具备的质量特性。会计信息的质量和财务会计的目标相关联。财务会计目标解决了信息使用者需要什么样的信息，在总体上规范了信息的需求量，但是合乎需要的信息还有一个质量问题，所有对决策有用的信息在质量上必须达到一定的要求。财务会计目标决定会计信息的质量要求，而质量要求又能促进目标的实现。

会计信息应具备可靠性、相关性、可理解性、可比性、实质重于形式、重要性、谨慎性和及时性八大基本特征。

一、可靠性

可靠性是指会计信息必须是客观和可验证的。可靠性要求企业应当以实际发生的交易或者事项为依据进行确认、计量和报告，如实反映符合确认和计量要求的各项会计要素及其他相关信息。保证会计信息真实可靠、内容完整。信息如果不可靠，就会给投资者等信息使用者的决策产生误导甚至损失。为了贯彻可靠性要求，企业应当做到：

1. 真实性。会计核算应以实际发生的交易或者事项为依据进行会计确认、计量和报告，如实反映符合确认和计量要求的各项会计要素及其他相关信息，不得根据虚构的、没有发生的或者尚未发生的交易或者事项进行确认、计量和报告。

2. 完整性。在符合重要性和成本效益原则的前提下，保证会计信息的完整性，其中包括应当编报的报表及其附注内容等应当保持完整，不能随意遗漏或者减少应予披露的信息，与使用者决策相关的有用信息都应当充分披露。

3. 中立性。在财务报告中的会计信息应当是中立的、无偏的。如果企业在财务报告中为了达到事先设定的结果或效果，通过选择或列示有关会计信息以影响决策和判断的，这样的财务报告信息就不是中立的。

二、相关性

相关性要求企业提供的会计信息应当与财务会计报告使用者的经济决策需要相关，有助于财务会计报告使用者对企业过去和现在的情况作出评价，对未来的情况作出预测。相关性的核心是对决策有用，一项信息是否具有相关性取决于预测价值和反馈价值。

1. 预测价值。如果一项信息能帮助决策者对过去、现在和未来事项的可能结果进行预测，则该项信息具有预测价值。决策者可根据预测的结果，作出其认为的最佳选择。因此，预测价值是构成相关性的重要因素，具有影响决策者决策的作用。

2. 反馈价值。一项信息如果能有助于决策者验证或修正过去的决策和实施方案，即具有反馈价值。把过去决策所产生的实际结果反馈给决策者，使其与当初的预期结果相比较，验证过去的决策是否正确，总结经验以防止今后再犯同样的错误。反馈价值有助于未来决策。

信息预测价值与反馈价值相互影响，验证过去才有助于预测未来；不明白过去，预测就缺乏基础。

三、可理解性

可理解性要求企业提供的会计信息应当清晰明了，便于财务会计报告使用者理解和使用。而要使用者有效使用会计信息，应当能让其了解会计信息的内涵，弄懂会计信息的内容，这就要求财务报告所提供的会计信息应当清晰明了，易于理解。可理解性也是决策者与决策有用性的联结点，如果信息不能被决策者理解，那么信息将毫无用处。

四、可比性

可比性要求企业提供的会计信息应当相互可比，保证同一企业不同时期可比、不同企业相同会计期间可比。也就是说，在同一企业的不同时期，应当采用一致的会计政策，不得随意变更，确认变更的，应在附注中说明；不同企业的相同会计期间，应当采用规定的会计政策，确保会计信息口径一致，相互可比。

五、实质重于形式

实质重于形式要求企业应当按照交易或者事项的经济实质进行会计确认、计量和报告，不应仅以交易或者事项的法律形式为依据。企业发生的交易或事项在多数情况下，其经济实质和法律形式是一致的。但在有些情况下，会出现不一致。例如，以融资租赁方式租入的固定资产，在租期未满之前，从法律形式来讲企业并不拥有其所有权，但是从其经济实质来看，企业能够控制融资租入资产所创造的未来经济利益，在会计确认、计量和报告上就应当将以融资租赁方式租入的资产视为企业的资产，列入企业的资产负债表。

遵循实质重于形式原则，体现了对经济实质的尊重，能够确保会计确认计量的信息与客观经济事实相符。

六、重要性

重要性要求企业提供的会计信息应当反映与企业财务状况、经营成果和现金流量有关的所有重要交易或者事项。即在选择会计核算方法和程序时，对会计核算过程中的交易或事项应当区别重要程度，考虑经济业务本身的性质和规模，根据特定的经济业务对经济决策影响的大小来选择合适的会计方法和程序。对资产、负债和所有者权益等有较大影响，进而影响财务会计报告使用者据以作出合理判断的重要会计事项，必须按照规定的会计方法和程序予以处理，并在财务会计报告中予以充分、准确地披露；对于次要的会计事项，在不影响会计信息真实性和不至于导致财务会计报告使用者作出错误判断的情况下，可适当简化处理。重要性的应用依赖于职业判断，一般来说，应当从质和量两个方面来进行分析：从项目的性质来说，当某一事项有可能对决策产生一定影响时，就属于重要项目；从金额大小来说，当某一会计事项的发生额达到该事项的一定比例（如5%）时，一般属于重要项目。

七、谨慎性

谨慎性要求企业对交易或者事项进行会计确认、计量和报告时保持应有的谨慎，不应高估资产或者收益、不应低估负债或者费用。对于可能发生的损失和费用，应当加以合理估计，计入当期损益；对于可能发生的收入，不予预计，实际发生时计入。

在市场经济环境下，企业的生产经营活动面临着许多风险和不确定性，例如，应收款项的可收回性、固定资产的使用寿命、无形资产的使用寿命、售出存货可能发生的退货或者返修等。在会计核算中实施谨慎性要求，在面临不确定性因素的情况下作出职业判断时保持谨慎，充分估计到各种风险和损失，在风险实际发生之前化解风险，并对防范风险起到预警作用，有利于企业作出正确的经营决策，有利于保护所有者和债权人利益，有利于提高企业在市场上的竞争力。但是企业不能漫无边际、任意使用或者歪曲使用谨慎性原则，否则将会影响会计确认、计量的客观性，造成会计秩序的混乱。

八、及时性

及时性要求企业对于已经发生的交易或者事项，应当及时进行确认、计量和报告，不得提前或者延后。

会计信息的价值在于帮助所有者或者其他方面作出经济决策，因此具有时效性。即使是可靠、相关的会计信息，如果不及时提供，就会失去时效性，对于使用者的效用就大大降低甚至不再具有实际意义。当然，及时提供的信息如不相关，也是无用的信息。在会计确认、计量和报告过程中贯彻及时性原则，一是要求及时收集会计信息，即在经济交易或者事项发生后，及时收集整理各种原始单据或者凭证；二是要求及时处理会计信息，即按照会计准则的规定，及时对经济交易或者事项进行确认或者计量，并编制出财务报告；三是要求及时传递会计信息，即按照国家规定的有关时限，及时地将编制的财务报告传递给财务报告使用者，便于其及时使用和决策。

第五节　会计准则和会计制度

一、会计准则

会计准则是会计人员从事会计工作必须遵循的基本原则，是会计核算工作的规范。它是指就经济业务的具体账务处理作出规定，以指导和规范企业的会计核算，保证会计信息的质量。它的目的在于把账务处理建立在公允、合理的基础之上，并使不同时期、不同主体之间会计结果的比较成为可能。按其使用单位的经营性质，会计准则可分为营利组织的会计准则和非营利组织的会计准则。

（一）会计准则的发展历程

1. 会计准则改革起步阶段。我国从1979年开始借鉴西方国家的会计基本原理，并于1981年开始关注国际财务报告准则，中国会计学会还组织翻译了国际财务报告准则供国内会计专家学者研究使用。1988年10月31日我国财政部正式设立了专门研究会计准则制定工作的"会计准则组"，并且最终于1992年11月30日正式以《企业会计准则》发布。至此，我国有了第一个与国际会计惯例相协调的会计准则。

2. 会计准则具体化阶段。这一阶段会计改革全面深化。1993年我国财政部开始了具体会计准则的制定研究工作。1997年6月4日，财政部正式颁布了我国的第一个具体会计准则《企业会计准则——关联方关系及其交易的披露》，之后的几年陆续颁布了债务重组、会计差错更正准则、非货币性交易准则，无形资产、租赁准则等。1997～2001年，我国财政部先后颁布了16项具体会计准则，而且在这16项具体会计准则的制定中大量借鉴了国际会计惯例。

3. 会计准则国际化发展阶段。这一阶段是我国以国际化策略为主导的发展阶段。随着我国2001年11月正式加入WTO，我国经济、贸易和资本流动的国际化进程加快，因此我国的会计准则与国际接轨的要求更加迫切。但由于我国会计环境的特殊性，我国不能完全照搬国际会计，同时又要为经济的国际化服务，基于这样的考虑，我国确立了以国际化为主导，同时兼顾我国自身特色的渐进式的会计准则国际化的会计准则制定策略。

4. 会计准则体系构建阶段。2006年2月15日，我国财政部在征求专家的广泛意见的基础上，发布了我国新的会计准则体系，新的会计准则体系由一个基本准则和38项具体准则构成。至此，我国终于形成了较为完善的会计准则体系。该体系在总原则、结构与范围上充分借鉴国际惯例，与国际准则实现了最大限度的趋同，同时也充分考虑了中国现阶段的经济及法律环境，对各项经济事项或交易选择了符合中国国情的账务处理方法。2014年5月，财政部又修订4项准则，并发布3项准则；2017年，财政部又修订3项准则，并发布1项新准则。目前我国企业准则体系共有1项基本准则和42项具体准则。

（二）企业会计准则体系的框架

《企业会计准则》包括基本准则、具体准则、应用指南和解释公告。《企业会计准则》以基本准则为主导，对企业财务会计的一般要求和主要方面作出原则性的规定，为制定具体准则和会计制度提供依据。

《企业会计准则》（2006年）的特征

基本准则提纲包括总则、会计信息质量要求、财务会计报表要素、会计计量、财务会计报告等十一章内容。

具体准则是在基本准则的指导下，处理会计具体业务标准的规范。其具体内容可分为一般业务准则、特殊行业和特殊业务准则、财务报告准则三大类，一般业务准则是规范普遍适用的一般经济业务的确认、计量要求，如存货、固定资产、无形资产、职工薪酬、所得税等。特殊行业和特殊业务准则是对特殊行业特定业务的会计问题作出的处理规范，如生物资产、金融资产转移、套期保值、原保险合同、租赁等。财务会计报告准则主要规范各类企业通用的报告类准则，如财务报表列报、现金流量表、合并财务报表、中期财务报告、分部报告等。

应用指南从不同角度对企业具体准则进行强化，解决实务操作，包括会计科目和财务报表部分。

解释公告针对已经实施的具体准则作出进一步的解释、说明以及处理方法。由于经济情况发生变化、业务内容显现出复杂化等多种原因，根据已有的具体准则在进行账务处理时，可能会出现误解，为了保证具体准则的相对稳定，对具体准则的运用进行解释。

（三）《小企业会计准则》的实施

为了更好地促进中小企业发展，尤其是小型企业的发展，世界各国都根据本国的经济发展实际情况，对（中）小企业的范围和特征作出了明确的规定，并相应地确定中小企业的概念。对小企业的界定因地域、行业和时间的不同而有所区别。我国界定小企业的标准是依据企业职工人数、销售额、资产总额等指标，并结合行业特点制定的。

《小企业会计准则》于 2011 年 11 月 15 日发布，2013 年 1 月 1 日实施。这是我国会计准则建设的又一大举措。为了规范小企业会计确认、计量和报告行为，促进小企业可持续发展，发挥小企业在国民经济和社会发展中的重要作用，根据《中华人民共和国会计法》（以下简称《会计法》）及其他有关法律法规，制定了该准则。

二、会计制度

财政部从 1992 年起陆续颁发的行业会计制度，包括以下几个部分：总说明；会计科目表、会计科目使用说明；会计报表，包括会计报表种类和格式、会计报表编制说明；主要会计事项分录举例。会计制度属上层建筑，是国家管理经济的重要规章。随着经济体制，财政、财务、税收制度的改革，会计制度也作出了相应的改变。会计制度的改革大体可分为三个阶段。

（一）第一阶段：改革开放初期

改革开放初期，我国企业仍然使用旧的计划经济下的会计制度，不能满足开放型市场中外资、合资企业的会计需求。1985 年，我国颁布了《中华人民共和国中外合资经营企业会计制度》，这是我国在步入市场经济初期的一次踊跃探究、与国际接轨的勇敢尝试。1992 年，为了适应我国进一步扩大对外开放的形势需要，加强外商投资企业的会计法治建设，我国颁布了《中华人民共和国外商投资企业会计制度》。

（二）第二阶段：股份制试点时期

1992 年 11 月 30 日，经国务院批准，财政部发布了《企业会计准则》《企业财务通则》、13 个行业会计制度和 10 项行业财务制度（统称"两则两制"），自 1993 年 7 月 1 日起实施。1993 年，财政部与国家体改委联合发布了《股份制试点企业会计制度》（于 1998 年修订为《股份有限公司会计制度》）。

"两则两制"（1992 年）

1992 年以前，我国的会计制度体系从根本上属于按所有制形式核算或按部门进行核算，这种形式持续了很长一段时间。但是，对于不同的企业，其相对应的所有制形式和所属的部门是有区别的，因此出现了 13 个行业会计制度和 10 项行业财务制度，也就导致一种局面，许多经营业务相同的企业却在执行不同的会计制度，会计信息可比性没有被充分体现出来，这样对市场上企业的竞争产生不利影响，因此，会计制度必须从根本上进行改革。随着《企业会计准则》的颁布实施，中国会计制度发生了基本转变。

（三）第三阶段：满足新会计法的要求

这个时期的会计制度，以 1999 年新修订的《会计法》为法律依据，将会计确认、计量等内容从财务制度中回归到会计制度，即回归财务会计之中。分行业会计制度转换为《企业会计制度》《金融企业会计制度》《小企业会计制度》，并与1项基本准则和16项具体准则并行。《企业会计制度》的适用对象是除金融企业和小企业外的所有企业；《金融企业会计制度》的适用对象是商业银行、保险公司等金融机构；而《小企业会计制度》的适用对象是不对外筹资、规模较小的企业。随着《小企业会计准则》的颁布，《小企业会计制度》同时废止。

三、会计准则与会计制度的关系

会计准则与会计制度均属于会计标准和会计法规，而准则和制度的发布都是为了规范会计行为，前者是属于原则导向的，而后者则属于规则导向的。会计准则与会计制度是两种不同的会计核算体系，在满足国家规定的条件下，企业可以自主选择使用会计准则或者会计制度，选择会计准则的企业不得使用会计制度，使用会计制度的企业不得使用会计准则。会计准则与会计制度并存，也是当前我国的经济发展水平与经营管理水平匹配的要求。

思考与练习

一、单项选择题

1. 要求会计信息必须是客观的和可验证的信息质量要求是（　　）。
   A. 可理解性　　　B. 相关性　　　C. 可靠性　　　D. 可比性
2. 明确会计工作为之服务的特定单位，规定会计核算范围的基本假设是（　　）。
   A. 会计主体　　　B. 持续经营　　　C. 会计分期　　　D. 货币计量
3. 下列关于会计要素的表述中，正确的是（　　）。
   A. 负债的特征之一是企业承担的潜在义务
   B. 利润只包括企业一定期间内收入减去费用后的净额
   C. 资产的特征之一是预期能给企业带来经济利益
   D. 收入是所有导致所有者权益增加的经济利益的总流入
4. 我国企业进行会计确认、计量和报告的基础是（　　）。
   A. 收付实现制　　　B. 集中核算制　　　C. 分散核算制　　　D. 权责发生制
5. 下列业务中，属于利得的是（　　）。
   A. 处置固定资产取得的收益　　　B. 销售商品取得的收益
   C. 提供劳务取得的收益　　　D. 出租无形资产取得的收益

二、多项选择题

1. 会计信息的外部使用者包括（　　）。

A. 债权人　　　B. 顾客　　　C. 信用代理人　　D. 工商业协会

E. 竞争者

2. 反映财务状况的会计要素有（　　）。

A. 收入　　　B. 费用　　　C. 所有者权益　　D. 资产

E. 负债

3.《企业会计准则》的特征包括（　　）。

A. 构建了较完整的会计准则体系

B. 实现了与国际财务报告准则的实质趋同

C. 创新了会计准则内涵

D. 属于规则导向

E. 规范小企业会计确认、计量和报告行为

4. 下列项目中，属于资产范畴的有（　　）。

A. 受托代销商品　B. 企业的商誉　　C. 土地使用权　　D. 委托加工商品

E. 企业的商标

5. 所有者权益项目通常包括（　　）。

A. 实收资本　　B. 资本公积　　C. 其他权益工具　　D. 其他综合收益

E. 盈余公积

三、判断题

1. 我国的财务会计报告目标是向财务会计报告内部使用者提供与企业财务状况、经营成果和现金流量等有关的会计信息，反映企业管理层受托责任履行情况，有助于财务会计报告内部使用者作出经济决策。（　　）

2. 财务会计的目标就是财务会计信息系统要达到的目的和要求。（　　）

3. 某一财产物资要成为企业的资产，其所有权必须是属于企业的。（　　）

4. 会计准则与会计制度是两种不同的会计核算体系，在满足国家规定的条件下，企业可以自主选择使用会计准则或者会计制度。（　　）

5. 收入不包括为第三方或客户代收的款项。（　　）

思考与练习答案

第二章　货币资金与应收款项

[学习目标]

通过本章的学习，了解现金和银行存款管理的有关规定；熟悉银行存款转账结算方式；理解备抵法下计提坏账准备的核算；重点掌握库存现金清查与银行存款核对、存在现金折扣情况下应收账款的计价与核算；难点是应收票据贴现、坏账准备计提的核算。

[思政目标]

在会计工作中，会计人员经常跟金钱打交道，若禁不住诱惑，可能会一失足成千古恨。大学时期是学生学习掌握专业知识的黄金时期，也是人生观、价值观和世界观形成的关键时期。我们要自觉践行社会主义核心价值观，将来走向工作岗位，要将社会主义核心价值观的内在要求内化为实际工作中的行为准则，遵纪守法、客观公正、诚实守信、不做假账。

第一节　货币资金

货币资金是指企业以货币形态存在的资产，是流动性最强的一种资产。根据存放地点和用途的不同，货币资金分为库存现金、银行存款和其他货币资金。

一、库存现金

（一）库存现金的管理

库存现金是指存放在企业财务部门并由出纳员保管，作为企业零星开支的货币资金。企业随时可动用现金购买所需的物资，支付有关费用，偿还债务，也可以随时存入银行。为减少现金的流动、保护库存现金的安全，企业应严格按照国家颁布的《现金管理暂行条例》，进行库存现金收支和管理。

1. 库存现金的使用范围。企业可以使用现金的范围主要包括：（1）职工工资、津贴；（2）个人的劳动报酬；（3）根据国家规定颁发给个人的科学技术、文化艺术、体育等各种奖金；(4) 各种劳保、福利费用以及国家规定的对个人的其他支出；(5) 向个人收购农副产品和其他物资的价款；(6) 出差人员必须随身携带的差旅费；(7) 结算起点以下的零星开支（结算起点为1 000元人民币）；(8) 中国人民银行确定需要支付现金的其他支出。

除上述情况可以用库存现金支付以外，其他款项的支付都应通过银行办理转账结算。

2. 库存现金限额。库存现金限额是指为了保证企业日常零星开支的需要，开户银行允许企业留存现金的最高数额。这一限额由开户银行根据企业的实际需要核定，一般按照企业3~5天日常零星开支的需要确定，边远地区和交通不便地区开户单位的库存现金限额，可按多于5天，但最多不超过15天的日常零星开支的需要确定。超过库存现金限额的现金，企业应一律按规定及时送存银行。需要增加或减少库存现金限额的，企业应向开户银行提出申请，由开户银行核定。

3. 库存现金日常收支管理。按照中国人民银行规定的现金管理办法和财政部关于各单位货币资金管理和控制的规定，办理有关现金收支业务。办理现金收支业务时，应当遵循以下几项规定：

(1) 企业收入现金应于当日送存开户银行，当日送存有困难的，由开户银行确定送存时间。

(2) 企业支付现金，可以从本企业库存现金限额中支付或者从开户银行提取，不得从本企业的现金收入中直接支付（即坐支）。企业收取不足转账起点的小额销售收入、销售给不能转账的集体或个人的销货款、职工交回的差旅费剩余款等现金收入时，应及时送存银行，不得直接用于支付自己的支出。因特殊情况需要坐支现金的，应当事先报经开户银行审查批准，由开户银行核定坐支范围和限额。未经银行批准，企业不得擅自坐支现金。

(3) 企业从开户银行提取现金，应当如实写明用途，由本单位财会部门负责人签字盖章，经开户银行审核后，予以支付现金。

(4) 企业因采购地点不固定、交通不便以及其他特殊情况必须使用现金的，应向开户银行提出申请，经开户银行审核后，予以支付现金。

(5) 企业不准用不符合制度的凭证顶替库存现金，即不得"白条顶库"；不准谎报用途套取现金；不准用银行账户代其他单位和个人存入或支取现金；不准将单位收入的现金以个人名义存储，不准保留账外公款，即不得"公款私存"，不得设置"小金库"等。

4. 库存现金账目管理。企业必须建立健全的库存现金账目，除应设置库存现金总分类账户对库存现金进行总分类核算外，还应设置库存现金日记账进行库存现金收支明细核算，逐日逐笔登记现金收入和支出，做到账目日清月结，账款相符。

（二）库存现金的核算

1. 库存现金的收付。为了核算和监督库存现金的增减变动和结存情况，企业应设置"库存现金"总分类科目，进行总分类核算。"库存现金"属资产类科目，其借方登记库存现金收入的数额，贷方登记库存现金支出的数额，借方余额表示库存现金的实有数额。

企业收入现金的主要途径有：从银行提取现金；职工出差报销时交回的剩余借款；收取结算起点以下的零星销售收入款等。企业支付现金必须遵守国家现金管理制度的规定，在允许使用现金的范围内，办理现金支出业务。

【例2-1】 阳光股份有限公司（以下简称阳光公司）从开户银行提取现金3 000元备用，其账务处理如下：

借：库存现金　　　　　　　　　　　　　　　　　3 000
　　贷：银行存款　　　　　　　　　　　　　　　　　3 000

【例2-2】 阳光公司行政管理部门职工章辉因公出差，预借差旅费2 000元。其账务处理如下：

借：其他应收款——章辉　　　　　　　　　　　　2 000
　　贷：库存现金　　　　　　　　　　　　　　　　　2 000

【例2-3】 阳光公司行政管理部门职工章辉出差回来后，报销差旅费1 850元，交回多余现金150元。假定不考虑增值税等相关税费，其账务处理如下：

借：管理费用——差旅费　　　　　　　　　　　　1 850
　　库存现金　　　　　　　　　　　　　　　　　　150
　　贷：其他应收款——章辉　　　　　　　　　　　　2 000

【例2-4】 阳光公司用库存现金支付基本生产车间办公用品费160元；行政管理部门办公用品费200元。假定不考虑增值税等相关税费，其账务处理如下：

借：制造费用——办公费　　　　　　　　　　　　160
　　管理费用——办公费　　　　　　　　　　　　　200
　　贷：库存现金　　　　　　　　　　　　　　　　　360

备用金管理制度

2. 库存现金的清查。为了保证库存现金的账款相符，防止发生差错和丢失，对库存现金必须进行清查。现金的清查是指对库存现金的盘点与核对，包括出纳人员每日终了前进行的现金账款核对和清查小组进行的定期或不定期的现金盘点与核对。现金清查一般采用实地盘点法，对于现金清查的结果，应编制现金盘点报告单，列明现金账存数、实存数、差异数及其原因，对无法确定原因的差异，应及时报告有关负责人。

库存现金清查中，发现的现金短缺或溢余，应通过"待处理财产损溢——待处理流动资产损溢"科目核算：属于现金短缺的，应按实际短缺的金额，借记"待处理财产损溢——待处理流动资产损溢"科目，贷记"库存现金"科目；属于现金溢余的，按实际溢余的金额，借记"库存现金"科目，贷记"待处理财产损溢——待处理流动资产损溢"科目。

待查明原因后，库存现金短缺（短款）应分别下列情况进行账务处理：（1）属于应由责任人赔偿的部分，借记"其他应收款——应收现金短缺款（×××个人）"或"库存现金"科目，贷记"待处理财产损溢——待处理流动资产损溢"科目；（2）属于应由保险公司赔偿的部分，借记"其他应收款——应收保险赔款"，贷记"待处理财产损溢——待处理流动资产损溢"科目；（3）属于无法查明原因的部分，经批准后转销处理，借记"管理费用——现金短缺"科目，贷记"待处理财产损溢——待处理流动资产损溢"科目。

待查明原因后，库存现金溢余（长款）应分别下列情况进行账务处理：（1）属于应支付给有关人员或单位的款项，借记"待处理财产损溢——待处理流动资产损溢"科目，贷记"其他应付款——应付现金溢余（×××个人或单位）"等科目；（2）属于无法查明原因的现金溢余，经批准后，借记"待处理财产损溢——待处理流动资产损溢"科目，贷记"营业外收入——现金溢余"科目。

【例2-5】阳光公司在对库存现金进行清查时，发现现金短缺150元，经反复核查，未查明原因，报经批准后转作"管理费用"处理。其账务处理如下：

发现短缺时：

借：待处理财产损溢——待处理流动资产损溢　　　　　　　　150
　　贷：库存现金　　　　　　　　　　　　　　　　　　　　　　150

批准转销时：

借：管理费用　　　　　　　　　　　　　　　　　　　　　　　150
　　贷：待处理财产损溢——待处理流动资产损溢　　　　　　　150

【例2-6】阳光公司在对库存现金进行清查时，发现现金溢余240元。现金溢余原因不明，报经批准后转作"营业外收入"处理。其账务处理如下：

发现溢余时：

借：库存现金　　　　　　　　　　　　　　　　　　　　　　　240
　　贷：待处理财产损溢——待处理流动资产损溢　　　　　　　240

批准转销时：

借：待处理财产损溢——待处理流动资产损溢　　　　　　　　240
　　贷：营业外收入——现金溢余　　　　　　　　　　　　　　240

二、银行存款

(一) 银行存款账户的管理

1. 银行存款开户的有关规定。银行存款是企业存放在银行或其他金融机构的货币资金。按照国家有关规定,凡是独立核算的单位都必须在当地银行开设账户,运用所开设的账户进行存款、取款以及各种收支转账业务的结算。《银行账户管理办法》将开户单位的银行存款账户分为四类:基本存款账户、一般存款账户、临时存款账户和专用存款账户。

基本存款账户是企业办理日常转账结算和现金收付的账户,企业的工资、奖金等现金的支取,只能通过基本存款账户办理;一般存款账户是企业在基本存款账户以外的银行借款转存、与基本存款账户的企业不在同一地点的附属非独立核算单位的账户,企业可以通过本账户办理转账结算和现金缴存,但不能办理现金支取;临时存款账户是企业因临时经营活动需要并在规定期限内使用而开立的银行结算账户,企业可以通过本账户办理转账结算和根据国家现金管理的规定办理现金收付;专用存款账户是指企业因对特定用途资金需要进行专项管理和使用而开立的银行结算账户。一个企业只能选择一家银行的一个营业机构开立一个基本存款账户,不得在多家银行机构开立基本存款账户;不得在同一家银行的几个分支机构开立一般存款账户。

2. 银行结算纪律。企业在银行开立账户后,除库存现金限额以外,所有现金收入都必须及时送存银行,企业与其他单位之间的一切收付款项,除制度规定可用现金支付的部分以外,都必须通过银行办理转账结算。

在我国,企业办理转账结算必须遵守中国人民银行《支付结算办法》的各项规定:不准签发没有资金保证的票据或远期支票,套取银行信用;不准签发、取得和转让没有真实交易和债权债务的票据,套取银行和他人资金;不准无理拒绝付款,任意占用他人资金;不准违反规定开立和使用账户等。

(二) 银行转账结算方式

银行转账结算是指单位和个人在社会经济活动中使用票据(包括支票、本票、汇票)、银行卡和汇兑、托收承付、委托收款等结算方式进行货币给付及其资金清算的行为,其主要功能是完成资金从一方当事人向另一方当事人的转移。

适用于国内转账的结算方式包括票据结算方式、信用卡结算方式和其他结算方式。票据结算方式包括银行汇票、银行本票、支票和商业汇票等。其他结算方式包括汇兑、托收承付、委托收款等。

1. 银行汇票。银行汇票是汇款人将款项交存当地银行,由银行签发银行汇票,汇款人凭以持往异地办理转账结算或支取现金的一种结算方式。银行汇票具有使用灵活、票随人到、兑现性强等特点，此种结算方式适用于企业与异地单位和个人的各种款项结算。银行汇票的提示付款期限自出票日起 1 个月，持票人超过付款期限提示付款的，代理付款人不予受理。

收款企业在收到付款单位送来的银行汇票时，应在出票金额以内，根据实际需要的款项办理结算，并将实际结算金额和多余金额准确、清晰地填入银行汇票和解讫通知的有关栏内，银行汇票的实际结算金额低于出票金额的，其多余金额由出票银行退交申请人。收款企业还应填写进账单并在汇票背面"持票人向银行提示付款签章"处签章，签章应与预留银行的印鉴相同，然后，将银行汇票和解讫通知、进账单一并交开户银行办理结算，银行审核无误后，办理转账。

2. 银行本票。银行本票是指付款人将款项交存银行，由银行签发银行本票，付款人凭以向收款单位或个人办理转账结算或支取现金的一种结算方式。银行本票适用范围广泛，单位或个人在同一票据交换区域支付各种款项，都可以使用银行本票。银行本票分定额本票和不定额本票两种，其中定额本票分为 1 000 元、5 000 元、10 000 元和 50 000 元四种面额。银行本票一律记名，允许背书转让。银行本票的提示付款期限自出票日起最长不超过 2 个月。

采用银行本票结算方式，付款单位取得银行本票后，即可向填明的收款单位办理结算。收款单位在收到银行本票时，应该在提示付款时在本票背面"持票人向银行提示付款签章"处加盖预留银行印鉴，同时填写进账单，连同银行本票一并交开户银行转账。收款单位也可以根据需要在票据交换区域内背书转让银行本票。

3. 支票。支票是指银行的存款人签发给收款人办理结算或委托开户银行在见票时无条件支付确定的金额给收款人或者持票人的票据。单位和个人在同一票据交换区域的各种款项结算，均可以使用支票。支票由银行统一印制，分为现金支票、转账支票和普通支票三种。支票上印有"现金"字样的为现金支票，现金支票只能用于支取现金。支票上印有"转账"字样的为转账支票，转账支票只能用于转账。转账支票可以根据需要在票据交换区域内背书转让。未印有"现金"或"转账"字样的为普通支票，普通支票可以用于支取现金，也可以用于转账。在普通支票左上角划两条平行线的，为划线支票，划线支票只能用于转账，不得支取现金。

支票的提示付款期限为自出票日起 10 日，中国人民银行另有规定的除外。超过提示付款期限的，持票人开户银行不予受理，付款人不予付款。单位和个人签发支票的金额不得超过付款时在付款人处实有的存款金额，同时不得签发空头支票、与预留银行签章不符的支票以及支付密码错误的支票。否则，银行予以退票，并按票面金额处以 5% 但不低于 1 000 元的罚款；持票人有权要求出票人赔偿支票金额 2% 的赔偿金额。

采用支票结算方式，付款单位签发支票，根据支票存根及有关凭证核对无误后，应借记"原材料""应交税费"等科目,贷记"银行存款"等科目。持票前往收款单位办理款项结算后,将支票交给收款单位。收款单位填制进账单,连同支票一起交开户银行办理转账,借记"银行存款"科目,贷记"主营业务收入""应交税费"等有关科目。

4. 商业汇票。商业汇票是出票人签发的,委托付款人在指定日期无条件支付确定的金额给收款人或者持票人的票据,同城和异地均可使用。在银行开立存款账户的法人以及其他组织之间须具有真实的交易关系或债权债务关系,才能使用商业汇票。商业汇票的付款期限由交易双方商定,但最长不得超过6个月(电子商业汇票可延长至1年)。商业汇票的提示付款期限自汇票到期日起10日。

商业汇票按承兑人不同分为商业承兑汇票和银行承兑汇票两种,商业承兑汇票由银行以外的付款人承兑(付款人为承兑人),银行承兑汇票由银行承兑。

(1) 商业承兑汇票。商业承兑汇票是由收款人签发,经付款人承兑或由付款人签发并承兑的票据。承兑时,购货企业应在汇票正面记载"承兑"字样和承兑日期并签章。承兑不得附有条件,否则视为拒绝承兑。汇票到期时,购货企业的开户银行凭票将票款划给销货企业或贴现银行。销货企业应在提示付款期限内通过开户银行委托收款或直接向付款人提示付款。对异地委托收款的,销货企业可匡算邮程,提前通过开户银行委托收款。汇票到期时,如果购货企业的存款不足以支付票款,开户银行应将汇票退还销货企业,银行不负责付款,由购销双方自行处理。

(2) 银行承兑汇票。银行承兑汇票是由收款人或承兑申请人(付款人)签发,并由承兑申请人向开户银行申请,经银行审查同意承兑的票据。购货企业应于汇票到期前将票款足额交存其开户银行,以备由承兑银行在汇票到期日或到期日后的见票当日支付票款。销货企业应在汇票到期时将汇票连同进账单送交开户银行办理转账收款。承兑银行凭汇票将承兑款项无条件转给销货企业,如果购货企业于汇票到期日未能足额交存票款时,承兑银行除凭票向持票人无条件付款外,对出票人尚未支付的汇票金额按照每天万分之五计收罚息。

5. 汇兑。汇兑是汇款人委托银行将其款项汇给外地收款人的一种结算方式。此种结算方式适用于异地之间单位和个人的各种款项结算。汇兑分为信汇、电汇两种方式,由汇款人根据需要选择使用。信汇是指汇款人委托银行通过邮寄方式将款项划转给收款人;电汇是指汇款人委托银行通过电报将款项划给收款人。

6. 托收承付。托收承付是根据购销合同由收款人发货后委托银行向异地付款人收取款项,由付款人核对单证或验货后向银行承兑付款的结算方式。此种结算方式必须是商品交易,以及因商品交易而产生的劳务供应的款项。代销、寄销、赊销商品的款项,不得办理托收承付结算。

托收承付款项划回方式分为邮寄和电报两种,由收款人根据需要选择使用。收款单位办理托收承付，必须具有商品发出的证件或其他证明。托收承付结算每笔的金额起点为 10 000 元；新华书店系统每笔金额起点为 1 000 元。承付货款分为验单付款和验货付款两种，由双方签订合同时约定。验单付款的承付期为 3 天，从付款人开户银行发出承付通知的次日算起（承付期内遇法定休假日顺延）。验货付款的承付期为 10 天，从运输部门向购货企业发出提货通知的次日算起。

7. 委托收款。委托收款结算方式是收款人向银行提供收款依据，委托银行向付款人收取款项的一种结算方式。此种结算方式适用于同城或异地的商品交易、劳务供应和其他应收款项的结算，不受金额起点的限制，收款分为邮寄和电报两种。

按规定，付款单位应在收到委托收款的通知次日起 3 日内，主动通知银行是否付款。如果不通知银行，银行视同企业同意付款，并在第 4 日从单位账户中付出此笔委托收款款项。

付款人在 3 日内审查有关债务证明后拒绝付款的，应出具拒绝付款理由书和委托收款凭证第五联及持有的债务证明，向银行提出拒绝付款。

8. 信用卡。信用卡是指商业银行向个人和单位发行的，凭以向特约单位购物、消费和向银行存取现金，且具有消费信用的特制载体卡片。信用卡适用于同城或异地款项的结算。

信用卡是银行卡的一种，按使用对象分为单位卡和个人卡；按信誉等级分为金卡和普通卡。凡在中国境内金融机构开立基本存款账户的单位均可申领单位卡。单位卡账户的资金一律从其基本存款账户转账存入，在使用过程中，需要向其账户续存资金的，也一律从其基本存款账户转账存入，不得交存现金，不得将销货收入的款项存入该账户。单位卡一律不得用于 10 万元以上的商品交易、劳务供应款项的结算，不得支取现金。信用卡在规定的限额和期限内允许善意透支，金卡不能超过 1 万元，普通卡不能超过 5 000 元，透支期限最长为 60 天。

单位或个人申领信用卡，应按规定填制申请表，连同有关资料一并送交发卡银行。符合条件并按银行要求交存一定金额的备用金后，银行为申领人开立信用卡存款账户，并发给信用卡。

9. 信用证。信用证结算方式是国际结算的一种主要方式。经中国人民银行批准经营结算业务的商业银行总行以及经商业银行总行批准开办信用证结算业务的分支机构，也可以办理国内企业之间商品交易的信用证结算业务。

采用信用证结算方式，收款单位收到信用证后，即备货装运，签发有关发票账单，连同运输单据和信用证，送交银行，根据退还的信用证等有关凭证编制收款凭证；付款单位在接到该通知时，根据付款的有关单据编制付款凭证。

（三）银行存款的核算

1. 银行存款的收付。为了反映银行存款的实际情况，企业不仅要进行序时核算，还要设置"银行存款"科目进行总分类核算。"银行存款"属资产类科目,用来核算银行存款的收入、支出和结存情况。其借方反映银行存款的收入数,贷方反映银行存款的支出数,借方余额表示银行存款的结存数。

【例2-7】阳光公司开出转账支票一张,面额为45 200元,支付前欠甲公司购货款。其账务处理如下:

借:应付账款——甲公司　　　　　　　　　　　　　　45 200
　　贷:银行存款　　　　　　　　　　　　　　　　　　45 200

【例2-8】阳光公司向乙企业销售产品200件,每件售价150元,增值税销项税额3 900元,价税款已全部收存银行。其账务处理如下:

借:银行存款　　　　　　　　　　　　　　　　　　　33 900
　　贷:主营业务收入　　　　　　　　　　　　　　　　30 000
　　　　应交税费——应交增值税(销项税额)　　　　　3 900

【例2-9】阳光公司向银行借入为期三个月的借款80 000元,存入银行。其账务处理如下:

借:银行存款　　　　　　　　　　　　　　　　　　　80 000
　　贷:短期借款　　　　　　　　　　　　　　　　　　80 000

2. 银行存款的核对。企业应当定期将银行存款日记账所登记的收入、支出和结存数额与银行转来的对账单进行核对,至少每月核对一次。企业在进行账单核对时,往往会出现银行存款日记账余额与银行对账单余额不符的情况。双方余额不一致的原因,除记账错误外,主要是因为存在着未达账项。所谓未达账项是指由于收付款的结算凭证在企业和银行间传递的时间差所造成的一方已经取得凭证登记入账,而另一方由于未取得凭证尚未登记入账的款项。未达账项具体有以下四种情况:

(1) 企业已收款记账,而银行尚未收款记账。例如,企业将收到的转账支票存入银行,但银行尚未转账。

(2) 企业已付款记账,银行尚未付款记账。例如,企业开出支票或其他支付凭证,而持票人尚未到银行提款或转账。

(3) 银行已收款记账,而企业尚未收款记账。例如,企业委托银行代收的款项,银行已经记账,而企业尚未收到收款通知。

(4) 银行已付款记账,而企业尚未付款记账。例如,借款利息,银行已经记账,而企业尚未收到付款通知。

为了查明企业银行存款可以动用的实有数,企业应仔细将银行存款日记账的记录与银行对账单的记录进行逐笔核对,判明企业和银行双方是否有记账错误,同时确定出所有的未达账项。如有错误,应按规定更正错误,然后再对未达账项通过编制"银行存款余额调节表",确定企业银行存款的实有数。

【例 2-10】 阳光公司 20×2 年 5 月份的银行对账单如表 2.1 所示；20×2 年 5 月份的银行存款日记账如表 2.2 所示。

表 2.1　　　　　　　　　　　　　银行对账单　　　　　　　　　　　　　单位：元

20×2 年		支票号码	摘要	收入	支出	余额
月	日					
5	1	略	期初余额			78 000
	5		提现		3 800	74 200
	8		付甲企业货款		16 000	58 200
	15		付乙企业货款		9 400	48 800
	28		代付水电费		2 600	46 200
	28		存入支票两张，货款转讫	48 000		94 200
	29		受托收取丙企业货款	18 600		112 800
	30		受托收取丁企业货款	7 200		120 000
	31		代付电话费		890	119 110

表 2.2　　　　　　　　　　　　　银行存款日记账　　　　　　　　　　　　　单位：元

20×2 年		凭证号数		摘要	对方科目	收入	支出	余额
月	日	字	号					
5	1	略	略	期初余额				78 000
	5			提现	库存现金		3 800	74 200
	9			付甲企业货款	应付账款		16 000	58 200
	17			付乙企业货款	应付账款		9 400	48 800
	26			支票送存银行委托转账	应付账款	48 000		96 800
	30			收到丙企业货款	应付账款	18 600		115 400
	30			开出支票付戊企业货款	应付账款		4 200	111 200
	31			销售产品收到支票一张	主营业务收入等	15 600		126 800

根据上述资料，先将银行存款日记账与银行对账单进行核对，以便确定未达账项。阳光公司的未达账项有：银行代公司支付水电费 2 600 元，但还没有通知公司；银行代公司支付电话费 890 元，但还没有通知公司；公司委托银行收取丁企业货款 7 200 元，但银行还没有通知公司。银行的未达账项有：公司开出支票付戊企业货款 4 200 元，但持票单位尚未到银行办理转账手续；公司销售产品收到支票一张 15 600 元，但尚未填写进账单连同支票一起送存银行。

然后编制银行存款余额调节表，据以判断双方账面余额不一致的原因。

阳光公司 20×2 年 5 月份编制的银行存款余额调节表如表 2.3 所示。

表 2.3　　　　　　　　　　　　　　银行存款余额调节表
　　　　　　　　　　　　　　　　　　20×2 年 5 月 31 日　　　　　　　　　　　　　　　　　　单位：元

项目	金额	项目	金额
公司银行存款账面余额	126 800	银行对账单上的存款余额	119 110
加：已收丁企业货款	7 200	加：收到支票	15 600
减：已代付水电费	2 600	减：开出支票	4 200
减：已代付电话费	890		
调节后的存款余额	130 510	调节后的存款余额	130 510

表 2.3 所列调节后的存款余额，就是公司该月末可以动用的银行存款实有数额。双方账面余额经过调节后金额相等，说明双方账面余额不一致的原因是未达账项造成的。如果调节后的存款余额仍然不相等，说明有一方或双方还存在记账差错，公司应进一步找出差错，并采用正确的方法对其进行更正或提请对方进行更正。值得注意的是，银行存款余额调节表不是原始凭证，所以公司的银行存款账面余额仍应保持不变，只有等到有关银行结算凭证送达公司后，未达账项变成已达账项，才能据以登账。

三、其他货币资金

（一）其他货币资金的内容

其他货币资金是指除库存现金、银行存款以外的其他各种货币资金。与库存现金和银行存款相比，其他货币资金存放形式及支付方式有其特殊性。因此，应单独进行核算。

其他货币资金主要包括外埠存款、银行汇票存款、银行本票存款、存出投资款、信用证保证金存款和信用卡存款等。其中，外埠存款是指企业到外地进行临时或零星采购时，汇往采购地银行开立采购专户的款项；银行汇票存款是指企业为取得银行汇票按规定存入银行的款项；银行本票存款是指企业为取得银行本票按规定存入银行的款项；存出投资款是指企业已经存入证券公司但尚未购买股票、基金等投资对象的款项；信用证保证金存款是指企业为取得信用证按规定存入银行的保证金；信用卡存款是指企业为取得信用卡按规定存入银行的款项。

（二）其他货币资金的核算

企业应设置"其他货币资金"总账科目，用来核算其他货币资金的增减变动和结存情况，并按其他货币资金的种类分别设置"外埠存款""银行汇票""银行本票""存出投资款""信用证保证金""信用卡"等明细科目进行明细核算。

1. 外埠存款的核算。企业将款项委托当地银行汇往采购地开立专户时，根据汇出款项凭证，填制付款凭证，进行账务处理，借记"其他货币资金——外埠存款"科目，贷记"银行存款"科目。收到采购人员交来的供应单位发票账单等凭证时，填制付款凭证，借记"在途物资"或"原材料""应交税费——应交增值税（进项税额）"等科目，贷记"其他货币资金——外埠存款"科目。多余的外埠存款转回当地银行结算户时，根据银行的收款通知，填制收款凭证，借记"银行存款"科目，贷记"其他货币资金——外埠存款"科目。

【例2-11】 阳光公司因零星采购需要，将款项30 000元汇往外地开立临时采购专户，会计部门根据银行转来的回单联记账。其账务处理如下：

借：其他货币资金——外埠存款　　　　　　　　　　　　　　30 000
　　贷：银行存款　　　　　　　　　　　　　　　　　　　　30 000

会计部门收到采购人员寄来的增值税专用发票等凭证，其中买价20 000元，增值税进项税额2 600元。其账务处理如下：

借：在途物资（材料采购）　　　　　　　　　　　　　　　　20 000
　　应交税费——应交增值税（进项税额）　　　　　　　　　2 600
　　贷：其他货币资金——外埠存款　　　　　　　　　　　　22 600

采购业务完成后，采购人员将剩余采购资金7 400元转回，会计部门根据银行转来的收款通知填制收款凭证。其账务处理如下：

借：银行存款　　　　　　　　　　　　　　　　　　　　　　7 400
　　贷：其他货币资金——外埠存款　　　　　　　　　　　　7 400

2. 银行汇票的核算。企业向银行填送"银行汇票委托书"并将款项交存开户银行，取得汇票后，根据银行盖章退回的委托书存根联，填制付款凭证，借记"其他货币资金——银行汇票"科目，贷记"银行存款"科目。企业使用银行汇票支付款项后，应根据发票账单等有关凭证，经核对无误后，借记"在途物资"或"原材料""应交税费——应交增值税（进项税额）"等科目，贷记"其他货币资金——银行汇票"科目。如实际采购支付后银行汇票有多余款或因汇票超过付款期等原因而退回款项时，应根据开户行转来的银行汇票第四联（多余款收账通知），借记"银行存款"科目，贷记"其他货币资金——银行汇票"科目。

【例2-12】 阳光公司向银行提交银行汇票委托书，并交存款项50 000元，银行受理后签发银行汇票和解讫通知，企业根据银行汇票委托书存根联记账。其账务处理如下：

借：其他货币资金——银行汇票　　　　　　　　　　　　　　50 000
　　贷：银行存款　　　　　　　　　　　　　　　　　　　　50 000

公司用上述银行汇票支付采购材料价税款45 200元，其中的增值税进项税额为5 200元，企业根据银行转来的银行汇票相关联及所附专用发票账单等记账。其账务处理如下：

借：在途物资（材料采购）　　　　　　　　　　　　　　　40 000
　　应交税费——应交增值税（进项税额）　　　　　　　　5 200
　　贷：其他货币资金——银行汇票　　　　　　　　　　　45 200

采购业务完成后，会计部门收到银行退回的多余款收款通知。其账务处理如下：

借：银行存款　　　　　　　　　　　　　　　　　　　　　4 800
　　贷：其他货币资金——银行汇票　　　　　　　　　　　4 800

3. 银行本票的核算。企业向银行提交"银行本票申请书"并将款项交存银行，取得银行本票后，应根据银行盖章退回的申请书存根联填制付款凭证，借记"其他货币资金——银行本票"科目，贷记"银行存款"科目。企业使用银行本票支付购货款项后，应根据发票账单等有关凭证，借记"在途物资"或"原材料""应交税费——应交增值税（进项税额）"等科目，贷记"其他货币资金——银行本票"科目。如企业因本票超过付款期等原因而要求银行退款时，应填制进账单一式两联，连同本票一并送交银行，根据银行收回本票时盖章退回的进账单第一联，借记"银行存款"科目，贷记"其他货币资金——银行本票"科目。银行本票业务与银行汇票业务的账务处理相似，故不再举例。

4. 存出投资款的核算。企业向证券公司划出资金时，应按实际划出的金额，借记"其他货币资金——存出投资款"科目，贷记"银行存款"科目；购买股票、债券时，按实际发生的金额，借记"交易性金融资产"等科目，贷记"其他货币资金——存出投资款"科目。

【例2-13】阳光公司向证券公司申请资金账号获得同意后，划出资金300 000元。其账务处理如下：

借：其他货币资金——存出投资款　　　　　　　　　　　300 000
　　贷：银行存款　　　　　　　　　　　　　　　　　　　300 000

阳光公司购买甲公司股票10 000股，每股28元，将其作为"交易性金融资产"核算。假定不考虑相关税费，其账务处理如下：

借：交易性金融资产——甲公司股票（成本）　　　　　　280 000
　　贷：其他货币资金——存出投资款　　　　　　　　　　280 000

5. 信用证保证金的核算。企业申请使用信用证进行结算时，应向银行交纳保证金，根据银行退回的进账单第一联，借记"其他货币资金——信用证保证金"科目，贷记"银行存款"科目。根据开证行交来的信用证来单通知书及有关单据列明的金额，借记"在途物资"或"原材料""应交税费——应交增值税（进项税额）"等科目，贷记"其他货币资金——信用证保证金"科目。

6. 信用卡的核算。企业申请使用信用卡时，应按规定填制申请表，连同支票和有关资料一并送交发卡银行，根据银行盖章退回的进账单第一联，借记"其他货币资金——信用卡"科目，贷记"银行存款"科目。企业用信用卡购物或支付有关费用，借记有关科目，如"管理费用""原材料"等，贷记"其他货币资金——信用卡"科目。企业在信用卡使用过程中，需要向其账户续存资金的，按实际续存的金额，借记"其他货币资金——信用卡"科目，贷记"银行存款"科目。

第二节 应收款项

应收款项，是指企业在日常生产经营过程中发生的，能够在一年或超过一年的一个营业周期内收回的各项流动性债权，具体包括应收票据、应收账款、预付账款和其他应收款等。

一、应收票据

（一）应收票据的确认

应收票据是指企业因销售商品、产品或提供劳务等而收到的商业汇票。它是企业持有的、尚未到期兑现的商业汇票，代表企业未来收取货款的权利，这种权利和将来应收取的款项金额以书面文件形式约定下来，受到法律的保护，具有法律上的约束力。商业汇票的付款期限，最长不得超过6个月。

企业持有的商业汇票按承兑人不同分为商业承兑汇票和银行承兑汇票。承兑是汇票付款人承诺在汇票到期日支付汇票金额的票据行为，商业汇票必须承兑后方可生效。商业承兑汇票的承兑人是付款人；银行承兑汇票的承兑人是承兑申请人的开户银行。

企业持有的商业汇票按是否计息分为不带息商业汇票和带息商业汇票。不带息商业汇票，是指商业汇票到期时，承兑人只按票面金额（即面值）向收款人或被背书人支付款项的汇票。带息商业汇票是指商业汇票到期时，承兑人必须按票面金额加上应计利息向收款人或被背书人支付票款的票据。

（二）应收票据的计价

应收票据无论是否带息，取得时一般均按其面值计价，即企业收到商业汇票时，按照票据的票面价值或票面金额入账。对于带息的应收票据，应于期末按应收票据的票面价值和确定的利率计算利息，计提的利息应增加应收票据的账面余额。

（三）应收票据的核算

企业应设置"应收票据"科目核算企业应收票据的取得和票款收回情况。"应收票据"科目属资产类科目,借方核算收到开出、承兑的商业汇票的票面金额及按期确认的应计利息;贷方核算到期收回、背书转让、贴现及到期承兑人拒付的票面金额及应计利息。该科目应按不同的单位分别设置明细科目,进行明细分类核算。

同时,企业应设置"应收票据备查簿",逐笔登记每一笔应收票据的种类、号数和出票日期、票面金额、票面利率、交易合同号和付款人、承兑人、背书人的姓名或单位名称、到期日、背书转让日、贴现日期、贴现率和贴现净额、未计提的利息,以及收款日期和收回金额、退票等资料;应收票据到期结清票款或退票等,均应在备查簿内逐笔注销。

1. 应收票据取得的账务处理。企业销售商品、产品或提供劳务收到商业汇票时,按应收票据的面值,借记"应收票据"科目,按实现的营业收入,贷记"主营业务收入"等科目,按增值税专用发票上注明的增值税税额,贷记"应交税费——应交增值税(销项税额)"科目。

【例2-14】阳光公司20×2年6月10日向甲公司销售产品一批,价款20 000元,增值税2 600元,收到由甲公司开出、承兑的不带息银行承兑汇票一张,其面值22 600元,期限3个月。该批产品销售符合会计准则规定的收入确认条件,阳光公司收到票据时,账务处理如下:

借:应收票据——甲公司　　　　　　　　　　　　　　22 600
　　贷:主营业务收入　　　　　　　　　　　　　　　　　20 000
　　　　应交税费——应交增值税(销项税额)　　　　　　2 600

【例2-15】阳光公司20×2年9月1日向乙公司销售产品一批,货已发出,专用发票上注明的货款为100 000元,增值税税额13 000元。收到乙公司交来的带息商业承兑汇票一张,面值为113 000元,期限6个月,票面年利率为6%。该批产品销售符合会计准则规定的收入确认条件,阳光公司收到票据时,账务处理如下:

借:应收票据——乙公司　　　　　　　　　　　　　　113 000
　　贷:主营业务收入　　　　　　　　　　　　　　　　　100 000
　　　　应交税费——应交增值税(销项税额)　　　　　　13 000

2. 应收票据计提利息的账务处理。企业收到的带息应收票据,除进行上述账务处理外,还应于会计期末计提票据利息。票据利息按应收票据的票面价值和确定的利率计算:

$$应收票据利息 = 应收票据票面金额 \times 票面利率 \times 期限$$

式中,票面利率是指票面规定的利率,一般以年利率表示;期限是指票据生效日至到期日的时间间隔(有效期)。票据的期限,有按月和按日表示两种。

票据期限按月表示时,上式中计算利息使用的利率要换成月利率(年利率÷12);

票据期限按日表示时，上式中计算利息使用的利率要换算成日利率（年利率÷360）。

对于尚未到期的带息应收票据，企业应按照权责发生制的原则，在期末按规定计提票据利息，计提的利息增加应收票据的账面余额，同时冲减当期财务费用。即期末计提利息时，借记"应收票据"科目，贷记"财务费用"科目。

【例2–16】接【例2–15】，阳光公司每月末计提票据利息，其账务处理如下：

票据利息 = 113 000 × 6% ÷ 12 = 565（元）

借：应收票据——乙公司　　　　　　　　　　　　　　565
　　贷：财务费用　　　　　　　　　　　　　　　　　　565

3. 应收票据到期的账务处理。

（1）到期日的确定。票据期限按月表示时，到期日为到期月份中与出票日相同的那一天。例如3月25日签发的3个月票据，到期日应为6月25日。月末签发的票据，不论月份大小，都以到期月份的月末那一天为到期日。

票据期限按日表示时，到期日应从出票日起按实际经历天数计算。通常出票日和到期日，只能计算其中的一天，即"算头不算尾"或"算尾不算头"。例如，4月15日签发的90天票据，其到期日应为7月14日。

（2）到期值的确定。不带息应收票据的到期值 = 应收票据票面价值；带息应收票据的到期值 = 应收票据票面价值 + 应收票据利息。

（3）票据到期的账务处理。不带息应收票据到期收回时，按票面金额，借记"银行存款"科目，贷记"应收票据"科目。商业承兑汇票到期，承兑人违约拒付或无力支付票款，企业收到银行退回的商业承兑汇票、委托收款凭证、未付票款通知书或拒绝付款证明等，将到期票据的票面金额转入"应收账款"科目，借记"应收账款"科目，贷记"应收票据"科目。

【例2–17】接【例2–14】，20×2年9月10日银行承兑汇票到期，票面金额22 600元收存银行。阳光公司的账务处理如下：

借：银行存款　　　　　　　　　　　　　　　　　　22 600
　　贷：应收票据——甲公司　　　　　　　　　　　　22 600

到期收回带息应收票据的款项时，按收到的本息，借记"银行存款"科目；按应收票据的账面余额，贷记"应收票据"科目；按其差额（未计提利息部分），贷记"财务费用"科目。到期不能收回的带息应收票据，转入"应收账款"科目核算后，期末不再计提利息，其所包含的利息，在有关备查簿中进行登记，待实际收到时再冲减收到当期的财务费用。

【例2–18】接【例2–15】，20×3年3月1日票据到期，阳光公司收回款项，其账务处理如下：

收款金额 = 113 000 × (1 + 6% ÷ 12 × 6) = 113 000 + 3 390 = 116 390（元）

票据到期前还有 2 个月未计提的票据利息 = 113 000 × 6% ÷ 12 × 2 = 1 130（元）

借：银行存款 116 390
    贷：应收票据——乙公司 115 260
        财务费用 1 130

【例 2-19】 接【例 2-15】，20×3 年 3 月 1 日票据到期，付款人乙公司无力支付票款，阳光公司的账务处理如下：

借：应收账款——乙公司 115 260
    贷：应收票据——乙公司 115 260

4. 应收票据转让的账务处理。企业可以将自己持有的未到期商业汇票进行背书转让，持票人在票据背面签字即为背书，签字人称为背书人，背书人对票据的到期付款负连带责任。

企业将持有的不带息应收票据背书转让以取得所需物资时，按应计入取得物资成本的价值，借记"在途物资"或"原材料"等科目；按增值税专用发票上注明的增值税税额，借记"应交税费——应交增值税（进项税额）"科目；按应收票据的账面余额，贷记"应收票据"科目；如有差额，借记或贷记"银行存款"等科目。

如为带息应收票据，按应计入取得物资成本的价值，借记"在途物资"或"原材料"等科目；按增值税专用发票上注明的增值税税额，借记"应交税费——应交增值税（进项税额）"科目；按应收票据的账面余额，贷记"应收票据"科目；按尚未计提的利息，贷记"财务费用"科目；按应收或应付的金额，借记或贷记"银行存款"等科目。

【例 2-20】 阳光公司向丙公司采购材料，增值税专用发票上注明的材料价款 50 000 元，增值税 6 500 元，价税合计 56 500 元。企业将其持有的一张票面金额为 45 200 元，从丁公司收取的不带息商业汇票转让，以偿付丙公司货款。同时，差额 11 300 元当即以银行存款支付。阳光公司账务处理如下：

借：在途物资（材料采购） 50 000
    应交税费——应交增值税（进项税额） 6 500
    贷：应收票据——丁公司 45 200
        银行存款 11 300

5. 应收票据贴现的账务处理。符合条件的商业汇票的持票人，可以持未到期的商业票据向银行申请贴现。应收票据贴现是指持票人将未到期的商业汇票背书转让给银行，银行受理后，从票据到期值中扣除按银行贴现率计算确定的贴现利息后，将余额付给持票人的融资行为，是企业与贴现银行之间就票据权利所做的一种转让。

贴现企业从贴现银行获得的票据到期值扣除贴现利息后的金额称为贴现净额；贴现企业支付给银行的利息称为贴现利息；贴现银行计算贴现利息的利率称为贴现率；

贴现日至票据到期日的期间称为贴现期。有关计算公式如下：

$$贴现净额 = 票据到期值 - 贴现利息$$
$$贴现利息 = 票据到期值 \times 贴现率 \times 贴现期$$

按照中国人民银行《支付结算办法》的规定，在确定贴现期时，贴现日与票据到期日两天中，只计算其中的一天。承兑人在异地的，贴现期应另加 3 天的划款日期。

（1）银行承兑汇票的贴现（贴现银行不附追索权）。企业持未到期的银行承兑汇票向银行贴现时，贴现银行不附追索权，则表明贴现企业的应收票据贴现符合金融资产终止确认条件，贴现企业应终止确认该应收票据。贴现企业按实际收到的贴现净额，借记"银行存款"科目；按应收票据的账面余额，贷记"应收票据"科目；按两者的差额，借记或贷记"财务费用"科目。

【例 2 – 21】接【例 2 – 14】，阳光公司因急需资金，于 20×2 年 6 月 22 日将所持有的出票日为 20×2 年 6 月 10 日、面值 22 600 元、期限 3 个月的不带息银行承兑汇票向银行贴现，贴现率为 12%。假设阳光公司与承兑银行在同一票据交换区域内，银行不附追索权。阳光公司账务处理如下：

票据到期值 = 22 600 元

贴现期 = 80 天（6 月份 8 天，7 月份 31 天，8 月份 31 天，9 月份 10 天）

贴现利息 = 22 600 × 12% ÷ 360 × 80 ≈ 602.67（元）

贴现净额 = 22 600 – 602.67 = 21 997.33（元）

借：银行存款　　　　　　　　　　　　　　　21 997.33
　　财务费用　　　　　　　　　　　　　　　　　602.67
　　贷：应收票据　　　　　　　　　　　　　　　　22 600

（2）商业承兑汇票的贴现（贴现银行附追索权）。商业承兑汇票贴现后可能因为贴现银行到期未能全额收款而使贴现企业被追索，表明贴现银行附有追索权。贴现企业持未到期的商业承兑汇票向银行贴现时，因为承担连带责任，不符合金融资产终止确认条件，因而不终止确认该应收票据，而是将贴现所得确认为一项金融负债（短期借款）。

贴现企业按实际收到的贴现净额，借记"银行存款"科目；按贴现利息部分，借记"短期借款——利息调整"科目；按商业汇票的到期值，贷记"短期借款——成本"科目。

【例 2 – 22】接【例 2 – 15】，阳光公司因急需资金，于 20×2 年 9 月 25 日将所持有的出票日为 20×2 年 9 月 1 日、面值 113 000 元、票面利率 6%、期限为 6 个月的商业承兑汇票向银行贴现，银行贴现率为 12%。假设 20×3 年 2 月份 28 天，阳光公司与承兑企业在同一票据交换区域内且贴现前公司尚未计提利息，银行拥有票据追索权。

阳光公司账务处理如下：

票据到期值 = 113 000 × (1 + 6% ÷ 12 × 6) = 116 390（元）

贴现期 = 157 天（9 月份 5 天，10 月份 31 天，11 月份 30 天，12 月份 31 天，1 月份 31 天，2 月份 28 天，3 月份 1 天）

贴现利息 = 116 390 × 12% ÷ 360 × 157 = 6 091.08（元）

贴现净额 = 116 390 - 6 091.08 = 110 298.92（元）

借：银行存款　　　　　　　　　　　　　　　110 298.92
　　短期借款——利息调整　　　　　　　　　　6 091.08
　　贷：短期借款——成本　　　　　　　　　　　　116 390

贴现的商业承兑汇票到期，因承兑人的银行存款账户不足支付，申请贴现的企业收到银行退回的商业承兑汇票时，按商业承兑汇票的票面金额，借记"短期借款"科目，贷记"银行存款"科目。同时，应按商业汇票的票面金额，借记"应收账款"科目，贷记"应收票据"科目。申请贴现企业的银行存款账户余额不足，银行作逾期贷款处理，同时按商业汇票的票面金额，借记"应收账款"科目，贷记"应收票据"科目。

二、应收账款

（一）应收账款的确认

应收账款是指企业因销售商品、产品或提供劳务等原因，应向购货单位或接受劳务单位收取的款项，主要包括企业出售商品、材料、提供劳务等应向有关债务人收取的价款以及代购货方垫付的运杂费等。

应收账款有其特定的范围。第一，应收账款是在销售商品、产品或提供劳务等销售活动中产生的债权，不包括企业在非购销活动中形成的债权，例如，企业应收的各种赔款、罚款、存出保证金，以及应向职工收取的各种垫付款项等其他应收款。第二，企业在销售商品、产品或提供劳务时形成的应收款项，若采用商业汇票结算方式，则应作为应收票据，而不作为应收账款核算。第三，应收账款是指流动资产性质的债权，不包括长期债权，如融资租赁产生的长期应收款项等。

应收账款应于收入实现时确认，即在确认销售收入的同时确认应收账款。当企业赊销的商品满足收入的确认条件后，企业应确认与此相关的应收账款。

（二）应收账款的计量

应收账款通常应按实际发生额计价入账，实际发生额包括销售商品或提供劳务的价款，代税务部门收取的增值税，以及代购货方垫付的包装费、运杂费等。企业在确定应收账款的入账金额时，还应考虑有关的折扣因素。销售折扣通常包括商业折扣和现金折扣。

1. 商业折扣。商业折扣是指企业为促进商品销售而在商品标价上给予的扣除，例如针对不同的顾客，不同的购货数量，或不同的季节提供不同的价格。商业折扣是企业最常用的促销手段，一般用百分比来表示，例如5%、10%、20%等；也可以用金额表示，例如100元、200元等。

商业折扣一般在交易发生时即已确定，它仅仅是确定实际销售价格的一种手段，不需要交易双方的任何一方在账上单独反映。因此，在存在商业折扣的情况下，企业应收账款的入账金额应当按照标价扣除商业折扣以后的实际售价确定。

2. 现金折扣。现金折扣是指债权人为了鼓励债务人在规定的期限内付款而向债务人提供的债务扣除。现金折扣通常发生在以赊销方式销售商品及提供劳务的交易中，企业为了鼓励客户尽早付款，与客户达成协议，客户在不同期限内付款，可以享受不同比例的折扣。现金折扣一般用"折扣/付款期限"的形式表示，例如用2/10、1/20、n/30表示，其含义是信用期为30天，客户在10天内付款可给予2%的折扣；20天内付款给予1%的折扣；超过20天后在30天内付款则没有折扣。

在现金折扣销售方式下，应收账款入账金额的确定通常有两种方法：总价法和净价法。

（1）总价法是将未减去现金折扣前的金额作为应收账款的入账价值，现金折扣只有当客户在折扣期内支付货款时才予以确认。在这种方法下，销货方将给予客户的现金折扣作为冲减营业收入处理。

（2）净价法是将扣减最大现金折扣后的金额作为应收账款的入账价值。这种方法是把客户取得现金折扣视为正常现象，认为客户一般都会在折扣期内付款从而享受折扣。如果客户超过折扣期限而多付款，销货方将客户放弃的现金折扣作为调增营业收入处理。

按照我国《企业会计准则第14号——收入》的规定，现金折扣应作为可变对价处理。当合同中存在现金折扣（可变对价）时，企业应当按照期望值或最可能发生金额确定可变对价的最佳估计数。如果企业认为客户很可能不会享受现金折扣，应将现金折扣作为可变对价计入合同交易价格，即应收账款按照不扣除现金折扣的金额入账。如果企业认为客户很可能会提前付款，享受现金折扣，则在确定交易价格时应按扣除现金折扣后的金额入账，即应收账款按照扣除现金折扣后的金额入账。

有关现金折扣科目的应用

（三）应收账款的核算

为了核算因销售商品、产品、提供劳务等应向购货单位或接受劳务单位收取的款项，企业应设置"应收账款"科目，该科目属于资产类科目，借方登记企业应收取的款项，包括应收取的货款、增值税税额、代垫包装费、运杂费及未能按期收回的商业承兑汇票结算款等；贷方登记已收回的款项、改用商业汇票结算的应收账款以及应转为坏账的应收款项等。该科目应按不同的购货单位或接受劳务单位设置明细科目，进行明细核算。

一般情况下，企业销售商品或提供劳务形成应收账款时，按应收账款的入账金额，借记"应收账款"科目；按实现的营业收入，贷记"主营业务收入"等科目；按专用发票上注明的增值税税额，贷记"应交税费——应交增值税（销项税额）"科目；按垫付的运杂费等，贷记"银行存款"等科目。企业收回应收账款时，按实际收到的金额，借记"银行存款"等科目，贷记"应收账款"等科目。

1. 不存在销售折扣的核算。企业发生的应收账款，在没有销售折扣的情况下，按应收的全部金额入账。

【例 2-23】阳光公司向甲公司销售 A 商品一批，增值税专用发票上注明的价款 300 000 元，增值税 39 000 元，以银行存款代垫运杂费 20 000 元。上述款项采用托收承付方式进行结算。阳光公司办妥托收手续确认收入时，账务处理如下：

借：应收账款——甲公司　　　　　　　　　　　　　　　359 000
　　贷：主营业务收入——A 商品　　　　　　　　　　　　300 000
　　　　应交税费——应交增值税（销项税额）　　　　　　 39 000
　　　　银行存款　　　　　　　　　　　　　　　　　　　 20 000

12 天后款项收回，阳光公司收到银行转来的收款通知，账务处理如下：

借：银行存款　　　　　　　　　　　　　　　　　　　　359 000
　　贷：应收账款——甲公司　　　　　　　　　　　　　　359 000

2. 存在商业折扣的核算。企业发生的应收账款，存在商业折扣的情况下，应收账款和销售收入均按扣除商业折扣后的金额入账。

【例 2-24】阳光公司向乙公司销售 B 商品一批，价目表上标明的售价金额为 10 000 元，给予 10% 的商业折扣，专用发票上标明的价款为 9 000 元，增值税 1 170 元。商品发运时，公司以支票代垫运杂费 1 000 元，上述款项按合同规定采用托收承付结算方式。阳光公司根据有关的发票账单向银行办妥托收手续后，账务处理如下：

借：应收账款——乙公司　　　　　　　　　　　　　　　 11 170
　　贷：主营业务收入——B 商品　　　　　　　　　　　　 9 000
　　　　应交税费——应交增值税（销项税额）　　　　　　 1 170
　　　　银行存款　　　　　　　　　　　　　　　　　　　 1 000

乙公司验单或验货后支付款项，阳光公司收到银行转来的收款通知，账务处理如下：

借：银行存款　　　　　　　　　　　　　　　　　　　　 11 170

　　　　贷：应收账款——乙公司　　　　　　　　　　　　　　　　　　　　　　11 170

　　3. 存在现金折扣的核算。企业发生的应收账款，在存在现金折扣的情况下，如果企业认为客户很可能不会享受现金折扣，应收账款应按照不扣除现金折扣的金额入账（总价法）。如果企业认为客户很可能会提前付款，享受现金折扣，则应收账款应按照扣除现金折扣后的金额入账（净价法）。对于代收的增值税是否给予现金折扣，由购销双方约定。

【例2-25】阳光公司向丙公司销售 C 商品一批，专用发票上价款 500 000 元，增值税 65 000 元，付款条件为 2/10、n/30。假定计算现金折扣时不考虑增值税，阳光公司认为丙公司很可能会在 10 天内付款。阳光公司销售商品时，账务处理如下：

　　借：应收账款——丙公司　　　　　　　　　　　　　　　　　　　　　　555 000
　　　　贷：主营业务收入——C 商品　　　　　　　　　　　　　　　　　　　490 000
　　　　　　应交税费——应交增值税（销项税额）　　　　　　　　　　　　　 65 000

丙公司在 10 天内付款，付款金额为 555 000 元（565 000 - 500 000 × 2%），享受的现金折扣为 10 000 元（500 000 × 2%）。阳光公司收存款项时，账务处理如下：

　　借：银行存款　　　　　　　　　　　　　　　　　　　　　　　　　　　　555 000
　　　　贷：应收账款——丙公司　　　　　　　　　　　　　　　　　　　　　555 000

如果丙公司在 10 天以后、30 天内付款，则付款金额为 565 000 元。阳光公司收存款项时，账务处理如下：

　　借：银行存款　　　　　　　　　　　　　　　　　　　　　　　　　　　　565 000
　　　　贷：主营业务收入——C 商品　　　　　　　　　　　　　　　　　　　 10 000
　　　　　　应收账款——丙公司　　　　　　　　　　　　　　　　　　　　　555 000

如果阳光公司认为丙公司很可能会在 10 天以后、30 天内付款，则公司销售商品时，账务处理如下：

　　借：应收账款——丙公司　　　　　　　　　　　　　　　　　　　　　　　565 000
　　　　贷：主营业务收入——C 商品　　　　　　　　　　　　　　　　　　　500 000
　　　　　　应交税费——应交增值税（销项税额）　　　　　　　　　　　　　 65 000

如果丙公司在 10 天以后、30 天内付款，付款金额为 565 000 元。阳光公司收存款项时，账务处理如下：

　　借：银行存款　　　　　　　　　　　　　　　　　　　　　　　　　　　　565 000
　　　　贷：应收账款——丙公司　　　　　　　　　　　　　　　　　　　　　565 000

若丙公司在 10 天内付款，则实付金额为 555 000 元（565 000 - 500 000 × 2%），享受的现金折扣为 10 000 元（500 000 × 2%）。阳光公司收存款项时，账务处理如下：

　　借：银行存款　　　　　　　　　　　　　　　　　　　　　　　　　　　　555 000
　　　　主营业务收入——C 商品　　　　　　　　　　　　　　　　　　　　　 10 000

贷：应收账款——丙公司　　　　　　　　　　　　　　　　　565 000

三、预付账款

(一) 预付账款的内容

预付账款是指企业按照购货合同规定，预先支付给供货方的款项。预付账款是企业被供货单位占用的资金，它所代表的是企业在将来从供货单位取得商品、材料等的债权，从这个意义上讲，它与应收账款具有类似的性质。但预付账款产生于企业的购货业务，应收账款产生于企业的销货业务，而且二者在将来收回债权的形式也不相同。

(二) 预付账款的核算

为了总括地反映企业按照购货合同规定预付给供货方的款项，企业应设置"预付账款"科目进行核算。该科目属于资产类科目，借方核算企业向供货方预付、补付的款项，贷方核算企业收到所购物资的应付金额、退回多付款项以及转出的款项。企业应按供应单位进行明细核算。

预付款项情况不多的企业，也可以不设置"预付账款"科目，将预付的款项直接记入"应付账款"科目的借方。但在期末编制资产负债表时，需分别填列"应付账款"和"预付款项"项目。

企业按购货合同规定预付货款时，按预付金额借记"预付账款"科目，贷记"银行存款"科目。企业收到所购物资时，应根据发票账单等列明的应计入购入物资成本的金额，借记"在途物资""原材料"等科目；按允许抵扣的增值税税额，借记"应交税费——应交增值税（进项税额）"科目；按应付的金额，贷记"预付账款"科目。补付款项时，借记"预付账款"科目，贷记"银行存款"科目。退回多付的款项时，借记"银行存款"科目，贷记"预付账款"科目。

如果有确凿证据表明企业的预付账款不符合预付款项的性质，或者因供货单位破产、撤销等原因已无望再收到所购货物的，应将原已计入预付账款的金额转入其他应收款，并按规定确定减值损失，计提坏账准备。

【例 2 - 26】阳光公司向丁公司采购材料 2 000 件，单价 100 元，增值税税率 13%，总计 226 000 元。按合同约定向丁公司预付 50% 款项，验收货物后补付其余款项。阳光公司账务处理如下：

预付 50% 款项时：

借：预付账款——丁公司　　　　　　　　　　　　　　　　　113 000
　　贷：银行存款　　　　　　　　　　　　　　　　　　　　　113 000

收到 2 000 件材料并验收无误时：

借：原材料	200 000
应交税费——应交增值税（进项税额）	26 000
贷：预付账款——丁公司	226 000

补付其余款项时：

借：预付账款——丁公司	113 000
贷：银行存款	113 000

上例中如果丁公司发生了财务困难而面临破产，导致阳光公司无法收到所购材料。阳光公司账务处理如下：

借：其他应收款——丁公司	113 000
贷：预付账款——丁公司	113 000

四、其他应收款

（一）其他应收款的内容

其他应收款是指除应收票据、应收账款和预付账款以外的其他各种应收、暂付款项。主要内容包括：（1）应收的各种赔款、罚款；（2）应收出租包装物的租金；（3）应向职工收取的各种垫付款项；（4）应由职工负担的房租费等；（5）存出保证金，例如租入包装物支付的押金；（6）已不符合预付账款性质而按规定转入的预付账款；（7）其他各种应收、暂付款项。

（二）其他应收款的核算

为了反映和监督其他应收款的发生和结算情况，企业应设置"其他应收款"科目。该科目属于资产类科目，借方核算发生的其他各种应收款项，贷方核算收回的各种款项。该科目应按其他应收款的项目分类，并按不同的债务人进行明细核算。

企业发生其他应收款时，按应收金额借记"其他应收款"科目，贷记有关科目。收回各种款项时，借记有关科目，贷记"其他应收款"科目。

【例2-27】阳光公司为职工李想垫付应由其个人负担的水电费200元，从其工资中扣回。垫付水电费时，账务处理如下：

借：其他应收款——李想	200
贷：银行存款	200

从工资中扣款时，账务处理如下：

借：应付职工薪酬	200
贷：其他应收款——李想	200

五、应收款项减值

(一) 应收款项减值的确认

应收款项属于金融资产,其减值损失的确认适用于金融资产减值损失的确认标准。企业应定期或者至少于每年年度终了时,对应收款项进行减值测试,分析各项应收款项收回的可能性,预计可能发生的减值损失(预期信用损失)。应收款项单项金额重大的,应当单独进行减值测试,有客观证据表明应收款项发生减值的,应当以其未来现金流量现值低于账面价值的差额作为减值金额,据以计提坏账准备;应收款项单项金额非重大的,可以单独进行减值测试,也可以与经单独测试后未减值的应收款项一起按类似信用风险特征划分为若干组合,再按这些应收款项组合在资产负债表日余额的一定比例预计减值金额,据以计提坏账准备。

按照《企业会计准则》的规定,应收款项发生减值时,应将其账面价值减记为预计未来现金流量的现值,但由于应收款项属于短期债权,预计未来现金流量与其现值相差很小,因此在确定相关减值金额时,对预计未来现金流量可以不折现。

表明应收款项发生减值的客观证据,是指应收款项初始确认后实际发生的、对该应收款项的预计未来现金流量有影响,且企业能对该影响进行可靠计量的事项。主要包括债务人发生严重财务困难、很可能破产倒闭或进行债务重组等。

(二) 应收款项减值的计量

企业应当在期末对应收款项进行检查,预计可能产生的预期信用损失(减值损失)。应收款项的预期信用损失应当按照应收取的合同现金流量与预期收取的现金流量二者之间的差额计量,即按照预期不能收回的应收款项金额计量。在会计实务中,确定应收款项预期信用损失的具体方法通常有应收款项余额百分比法和账龄分析法。

1. 应收款项余额百分比法。应收款项余额百分比法是指按应收款项的期末余额和预期信用损失率,计算确定应收款项的预期信用损失,据以计提坏账准备的一种方法。预期信用损失率,是指应收款项的预期信用损失金额占应收款项账面余额的比例。资产负债表日,企业当期应计提的坏账准备金额应按下列公式计算确定:

本期应计提的坏账准备金额 = 本期预期信用损失金额 − "坏账准备"科目原有贷方余额

本期应计提的坏账准备金额 = 本期预期信用损失金额 + "坏账准备"科目原有借方余额

本期预期信用损失金额 = 本期应收款项的期末余额 × 预期信用损失率

2. 账龄分析法。账龄分析法是指对应收款项按账龄的长短进行分组并分别确定预期信用损失率,据以计算确定预期信用损失金额、计提坏账准备的一种方法。账龄是指顾客所欠账款时间的长短。采用账龄分析法计算确定预期信用损失金额，首先要对应收款项按账龄的长短进行分组，分别确定各组应收款项的预期信用损失率；然后将各账龄段应收款项的余额乘以该组相应的预期信用损失率，分别计算各组应收款项的预期信用损失金额；最后将各组应收款项的预期信用损失金额进行加总，求得全部应收款项的预期信用损失金额。

（三）应收款项减值的核算

企业发生的应收款项减值损失在会计上有两种核算方法：一是直接转销法；二是备抵法。采用直接转销法时，只有在实际发生减值损失时才计入当期损益，从而导致日常核算的应收款项价值虚增，不符合权责发生制和收入配比原则。备抵法是按期估计可能产生的预期信用损失，计提坏账准备，当某一应收款项全部或部分被确认为坏账时，应根据确认的坏账金额冲减坏账准备，同时转销相应的应收款项金额。坏账是指企业无法收回或收回的可能性极小的应收款项。会计准则规定，企业只能采用备抵法核算应收款项的减值损失。

采用备抵法，企业应设置"信用减值损失"和"坏账准备"科目。"信用减值损失"科目属损益类科目，用来核算企业计提的各项金融工具减值准备所形成的预期信用损失，其借方登记发生数（增加数），贷方登记期末结转到"本年利润"科目中的金额，期末结转后，该科目无余额。"坏账准备"科目属于资产类（备抵）科目，贷方登记按期估计的坏账准备数（即坏账准备的提取数），借方登记已确认为坏账应予转销的坏账准备数，该科目的期末贷方余额，反映企业已计提但尚未转销的坏账准备。企业提取坏账准备时，借记"信用减值损失"科目，贷记"坏账准备"科目。

如果当期应提坏账准备金额大于"坏账准备"科目的贷方余额，应按其差额补提坏账准备；如果当期应提坏账准备金额小于"坏账准备"科目的贷方余额，应按其差额冲减已计提的坏账准备；如果"坏账准备"科目为借方余额，应按二者之和补提坏账准备。

企业补提坏账准备时，借记"信用减值损失"科目，贷记"坏账准备"科目。冲减多计提的坏账准备时，借记"坏账准备"科目，贷记"信用减值损失"科目。

实际发生坏账时，借记"坏账准备"科目，贷记"应收账款""其他应收款"等科目。应当指出，对已确认为坏账的应收款项，并不意味着企业放弃了其追索权，一旦重新收回，应及时入账。如果已确认并转销的坏账以后又收回，则应按收回的金额，借记"应收账款""其他应收款"等科目，贷记"坏账准备"科目，以记录恢复的应收债权；同时，借记"银行存款"科目，贷记"应收账款""其他应收款"等科目，反映债权的收回金额。

实务中，企业采用应收款项余额百分比法，一般对应收款项确定一个综合的预期信用损失率。这种方法具有简化工作量的优点,但应用综合预期信用损失率计算的应收款项损失可能误差较大。

【例 2-28】阳光公司采用应收款项余额百分比法计提坏账准备。根据以往的营业经验、债务单位的财务状况和现金流量情况,并结合当前的市场状况、企业的赊销政策等相关资料,阳光公司确定应收账款预期信用损失率为5‰。该公司各年应收账款期末余额、坏账转销、坏账收回的有关资料及相应账务处理如下:

20×0年末应收账款余额为1 200 000元,"坏账准备"科目无余额。

坏账准备提取数 = 1 200 000 × 5‰ = 6 000(元)

借:信用减值损失 6 000
　　贷:坏账准备 6 000

20×1年7月5日,公司发现一笔1 600元的应收账款无法收回,按规定确认为坏账。

借:坏账准备 1 600
　　贷:应收账款 1 600

20×1年12月31日,该公司应收账款余额为1 440 000元。

坏账准备应提数 = 1 440 000 × 5‰ = 7 200(元)

坏账准备原有的贷方余额 = 6 000 - 1 600 = 4 400(元)

本年应补提的坏账准备 = 7 200 - 4 400 = 2 800(元)

借:信用减值损失 2 800
　　贷:坏账准备 2 800

20×2年5月20日,接银行通知,公司上年度已冲销的1 600元坏账又收回,款项已存入银行。

借:应收账款 1 600
　　贷:坏账准备 1 600

借:银行存款 1 600
　　贷:应收账款 1 600

20×2年12月31日,公司应收账款余额为1 000 000元。

坏账准备应提数 = 1 000 000 × 5‰ = 5 000(元)

坏账准备原有的贷方余额 = 7 200 + 1 600 = 8 800(元)

本年应冲减的坏账准备 = 8 800 - 5 000 = 3 800(元)

借:坏账准备 3 800
　　贷:信用减值损失 3 800

企业采用账龄分析法,期末一般都要编制应收款项账龄分析表,将各账龄段应收款项的余额乘以相应的预期信用损失率,然后加总求和,就可以计算出期末应计提的坏账准备。这种方法的优点是较为合理地估计应收款项的预期信用损失,但各账龄组预期信用损失率的确定较为复杂。

【例 2-29】阳光公司 20×1 年 12 月 31 日应收账款账龄及估计预期信用损失如表 2.4 所示。

表 2.4　　　　　　　　应收账款账龄及估计坏账损失计算　　　　　　　　单位：元

应收账款账龄	应收账款金额	估计信用损失率（%）	估计信用损失金额
未到期	300 000	1	3 000
过期 1 个月	400 000	2	8 000
过期 2 个月	300 000	5	15 000
过期 3 个月	200 000	8	16 000
过期 3 个月以上	400 000	10	40 000
合计	1 600 000		82 000

20×2 年阳光公司发生了如下与应收账款有关的事项：

（1）8 月 15 日，阳光公司获知客户甲公司和乙公司发生了财务危机，应收甲公司 40 000 元和乙公司 30 000 元的款项估计收回的可能性极小。

（2）11 月 5 日，乙公司成功地度过了财务危机，并偿还了欠款 30 000 元。

（3）12 月 31 日，阳光公司的"应收账款"科目余额为 2 000 000 元，对应收账款的账龄分析如表 2.5 所示。

表 2.5　　　　　　　　　　应收账款的账龄分析　　　　　　　　　　单位：元

应收账款账龄	应收账款金额	估计信用损失率（%）	估计信用损失金额
未到期	800 000	1	8 000
过期 1 个月	500 000	2	10 000
过期 2 个月	500 000	5	25 000
过期 3 个月	100 000	8	8 000
过期 3 个月以上	100 000	10	10 000
合计	2 000 000		61 000

根据表 2.4，阳光公司应计提的坏账准备金额 82 000 元，账务处理如下：

借：信用减值损失　　　　　　　　　　　　　　　　　　　　82 000
　　贷：坏账准备　　　　　　　　　　　　　　　　　　　　　　82 000

20×2 年 8 月 15 日，阳光公司将甲公司和乙公司的欠款转为坏账，账务处理如下：

借：坏账准备　　　　　　　　　　　　　　　　　　　　　　70 000
　　贷：应收账款——甲公司　　　　　　　　　　　　　　　　40 000
　　　　　　　　——乙公司　　　　　　　　　　　　　　　　30 000

20×2 年 11 月 5 日，乙公司偿还了欠款 30 000 元，阳光公司账务处理如下：

借：应收账款——乙公司　　　　　　　　　　　　　　　30 000
　　贷：坏账准备　　　　　　　　　　　　　　　　　　　　　30 000
借：银行存款　　　　　　　　　　　　　　　　　　　30 000
　　贷：应收账款——乙公司　　　　　　　　　　　　　　　30 000

20×2年12月31日，在计提坏账准备之前，阳光公司"坏账准备"账户的贷方余额为42 000元（82 000 - 70 000 + 30 000）。根据表2.5，阳光公司20×2年12月31日"坏账准备"账户的余额应该为61 000元，扣除"坏账准备"账户已有的贷方余额42 000元，本期应补提坏账准备为19 000元（61 000 - 42 000），账务处理如下：

借：信用减值损失　　　　　　　　　　　　　　　　　19 000
　　贷：坏账准备　　　　　　　　　　　　　　　　　　　　　19 000

思考与练习

一、单项选择题

1. 下列业务中不包括在现金使用范围内的是（　　）。
   A. 支付职工福利费　　　　　　B. 结算起点以下的零星支出
   C. 向个人收购农副产品　　　　D. 支付银行借款利息

2. 确定企业库存现金限额时，考虑的天数最多不能超过（　　）天。
   A. 5　　　　B. 10　　　　C. 15　　　　D. 8

3. 结算起点以下的零星支出的结算起点是（　　）元。
   A. 1 500　　　B. 500　　　C. 1 000　　　D. 2 000

4. 在企业开立的诸多账户中，可以提取现金用于发放工资的是（　　）。
   A. 专用存款账户　　　　　　　B. 一般存款账户
   C. 临时存款账户　　　　　　　D. 基本存款账户

5. 支票的提示付款期限为自出票日起（　　）天。
   A. 10　　　　B. 5　　　　C. 3　　　　D. 6

二、多项选择题

1. 下列业务中，可以支出现金的业务有（　　）。
   A. 向个人收购农副产品　　　　B. 各种劳保支出
   C. 差旅费支出　　　　　　　　D. 交纳税金
   E. 偿还短期借款

2. 现金溢缺的核算会涉及的会计科目有（　　）。
   A. 其他应收款　　　　　　　　B. 财务费用
   C. 营业外收入　　　　　　　　D. 营业外支出

E. 待处理财产损溢

3. 现金管理必须做到（　　）。
    A. 出纳员兼管会计档案　　　　B. 日清月结
    C. 保持大量库存现金　　　　　D. 当日收到现金可以直接当日支出
    E. 出纳人员定期轮换

4. 银行存款日记账余额与银行转来的对账单余额不符时，产生的原因可能有（　　）。
    A. 没有收到托收款项的收款通知　　B. 企业方面记账有错误
    C. 银行方面记账有错误　　　　　　D. 企业收到的转账支票没有送存银行
    E. 持票人未到银行办理转账

5. 下列各项目中，可以用来支付购买材料款项的包括（　　）。
    A. 存出投资款　　　　　　B. 银行汇票存款
    C. 信用卡存款　　　　　　D. 外埠存款
    E. 银行本票存款

三、判断题

1. 库存现金日记账和库存现金总账都应逐日逐笔进行登记。（　　）
2. 临时存款账户不能提取现金。（　　）
3. 企业从银行转来的对账单上发现的未入账业务，可以账单为依据进行记账。（　　）
4. 企业银行存款实有额通常需要通过编制银行存款余额调节表的方法进行确定。（　　）
5. 银行汇票不能提取现金。（　　）

四、计算及账务处理题

阳光公司采用应收款项余额百分比法计提坏账准备，假定预计的坏账率均为3%。20×0年末应收账款的余额为1 000 000元，假定计提前"坏账准备"科目无余额。20×1年发生坏账损失50 000元，其中：甲单位20 000元，乙单位30 000元。当年年末应收账款余额为1 200 000元。20×2年，上年已冲销甲单位的应收账款20 000元又收回，当年年末应收账款余额为1 400 000元。

要求：根据上述资料编制阳光公司的相关会计分录。

思考与练习答案

第三章　存　　货

[学习目标]

通过本章的学习，理解存货的基本概念及分类；掌握存货取得、发出及期末的计价方法；掌握实际成本法和计划成本法下存货的账务处理；掌握存货清查的核算；了解商品流通企业特殊的核算方法。

[思政目标]

存货是制造业企业非常重要的一项流动资产，其周转速度的快慢直接影响到企业的经济利益。我国作为一个制造业大国，制造业企业的改革发展直接关系到国家整体经济发展。我们应当认真思考如何运用习近平总书记推进供给侧结构性改革的经济思想来指导我国企业加强存货管理，提升企业存货供给竞争力，防控企业存货风险。

第一节　存货概述

一、存货的概念

存货是企业重要的流动资产，广泛分布在生产经营活动的各个环节，一般具有品种多、数量大、收发频繁的特点，对企业的生产经营活动具有重要影响。做好存货的核算、监督和管理工作，对于保证企业正常的生产经营活动，节约资金，降低产品成本，增加销售利润和保证财产安全具有重要意义。

存货是指企业在日常活动中持有以备出售的产成品或商品、处在生产过程中的在产品、在生产过程或提供劳务过程中耗用的材料或物料等。

存货作为企业基本的流动资产，与固定资产等非流动资产的根本区别在于，企业持有存货的最终目的是出售，包括可供直接出售的产成品、商品以及需要经过进一步加工后才能出售的原材料等。

二、存货的确认条件

存货必须在符合定义的前提下，同时满足下列两个条件才能予以确认：

1. 与该存货有关的经济利益很可能流入企业。通常，拥有存货的所有权是存货包含的经济利益很可能流入本企业的一个重要标志。因此，在具体判断与存货相关的经济利益能否流入企业时，应该结合该项存货所有权的归属情况进行分析确定。凡在盘存日，法定产权属于企业的物品，无论其存放何处或处于何种状态，都应该确认为企业的存货；反之，凡是法定产权不属于企业的物品，即使存放在企业，也不应确认为企业的存货。例如，根据销售合同已经售出（取得现金或收取现金的权利）的存货，其所有权已经转移，与其相关的经济利益已不能再流入本企业。此时，即使该项存货尚未运离本企业，也不能再确认为本企业的存货。

2. 该存货的成本能可靠地计量。存货的成本能够可靠地计量必须以取得确凿、可靠的证据为依据，并且具有可验证性。如果存货成本不能可靠地计量，则不能确认为一项存货。例如，企业承诺的订货合同，由于并未实际发生，不能可靠确定其成本，因此就不能确认为购买企业的存货。

存货一般包括以下三类有形资产：（1）在正常经营过程中储存以备出售的存货，是指企业在正常的经营过程中处于待销售状态的各种物品，如工业企业的库存产成品，商品流通企业的库存商品等。但特种储备物资以及按国家指令专项储备的资产不属于存货的范围。（2）为了最终出售正处于生产过程中的存货，是指为了最终出售但目前处于生产加工过程中的各种物品，如工业企业的在产品和自制半成品等。（3）为了生产供销售的商品或提供服务以备消耗的存货，是指企业为产品生产或提供劳务过程中耗用而储存的各种物品，如工业企业为生产产品耗用的原材料、燃料、包装物、低值易耗品等。值得注意的是，为建造固定资产等工程而储备的各种材料物资，虽然具有存货的某些特征，但其并不处于企业生产经营过程中的任何阶段，不属于为生产产品而储备的资产，不应包括在存货范围之内，而属于工程物资。

三、存货的类型

存货处于企业生产经营的各个环节，而且种类繁多、用途各异。为满足存货管理与核算的需要，应当对存货进行适当分类。不同企业经济业务的内容各不相同，存货的构成也不尽相同。存货的具体内容和类别应根据企业所处行业的性质而定。一般来说，存货按照经济用途可以分为六类。

1. 原材料。原材料是指企业在生产过程中经加工改变其形态或性质并构成产品主要实体的各种原料及主要材料、辅助材料、燃料、修理用备件（备品备件）、包装材料、外购半成品（外购件）等。

2. 在产品。在产品是指企业正在制造尚未完工的产品，包括正在各个生产工序加工的产品，以及已加工完毕但尚未检验或已检验但尚未办理入库手续的产品。

3. 半成品。半成品是指经过一定生产过程并已检验合格交付半成品仓库保管，但尚未制造完工成为产成品，仍需进一步加工的中间产品。

4. 产成品。产成品是指工业企业已经完成全部生产过程并已验收入库，可以按照合同规定的条件送交订货单位，或者可以作为商品对外销售的产品。企业接受来料加工制造的代制品和为外单位加工修理的代修品，制造和修理完成验收入库后，应视同企业的产成品。

5. 商品。商品是指商品流通企业外购或委托加工完成验收入库用于销售的各种商品。

6. 周转材料。周转材料是指企业能够多次使用、逐渐转移其价值但仍保持原有形态不确认为固定资产的材料，主要包括包装物和低值易耗品。其中，包装物是指为了包装本企业的商品而储备的各种包装容器，如桶、箱、瓶、坛、袋等；低值易耗品是指不符合固定资产确认条件的各种用具物品，如工具、管理用具、玻璃器皿、劳动保护用品以及在经营过程中周转使用的容器等。

第二节　存货的初始计量

一、存货取得的计价

《企业会计准则》规定，企业取得存货应当按照成本进行初始计量。存货成本包括采购成本、加工成本和使存货达到目前场所和状态所发生的其他成本三个组成部分。

存货取得方式多种多样，不同取得方式下，存货成本的具体构成内容并不完全相同。因此，企业应结合存货的不同取得方式，分别确定存货的实际成本。

（一）外购的存货

外购的存货，按购买价款加运输费（按规定计入存货成本部分）、装卸费、保险费、包装费、中转仓储费等运杂费、运输途中的合理损耗、入库前的挑选整理费用和按规定应计入成本的相关税费等，作为实际成本。其中购买价款是指企业购入材料或商品的发票账单上列明的价款，但不包括按规定可以抵扣的增值税税额。相关税费是指企业购买存货所发生的进口关税、消费税、资源税和不能从增值税销项税额中抵扣的进项税额等应计入存货采购成本的税费。存货采购过程中发生的仓储费、包装费、运输途中的合理损耗、入库前的挑选整理费用等，这些费用能分清负担对象的，应直接计入存货的采购成本；不能分清负担对象的，应选择所购存货的重量或采购价格等合理的分配方法，分配计入有关存货的采购成本。

但是，对于采购过程中发生的存货损耗、短缺等，除合理的损耗应作为存货的其他可归属于存货采购成本的费用计入存货的采购成本外，应区别不同情况进行账务处理：(1) 应从供应单位、外部运输机构等收回的存货短缺或其他赔款，冲减存货的采购成本；(2) 因遭受意外灾害发生的损失和尚待查明原因的途中损耗，不得增加存货的采购成本，应暂作为待处理财产损溢进行核算，待查明原因后再作处理。

商品流通企业在采购商品过程中发生的运输费、装卸费、保险费以及其他可归属于存货采购成本的费用等进货费用，应当计入所购商品成本。在实务中，企业也可以先进行归集，期末再按照所购商品的存销情况进行分摊。对于已售商品的进货费用计入当期损益（主营业务成本）；对于未售商品的进货费用，计入期末存货成本。商品流通企业采购商品的进货费用金额较小的，可以在发生时直接计入当期损益（销售费用）。

(二) 自制的存货

企业自制存货包括自制原材料、自制包装物、自制低值易耗品、自制半成品及库存商品等，其成本包括直接材料、直接人工和制造费用等的各项实际支出。某些存货还包括使存货达到目前场所和状态所发生的其他成本，例如可直接认定的产品设计费等。

(三) 委托加工的存货

委托加工存货的成本，一般包括加工过程中实际耗用的原材料或者半成品成本、加工费、运输费、装卸费和保险费等费用以及按规定应计入成本的相关税费。

(四) 投资者投入的存货

投资者投入存货的成本，按照投资合同或协议约定的价值确定，但合同或协议约定价值不公允的除外。在投资合同或协议约定价值不公允的情况下，按照该项存货的公允价值作为其入账价值。

(五) 盘盈的存货

盘盈存货的成本，应按其重置成本作为入账价值，并通过"待处理财产损溢"账户进行账务处理，按管理权限报经批准后，冲减当期管理费用。

(六) 其他方式取得的存货

通过非货币性资产交换、债务重组、企业合并等方式取得存货的成本，应当分别按照《企业会计准则第7号——非货币性资产交换》《企业会计准则第12号——债务重组》《企业会计准则第20号——企业合并》等的规定确定。但是，该存货的后续计量和披露应当执行《企业会计准则第1号——存货》的规定。

（七）通过提供劳务取得的存货

通过提供劳务取得的存货，其成本按从事劳务提供人员的直接人工和其他直接费用以及可归属于该存货的间接费用确定。

在确定存货成本的过程中，应当注意下列费用不应计入存货成本，而应在其发生时计入当期损益：

1. 非正常消耗的直接材料、直接人工和制造费用，应在发生时计入当期损益，而不应计入存货成本。例如，企业超定额的废品损失以及由于自然灾害而发生的直接材料、直接人工和制造费用，由于这些费用的发生无助于使该存货达到目前场所和状态，不应计入存货成本，而应确认为当期损益。

2. 仓储费用，指企业在存货采购入库后发生的储存费用，应在发生时计入当期损益。但是，在生产过程中为达到下一个生产阶段所必需的仓储费用则应计入存货成本。例如，某酒厂为使生产的酒达到规定的产品质量标准，而必须发生的仓储费用就应计入酒的成本。

3. 不能归属于使存货达到目前场所和状态的其他支出，应在发生时计入当期损益，不得计入存货成本。

4. 企业采购专门用于广告营销活动的特定商品，向客户预付货款未取得商品时，应作为预付账款进行账务处理，待取得相关商品时计入当期损益（销售费用）。企业取得广告营销性质的服务比照该原则进行处理。

二、外购存货的核算

（一）外购原材料的核算

生产制造企业购入的存货通常指原材料。本部分将以原材料为例，介绍存货购入的账务处理。在实际工作中，原材料的日常核算方法有两种：按实际成本计价核算和按计划成本计价核算。企业可根据材料品种规格的多少、收发业务量的大小以及管理要求等选择原材料的日常核算方法。

1. 按实际成本计价核算。

（1）账户设置。外购材料按实际成本计价进行日常收发核算，其特点是：从材料的收发凭证到明细分类账和总分类账全部按照实际成本计价、登记。主要设置"原材料"和"在途物资"两个账户。

"原材料"账户，核算企业库存的各种材料，包括原料及主要材料、辅助材料、外购半成品、修理用备件、包装材料、燃料等的实际成本。其借方登记入库原材料的实际成本，贷方登记发出原材料的实际成本，期末借方余额为库存原材料的实际成本。

在该账户下,应按照原材料的保管地点、材料的类别、品种和规格设置"原材料"明细账进行明细分类核算。

"在途物资"账户,核算企业货款已付但尚未验收入库的在途物资的采购成本。其借方登记企业购入的在途物资的实际成本,贷方登记验收入库的在途物资的实际成本,期末余额在借方,反映企业在途物资的采购成本。在该账户下,应分别按供应单位和物资品种进行明细分类核算。

(2)账务处理。由于采用不同的结算方式、供货地点的远近和运输条件等不同情况,在收料和付款时间上不完全一致,因而在会计核算方法上也不完全一致。

情形一:单货同到。在这种情况下,企业应根据银行结算凭证、发票账单和收料单等凭证,借记"原材料"科目,对于增值税专用发票上注明的可抵扣的进项税额,借记"应交税费——应交增值税(进项税额)"科目,贷记"银行存款"等科目。

【例3-1】阳光公司为一般纳税人,20×2年6月18日从乙企业购入原材料一批,取得的增值税专用发票上注明的原材料价款为300 000元,增值税税额为39 000元。发票等结算凭证已经收到,货款已通过银行转账支付,材料已运到并已验收入库。账务处理如下:

借:原材料　　　　　　　　　　　　　　　　　　　　　　　300 000
　　应交税费——应交增值税(进项税额)　　　　　　　　　　39 000
　　贷:银行存款　　　　　　　　　　　　　　　　　　　　　339 000

情形二:单到货未到。对于发票结算凭证等单据已到,但材料尚未到达(或尚未验收入库)的业务。应根据结算凭证、发票账单等,借记"在途物资"科目,对于增值税专用发票上注明的可抵扣的进项税额,借记"应交税费——应交增值税(进项税额)"科目,贷记"银行存款"等科目。待材料验收入库后,再根据收料单,借记"原材料"科目,贷记"在途物资"科目。

【例3-2】其他资料如【例3-1】,假定购入材料的发票等结算凭证已收到,货款已通过银行支付,但材料尚未运到。阳光公司收到发票等结算凭证时的账务处理如下:

借:在途物资　　　　　　　　　　　　　　　　　　　　　　300 000
　　应交税费——应交增值税(进项税额)　　　　　　　　　　39 000
　　贷:银行存款　　　　　　　　　　　　　　　　　　　　　339 000

等上述材料到达入库时,编制会计分录如下:

借:原材料　　　　　　　　　　　　　　　　　　　　　　　300 000
　　贷:在途物资　　　　　　　　　　　　　　　　　　　　　300 000

情形三:货到单未到。对于材料已经验收入库,但发票账单尚未到达,此时,由于企业无法确定存货的实际成本,可暂时不记账;等当月发票账单到达,再按情形一进行账务处理。如果月末结算凭证仍未到达,为了在资产负债表上全面反映月末企业的全部资产及负债，应先按合同价格暂估入账，借记"原材料"科目，贷记"应付账款"科目。下月初，用红字编制相同的会计分录冲回；待结算凭证到达并付款后，按单货同到的情况进行账务处理。

【例3-3】其他资料如【例3-1】。假定购入的材料已运到，并已验收入库，但发票等结算凭证尚未收到，货款尚未支付。6月末，该公司应按暂估价入账，假定其暂估价为280 000元，所作的账务处理如下：

借：原材料　　　　　　　　　　　　　　　　　　　　280 000
　　贷：应付账款——暂估应付款　　　　　　　　　　　　280 000

7月初将上述会计分录红字冲回：

借：原材料　　　　　　　　　　　　　　　　　　　　280 000
　　贷：应付账款——暂估应付账款　　　　　　　　　　　280 000

在收到发票等结算凭证，并支付货款时：

借：原材料　　　　　　　　　　　　　　　　　　　　300 000
　　应交税费——应交增值税（进项税额）　　　　　　　 39 000
　　贷：银行存款　　　　　　　　　　　　　　　　　　339 000

情形四：采用预付货款方式。企业采用预付货款的方式采购材料，应在预付材料价款时，按照实际预付金额，借记"预付账款"科目，贷记"银行存款"科目；已经预付货款的材料验收入库，根据发票账单等凭证所列的价款、税款等，借记"原材料""应交税费——应交增值税（进项税额）"等科目，按实际发生的金额，贷记"预付账款"科目。预付货款不足，需补付货款时，按补付的金额，借记"预付账款"科目，贷记"银行存款"科目；退回多余的预付款项，借记"银行存款"科目，贷记"预付账款"科目。

【例3-4】阳光公司与乙企业签订购销合同，购买乙企业材料，按购销合同规定预付200 000元货款的80%，计160 000元，已通过汇兑方式汇出。收到材料，并验收入库。有关发票账单记载，该批货物的货款200 000元，增值税税额26 000元。其账务处理如下：

按合同规定预付货款时：

借：预付账款　　　　　　　　　　　　　　　　　　　160 000
　　贷：银行存款　　　　　　　　　　　　　　　　　　160 000

材料入库时：

借：原材料　　　　　　　　　　　　　　　　　　　　200 000
　　应交税费——应交增值税（进项税额）　　　　　　　 26 000
　　贷：预付账款　　　　　　　　　　　　　　　　　　226 000

补付货款时：

借：预付账款　　　　　　　　　　　　　　　　　　　　　　　　66 000
　　贷：银行存款　　　　　　　　　　　　　　　　　　　　　　　66 000

注意：外购原材料如果发生短缺毁损，应通过"待处理财产损溢"账户，根据不同原因分别进行处理。

2. 按计划成本计价核算。

原材料按计划成本核算时，其收发、结存，无论是总分类核算还是明细分类核算，均按计划成本计价。原材料实际成本与计划成本的差异，通过"材料成本差异"科目核算。月末，计算本月发出原材料应负担的成本差异，根据领用原材料的用途分别计入相关资产的成本或者当期损益，从而将发出原材料的计划成本调整为实际成本。

外购存货发生短缺的账务处理

(1) 账户设置。主要设置"原材料""材料采购""材料成本差异"等账户。

"原材料"账户，核算企业库存的各种材料，包括原料及主要材料、辅助材料、外购半成品、修理用备件、包装材料、燃料等的计划成本。其借方登记入库材料的计划成本，贷方登记发出材料的计划成本。期末余额在借方，反映企业库存材料的计划成本。在该账户下，应按照原材料的保管地点、材料的类别、品种和规格设置"原材料"明细账进行明细分类核算。

"材料采购"账户，核算企业采用计划成本进行材料日常核算而购入材料的采购成本。其借方登记采购材料的实际成本，贷方登记入库材料的计划成本。借方大于贷方表示超支差异，从本科目贷方转入"材料成本差异"科目的借方；贷方大于借方表示节约差异，从本科目借方转入"材料成本差异"科目的贷方；期末为借方余额，反映企业在途材料的采购成本。

"材料成本差异"账户，核算企业已经入库的各种材料的实际成本与计划成本的差异。其借方登记入库材料的超支差异及发出材料应负担的节约差异，贷方登记入库材料的节约差异及发出材料应负担的超支差异。期末如为借方余额，反映企业库存材料的实际成本大于计划成本的差异；如为贷方余额，反映企业库存材料的实际成本小于计划成本的差异。在该账户下，应分别按材料的类别和品种进行明细分类核算。

(2) 账务处理。在材料按计划成本进行日常收发核算的情况下，企业外购材料时，也会有四种不同的情形。

情形一：单货同到。其账务处理方法是：付款时，根据银行结算凭证、发票账单等确定的材料实际成本，借记"材料采购"科目；对于增值税专用发票上注明的可抵扣的进项税额，借记"应交税费——应交增值税（进项税额）"科目，贷记"银行存款"等科目。

材料验收入库时，根据收料凭证，按入库材料的计划成本，借记"原材料"科目，贷记"材料采购"科目。结转已入库材料的成本差异时，若入库材料的实际成本大于计划成本，应按其差额，借记"材料成本差异"科目，贷记"材料采购"科目；若入库材料的实际成本小于计划成本，应按其差额，借记"材料采购"科目，贷记"材料成本差异"科目。

【例3-5】阳光公司20×2年7月18日购入原材料一批，专用发票上记载的价款为400 000元，增值税税额为52 000元，发票等结算凭证已经收到，货款已通过银行转账支付，材料已运到并已验收入库。该材料的计划成本为410 000元。其账务处理如下：

借：材料采购　　　　　　　　　　　　　　　　　　　400 000
　　应交税费——应交增值税（进项税额）　　　　　　 52 000
　　　贷：银行存款　　　　　　　　　　　　　　　　 452 000
借：原材料　　　　　　　　　　　　　　　　　　　　 410 000
　　　贷：材料采购　　　　　　　　　　　　　　　　 410 000
借：材料采购　　　　　　　　　　　　　　　　　　　　10 000
　　　贷：材料成本差异　　　　　　　　　　　　　　　10 000

情形二：单到货未到。其账务处理方法是：根据银行结算凭证、发票账单等确定的材料实际成本，借记"材料采购"科目；对于增值税专用发票上注明的可抵扣的进项税额，借记"应交税费——应交增值税（进项税额）"科目，贷记"银行存款"等科目。待材料到达验收入库后，再编制按计划成本收料入库和结转入库材料成本差异的会计分录。

【例3-6】其他资料如【例3-5】。假定20×2年7月18日购入材料的发票等结算凭证已收到，货款已通过银行转账支付，但材料尚未运到；7月26日该批材料验收入库。

20×2年7月18日，收到发票等结算凭证时，编制会计分录如下：

借：材料采购　　　　　　　　　　　　　　　　　　　400 000
　　应交税费——应交增值税（进项税额）　　　　　　 52 000
　　　贷：银行存款　　　　　　　　　　　　　　　　 452 000

20×2年7月26日上述材料到达入库时，编制会计分录如下：

借：原材料　　　　　　　　　　　　　　　　　　　　 410 000
　　　贷：材料采购　　　　　　　　　　　　　　　　 410 000
借：材料采购　　　　　　　　　　　　　　　　　　　　10 000
　　　贷：材料成本差异　　　　　　　　　　　　　　　10 000

情形三：货到单未到。对于材料已到并验收入库，但发票账单等凭证未到，货款尚未支付的采购业务，为了简化核算手续，平时收料时暂不做账务处理，待付款时，再按照"单货同到"的业务做付款、收料和结转差异的会计分录。如果月末仍未收到发票账单等单据，应按收料的计划成本暂估入账，借记"原材料"科目，贷记"应付账款——暂估应付款"科目，下月初，编制相同的会计分录用红字冲销；下月单据到达付款时，再按"单货同到"的业务进行账务处理。

【例3-7】阳光公司20×2年7月31日购入原材料一批，材料已经运到并验收入库，但发票等结算凭证尚未收到，货款尚未支付，该批材料的计划成本为45 000元。账务处理如下：

月末，按计划成本估价入账：

借：原材料　　　　　　　　　　　　　　　　　　　　　　　45 000
　　贷：应付账款——暂估应付款　　　　　　　　　　　　　　　45 000

8月初用红字将上述会计分录冲销：

借：原材料　　　　　　　　　　　　　　　　　　　　　　　45 000
　　贷：应付账款——暂估应付账款　　　　　　　　　　　　　　45 000

假定8月10日购入的材料已运到，并已验收入库，发票等结算凭证已收到，实际支付货款50 000元，支付的增值税税额为6 500元。其账务处理如下：

借：材料采购　　　　　　　　　　　　　　　　　　　　　　　50 000
　　应交税费——应交增值税（进项税额）　　　　　　　　　　　6 500
　　贷：银行存款　　　　　　　　　　　　　　　　　　　　　　56 500
借：原材料　　　　　　　　　　　　　　　　　　　　　　　　45 000
　　贷：材料采购　　　　　　　　　　　　　　　　　　　　　　45 000
借：材料成本差异　　　　　　　　　　　　　　　　　　　　　5 000
　　贷：材料采购　　　　　　　　　　　　　　　　　　　　　　5 000

情形四：采用预付货款方式。企业采用预付货款的方式采购材料，应在预付材料价款时，按照实际预付金额，借记"预付账款"科目，贷记"银行存款"科目；已经预付货款的材料到达，根据发票账单等凭证所列的价款、税款等，借记"材料采购""应交税费——应交增值税（进项税额）"等科目，贷记"预付账款"科目。补付货款，借记"预付账款"科目，贷记"银行存款"科目；退回多余预付的款项，借记"银行存款"科目，贷记"预付账款"科目。材料验收入库，依据收料单，借记"原材料"科目，贷记"材料采购"科目；按两者的差额，贷记或借记"材料成本差异"科目。

【例3-8】阳光公司20×2年7月20日与甲企业签订材料购销合同，按购销合同规定预付货款200 000元，已通过汇兑方式汇出。8月25日收到材料，并验收入库。有关发票账单记载，该批货物的货款为200 000元，增值税税额为26 000元。该材料计划成本为180 000元。其账务处理如下：

20×2年7月20日预付货款时：

借：预付账款——甲企业　　　　　　　　　　　　200 000
　　贷：银行存款　　　　　　　　　　　　　　　　　　200 000

20×2年8月25日收到材料时：

借：材料采购　　　　　　　　　　　　　　　　　200 000
　　应交税费——增值税（进项税额）　　　　　　　26 000
　　贷：预付账款——甲企业　　　　　　　　　　　　226 000
借：原材料　　　　　　　　　　　　　　　　　　180 000
　　贷：材料采购　　　　　　　　　　　　　　　　　180 000
借：材料成本差异　　　　　　　　　　　　　　　　20 000
　　贷：材料采购　　　　　　　　　　　　　　　　　20 000

补付货款时：

借：预付账款——甲企业　　　　　　　　　　　　26 000
　　贷：银行存款　　　　　　　　　　　　　　　　　26 000

以上材料验收入库和结转成本差异的会计分录是逐笔编制的，为了简化工作，也可以按旬或按月汇总编制。

（二）外购商品的核算

商品包括商品流通企业为销售而购入或委托外单位加工的各种商品，它是商品流通企业的主要存货，企业可根据经营商品品种规格的多少、购销业务量的大小等选用成本或售价进行核算。

1. 账户设置。企业对商品存货基本业务一般设置"在途物资""库存商品""商品进销差价"账户核算。

"在途物资"账户中商品采购业务的核算，类似材料采购的账务处理。

"库存商品"账户中的库存业务一般采用成本或售价进行收发核算。购入商品采用成本核算的，在商品到达验收入库后，按商品的实际成本，借记"库存商品"科目，贷记"银行存款""在途物资"等科目；购入商品采用售价核算的，在商品验收入库后，按商品售价，借记"库存商品"科目，按商品成本，贷记"银行存款""在途物资"等科目，按商品售价与成本的差额，贷记"商品进销差价"科目。销售商品结转成本时，按发出商品的成本（或售价），借记"主营业务成本"科目，贷记"库存商品"科目。

"商品进销差价"账户，核算企业采用售价进行日常核算的商品售价与成本之间差额。企业因购入、加工收回以及销售退回等增加的库存商品，按商品售价，借记"库存商品"科目；按商品成本，贷记"银行存款""在途物资""委托加工物资"等科目；按商品售价与成本的差额，贷记"商品进销差价"科目。期末分摊已销商品的进销差价，借记"商品进销差价"科目，贷记"主营业务成本"科目。

$$商品进销差价率 = \left(\begin{array}{c}期初库存商品\\进销差价\end{array} + \begin{array}{c}本期购入商品\\进销差价\end{array}\right) \div \left(\begin{array}{c}期初库存\\商品售价\end{array} + \begin{array}{c}本期购入\\商品售价\end{array}\right) \times 100\%$$

本期已销商品应分摊的商品进销差价 = 本期商品销售收入 × 商品进销差价率

本期销售商品的实际成本 = 本期商品销售收入 − 本期已销商品应分摊的商品进销差价

$$\begin{array}{c}期末结存商品\\的实际成本\end{array} = \begin{array}{c}期初库存商\\品进价成本\end{array} + \begin{array}{c}本期购进商\\品进价成本\end{array} - \begin{array}{c}本期销售商品\\的实际成本\end{array}$$

2. 账务处理。

【例3-9】阳光公司20×2年7月的期初库存空调成本为300 000元，总售价为360 000元；本月购入空调250台，每台2 000元，取得增值税专用发票，全部款项已通过银行支付。空调到货，家电组验收入库，空调每台售价2 560元（不含增值税）；本月销售空调300台，总售价为768 000元。企业采用售价金额法核算存货，其账务处理如下：

购进商品时：

借：库存商品　　　　　　　　　　　　　　　　　　　　　　　640 000
　　应交税费——增值税（进项税额）　　　　　　　　　　　　　65 000
　　贷：银行存款　　　　　　　　　　　　　　　　　　　　　　　565 000
　　　　商品进销差价　　　　　　　　　　　　　　　　　　　　　140 000

销售商品时：

借：银行存款　　　　　　　　　　　　　　　　　　　　　　　867 840
　　贷：主营业务收入　　　　　　　　　　　　　　　　　　　　　768 000
　　　　应交税费——增值税（销项税额）　　　　　　　　　　　　99 840

结转商品销售成本：

借：主营业务成本　　　　　　　　　　　　　　　　　　　　　768 000
　　贷：库存商品　　　　　　　　　　　　　　　　　　　　　　　768 000

期末，计算已销商品应分摊的商品进销差价，并结转商品销售成本：

商品进销差价率 = (360 000 − 300 000 + 140 000) ÷ (360 000 + 640 000) × 100% = 20%

已销商品应分摊的商品进销差价 = 768 000 × 20% = 153 600（元）

借：商品进销差价　　　　　　　　　　　　　　　　　　　　　153 600
　　贷：主营业务成本　　　　　　　　　　　　　　　　　　　　　153 600

经过转账处理，当月商品销售成本调整为实际进价成本614 400元（768 000 − 153 600）。

商品零售企业在会计期末编制资产负债表时，"存货"项目中的商品存货部分，应根据"库存商品"科目的期末余额扣除"商品进销差价"科目的期末余额，按其差额列示（假设其可变现净值高于成本）。

国际上通常采用的是零售价法。零售价法是指用销售成本率计算期末存货成本的一种方法，采用这种方法的基本内容如下：

（1）期初库存存货和本期购进存货同时按成本和售价记录，以便计算可供销售的存货成本和售价总额。

（2）本期销售只记录零售价，从本期可供销售的存货售价总额中减去本期销售的售价总额，计算出期末库存存货的售价总额。

（3）计算销售成本率，计算公式如下：

$$销售成本率 = \left(\frac{期初库存}{存货成本} + \frac{本期购进}{存货成本}\right) \div \left(\frac{期初库存}{存货售价} + \frac{本期购进}{存货售价}\right) \times 100\%$$

（4）计算期末库存存货成本，计算公式如下：

$$期末库存存货成本 = 期末库存存货售价总额 \times 销售成本率$$

（5）计算当期销售存货成本，计算公式如下：

$$当期销售存货成本 = 期初库存存货成本 + 当期购进存货成本 - 期末库存存货成本$$

（三）自制存货的核算

1. 自制半成品。自制半成品是指经过一定生产过程并已检验合格交付半成品仓库保管，但尚未制造完工成为产成品，仍需继续加工的中间产品。可以按实际成本核算，也可以按计划成本核算，其方法与外购材料的核算基本相同。下面仅以自制半成品按实际成本计价核算为例介绍其核算方法。

为了核算企业各种自制半成品的增减变动及结存情况，应设置"自制半成品"账户。该账户借方登记入库在总部产品的实际成本，贷方登记发出自制半成品的实际成本，期末借方余额为库存自制半成品的实际成本。在该账户下，应按自制半成品的品种设置"库存半成品"明细账进行明细分类核算。企业外购的半成品（外购件）应作为原材料核算，不在"自制半成品"账户核算。自制半成品收入、发出的核算方法如下：

（1）生产完成已检验送交半成品库的自制半成品，应按其实际成本结转，会计分录为：

借：自制半成品
　　贷：生产成本——基本生产成本

（2）生产车间领用自制半成品，按其实际成本结转，会计分录为：

借：生产成本——基本生产成本

贷：自制半成品

（3）对外销售自制半成品，结转其实际成本时，会计分录为：

借：主营业务成本（其他业务成本）

贷：自制半成品

2. 自制产成品。产成品是指企业已完成全部生产过程并已验收入库、符合标准规格和技术条件，可以按照合同规定的条件送交订货单位，或可以作为商品对外销售的产品。产成品可以按实际成本核算，也可以按计划成本核算，其方法与外购材料相似。下面仅以产成品按实际成本进行核算的有关账务处理予以说明。

为了核算企业产成品的增减变动及结存情况，应设置"库存商品"账户。该账户借方登记入库产成品的实际成本，贷方登记发出产成品的实际成本，期末借方余额为库存产成品的实际成本。在该账户下，应按产品的品种、规格等设置"库存商品"明细账进行明细分类核算。

当产品完工验收入库时：

借：库存商品——A产品

　　　　——B产品

贷：生产成本——基本生产成本——A产品

　　　　　　　　　　　　——B产品

（四）委托加工存货的核算

委托加工存货是指企业委托外单位加工的各种材料、商品等物资。其成本包括加工中实际耗用物资的成本、支付的加工费用及往返运杂费、支付的税金，包括委托加工物资负担的增值税和消费税（指属于消费税应税范围的加工物资）等。

对于委托加工物资应负担的增值税和消费税应区分不同情况处理：

增值税采用一般计税方法的企业委托加工物资应负担的增值税，凡属于加工物资用于应交增值税项目并取得增值税专用发票的，应作为进项税额，不计入加工物资成本；凡属于加工物资用于非应税项目或免征增值税项目、集体福利或个人消费或未取得增值税专用发票的，应计入加工物资的成本。增值税采用简易计税方法的企业委托加工物资应交的增值税，一律计入委托加工物资的成本。

委托加工物资应负担的消费税，凡属于加工物资收回后直接用于销售的，由受托加工方代收代缴的消费税应计入委托加工物资的成本，收回的委托加工物资销售时，不再计算交纳消费税；凡属于加工物资收回后用于连续生产应税消费品的，由受托加工方代收代缴的消费税按规定准予抵扣的，企业将负担的消费税记入"应交税费——应交消费税"账户的借方，不计入委托加工物资的成本。待连续生产的应税消费品生产完成并销售时，从生产完成的应税消费品应纳消费税额中抵扣。

1. 账户设置。主要设置"委托加工物资"账户，该账户用来反映和监督委托加工物资增减变动及其结存情况。其借方登记委托加工物资的实际成本，贷方登记加工完成验收入库物资的实际成本和剩余物资的实际成本。期末余额在借方，反映企业尚未完工的委托加工物资的实际成本。

2. 委托加工物资的核算。委托加工业务在账务处理上主要包括发出加工物资，支付加工费用、运杂费和税金，收回加工物资和剩余物资等几个环节。

【例3-10】阳光公司委托乙企业加工材料一批（属于应税消费品）。发出加工的原材料实际成本为30 000元，支付的加工费为6 000元（不含增值税），支付运费2 000元，取得增值税专用发票。消费税税率为10%，材料加工完成并已验收入库，加工费、运费等已通过银行支付。双方适用的增值税税率为13%。该公司按实际成本核算存货，其账务处理如下：

发出委托加工材料：
借：委托加工物资　　　　　　　　　　　　　　　　　　30 000
　　贷：原材料　　　　　　　　　　　　　　　　　　　　　　30 000

支付运费：
借：委托加工物资　　　　　　　　　　　　　　　　　　2 000
　　应交税费——应交增值税（进项税额）　　　　　　　180
　　贷：银行存款　　　　　　　　　　　　　　　　　　　　　2 180

支付加工费和税金：
消费税组成计税价格 = (30 000 + 6 000) ÷ (1 - 10%) = 40 000（元）
受托方代收代缴的消费税 = 40 000 × 10% = 4 000（元）
应交增值税 = 6 000 × 13% = 780（元）

假设该公司收回加工后的材料用于连续生产应税消费品：
借：委托加工物资　　　　　　　　　　　　　　　　　　6 000
　　应交税费——应交增值税（进项税额）　　　　　　　780
　　　　　　——应交消费税　　　　　　　　　　　　　4 000
　　贷：银行存款　　　　　　　　　　　　　　　　　　　　　10 780

假设该公司收回加工后的材料直接用于销售：
借：委托加工物资　　　　　　　　　　　　　　　　　　10 000
　　应交税费——应交增值税（进项税额）　　　　　　　780
　　贷：银行存款　　　　　　　　　　　　　　　　　　　　　10 780

加工完成，收回委托加工物资：
该公司收回加工后的材料用于连续生产应税消费品：
借：原材料　　　　　　　　　　　　　　　　　　　　　38 000

贷：委托加工物资　　　　　　　　　　　　　　　　　　　　　38 000
　该公司收回加工后的材料直接用于销售：
　借：库存商品　　　　　　　　　　　　　　　　　　　　　　　　 42 000
　　　贷：委托加工物资　　　　　　　　　　　　　　　　　　　　　42 000

【例3－11】阳光公司委托甲企业加工量具一批（不属于应税消费品），发出加工原材料的计划成本为50 000元，材料成本差异率为4%，以银行存款支付运费，专用发票注明金额为3 000元，税额为270元，加工费10 000元（不含增值税），双方均为一般纳税人，适用增值税税率均为13%。量具加工完成验收入库，其计划成本为70 000元，该公司按计划成本对存货进行日常核算，其账务处理如下：

发出材料时：
　借：委托加工物资　　　　　　　　　　　　　　　　　　　　　　 52 000
　　　贷：原材料　　　　　　　　　　　　　　　　　　　　　　　　50 000
　　　　　材料成本差异　　　　　　　　　　　　　　　　　　　　　 2 000
支付运费时：
　借：委托加工物资　　　　　　　　　　　　　　　　　　　　　　　3 000
　　　应交税费——应交增值税（进项税额）　　　　　　　　　　　　　270
　　　贷：银行存款　　　　　　　　　　　　　　　　　　　　　　　 3 270
支付加工费时：
　借：委托加工物资　　　　　　　　　　　　　　　　　　　　　　 10 000
　　　应交税费——应交增值税（进项税额）　　　　　　　　　　　　1 300
　　　贷：银行存款　　　　　　　　　　　　　　　　　　　　　　　11 300
加工完成收回委托加工物资：
　借：周转材料——低值易耗品——量具　　　　　　　　　　　　　 70 000
　　　贷：委托加工物资　　　　　　　　　　　　　　　　　　　　　65 000
　　　　　材料成本差异　　　　　　　　　　　　　　　　　　　　　 5 000

（五）投资者投入存货的核算

企业应当按照投资合同或协议约定的价值确定，但合同或协议价值不公允的除外。在合同或协议价值不公允的情况下，按照该项存货的公允价值入账。

企业收到投入的存货时，借记"原材料""库存商品""周转材料"等科目；按增值税专用发票上注明的增值税税额，借记"应交税费——应交增值税（进项税额）"科目；按投资者在注册资本中所占的份额，贷记"实收资本"（或"股本"）等科目；按差额，贷记"资本公积——资本溢价"科目。

(六) 其他方式取得存货的核算

企业发生的非货币性资产交换、债务重组和企业合并等取得的存货成本,应当分别按照《企业会计准则第 7 号——非货币性资产交换》《企业会计准则第 12 号——债务重组》《企业会计准则第 20 号——企业合并》等准则的规定确定。

第三节　发出存货的计量

一、发出存货的计价方法

发出存货的计价是指对发出的存货和每次发出后存货价值的计算确定。发出存货价值的确定是否正确,直接影响到当期销售成本和当期损益的计算,也直接影响到各期期末存货价值的确定,从而影响到资产负债表中"存货"项目的金额。

企业应当根据各类存货的实物流转方式、企业管理的要求、存货的性质等实际情况,选择适当的存货计价方法,合理确定发出存货的实际成本。对于性质和用途相似的存货,应当采用相同的存货计价。存货计价方法一旦选定,前后各期应当保持一致,并在会计报表中予以披露。

企业发出存货的计价方法主要有:先进先出法、月末一次加权平均法、移动加权平均法、个别计价法。

(一) 先进先出法

先进先出法是以先入库的存货先发出这一存货实物流转假设为前提,对发出存货进行计价的一种方法。采用这种方法,先入库的存货成本在后入库的存货成本之前转出,据此确定发出存货和期末存货的成本。

先进先出法的存货成本流转比较接近存货的实物流转,尤其在存货容易陈旧变质时更是如此。该方法下,库存存货是按最近的购货确定的,因而,期末存货的实际成本与该存货的现行成本较为接近,这使得资产负债表中的存货成本较接近现行市场价值。这种计价方法的缺点是工作量较大,特别是存货的进出量大且较频繁的企业。而且,当市场波动较大时,该方法的选择对企业本期的利润确定会产生较大的影响。物价上涨时,可能会高估企业当期利润;反之,则可能会低估当期利润。

【例 3 - 12】阳光公司 20×2 年 9 月 A 型钢材的购进、发出和结存资料如表 3.1 所示。

表 3.1　　　　　　　　　　　　A 型钢材收发结存登记　　　　　　　　计量单位：吨，万元

20×2年		摘要	收入			发出			结余		
月	日		数量	单价	金额	数量	单价	金额	数量	单价	金额
9	1	期初结存							100	0.70	70
	6	购入钢材	250	0.72	180				350		
	8	生产领用				200			150		
	17	购入	300	0.73	219				450		
	20	领用				350			100		
	25	购入	200	0.71	142				300		
	28	领用				250			50		
	30	合计	750	—	541	800	—		50		

假设阳光公司采用先进先出法对发出存货进行计价，则 A 型钢材本期收入、发出和结存情况如表 3.2 所示。

表 3.2　　　　　　　　　　　　原材料明细账
（先进先出法）

类别：有色金属
品名及规格：A 型钢材　　　　　　　　　　　　　　　　　　　　　　　计量单位：吨，万元

年		凭证字号	摘要	收入			发出			结余		
月	日			数量	单价	金额	数量	单价	金额	数量	单价	金额
9	1		期初结存							100	0.70	70
	6	8	购入钢材	250	0.72	180				100	0.70	70
										250	0.72	180
	8	12	生产领用				100	0.70	70	150	0.72	108
							100	0.72	72			
	17	14	购入	300	0.73	219				150	0.72	108
										300	0.73	219
	20	18	领用				150	0.72	108	100	0.73	73
							200	0.73	146			
	25	20	购入	200	0.71	142				100	0.73	73
										200	0.71	142
	28	30	领用				100	0.73	73	50	0.71	35.5
							150	0.71	106.5			
	30		本期合计	750	—	541	800	—	575.5	50	0.71	35.5

9 月 8 日生产领用钢材成本 = 100 × 0.70 + 100 × 0.72 = 142（万元）

9 月 20 日生产领用钢材成本 = 150 × 0.72 + 200 × 0.73 = 254（万元）

9 月 28 日生产领用钢材成本 = 100 × 0.73 + 150 × 0.71 = 179.5（万元）

期末结存钢材成本 = 50×0.71 = 35.5（万元）

（二）月末一次加权平均法

月末一次加权平均法也称全月一次加权平均法，是指以月初存货数量加上本月全部收入存货数量作为权数，计算本月存货的加权平均单位成本，据此确定本期发出存货的成本和期末存货成本的一种方法。加权平均单位成本的计算公式如下：

$$加权平均单位成本 = \left(\begin{array}{c}月初结存\\存货成本\end{array} + \begin{array}{c}本月收入\\存货成本\end{array}\right) \div \left(\begin{array}{c}月初结存\\存货数量\end{array} + \begin{array}{c}本月收入\\存货数量\end{array}\right)$$

本月发出存货成本 = 本月发出存货的数量 × 加权平均单位成本

月末结存存货成本 = 本月结存存货的数量 × 加权平均单位成本

由于在计算加权平均单价时往往不能除尽，为了保证月末结存存货的数量、单价与总成本的一致性，实务中，应当先按加权平均单价计算月末结存存货成本，然后倒挤出本月发出存货成本，将计算尾差计入本期发出存货成本，即：

月末结存存货成本 = 本月结存存货的数量 × 加权平均单位成本

本月发出存货成本 = 月初结存存货成本 + 本月收入存货成本 − 月末结存存货成本

【例 3-13】 沿用【例 3-12】的资料。假设阳光公司采用加权平均法计算本月发出和期末结存钢材的实际成本。具体计算方法如表 3.3 所示。

表 3.3 原材料明细账
（月末一次加权平均法）

类别：有色金属
品名及规格：A 型钢材
计量单位：吨，万元

年		凭证字号	摘要	收入			发出			结余		
月	日			数量	单价	金额	数量	单价	金额	数量	单价	金额
9	1		期初结存							100	0.70	70
	6	8	购入钢材	250	0.72	180				350		
	8	12	生产领用				200			150		
	17	14	购入	300	0.73	219				450		
	20	18	领用				350			100		
	25	20	购入	200	0.71	142				300		
	28	30	领用				250			50		
			合计	750	—	541	800	—	575.06	50	0.7188	35.94

加权平均单位成本 = (70 + 541) ÷ (100 + 750) = 0.7188（万元）

期末结存钢材成本 = 50 × 0.7188 = 35.94（万元）

本月生产领用钢材成本 = (70 + 541) − 35.94 = 575.06（万元）

采用月末一次加权平均法，只在月末一次计算加权平均单价并结转发出存货的成本即可，平时不对发出存货计价，因而日常核算工作量较小，简便易行，适用于存货收发比较频繁的企业。但也正因为存货计价集中在月末进行，所以平时无法提供发出存货和结存存货的单价及金额，不利于存货的管理。

（三）移动加权平均法

移动加权平均法是指以每次进货的成本加上原有库存存货的成本，除以每次进货数量与原有库存存货的数量之和，据以计算加权平均单位成本，作为在下次进货前计算各批次发出存货成本的依据。移动加权平均单位成本的计算公式如下：

$$\text{移动加权平均单位成本} = \left(\text{原有库存存货的实际成本} + \text{本次进货的实际成本}\right) \div \left(\text{原有库存货的数量} + \text{本次进货的数量}\right)$$

本次发出存货的成本 = 最近移动加权平均单位成本 × 本次发出存货的数量

本月月末库存存货成本 = 期末移动加权平均单位成本 × 月末库存存货的数量

与月末一次加权平均法类似，采用移动加权平均法也应采用倒挤的方法，将计算尾差计入发出存货成本。

【例 3–14】 沿用【例 3–12】的资料。假设阳光公司采用移动加权平均法计算本月发出和期末结存钢材的实际成本。具体计算方法如表 3.4 所示。

表 3.4 原材料明细账
（移动加权平均法）

类别：有色金属
品名及规格：A 型钢材　　　　　　　　　　　　　　　　　　　　计量单位：吨，万元

年		凭证字号	摘要	收入			发出			结余		
月	日			数量	单价	金额	数量	单价	金额	数量	单价	金额
9	1		期初结存							100	0.70	70
	6	8	购入钢材	250	0.72	180				350	0.7143	250
	8	12	生产领用				200		142.855	150	0.7143	107.145
	17	14	购入	300	0.73	219				450	0.7248	326.145
	20	18	领用				350		253.665	100	0.7248	72.48
	25	20	购入	200	0.71	142				300	0.7149	214.48
	28	30	领用				250		178.735	50	0.7149	35.745
	30		合计	750	—	541	800	—	575.255	50	0.7149	35.745

9 月 6 日购进钢材后移动平均单位成本 =（70 + 180）÷（100 + 250）= 0.7143（万元）

9 月 8 日结存钢材成本 = 150 × 0.7143 = 107.145（万元）

9 月 8 日生产领用钢材成本 = 250 − 107.145 = 142.855（万元）

9月17日购进钢材后移动平均单位成本=（107.145+219）÷（150+300）=0.7248（万元）

9月20日结存钢材成本=100×0.7248=72.48（万元）

9月20日生产领用钢材成本=326.145-72.48=253.665（万元）

9月25日购进后移动平均单位成本=（72.48+142）÷（100+200）=0.7149（万元）

9月28日结存钢材成本=50×0.7149=35.745（万元）

9月28日生产领用钢材成本=214.48-35.745=178.735（万元）

9月30日结存钢材成本=50×0.7149=35.745（万元）

与月末一次加权平均法相比，移动加权平均法的优点是：将存货的计价和明细账登记分散在平时进行，可随时掌握发出存货的成本和结存存货的成本，为存货管理及时提供所需信息。缺点是：每次收入存货都要计算一次加权平均单位成本，计算工作量较大，不适合收发货比较频繁的企业使用。

（四）个别计价法

个别计价法也称个别认定法、具体辨认法、分批实际法，采用这一方法是假定存货具体项目的实物流转与成本流转相一致，按照各种存货逐一辨认各批发出存货和期末存货所属的购进批别或生产批别，分别按其购入或生产时所确定的单位成本计算各批发出存货和期末存货的成本。

【例3-15】沿用【例3-12】的资料。阳光公司经具体辨认，9月8日生产领用200吨中，有100吨属于期初结存的钢材，有100吨属于9月6日第一批购进的钢材；9月20日生产领用350吨中，有150吨属于9月6日第一批购进的钢材，其余200吨属于9月17日第二批购进的钢材；9月28日发出的250吨有100吨属于9月17日第二批购进的钢材，其余150吨属于9月25日第三批购进的钢材。假设阳光公司采用个别计价法计算本月发出和期末结存钢材的实际成本。具体计算方法如表3.5所示。

表3.5　　　　　　　　　　　　　原材料明细账
（个别计价法）

类别：有色金属
品名及规格：A型钢材　　　　　　　　　　　　　　　　　　　　　计量单位：吨，万元

年		凭证字号	摘要	收入			发出			结余		
月	日			数量	单价	金额	数量	单价	金额	数量	单价	金额
9	1		期初结存							100	0.70	70
	6	8	购入钢材	250	0.72	180				100	0.70	70
										250	0.72	180
	8	12	生产领用				100	0.70	70	150	0.72	108
							100	0.72	72			

续表

年		凭证字号	摘要	收入			发出			结余		
月	日			数量	单价	金额	数量	单价	金额	数量	单价	金额
9	17	14	购入	300	0.73	219				150 300	0.72 0.73	108 219
	20	18	领用				150 200	0.72 0.73	108 146	100	0.73	73
	25	20	购入	200	0.71	142				100 200	0.73 0.71	73 142
	28	30	领用				100 150	0.73 0.71	73 106.5	50	0.71	35.5
			合计	750	—	541	800	—	575.5	50	0.71	35.5

9月8日生产领用钢材成本 = $100 \times 0.70 + 100 \times 0.72 = 142$（万元）

9月20日生产领用钢材成本 = $150 \times 0.72 + 200 \times 0.73 = 254$（万元）

9月28日生产领用钢材成本 = $100 \times 0.73 + 150 \times 0.71 = 179.5$（万元）

个别计价法的优点是：成本流转与实物流转完全一致，所反映的发出存货成本和期末存货成本非常真实。缺点是：日常核算手续非常烦琐，存货实物流转的操作相当复杂，工作量相当大，有时甚至不可能。因此，个别计价法通常只适用于不能替代使用的存货或为特定项目专门购入或制造的存货计价，以及品种数量不多、单位价值较高或体积较大、容易辨认的存货计价，例如，房产、船舶、飞机、重型设备，以及珠宝、名画、工艺品、高档汽车等贵重物品。

二、存货发出的账务处理

（一）材料发出的账务处理

1. 实际成本法下的账务处理。企业各生产单位及有关部门领用的材料具有种类多、业务频繁等特点。为了简化核算，可以在月末根据领料单或限额领料单中有关领料的单位、部门等加以归类，编制"发料凭证汇总表"，据以编制记账凭证，登记入账。发出材料实际成本的确定，可以由企业从上述个别计价法、先进先出法、月末一次加权平均法、移动加权平均法等方法中选择。计价方法一经确定，不得随意变更。如需变更，应在附注中予以说明。

核算时，发出材料按领用部门和受益对象分配记入有关成本费用账户。

【例3-16】阳光公司20×2年8月根据领料单编制"发料凭证汇总表"，其中基本生产车间领用A材料200 000元，辅助生产车间领用A材料50 000元，车间管理部门领用A材料6 000元，企业行政管理部门领用A材料3 000元，企业对外销售B材料 20 000 元，企业扩建工程领用 B 材料 50 000 元，应编制的会计分录如下：

借：生产成本——基本生产成本	200 000
——辅助生产成本	50 000
制造费用	6 000
管理费用	3 000
其他业务成本	20 000
在建工程	50 000
贷：原材料——A 材料	259 000
——B 材料	70 000

材料按实际成本核算的优点是：可以直接提供材料资金的实际占用额；能为计算产品成本直接提供实际材料费用数据；核算结果比较准确。缺点是：在材料品种规格繁多、采购收发业务频繁的企业，材料计价工作量较大，而且不能通过账户反映材料采购业务的成果。

2. 计划成本法下的账务处理。与实际成本计价核算一样，月末，企业根据领料单进行分类、汇总，编制"材料发出汇总表"，结转发出材料的计划成本，根据所发出材料的用途，按计划成本分别记入"生产成本""制造费用""销售费用""管理费用"等科目。同时，计算和结转发出材料应负担的成本差异，将发出材料的计划成本调整为实际成本。

【例 3-17】阳光公司原材料日常收发及结存采用计划成本核算。20×2 年 9 月 1 日结存材料的计划成本为 600 000 元，实际成本为 605 000 元；本月入库材料的计划成本为 1 400 000 元，实际成本为 1 355 000 元。当月发出材料计划成本情况如下：基本生产车间生产领用 800 000 元，车间管理部门领用 5 000 元，在建工程领用 200 000 元，企业行政管理部门领用 15 000 元。根据上述资料，应做如下账务处理：

月末汇总分配发出材料计划成本：

借：生产成本——基本生产成本	800 000
制造费用	5 000
在建工程	200 000
管理费用	15 000
贷：原材料	1 020 000

月末计算并结转发出材料计划成本应负担的成本差异：

$$\text{本月材料成本差异率} = \frac{\text{月初结存材料的成本差异} + \text{本月收入材料的成本差异}}{\text{月初结存材料的计划成本} + \text{本月收入材料的计划成本}} \times 100\%$$

本月发出材料应负担的成本差异 = 发出材料的计划成本 × 本月材料成本差异率

本月发出材料的实际成本＝发出材料的计划成本＋发出材料应负担的超支差异

或者　　　　　　　　　＝发出材料的计划成本－发出材料应负担的节约差异

企业应当分别原材料、周转材料、委托加工物资等，按照类别或品种对存货成本差异进行明细核算，并计算相应的成本差异率，不能使用一个综合差异率。

本月材料成本差异率＝（5 000－45 000）÷（600 000＋1 400 000）×100％＝－2％

本月发出材料应负担的成本差异＝（800 000＋5 000＋200 000＋15 000）×（－2％）

　　　　　　　　　　　　　＝－20 400（元）

本月发出材料实际成本＝1 020 000－20 400＝999 600（元）

月末结存材料实际成本＝（600 000＋1 400 000－1 020 000）＋［（5 000－45 000）－（－20 400）］＝960 400（元）

借：材料成本差异　　　　　　　　　　　　　　　　　　20 400
　　贷：生产成本——基本生产成本　　　　　　　　　　　　16 000
　　　　制造费用　　　　　　　　　　　　　　　　　　　　　100
　　　　在建工程　　　　　　　　　　　　　　　　　　　　4 000
　　　　管理费用　　　　　　　　　　　　　　　　　　　　　300

如果发出材料实际成本大于计划成本，例如材料成本差异率为2％，则编制超支差异结转分录如下：

借：生产成本——基本生产成本　　　　　　　　　　　　16 000
　　制造费用　　　　　　　　　　　　　　　　　　　　　　100
　　在建工程　　　　　　　　　　　　　　　　　　　　　4 000
　　管理费用　　　　　　　　　　　　　　　　　　　　　　300
　　贷：材料成本差异　　　　　　　　　　　　　　　　　20 400

材料按计划成本核算的优点是：通过"材料采购"和"材料成本差异"账户的设置与应用，可以确定各类材料实际成本与计划成本的差异，便于考核材料采购业务的成果；在计划成本下，排除了价格变动对发出材料的影响，有利于分析各部门耗用材料的节约或浪费情况，考核各用料部门的经济效果；简化了材料收发计价的明细核算工作。缺点是：在材料按计划成本进行日常核算的情况下，月末需要把发出材料和库存材料的计划成本调整为实际成本，由于不可能按照每种材料进行成本差异的核算，因而调整的结果不如直接按实际成本计算准确。

（二）产成品发出的账务处理

产成品的发出主要是对外销售，其次还有在建工程耗用等。企业应根据发出商品的用途借记各有关科目，贷记"库存商品"科目。

对于已实现销售的存货，在结转其销售成本时，应借记"主营业务成本""其他业务成本",贷记"库存商品""原材料"等科目;同时,对于已售存货计提了存货跌价准备的,还应结转计提的存货跌价准备,冲减当期主营业务成本或其他业务成本。企业按存货类别计提存货跌价准备的,也应按比例结转相应的存货跌价准备。

对于未满足收入确认条件的发出商品,应按发出商品的实际成本(或进价)或计划成本(或售价),借记"发出商品"科目,贷记"库存商品"科目。待发出商品满足收入确认条件时,再结转销售成本,借记"主营业务成本"科目,贷记"发出商品"科目。

(三)包装物和低值易耗品发出的账务处理

企业应当采用一次转销法或者五五摊销法对包装物和低值易耗品进行摊销,计入相关资产的成本或者当期损益。金额较小的,可在领用时一次计入成本费用,以简化核算,但为加强实物管理,应当在备查簿上进行登记。五五摊销法,是指包装物或低值易耗品在领用时,先摊销其成本的一半,在报废时再摊销其成本的另一半,即包装物或低值易耗品分两次各按50%进行摊销。如果对相关包装物或低值易耗品计提了存货跌价准备,还应结转已计提的存货跌价准备,冲减相关资产的成本或当期损益。

1. 包装物的核算。包装物是指为了包装本企业产品或商品而储备的各种包装容器,如桶、箱、瓶、坛、袋等,其主要作用是盛装、装潢产品或商品。包装物按具体用途可分为:(1)生产过程中用于包装产品作为产品组成部分的包装物;(2)随同商品出售不单独计价的包装物;(3)随同商品出售单独计价的包装物;(4)出租或出借给购买单位使用的包装物。

为了反映和监督包装物的增减变化及其价值损耗、结存等情况,企业应设置"周转材料——包装物"账户进行核算。该账户借方登记验收入库包装物的实际成本(或计划成本);贷方登记发出包装物的实际成本(或计划成本);期末借方余额反映企业库存包装物的实际成本。

生产领用包装物,借记"生产成本"等科目,贷记"周转材料——包装物"科目;随同商品出售但不单独计价的包装物,应借记"销售费用"科目,贷记"周转材料——包装物"科目;随同商品出售单独计价的包装物,应单独反映其销售收入和销售成本,在商品出售时,视同材料销售处理,结转单独计价包装物成本时,借记"其他业务成本"科目,贷记"周转材料——包装物"科目。

【例3-18】阳光公司在商品销售过程中领用包装物一批,实际成本5 000元,其中3 000元的包装物随同商品出售而不单独计价;另2 000元的包装物随同商品出售而单独计价。发出包装物时,其账务处理如下:

借:销售费用   3 000
  其他业务成本   2 000

贷：周转材料——包装物　　　　　　　　　　　　　　　　　　　　5 000

【例 3-19】 阳光公司属增值税一般纳税人，增值税税率为13%，20×2年7月2日领用一批新的包装物，实际成本10 000元，用于出租和出借的各占50%。出租包装物的期限为1个月，应收租金600元；出借包装物的期限为3个月。包装物采用一次摊销法。出租、出借的押金各为6 000元，已收存银行。

发出包装物时：

借：其他业务成本——出租包装物　　　　　　　　　　　　　　　5 000
　　销售费用——出借包装物　　　　　　　　　　　　　　　　　　5 000
　　贷：周转材料——包装物　　　　　　　　　　　　　　　　　　10 000

收到押金时：

借：银行存款　　　　　　　　　　　　　　　　　　　　　　　　　12 000
　　贷：其他应付款——存入保证金——某单位　　　　　　　　　　12 000

1个月后按期如数收回出租的包装物，在6 000元的押金中扣除应收取的租金600元和按规定应交的增值税78元后，余额5 322元已通过银行转账退回。其账务处理如下：

借：其他应付款——存入保证金——某单位　　　　　　　　　　　6 000
　　贷：其他业务收入——包装物出租　　　　　　　　　　　　　　600
　　　　应交税费——应交增值税（销项税额）　　　　　　　　　　78
　　　　银行存款　　　　　　　　　　　　　　　　　　　　　　　5 322

3个月后出借的包装物只收回一半，没收押金3 000元。同时通过银行转账退回押金3 000元。其账务处理如下：

借：其他应付款——存入保证金——某单位　　　　　　　　　　　6 000
　　贷：其他业务收入　　　　　　　　　　　　　　　　　　　　　2 654.87
　　　　应交税费——应交增值税（销项税额）　　　　　　　　　　345.13
　　　　银行存款　　　　　　　　　　　　　　　　　　　　　　　3 000

对于出租、出借收回的仍可使用的包装物，应作备查登记。

出租、出借包装物也可采用五五摊销法摊销其价值。具体方法参照低值易耗品。

2. 低值易耗品的核算。低值易耗品是指在使用过程中基本保持其原有实物形态不变，单位价值相对较低，使用期限相对较短，或在使用过程中容易损坏，因而不能列入固定资产的各种用具物品，例如工具、管理用具、玻璃器皿、劳保用品，以及在经营过程中周转使用的包装容器等。

为了反映和监督低值易耗品的增减变化及其结存情况，企业应当设置"周转材料——低值易耗品"账户，借方登记低值易耗品的增加，贷方登记低值易耗品的减少。期末余额在借方，通常反映企业期末结存低值易耗品的金额。在采用五五摊销法的情况下,需要单独设置"周转材料——低值易耗品——在用""周转材料——低值易耗品——在库""周转材料——低值易耗品——摊销"明细账户。

【例3-20】阳光公司基本生产车间领用一般工具一批,实际成本为2 000元,采用一次转销法摊销。账务处理如下:

借:制造费用　　　　　　　　　　　　　　　　　　　　　2 000
　　贷:周转材料——低值易耗品　　　　　　　　　　　　　　　2 000

【例3-21】阳光公司基本生产车间领用专用工具一批,实际成本为50 000元,采用五五摊销法进行摊销。账务处理如下:

(1) 领用专用工具时:

借:周转材料——低值易耗品——在用　　　　　　　　　　　50 000
　　贷:周转材料——低值易耗品——在库　　　　　　　　　　　50 000

(2) 领用时摊销其价值的一半:

借:制造费用　　　　　　　　　　　　　　　　　　　　　25 000
　　贷:周转材料——低值易耗品——摊销　　　　　　　　　　　25 000

(3) 报废时摊销其价值的另一半:

借:制造费用　　　　　　　　　　　　　　　　　　　　　25 000
　　贷:周转材料——低值易耗品——摊销　　　　　　　　　　　25 000

同时:

借:周转材料——低值易耗品——摊销　　　　　　　　　　　50 000
　　贷:周转材料——低值易耗品——在用　　　　　　　　　　　50 000

第四节　存货的期末计量

一、存货期末计量及存货跌价准备计提原则

《企业会计准则第1号——存货》规定:资产负债表日,存货应当按照成本与可变现净值孰低计量。当存货成本低于可变现净值时,存货按成本计量;当存货成本高于可变现净值时,存货按可变现净值计量,同时按成本高于可变现净值的差额计提存货跌价准备,计入当期损益。

成本,是指期末存货的实际成本,即采用先进先出法、加权平均法等存货计价方法,对发出存货进行计价所确定的期末存货账面成本。如果存货的日常核算采用计划成本法,则期末存货的实际成本是指通过差异调整而确定的存货成本。

可变现净值,是指在日常活动中,存货的估计售价减去至完工时将要发生的成本、

估计的销售费用以及相关税费后的金额。

成本与可变现净值孰低计量的理论基础主要是使存货符合资产的定义,且符合谨慎性原则的要求。当存货的可变现净值下跌至成本以下时,表明该存货会给企业带来的未来经济利益低于其账面成本,因而应将这部分损失从资产价值中扣除,计入当期损益。否则,存货的可变现净值低于成本时,如果仍然以其成本计量,就会出现虚计资产的现象。

二、可变现净值的确定

（一）确定存货的可变现净值应考虑的主要因素

企业确定可变现净值,应当以取得的确凿证据为基础,并且考虑持有存货的目的、资产负债表日后事项的影响等因素。

1. 确定存货的可变现净值应当以取得确凿证据为基础。确凿证据是指对确定存货的可变现净值和成本有直接影响的客观证明。

（1）存货成本的确凿证据,存货的采购成本、加工成本和其他成本及以其他方式取得的存货成本,应当以取得的外来原始凭证、生产成本账簿记录等作为确凿证据。

（2）存货可变现净值的确凿证据。是指对确定存货的可变现净值有直接影响的确凿证明,如产成品或商品的市场销售价格、与产成品或商品相同或类似商品的市场销售价格、销售方提供的有关资料和生产成本资料等。

2. 确定存货的可变现净值应当考虑持有存货的目的。由于企业持有存货的目的不同,确定存货可变现净值的计算方法也不同。例如,用于出售的存货和用于继续加工的存货,其可变现净值的计算方法就不相同。因此,企业在确定存货的可变现净值时,应考虑持有存货的目的。企业持有存货的目的,通常可以分为：（1）持有以备出售,如商品、产成品,其中又分为有合同约定的存货和没有合同约定的存货；（2）将在生产过程或提供劳务过程中耗用的存货,如材料等。

3. 确定存货的可变现净值应当考虑资产负债表日后事项等的影响。确定存货的可变现净值时,应当以资产负债表日取得最可靠的证据估计的售价为基础,并考虑持有存货的目的。资产负债表日至财务报告批准报出日之间存货售价发生波动的,如有确凿证据表明其对资产负债表日存货已经存在的情况提供了新的或进一步证据,则在确定存货可变现净值时应当予以考虑；否则,不应予以考虑。

（二）可变现净值中估计售价的确定

对于企业持有的各类存货,在确定其可变现净值时,最关键的问题是确定估计售价。企业应当区别如下情况确定存货的估计售价：

1. 为执行销售合同或者劳务合同而持有的存货，通常应当以产成品或商品的合同价格作为其可变现净值的计算基础。如果企业与购货方签订了销售合同（劳务合同，下同），并且销售合同订购的数量大于或等于企业持有的存货数量，在这种情况下，在确定与该项销售合同直接相关存货的可变现净值时，应当以销售合同价格作为其可变现净值的计量基础。也就是说，如果企业就其产成品或商品签订了销售合同，则该批产成品或商品的可变现净值应当以合同价格作为计量基础；如果企业销售合同所规定的标的物还没有生产出来，但持有专门用于该标的物生产的原材料，其可变现净值也应当以合同价格作为计算基础。

2. 如果企业持有存货的数量多于销售合同订购数量，超出部分的存货可变现净值应当以产成品或商品的一般销售价格（即市场价格）作为计算基础。

3. 如果企业持有存货的数量少于销售合同订购数量，实际持有与该销售合同相关的存货应当以销售合同所规定的价格作为可变现净值的计量基础。如果该项合同为亏损合同，还应同时按照《企业会计准则第13号——或有事项》的规定处理。

4. 没有销售合同约定的存货（不包括用于出售的材料），其可变现净值应当以产成品或商品的一般销售价格（即市场价格）作为计算基础。

5. 用于出售的材料等，通常以市场价格作为其可变现净值的计算基础。如果用于出售的材料存在销售合同约定，应按合同价格作为其可变现净值的计算基础。

【例3-22】20×2年9月21日，阳光公司与乙公司签订销售合同：20×3年3月5日，阳光公司应按每台60 000元的价格向乙公司提供A设备10台。20×2年12月31日，阳光公司库存A设备12台，单位成本为50 000元，账面成本为600 000元。20×2年12月31日，该设备的市场销售价格为每台49 000元，每台预计销售税费300元。20×2年12月31日A设备的期末价值计算如下：

由于阳光公司持有A设备数量12台，多于已经签订销售合同的数量10台。因此，销售合同约定数量10台，其可变现净值=10×(60 000-300)=597 000（元），成本为500 000元，期末账面价值为500 000元；超过部分的可变现净值=2×(49 000-300)=97 400（元），成本为100 000元，期末账面价值为97 400元。

该批设备期末账面价值=500 000+97 400=597 400（元）

三、材料存货的期末计量

材料存货的期末价值应当以其所生产的产成品的可变现净值与成本比较为基础加以确定。

1. 对于为生产而持有的材料等。如果用其生产的产成品的可变现净值预计高于成本，则该材料仍然应当按照成本计量。这里的"材料"是指原材料、在产品、委托加工材料等，"可变现净值高于成本"中的成本是指产成品的生产成本。

2. 如果材料价格的下降表明产成品的可变现净值低于成本，则该材料应当按照可变现净值计量，按其差额计提存货跌价准备。

【例3-23】阳光公司根据市场需求的变化，决定停止生产A设备，有一批用于生产该设备的多余材料准备对外出售，20×2年12月31日其账面价值为10 000元，该材料的市场销售价格为11 000元，估计销售费用和相关税费为2 000元。

20×2年12月31日，由于持有材料的目的是直接用于销售，该批材料的可变现净值应以该材料的市场价格作为计量基础，该批材料的可变现净值=11 000-2 000=9 000（元），成本10 000元，则该材料的期末账面价值=9 000元。

【例3-24】20×2年12月31日，阳光公司库存B原材料的账面价值（成本）为200 000元，市场购买价格总额为190 000元，假设不发生其他购买费用；用该材料生产的M产品的可变现净值为1 000 000元，成本为650 000元。

20×2年12月31日，虽然B材料的账面价值（成本）高于其市场价格，但是由于用其生产的产成品M的可变现净值高于其成本，即用该原材料生产的最终产品此时并没有发生价值减损。因而，在这种情况下，该材料即使其账面价值（成本）已高于市场价格，也不应计提存货跌价准备，仍应按其原账面价值（成本）200 000元列示在阳光公司20×2年12月31日资产负债表的"存货"项目中。

【例3-25】承【例3-24】，假设该材料市场价格下降，利用该材料加工的M产品的市场销售价格总额只有600 000元，但其生产成本仍为650 000元，将该材料加工成M产品尚需投入450 000元，估计销售费用及税金为30 000元。确定20×2年12月31日该材料的价值。

根据上述资料，可按下列步骤进行确定：

第一步，计算用该材料所生产的产成品的可变现净值。

M产品的可变现净值=600 000-30 000=570 000（元）

第二步，将用该材料所生产的产成品的可变现净值与其成本进行比较。

M产品的可变现净值570 000元小于其成本650 000元，即该材料价格的下降和M产品销售价格的下降表明M产品的可变现净值低于其成本，因此，该材料应当按可变现净值计量。

第三步，计算该材料的可变现净值，并确定其期末价值。

该材料的可变现净值

=M产品的估计售价-将该材料加工成M产品尚需投入的成本-估计销售费用及税金

=600 000-450 000-30 000=120 000（元）

该材料的可变现净值120 000元小于其成本200 000元，该材料的期末价值应按

120 000元列示在20×2年12月31日资产负债表的"存货"项目之中。

四、存货减值准备的计提

(一) 存货减值的迹象

企业应在每一个资产负债表日重新确定存货的可变现净值，企业在定期检查时，如果发现以下情形之一，应当考虑计提存货跌价准备：(1) 该存货的市场价格持续下跌，并且在可预见的未来无回升的希望；(2) 企业使用该项原材料生产的产品的成本大于产品的销售价格；(3) 企业因产品更新换代，原有库存原材料已不适应新产品的需要，而该原材料的市场价格又低于其账面成本；(4) 因企业所提供的商品或劳务过时或消费者偏好改变而使市场的需求发生变化，导致市场价格逐渐下降；(5) 其他足以证明该项存货实质上已发生减值的情形。

存货存在下列情形之一的，表明存货的可变现净值为零：(1) 已霉烂变质的存货；(2) 已过期且无转让价值的存货；(3) 生产中已不再需要，并且已无使用价值和转让价值的存货；(4) 其他足以证明已无使用价值和转让价值的存货。

(二) 计提存货跌价准备的方法

1. 企业通常应当按照单个存货项目比较存货的成本与可变现净值，并计提存货跌价准备。即资产负债表日，企业将每个存货项目的成本与其可变现净值逐一进行比较，按较低者计量存货，并按成本高于可变现净值的差额，计提存货跌价准备。企业应当根据管理要求及存货的特点，具体规定存货项目的确定标准。例如，将某一型号和规格的材料作为一个存货项目、将某一品牌和规格的商品作为一个存货项目等。

2. 对于数量繁多、单价较低的存货，可以按照存货类别比较其成本与可变现净值，并按存货类别计提存货跌价准备。

3. 与在同一地区生产和销售的产品系列相关、具有相同或类似最终用途或目的，且难以与其他项目分开计量的存货，可以合并计提存货跌价准备。存货具有相同或类似最终用途或目的，并在同一地区生产和销售，意味着存货所处的经济环境、法律环境、市场环境等相同，这就意味着它们具有相同的风险和报酬。因此，在这种情况下，可以对该存货进行合并计提存货跌价准备。

(三) 存货减值的账务处理

1. 账户的设置。企业应设置"存货跌价准备"账户，用来核算企业存货的跌价准备。其借方登记转回数，贷方登记计提数。期末余额在贷方，反映企业已计提但尚未转销的存货跌价准备。

2. 存货减值的核算。每一会计期末,通过比较成本与可变现净值计算出"存货跌价准备"账户应有的余额,然后与"存货跌价准备"账户已有的余额进行比较。若应提数大于已提数,则应按差额补提;反之,应冲销部分已提数。提取和补提存货跌价准备时,借记"资产减值损失——计提的存货跌价准备"科目,贷记"存货跌价准备"科目;冲回或转销存货跌价准备时,借记"存货跌价准备"科目,贷记"资产减值损失"科目。但是,当已计提跌价准备的存货价值以后又得以恢复,其冲减的跌价准备金额,应以"存货跌价准备"账户的余额冲减至零为限。需要说明的是,减记的转回要以"以前减记存货价值的影响因素已经消失"为前提;否则不得转回。

在进行上述账务处理时,应注意以下两点:

(1) 期末对存货进行计量时,如果同一类存货,其中一部分有合同价格约定,另一部分不存在合同价格,则应分别确定其期末可变现净值,并与其相对应的成本进行比较,从而分别确定存货跌价准备计提或转回的金额,由此计提的存货跌价准备不得相互抵销。

(2) 企业计提了存货跌价准备,如果其中有部分存货已经销售,则企业在结转销售成本的同时,应结转其已计提的存货跌价准备,结转的存货跌价准备冲减当期的销售成本。对于因债务重组、非货币性资产交换转出的存货,也应同时结转已计提的存货跌价准备。

【例3-26】阳光公司采用成本与可变现净值孰低法对B存货进行期末计价。20×1年末,B存货的账面成本为100 000元,由于本年以来B存货的市场价格持续下跌,并在可预见的将来无回升的希望。根据资产负债表日状况确定的B存货的可变现净值为95 000元,该存货"存货跌价准备"账户期初余额为2 000元,则应计提的存货跌价准备为3 000元(100 000 - 95 000 - 2 000)。所做的账务处理如下:

借:资产减值损失　　　　　　　　　　　　　　　　　3 000
　　贷:存货跌价准备　　　　　　　　　　　　　　　　　　3 000

假设20×2年末,B存货的种类和数量、账面成本和已计提的存货跌价准备均未发生变化。但由于该存货市场价格有所上升,20×2年末,B存货的可变现净值预计为97 000元,计算出应计提的存货跌价准备为3 000元(100 000 - 97 000)。由于B存货已计提存货跌价准备5 000元,因此,应冲减已计提的存货跌价准备2 000元(5 000 - 3 000)。其账务处理如下:

借:存货跌价准备　　　　　　　　　　　　　　　　　2 000
　　贷:资产减值损失　　　　　　　　　　　　　　　　　　2 000

假设其他条件不变,由于20×3年B存货价格继续上升,截至年末可变现净值预计为105 000元,则应转回的跌价准备为3 000元,而不是5 000元(以已计提的跌价准备减记至零为限)。

借：存货跌价准备　　　　　　　　　　　　　　　　　　3 000
　　贷：资产减值损失　　　　　　　　　　　　　　　　　　　3 000

【例 3-27】假设阳光公司是一家生产电子产品的上市公司，为增值税一般纳税企业，有关资料如下：

(1) 20×2 年 12 月 31 日，该公司期末存货有关资料如表 3.6 所示。

表 3.6　　　　　　　　　　　期末存货成本明细

存货品种	数量	单位成本（万元）	账面余额（万元）	备注
A 产品	270 台	10	2 700	
B 产品	500 台	3	1 500	
C 产品	900 台	1.7	1 530	
D 配件	500 件	1.5	750	用于生产 C 产品
合计			6 480	

(2) 20×2 年 12 月 31 日，A 产品市场销售价格为每台 12 万元，预计销售费用及税金为每台 0.4 万元。

(3) 20×2 年 12 月 31 日，B 产品市场销售价格为每台 3 万元。阳光公司已经与胜利企业签订一份不可撤销的销售合同，约定在 20×3 年 3 月 15 日向该企业销售 B 产品 400 台，合同价格为每台 3.4 万元。B 产品预计销售费用及税金为每台 0.3 万元。

(4) 20×2 年 12 月 31 日，C 产品市场销售价格为每台 2 万元，预计销售费用及税金为每台 0.16 万元。

(5) 20×2 年 12 月 31 日，D 配件的市场销售价格为每件 1.2 万元。现有 D 配件可用于生产 500 台 C 产品，用 D 配件加工成 C 产品后预计 C 产品单位成本为 1.9 万元。

(6) 20×1 年 12 月 31 日，C 产品的存货跌价准备余额为 160 万元，对其他存货未计提存货跌价准备；20×2 年销售 C 产品结转存货跌价准备 120 万元。

该公司 20×2 年 12 月 31 日应计提或转回的存货跌价准备计算如下：

A 产品的可变现净值 = 270 × (12 - 0.4) = 3 132 (万元)，大于成本 2 700 万元，则 A 产品不计提存货跌价准备。

B 产品有合同部分的可变现净值 = 400 × (3.4 - 0.3) = 1 240 (万元)，其成本 = 400 × 3 = 12 00 (万元)，则有合同部分不计提存货跌价准备；无合同部分的可变现净值 = 100 × (3 - 0.3) = 270 (万元)，其成本 = 100 × 3 = 300 (万元)，应计提跌价准备 = 300 - 270 = 30 (万元)。

C 产品的可变现净值 = 900 × (2 - 0.16) = 1 656 (万元)，其成本是 1 530 万元，则 C 产品不计提跌价准备，同时要把原有余额 40 万元 (160 - 120) 存货跌价准备转回。

D 配件对应的 C 产品的成本 = 500 × 1.9 = 950（万元），可变现净值 = 500 ×（2 - 0.16）= 920（万元），所生产的 C 产品发生减值，则 D 配件可变现净值 = 500 × [2 - (1.9 - 1.5) - 0.16] = 720（万元），小于 D 配件成本 750 万元，发生减值，应计提减值准备 30 万元。

该公司编制会计分录如下：

借：资产减值损失　　　　　　　　　　　　　　　　　　600 000
　　贷：存货跌价准备——B 产品　　　　　　　　　　　　　　300 000
　　　　　　　　　　——D 配件　　　　　　　　　　　　　　300 000
借：存货跌价准备——C 产品　　　　　　　　　　　　　400 000
　　贷：资产减值损失　　　　　　　　　　　　　　　　　　400 000

第五节　存货的清查

一、存货清查方法

为了保证存货的安全完整，做到账实相符，企业必须对存货进行定期或不定期的清查。

存货清查是指通过对存货的实地盘点，确定存货的实有数量，并与账面结存数量核对，从而确定存货实存数与账面结存数是否相符的一种专门方法。企业至少应于每年年末对全部存货进行实地盘点清查，以确定期末存货的实际数量，并与账簿记录核对。对于账实不符的存货，核实盘盈、盘亏和毁损的数量，查明原因，并据以编制"存货盘点报告表"，按照规定程序报批处理。

二、存货清查结果的处理程序

存货清查结果的账务处理程序分为两个步骤：首先，在报经有关部门处理前，根据"存货盘点报告表"，将盘盈或盘亏、毁损存货，作为待处理财产溢余或损失处理，同时按盘盈或盘亏、毁损存货的实际成本调整存货的账面价值，使存货账实相符。其次，在报经有关部门批准后，根据存货盘盈或盘亏、毁损的不同原因和处理结果，将待处理财产损溢分别结转到不同的账户，落实经济责任。

三、存货清查的账务处理

为了核算财产物资的盘盈或盘亏、毁损,企业应设置"待处理财产损溢"账户。

(一) 存货盘盈的账务处理

存货盘盈,是指存货的实存数量超过账面结存数量。对于盘盈的存货,应按其重置成本作为入账价值,登记入账,待查明原因后处理。存货盘盈,一般是由于收发计量或核算上的误差等原因造成的,在按规定程序报经有关部门批准后,转销待处理存货盘盈,冲减当期管理费用。

【例3-28】20×2年7月,阳光公司在财产清查中盘盈A材料30千克,市场价格为30元/千克,经查属于材料收发计量错误。其账务处理如下:

发现盘盈时:

借:原材料——A材料　　　　　　　　　　　　　　　900
　　贷:待处理财产损溢——待处理流动资产损溢　　　　900

批准处理时:

借:待处理财产损溢——待处理流动资产损溢　　　　900
　　贷:管理费用　　　　　　　　　　　　　　　　　　900

(二) 存货盘亏或毁损的账务处理

存货盘亏,是指存货的实存数量少于账面结存数量。存货发生盘亏,在报经批准前,应根据"存货盘点报告表",及时办理存货销账手续,调整减少存货的账存数。同时,按盘亏或毁损存货的实际成本记入"待处理财产损溢"账户。对于购进的货物、在产品、产成品发生非正常损失引起盘亏,存货应负担的增值税应一并转入"待处理财产损溢"账户。非正常损失是指因管理不善造成存货被盗、丢失、霉烂变质的损失。

按管理权限报经批准后,根据造成存货盘亏的不同原因,分别以下情况处理:(1) 属于自然损耗产生的定额内损耗,经批准后计入管理费用。(2) 属于计量收发差错和管理不善等原因造成的存货短缺或毁损,应先扣除残料价值、可以收回的保险赔偿和过失人的赔偿,然后将净损失计入管理费用。(3) 属于自然灾害或意外事故等非常原因造成的存货毁损,应先扣除残料价值和可以收回的保险赔偿,然后将净损失计入营业外支出。

【例3-29】20×2年7月,阳光公司在财产清查中发现盘亏B材料60千克,单位实际成本 200 元，原购进时支付增值税进项税额 1 560 元。经查，属于定额内合理损耗。其账务处理如下：

发现盘亏时：
借：待处理财产损溢——待处理流动资产损溢　　　　　　　　12 000
　　贷：原材料——B 材料　　　　　　　　　　　　　　　　　　　12 000
批准处理时：
借：管理费用　　　　　　　　　　　　　　　　　　　　　　　12 000
　　贷：待处理财产损溢——待处理流动资产损溢　　　　　　　　　12 000

【例 3-30】20×2 年 8 月，阳光公司在财产清查中发现因管理不善毁损 A 材料 50 千克，单位实际成本 40 元，该批 A 材料购进时支付的增值税进项税额为 260 元，经查属于材料保管员的过失造成的，按规定由其个人赔偿 1 000 元，残料已办理入库手续，价值 300 元。其账务处理如下：

发现盘亏时：
借：待处理财产损溢——待处理流动资产损溢　　　　　　　　2 260
　　贷：原材料——A 材料　　　　　　　　　　　　　　　　　　　2 000
　　　　应交税费——应交增值税（进项税额转出）　　　　　　　　260
批准处理时：
由过失人赔偿部分：
借：其他应收款　　　　　　　　　　　　　　　　　　　　　　1 000
　　贷：待处理财产损溢——待处理流动资产损溢　　　　　　　　　1 000
残料入库：
借：原材料　　　　　　　　　　　　　　　　　　　　　　　　300
　　贷：待处理财产损溢——待处理流动资产损溢　　　　　　　　　300
材料毁损净损失：
借：管理费用　　　　　　　　　　　　　　　　　　　　　　　960
　　贷：待处理财产损溢——待处理流动资产损溢　　　　　　　　　960

【例 3-31】20×2 年 8 月，阳光公司因暴雨造成一批库存材料毁损，账面余额 90 000 元，已计提跌价准备 5 000 元。根据保险责任范围及保险合同规定，应由保险公司赔偿 70 000 元。其账务处理如下：

发现盘亏时：
借：待处理财产损溢——待处理流动资产损溢　　　　　　　　85 000
　　存货跌价准备　　　　　　　　　　　　　　　　　　　　　5 000
　　贷：原材料　　　　　　　　　　　　　　　　　　　　　　　90 000
批准处理时：

借：其他应收款	70 000	
营业外支出	20 000	
贷：待处理财产损溢——待处理流动资产损溢		90 000

思考与练习

一、单项选择题

1. 下列各项业务中，不会引起存货账面价值发生增减变动的是（　　）。

　　A. 计提存货跌价准备

　　B. 已发出商品但尚未确认销售

　　C. 已确认销售但尚未发出商品

　　D. 已收到发票账单并付款但尚未收到材料

2. 甲公司为增值税一般纳税人，20×2年9月10日购入材料一批，取得的增值税专用发票上注明的价款为21 200元，增值税税额为2 756元，材料入库前的挑选整理费为300元，材料已验收入库。甲公司取得该材料的入账价值为（　　）元。

　　A. 21 200　　B. 21 500　　C. 23 956　　D. 24 256

3. 企业采购过程中发生的存货短缺，应计入有关存货采购成本的是（　　）。

　　A. 运输途中的合理损耗　　　　　　B. 供货单位责任造成的存货短缺

　　C. 运输单位的责任造成的存货短缺　D. 意外事故等非常原因造成的存货短缺

4. 存货采用先进先出法，在存货价格上涨的情况下，将会使企业（　　）。

　　A. 期末存货升高，当期利润减少　　B. 期末存货升高，当期利润增加

　　C. 期末存货减少，当期利润减少　　D. 期末存货减少，当期利润增加

5. 某企业材料采用计划成本核算，月初材料计划成本为30万元，材料成本差异为节约差2万元，当月购入材料的实际成本为110万元，计划成本为120万元，当月领用的材料计划成本为100万元，月末，该企业结存材料的实际成本为（　　）万元。

　　A. 48　　　　B. 46　　　　C. 50　　　　D. 54

6. 企业销售产品领用不单独计价的包装物一批，其计划成本为10 000元，材料成本差异率为3%，对于该项业务下列处理中正确的是（　　）。

　　A. 应计入其他业务成本的金额为10 300元

　　B. 应计入其他业务成本的金额为10 000元

　　C. 应计入销售费用的金额为10 000元

　　D. 应计入销售费用的金额为10 300元

7. 甲公司为增值税一般纳税人，20×2年12月31日原材料的账面余额为100万

元，数量为 10 吨。该原材料专门用于生产与乙公司所签合同约定的 20 台 Y 产品。该合同约定：甲公司为乙公司提供 Y 产品 20 台，每台售价 10 万元（不含增值税，下同）。将该原材料加工成 20 台 Y 产品尚需加工成本总额为 95 万元，估计销售每台 Y 产品尚需发生相关税费 1 万元（不含增值税，下同）。20×2 年 12 月 31 日市场上该原材料每吨售价为 9 万元，估计销售每吨原材料尚需发生相关税费 0.1 万元。该原材料以前未提跌价准备。20×2 年 12 月 31 日该原材料应计提的存货跌价准备为（   ）万元。

  A. 0   B. 11   C. 15   D. 85

二、多项选择题

1. 下列项目中，应当在企业资产负债表的"存货"项目进行列报的有（   ）。

  A. 委托代销商品   B. 委托加工物资
  C. 受托代销商品   D. 已签订购货合同的商品

2. 下列与存货相关的账务处理中表述正确的有（   ）。

  A. 因台风造成的净损失，计入营业外支出
  B. 资产负债表日存货应按成本与可变现净值孰低计量
  C. 按管理权限报经批准的存货盘盈应冲减管理费用
  D. 结转商品销售成本的同时应结转其已计提的存货跌价准备

3. 下列各项中属于"材料成本差异"账户贷方登记的内容有（   ）。

  A. 实际成本大于计划成本的超支额
  B. 实际成本小于计划成本的节约额
  C. 分配计入发出各种材料成本的差异额
  D. 调整库存材料计划成本时增加的计划成本

4. 包装物和低值易耗品的摊销方法有（   ）。

  A. 一次转销法   B. 分期转销法
  C. 加速摊销法   D. 五五摊销法

5. 委托加工材料的实际成本包括（   ）。

  A. 支付的加工费
  B. 加工中耗用材料的实际成本
  C. 支付的消费税（委托加工后直接用于销售）
  D. 支付的消费税（委托加工后继续用于生产应税消费品）

三、判断题

1. 凡在盘存日期，法定所有权属于企业的一切物品，不论其存放何处或处于何种状态，都应作为企业的存货。（   ）

2. 移动加权平均法不能在月度内随时结转发出存货的成本。（   ）

3. 在货款已经支付，但存货尚未运达企业的情况下，企业在支付货款时可以先不

进行账务处理。   (   )

4. 五五摊销法是指在购入周转材料时先摊销其账面价值的一半，待领用时再摊销其账面价值另一半的一种摊销方法。   (   )

5. 存货采用计划成本法核算，在资产负债表中应按计划成本反映存货的价值。   (   )

6. "存货跌价准备"账户在任何情况下都不会出现借方余额。   (   )

7. 销售产品结转的存货跌价准备应冲减资产减值损失。   (   )

8. 存货的成本与可变现净值孰低法，只是起着调节不同会计期间利润的作用，从存货的整个周转过程来看，并不影响整个周转期的利润总额。   (   )

四、计算及账务处理题

1. 甲公司增值税采用账户计税方法，原材料采用实际成本法核算。20×2年6月发生以下采购业务：

（1）6月5日收到上月已验收入库但未收到发票账单的A材料的发票账单，上月的暂估价为10 000元，发票账单上的实际成本为10 500元，增值税税额为1 365元，甲公司开出一张金额为11 865元的商业汇票。

（2）6月10日甲公司从外地购入B材料500吨，取得的增值税专用发票上注明B材料售价为每吨1 000元，增值税税额为65 000元，甲公司已付款，材料尚未到达。

（3）6月15日甲公司购进一批C材料，取得增值税专用发票，注明原材料价款为50 000元，增值税税额为6 500元。款项已付，材料已验收入库。

（4）6月20日甲公司收到6月10日购入的B材料，运输途中发生合理损耗5吨，验收入库495吨。

（5）6月30日甲公司从本地购入D材料已经到达并验收入库，但尚未收到发票账单。按以往的采购成本，暂估该材料的成本为50 000元。

要求：

（1）编制甲公司20×2年6月1日红字冲销上月A材料暂估价时的会计分录。

（2）编制甲公司20×2年6月5日收到A材料发票账单时的会计分录。

（3）编制甲公司20×2年6月10日收到采购B材料发票账单时的会计分录。

（4）编制甲公司20×2年6月15日采购C材料时的会计分录。

（5）编制甲公司20×2年6月20日B材料验收入库时的会计分录。

（6）编制甲公司20×2年6月30日收到D材料时的会计分录。

2. 甲公司和乙公司增值税均采用一般计税方法，适用的增值税税率均为13%。20×2年10月10日，甲公司委托乙公司加工物资一批（属于应税消费品），发出材料的计划成本为600万元，材料成本差异率为-3%。20×2年11月25日甲公司向乙公司支付加工费12万元及相关增值税和消费税，消费税税率为10%。20×2年11月25日，公司收回的物资作为原材料核算,其中的80%用于连续生产应税消费品。

要求:

(1) 编制甲公司20×2年10月10日发出委托加工材料时的会计分录。

(2) 编制甲公司20×2年10月31日发出委托加工材料应承担的材料成本差异的会计分录。

(3) 编制甲公司20×2年11月25日支付加工费和相关税金时的会计分录。

(4) 编制甲公司20×2年11月25日收回委托加工物资时的会计分录。

3. 甲公司增值税采用一般计税方法,适用的增值税税率为13%。20×2年12月1日库存A材料1 000件,每件计划成本为100元,材料成本差异率为-2%,12月发生的该材料采购业务和发出业务资料如下:

(1) 12月5日以商业承兑汇票方式购入A材料2 000件,每件买价为101元,增值税专用发票注明的增值税税额为26 260元,材料已经验收入库。

(2) 12月20日以转账支票方式购进A材料1 000件,每件买价为99元,增值税专用发票注明的增值税税额为12 870元,材料已经验收入库。

(3) 12月发出材料汇总表列明,产品生产领用A材料1 500件,生产部门一般性消耗A材料500件,企业在建项目领用A材料1 200件(增值税不能抵扣)。

要求:

(1) 编制甲公司20×2年12月5日购买材料时的会计分录。

(2) 编制甲公司20×2年12月20日购买材料时的会计分录。

(3) 编制甲公司20×2年12月发出材料时的会计分录。

(4) 计算甲公司20×2年12月发出材料应分担的材料成本差异。

(5) 编制甲公司20×2年12月31日结转发出材料的材料成本差异时的会计分录。

(6) 编制甲公司20×2年12月31日转出在建项目领用材料的增值税进项税额的会计分录。

4. 甲公司增值税采用一般计税方法,20×2年12月发生的业务资料如下:

(1) 12月7日购进A材料一批,增值税专用发票列明数量共计5 000千克,单价20元,商业折扣为2%,增值税税率为13%,以一张120 000元的银行汇票支付货款,剩余款项已退回。12日到货,验收入库时发现短缺100千克,原因尚未查清。14日经查实上述短缺均属供货方少发,企业向供货方索赔。甲公司A材料的计划单价为19.50元。

(2) 12月15日以银行存款购进B材料1 000件,增值税专用发票列明单价100元,增值税税额为13 000元;22日收到货物验收入库时发现短缺10件,原因待查;26日查明原因,系意外事故所致,保险公司同意赔偿80%,其余20%作为营业外支出处理,该种材料计划单价95元。

要求：

（1）编制甲公司20×2年12月7日采购A材料的会计分录。

（2）编制甲公司20×2年12月12日A材料入库的会计分录。

（3）编制甲公司20×2年12月14日查明A材料短缺时的会计分录。

（4）编制甲公司20×2年12月15日采购B材料的会计分录。

（5）编制甲公司20×2年12月22日B材料验收入库的会计分录。

（6）编制甲公司20×2年12月26日查明B材料短缺时的会计分录。

5. 甲公司20×2年12月31日存货的账面价值为1 390万元，其具体资料如下：

（1）A产品100件，每件成本10万元，账面总成本1 000万元，其中，40件已与乙公司签订不可撤销的销售合同，销售价格为每件11万元，其余未签订销售合同。A产品20×2年12月31日的市场价格为每件10.2万元，预计销售A产品每件需要发生的销售费用及相关税金为0.5万元。

（2）B配件50套，每套成本为8万元，账面总成本400万元。B配件是专门为组装A产品而购进的。50套B配件可以组装成50件A产品。B配件20×2年12月31日的市场价格为每套9万元。将B配件组装成A产品，预计每件还需发生加工成本2万元。

（3）20×2年1月1日，存货跌价准备余额为30万元（均为对A产品计提的存货跌价准备），20×2年对外销售A产品转销存货跌价准备20万元。

要求：

（1）计算甲公司20×2年12月31日A产品应计提的跌价准备。

（2）编制甲公司20×2年12月31日A产品计提存货跌价准备时的会计分录。

（3）计算甲公司20×2年12月31日B配件应计提的跌价准备。

（4）编制甲公司20×2年12月31日B配件计提存货跌价准备时的会计分录。

思考与练习答案

第四章 金融资产

[学习目标]

通过本章的学习,引导学生了解金融资产的定义和分类;掌握三大类金融资产的确认、初始计量和后续计量;知晓金融资产处置以及减值损失的账务处理;分析和理解各类金融资产重分类的意义以及账务处理规则。

[思政目标]

实际利率法是指计算金融资产或金融负债的摊余成本以及将利息收入或利息费用分摊计入各会计期间的方法。对初次学习中级财务会计的学生而言,难以理解何为摊余成本,也无法"想象"将利息收入或利息费用进行"分摊"的具体场景。因此,我们要从现实生活经历入手,结合近年来出现的大学生网贷现象,倡导理性消费,拒绝攀比浮夸,同时要从当下做起,培育个人良好的信用记录,发掘出该方法的基本理念。

第一节 金融资产概述

一、金融资产的概念

金融是现代经济的核心,金融市场的健康及可持续发展离不开金融工具的广泛运用和不断创新。金融工具,是指形成一方的金融资产,并形成其他方的金融负债或权益工具的合同。因此,金融工具包括金融资产、金融负债和权益工具。

金融资产通常是指企业的库存现金、银行存款、应收账款、应收票据、贷款、其他应收款项、股权投资、债权投资和衍生金融工具形成的资产等;金融负债通常是指企业的应付账款、应付票据、应付债券和衍生金融工具形成的负债等;权益工具是指能证明拥有某个企业在扣除所有负债后的资产中剩余权益的合同,从发行方看,通常是指企业发行的普通股、认股权等。金融工具一般具有货币性、流通性、风险性、收益性等特征,其中,最显著的特征是能够在市场交易中为其持有者提供即期或远期的现金流量。

在属于金融资产的项目中,库存现金、银行存款等货币资金,已在第二章"货币资金与应收账款"中介绍；对子公司、联营企业、合营企业的长期股权投资，将在第五章"长期股权投资"中进行介绍。因此，本章以下所指金融资产不包括货币资金和长期股权投资。

二、金融资产的分类

金融资产的分类是其确认和计量的基础。企业应当根据其管理金融资产的业务模式和金融资产的合同现金流量特征，将取得的金融资产在初始确认时划分为以下三类：以摊余成本计量的金融资产、以公允价值计量且其变动计入其他综合收益的金融资产、以公允价值计量且其变动计入当期损益的金融资产。企业对金融资产的分类一经确定，不得随意变更。

（一）企业管理金融资产的业务模式

企业管理金融资产的业务模式是指企业如何管理其金融资产以产生现金流量。业务模式决定着企业所管理金融资产现金流量的来源。金融资产现金流量的来源包括收取合同现金流量、出售金融资产或者两者兼有。例如，某企业持有一个以收取合同现金流量为目标的投资组合，同时还持有一个既以收取合同现金流量为目标又以出售该金融资产为目标的投资组合。企业管理金融资产的业务模式的选择一般是由企业关键管理人员对金融资产进行管理的特定业务目标来确定的。企业确定管理金融资产的业务模式，必须要以客观事实为基础，不能以按照合理预期不会发生的情形为基础。

（二）金融资产的合同现金流量特征

金融资产的合同现金流量特征是指金融工具合同约定的、反映相关金融资产经济特征的现金流量属性。企业分类为以摊余成本计量的金融资产、以公允价值计量且其变动计入其他综合收益的金融资产，其合同现金流量特征应当与基本借贷安排相一致。这种情况下，相关金融资产在特定日期产生的合同现金流量仅为本金和以未偿付本金金额为基础的利息支付。

第二节　以摊余成本计量的金融资产

本节以摊余成本计量的金融资产仅限于《企业会计准则第 22 号——金融工具确认和计量》所规范的债权投资。

一、以摊余成本计量的金融资产的含义与特征

以摊余成本计量的金融资产也叫债权投资,是指企业业务管理模式为以特定日期收取合同现金流量为目的的金融资产,具体指企业购入的到期日固定、回收金额固定或可确定,且有明确意图和能力持有至到期的各种债券投资。从企业管理金融资产的业务模式看,由于管理者的意图是持有至到期,不准备随时出售,其特征是收取合同现金流量,即在到期日收取的合同现金流量仅为本金和以未偿付本金金额为基础的利息。因此,金融资产同时符合下列条件的,应当分类为以摊余成本计量的金融资产:(1) 企业管理该金融资产的业务模式是以收取合同现金流量为目标;(2) 该金融资产的合同条款规定,在特定日期产生的现金流量,仅为对本金和以未偿付本金金额为基础的利息的支付。

例如,银行向企业客户发放的固定利率贷款,在没有其他特殊安排的情况下,贷款通常可能符合本金加利息的合同现金流量特征。如果银行管理该贷款的业务模式是以收取合同现金流量为目标,则该贷款可以分类为以摊余成本计量的金融资产。再如,普通债券的合同现金流量是到期收回本金及按约定利率在合同期间按时收取固定或浮动利息的权利。在没有其他特殊安排的情况下,普通债券通常可能符合本金加利息的合同现金流量特征。如果企业管理该债券的业务模式是以收取合同现金流量为目标,则该债券可以分类为以摊余成本计量的金融资产。又如,企业正常商业往来形成的具有一定信用期限的应收账款,如果企业拟根据应收账款的合同现金流量收取现金,且不打算提前处置应收账款,则该应收账款可以分类为以摊余成本计量的金融资产。

二、以摊余成本计量的金融资产的初始计量

债权投资的成本应当按取得时的公允价值计量,相关交易费用应当计入初始确认金额。交易费用是指可直接归属于购买、发行或处置债权投资新增的外部费用。其中,新增的外部费用,是指企业不购买、发行或处置债权投资就不会发生的费用,包括支付给代理机构、咨询公司、券商、证券交易所、政府有关部门等的手续费、佣金、相关税费以及其他必要支出。

如果实际支付的价款中包含已到付息期但尚未领取的债券利息,应单独确认为应收项目,不构成债权投资的初始入账金额。

企业应当设置"债权投资"账户,并根据债权投资的类别和品种,分别按照"成本""利息调整""应计利息"等进行明细核算。其中,"成本"明细账户反映债权投资的面值;"利息调整"明细账户反映债权投资的初始入账金额与面值的差额,以及

按照实际利率法分期摊销后该差额的摊余金额;"应计利息"明细账户反映企业计提的到期一次还本付息债权投资应计未付的利息。

【例 4-1】20×2 年 1 月 1 日,阳光公司购入 B 公司当日发行的面值 400 000 元、期限 5 年、票面年利率 6%、每年 12 月 31 日付息、到期还本的债券,确认为债权投资,实际支付的购买价款(包括交易费用)为 422 400 元。

借:债权投资——成本(B 公司债券)　　　　　　　　400 000
　　　　　　——利息调整(B 公司债券)　　　　　　　22 400
　　贷:银行存款　　　　　　　　　　　　　　　　　　422 400

【例 4-2】20×2 年 1 月 1 日,阳光公司购入 C 公司于 20×1 年 1 月 1 日发行的面值 640 000 元、期限 5 年、票面年利率 5%、每年 12 月 31 日付息、到期还本的债券,确认为债权投资,实际支付的购买价款(包括交易费用)为 654 800 元,该价款中包含已到付息期但尚未支付的利息 32 000 元。

初始入账金额 = 654 800 - 32 000 = 622 800(元)
利息调整 = 640 000 - 622 800 = 17 200(元)

借:债权投资——成本(C 公司债券)　　　　　　　　640 000
　　应收利息　　　　　　　　　　　　　　　　　　　32 000
　　贷:银行存款　　　　　　　　　　　　　　　　　　654 800
　　　　债权投资——利息调整(C 公司债券)　　　　　17 200

当阳光公司收到上述利息时,应借记"银行存款"科目,贷记"应收利息"科目。

三、以摊余成本计量的金融资产的后续计量

(一)摊余成本与实际利率法

债券投资的后续计量采用实际利率法,按摊余成本计量。实际利率法,是指计算债券投资的摊余成本以及将利息收入或利息费用分摊计入各会计期间的方法。其中,实际利率是指将金融资产或金融负债在预计存续期内估计未来现金流量折现为该金融资产账面余额(不考虑减值)或该金融负债摊余成本所使用的利率。在确定实际利率时,应当在考虑金融资产或金融负债所有合同条款(如提前还款、展期、看涨期权或其他类似期权等)的基础上估计预期现金流量,但不应当考虑预期信用损失。债券投资的摊余成本,是指持有债券投资的初始确认金额经过以下调整后的结果:(1)扣除已偿还的本金;(2)加上或减去采用实际利率法将该初始确认金额与到期日金额之间的差额进行摊销形成的累积摊销额;(3)扣除累计计提的损失准备(仅限于金融资产)。

实际利息收入、应收利息、利息调整摊销额之间的关系可用公式表达如下：

实际利息收入 = 债券投资摊余成本 × 实际利率

应收利息 = 面值（到期日金额） × 票面利率（名义利率）

利息调整摊销额 = 利息收入 − 应收利息

在债权投资既不存在已偿还的本金也未发生减值损失的情况下，其摊余成本可用公式表示如下：

摊余成本 = 初始入账金额 ± 利息调整累计摊销额

或者：　　　　　　　　= 面值 ± 利息调整摊余金额

（二）分期付息债券利息收入的确认

债券投资如为分期付息的债券，企业应当于付息日或资产负债表日计提债券利息，计提的利息通过"应收利息"科目核算，同时确认利息收入。付息日或资产负债表日，按照以债权投资面值和票面利率计算确定的应收利息，借记"应收利息"科目；按照以债权投资摊余成本和实际利率计算确定的利息收入，贷记"投资收益"科目；按其差额，借记或贷记"债权投资——利息调整"科目。

【例4-3】20×1年1月1日，阳光公司购入甲公司面值400 000元、期限5年、票面年利率6%、每年12月31日付息、初始确认金额为422 400元的债券，确认为债权投资。该债券在持有期间采用实际利率法确认利息收入并确定摊余成本。经估算（估算过程此处从略）债券的实际年利率为4.72%，甲公司采用实际利率法计算的利息收入与摊余成本如表4.1所示。

表4.1　利息收入与摊余成本计算（实际利率法）　　单位：万元

日期	应收利息	利息收入	利息调整摊销	摊余成本
20×1年1月1日				422 400
20×1年12月31日	24 000	19 937	4063	418 337
20×2年12月31日	24 000	19 746	4 252	414 083
20×3年12月31日	24 000	19 545	4 455	409 628
20×4年12月31日	24 000	19 334	4 666	404 962
20×5年12月31日	24 000	19 038	4 962	400 000
合计	120 000	97 600	22 398*	—

注：*系尾数调整。

阳光公司各年确认利息收入、摊销利息调整及到期收回本金时，其账务处理（各年收到债券利息的账务处理此处从略）如下：

20×1年12月31日：

借：应收利息 24 000
  贷：银行存款 19 937
    债权投资——利息调整（甲公司债券） 4 063

20×2年12月31日：
借：应收利息 240 000
  贷：投资收益 19 746
    债权投资——利息调整（甲公司债券） 4 254

20×3年12月31日：
借：应收利息 240 000
  贷：投资收益 19 545
    债权投资——利息调整（甲公司债券） 4 455

20×4年12月31日：
借：应收利息 240 000
  贷：投资收益 19 334
    债权投资——利息调整（甲公司债券） 4 666

20×5年12月31日：
借：应收利息 240 000
  贷：投资收益 19 038
    债权投资——利息调整（甲公司债券） 4 962

债券到期，收回债券本金：
借：银行存款 400 000
  贷：债权投资——成本（甲公司债券） 400 000

四、债权投资的提前出售与到期兑现

（一）债权投资的提前出售

如果有证据表明企业持有意图或能力发生改变，使某项投资不再适合作债权投资，企业可能会将该项投资提前出售。企业提前出售债权投资时，应将所取得的价款与该投资账面价值之间的差额计入投资收益。其中，投资的账面价值是指投资的账面余额扣除已计提的减值准备后的差额。企业出售的债权投资已计提减值准备的，在出售时还应同时结转相应的减值准备。

【例4-4】20×3年9月1日，阳光公司将20×0年1月1日购入的面值160 000元、期限5年、票面年利率5%、每年12月31日付息的甲公司债券全部出售，实际收到出售价款164 800元。该债券的初始确认金额为160 000元。其账务处理如下：

借:银行存款　　　　　　　　　　　　　　　　　　　　164 800
　　贷:债权投资——成本(乙公司债券)　　　　　　　　160 000
　　　　投资收益　　　　　　　　　　　　　　　　　　　4 800

(二) 债权投资的到期兑现

债权投资的到期兑现,是指债权投资的期限已满时按面值收回投资和应收未收的利息。如果该债券是分期付息的,到期时企业可以收回债券面值;如果该债券是一次付息的债券,到期时企业可以收回债券面值和利息。企业收回债券面值和利息时,应借记"银行存款"科目,贷记"债权投资"科目。

五、债权投资的期末计量

债权投资的期末价值应当采用摊余成本计量,不考虑市价变动的影响。企业应当在资产负债表日,对债权投资的账面价值进行检查,如有客观证据表明债权投资发生减值,应当计提减值准备。金融资产发生减值的客观证据,是指金融资产初始确认后实际发生的、对该金融资产的预计未来现金流量有影响,且企业能够对该影响进行可靠计量的事项。金融资产发生减值的客观证据具体包括下列各项:(1)发行方或债务人发生严重财务困难。(2)债务人违反了合同条款,例如偿付利息或本金发生违约或逾期等。(3)债权人出于经济或法律等方面因素的考虑,对发生财务困难的债务人作出让步。(4)债务人很可能倒闭或进行其他债务重组。(5)因发行方发生重大财务困难,该金融资产无法在活跃市场继续交易。(6)无法辨认一组金融资产中某项资产的现金流量是否已经减少,但根据公开的数据对其进行总体评价后发现,该组金融资产自初始确认以来的预计未来现金流量确已减少且可计量,例如该组金融资产的债务人支付能力逐步恶化,或债务人所在国家或地区失业率上升、担保物在其所在地区的价格明显下跌、所处行业不景气等。(7)债务人经营所处的市场、经济或法律环境等发生重大不利变化,使权益工具投资人可能无法收回投资成本。(8)债权投资的公允价值发生严重或非暂时性下降。(9)其他表明金融资产发生减值的客观证据。

在会计期末,如果债权投资发生减值,应当按其账面价值减记至预计未来现金流量的现值,将减记的金额确认为减值损失,计入当期损益。债权投资计提减值准备后,如有确凿证据表明其价值又得以恢复,且客观上与确认该损失时发生的事项有关(例如债务人原已降低的信用评级又得以提高等),已计提的减值准备应当予以转回,计入当期损益。但是,转回减值准备后的账面价值不应当超过假定不计提减值准备情况下,该债权投资在转回日的摊余成本。

资产负债表日债权投资发生减值的,应按预期信用损失金额,借记"信用减值损失"科目,贷记"债权投资减值准备"科目;已计提减值准备的债权投资,若其价值以后又得以恢复,应在原已计提的减值准备金额内,按应恢复的账面价值,借记"债权投资减值准备"科目,贷记"信用减值损失"科目。

第三节 以公允价值计量且其变动计入其他综合收益的金融资产

一、以公允价值计量且其变动计入其他综合收益的金融资产的含义及构成

金融资产同时符合下列条件的,应当分类为以公允价值计量且其变动计入其他综合收益的金融资产:(1)企业管理该金融资产的业务模式既以收取合同现金流量为目标,又以出售该金融资产为目标;(2)该金融资产的合同条款规定,在特定日期产生的现金流量,仅为对本金和以未偿付本金金额为基础的利息的支付。

企业在初始确认时,除符合上述条件的金融资产外,还可以将非交易性权益工具投资(如企业持有的限售股等)指定为以公允价值计量且其变动计入其他综合收益的金融资产,并确认股票股利。该指定一经决定不得撤销。

以公允价值计量且其变动计入其他综合收益的金融资产主要包括其他债权投资和其他权益工具投资。

例如,企业持有的普通债券的合同现金流量是到期收回本金及按约定利率在合同期间按时收取固定或浮动利息的权利。在没有其他特殊安排的情况下,普通债券的合同现金流量一般情况下可能符合仅为对本金和以未偿付本金金额为基础的利息支付的要求。如果企业管理该债券的业务模式以收取合同现金流量和出售该债券为目标,则该债券应当分类为以公允价值计量且其变动计入其他综合收益的金融资产。

二、其他债权投资

(一)其他债权投资的含义及特征

其他债权投资是指既可能持有至到期收取现金流量,也可能在到期之前全部出售的债权投资。企业取得的其他债权投资应划分为以公允价值计量且其变动计入其他综合收益的金融资产,采用实际利率法计算利息收入,计入当期损益;该金融资产由于公允价值变动产生的利得或损失计入其他综合收益;该金融资产发生的减值损失计入当期损益;该金融资产终止确认时,之前计入其他综合收益的累计利得或损失应当从

其他综合收益中转出,计入当期损益。

(二) 其他债权投资的初始计量

企业应当设置"其他债权投资"账户,核算持有的以公允价值计量且其变动计入其他综合收益的其他债权投资,并按照其他债权投资的类别和品种,分别按照"成本""利息调整""应计利息""公允价值变动"等进行明细核算。其中,"成本"明细账户反映其他债权投资的面值;"利息调整"明细账户反映其他债权投资的初始入账金额与其面值的差额,以及按照实际利率法分期摊销后该差额的摊余金额;"应计利息"明细账户反映企业计提的到期一次还本付息的其他债权投资应计未付的利息;"公允价值变动"明细账户反映其他债权投资的公允价值变动金额。

其他债权投资应当按取得该金融资产的公允价值和相关交易费用之和作为初始入账金额。如果支付的价款中包含已到付息期但尚未领取的利息,应单独确认为应收项目,不构成其他债权投资的初始入账金额。

企业取得其他债权投资时,应按其面值,借记"其他债权投资——成本"科目;按支付的价款中包含的已到付息期但尚未领取的利息,借记"应收利息"科目;按实际支付的金额,贷记"银行存款"等科目;按上列差额,借记或贷记"其他债权投资——利息调整"科目。收到支付的价款中包含的已到付息期但尚未领取的利息,借记"银行存款"科目,贷记"应收利息"科目。

【例4-5】20×2年1月1日,阳光公司购入甲公司当日发行的面值480 000元、期限3年、票面年利率8%、每年12月31日付息、到期还本的债券,实际支付的购买价款(包括交易费用)为496 000元。甲公司既可能持有至到期,也可能提前出售,将其确认为其他债权投资。其账务处理如下:

借:其他债权投资——成本(甲公司债券)　　　　　　480 000
　　　　　　　　——利息调整(丙公司债券)　　　　　　16 000
　　贷:银行存款　　　　　　　　　　　　　　　　　　　496 000

(三) 其他债权投资的后续计量

其他债权投资的后续计量包括持有期间投资收益、期末计量、处置及减值等。

1. 其他债权投资收益的确认。企业在持有其他债权投资期间,应按照债券的摊余成本和初始确认的实际利率确定投资收益。根据票面利息(应收利息),借记"其他债权投资——应计利息"或"应收利息"等科目;根据实际利息收入,贷记"投资收益"科目;根据两者的差额,贷记"其他债权投资——利息调整"科目。

【例4-6】20×0年1月1日,阳光公司购入甲公司面值480 000元、期限3年、票面年利率8%、每年12月31日付息、到期还本的债券,初始确认金额为496 000

元,经估算(估算过程此处从略)债券的实际年利率为6.74%。阳光公司既可能持有至到期,也可能提前出售,将其确认为其他债权投资。阳光公司在持有期间确认利息收入的计算过程及账务处理如下:

采用实际利率法计算利息收入与摊余成本,具体计算如表4.2所示。

表4.2 利息收入与摊余成本计算
(实际利率法) 单位:元

日期	应收利息	利息收入	利息调整摊销	摊余成本
20×0年1月1日				496 000
20×0年12月31日	38 400	33 430	4 970	491 030
20×1年12月31日	38 400	33 095	5 305	485 725
20×2年12月31日	38 400	32 675	5 725	480 000
合计	115 200	99 200	16 000	—

各年确认利息收入并摊销利息调整的账务处理(各年收到债券利息的账务处理此处从略)如下:

20×0年12月31日:

借:应收利息　　　　　　　　　　　　　　　　　　　　38 400
　　贷:投资收益　　　　　　　　　　　　　　　　　　33 430
　　　　其他债权投资——利息调整(甲公司债券)　　　4 970

20×1年12月31日:

借:应收利息　　　　　　　　　　　　　　　　　　　　38 400
　　贷:投资收益　　　　　　　　　　　　　　　　　　33 095
　　　　其他债权投资——利息调整(甲公司债券)　　　5 305

20×2年12月31日:

借:应收利息　　　　　　　　　　　　　　　　　　　　38 400
　　贷:投资收益　　　　　　　　　　　　　　　　　　32 675
　　　　其他债权投资——利息调整(甲公司债券)　　　5 725

2. 其他债权投资的期末计量。其他债权投资的期末计量应以公允价值为基础,因公允价值变动形成的未实现利得和损失,作为所有者权益变动计入其他综合收益,借记或贷记"其他债权投资——公允价值变动"科目,贷记或借记"其他综合收益——其他债权投资公允价值变动"科目。

资产负债表日,其他债权投资的公允价值高于其账面余额时,应按二者之间的差额调增其他债权投资的账面余额,同时将公允价值变动计入其他综合收益,借记"其他债权投资——公允价值变动"科目,贷记"其他综合收益——其他债权投资公允价值变动"科目;其他债权投资低于其账面余额时,应按二者之间的差额调减其他债权投资的账面余额,同时按公允价值变动计入其他综合收益,借记"其他综合收益——其他债权投资公允价值变动"科目,贷记"其他债权投资——公允价值变动"科目。

【例 4-7】阳光公司各年年末持有债券的公允价值如表 4.3 所示。

表 4.3　　　　　　　　　　　公允价值变动计算　　　　　　　　　　　单位:元

日期	摊余成本	公允价值	累积公允价值变动	本期公允价值变动
20×0 年 12 月 31 日	157 066	157 208	142	142
20×1 年 12 月 31 日	158 490	158 542	52	-90
20×2 年 12 月 31 日	160 000	160 000	0	-52

注:累计公允价值变动 = 公允价值 - 摊余成本;本期公允价值变动 = 累计公允价值变动 - 本期公允价值变动的期初数。

阳光公司各年年末的账务处理如下:

20×0 年 12 月 31 日:

借:其他债权投资——公允价值变动　　　　　　　　　　142
　　贷:其他综合收益——其他债权投资公允价值变动　　　　　　142

20×1 年 12 月 31 日:

借:其他综合收益——其他债权投资公允价值变动　　　　90
　　贷:其他债权投资——公允价值变动　　　　　　　　　　　　90

20×2 年 12 月 31 日:

借:其他综合收益——其他债权投资公允价值变动　　　　52
　　贷:其他债权投资——公允价值变动　　　　　　　　　　　　52

3. 其他债权投资的处置。企业处置其他债权投资时,应终止确认该金融资产,将取得的处置价款与该金融资产账面余额之间的差额计入投资收益;同时,将原直接计入所有者权益的累积公允价值变动对应处置部分的金额转出,计入投资收益。

处置其他债权投资时,应按实际收到的处置价款,借记"银行存款"科目;按其他债权投资面值,贷记"其他债权投资——成本"科目;按利息调整摊余金额,贷记或借记"其他债权投资——利息调整"科目;按累计公允价值变动金额,贷记或借记"其他债权投资——公允价值变动"科目;按上列差额,贷记或借记"投资收益"科目。同时,将原计入其他综合收益的累计公允价值变动对应处置部分的金额转出,借记或贷记"其他综合收益——其他债权投资公允价值变动"科目,贷记或借记"投资收益"科目。

【例 4-8】20×2 年 3 月 1 日,阳光公司将持有的丙公司债券出售,实际收到出售价款 489 600 元。该债券面值 480 000 元,期限 3 年,票面年利率 8%,每年 12 月 31 日付息,到期还本。出售时该债券投资的账面余额为 486 400 元,其中,成本 480 000 元;利息调整(借方)5 727 元;公允价值变动(借方)673 元。

借：银行存款 489 600
    贷：其他债权投资——成本（丙公司债券） 480 000
              ——利息调整（丙公司债券） 5 727
              ——公允价值变动（丙公司债券） 673
        投资收益 3 200
借：其他综合收益——其他债权投资公允价值变动 673
    贷：投资收益 673

4. 其他债权投资的减值处理。如果企业在报告期末持有的其他债权投资发生信用损失（存在表明发生减值客观证据的债券），应当确认为减值损失，计提减值准备。对于以公允价值计量且其变动计入其他综合收益的其他债权投资，企业应在其他综合收益中确认其减值损失，并将减值损失或利得计入当期损益，且不减少该金融资产在资产负债表中列示的价值。

企业确认的其他债权投资减值损失，借记"信用减值损失"科目，贷记"其他综合收益——信用减值准备"科目；如该资产减值恢复，则编制相反的会计分录。

【例4-9】阳光公司 20×1～20×2 年根据其他债权投资相关业务所做的账务处理如下：

20×1年1月1日，阳光公司购入乙公司当日发行的面值960 000元、期限5年、票面年利率5%、到期还本付息的债券，确认为其他债权投资，用银行存款支付初始入账金额986 312元，初始确认时确定的实际年利率为4%。

利息调整借差 = 986 312 - 960 000 = 26 312（元）

借：其他债权投资——成本（乙公司债券） 960 000
              ——利息调整（乙公司债券） 26 312
    贷：银行存款 986 312

20×1年12月31日，乙公司债券的市价为1 020 000元，阳光公司预计到期时该债券的现金流量现值为996 000元，阳光公司认定乙公司债券发生了减值。

确认利息收入及利息调整摊销：

利息收入 = 986 312 × 4% = 39 452（元）

应计利息 = 960 000 × 5% = 48 000（元）

利息调整借差摊销 = 48 000 - 39 452 = 8 548（元）

借：其他债权投资——应计利息 48 000
    贷：其他债权投资——利息调整（乙公司债券） 8 548
        投资收益 39 452

债券摊余成本 = 986 312 + 48 000 - 8 548 = 1 025 764（元）

确认公允价值变动：

本期公允价值变动 = 1 020 000 - 1 025 764 = -5 764（元）

借：其他综合收益——其他债权投资公允价值变动　　　　5 764
　　贷：其他债权投资——公允价值变动（乙公司债券）　　　　5 764

确认减值损失：

减值损失 = 1 020 000 - 996 000 = 24 000（元）

借：信用减值损失　　　　24 000
　　贷：其他综合收益——信用减值准备　　　　24 000

20×2年12月31日，乙公司债券的市价为1 062 000元，假定阳光公司预计到期时该债券的现金流量现值为1 044 000元，阳光公司认定乙公司债券发生了减值。

确认利息收入及利息调整摊销：

利息收入 = 1 025 764 × 4% = 41 031（元）

应计利息 = 960 000 × 5% = 48 000（元）

利息调整借差摊销 = 48 000 - 41 031 = 6 969（元）

借：其他债权投资——应计利息　　　　48 000
　　贷：其他债权投资——利息调整（乙公司债券）　　　　6 969
　　　　投资收益　　　　41 031

债券摊余成本 = 1 025 764 + 48 000 - 6 969 = 1 066 795（元）

确认公允价值变动：

本期公允价值变动 = 1 062 000 - 1 066 795 - (-5 764) = 969（元）

借：其他债权投资——公允价值变动（乙公司债券）　　　　969
　　贷：其他综合收益——其他债权投资公允价值变动　　　　969

确认减值损失：

减值损失 = 1 062 000 - 1 044 000 - 24 000 = -6 000（元）

借：其他综合收益——信用减值准备　　　　6 000
　　贷：信用减值损失　　　　6 000

三、其他权益工具投资

（一）其他权益工具投资的含义及特征

其他权益工具投资是指不具有控制、共同控制和重大影响的股权及非交易性股票等。例如，企业持有的上市公司限售股尽管在活跃市场中有报价，但由于出售受到限制，不能随时出售，可指定为以公允价值计量且其变动计入其他综合收益的金融资产。企业取得的其他权益工具投资按公允价值计量，其公允价值变动计入其他综合收益；该金融资产终止确认时，之前计入其他综合收益的累计利得或损失应当从其他综合收益中转出，计入留存收益。其他权益工具投资不需要计提减值准备。

（二）其他权益工具投资的初始计量

企业取得的股权投资如确认为其他权益工具投资，初始成本包括该股票交易日的公允价值和相关交易费用之和。如果支付的价款中包含已宣告但尚未发放的现金股利，应单独确认为应收项目，不构成其他权益工具投资的初始入账金额。收到支付的价款中包含的已宣告但尚未发放的现金股利，借记"银行存款"科目，贷记"应收股利"科目。

企业应设置"其他权益工具投资"账户，并设置"成本""公允价值变动"明细账户核算其他权益工具投资的取得及变动业务。

【例4-10】20×2年3月20日，阳光公司按每股7.6元的价格购入甲公司每股面值1元的股票64 000股，并支付交易费用1 440元，该股票一年内不得出售，确认为其他权益工具投资。股票购买价格中包含每股0.2元已宣告但尚未领取的现金股利，该现金股利于20×2年4月20日发放。阳光公司账务处理如下：

20×2年3月20日，购入甲公司股票：

初始确认金额 = (7.6 - 0.2) × 64 000 + 1 440 = 475 040（元）

应收现金股利 = 0.2 × 64 000 = 12 800（元）

借：其他权益工具投资——成本（乙公司股票）　　　　475 040
　　　应收股利　　　　　　　　　　　　　　　　　　12 800
　　贷：银行存款　　　　　　　　　　　　　　　　　　　487 840

20×2年4月20日，收到甲公司发放的现金股利：

借：银行存款　　　　　　　　　　　　　　　　　　　12 800
　　贷：应收股利　　　　　　　　　　　　　　　　　　　12 800

（三）其他权益工具投资的后续计量

1. 其他权益工具投资收益的确认。其他权益工具投资在持有期间取得的现金股利（不包括取得该金融资产时已宣告但尚未发放的现金股利），应当计入投资收益。

其他权益工具投资持有期间，被投资单位宣告发放现金股利时，按应享有的份额，借记"应收股利"科目，贷记"投资收益"科目；收到发放的现金股利时，借记"银行存款"科目，贷记"应收股利"科目。

【例4-11】阳光公司持有丙公司股票64 000股。20×2年3月15日，丙公司宣告每股分派现金股利0.25元，该现金股利于20×2年4月20日发放。阳光公司账务处理如下：

20×2年3月15日，丙公司宣告分派现金股利：

应收现金股利 = 0.25 × 64 000 = 16 000（元）

借：应收股利　　　　　　　　　　　　　　　　　　　　16 000
　　　贷：投资收益　　　　　　　　　　　　　　　　　　　　16 000

20×2 年 4 月 20 日，收到丙公司发放的现金股利：

借：银行存款　　　　　　　　　　　　　　　　　　　　16 000
　　　贷：应收股利　　　　　　　　　　　　　　　　　　　　16 000

2. 其他权益工具投资的期末计量。其他权益工具投资在期末应以公允价值计量。资产负债表日，公允价值高于其账面余额时，应按二者之间的差额调增其他权益工具投资的账面余额，同时将公允价值变动计入其他综合收益，借记"其他权益工具投资——公允价值变动"科目，贷记"其他综合收益——其他权益工具投资公允价值变动"科目；其他权益工具投资的公允价值低于其账面余额时，应按二者之间的差额调减其他权益工具投资的账面余额，同时按公允价值变动减记所有者权益，借记"其他综合收益——其他权益工具投资公允价值变动"科目，贷记"其他权益工具投资——公允价值变动"科目。

【例 4-12】阳光公司持有丁公司股票 32 000 股，该股票在 20×1 年 12 月 31 日的市价为 16.4 元；在 20×2 年 12 月 31 日的市价为 15 元。20×1 年 12 月 31 日，丁公司股票按公允价值调整前的账面余额（即初始确认金额）为 475 040 元。阳光公司账务处理如下：

20×1 年 12 月 31 日，调整其他权益工具投资账面余额：

公允价值变动 = 16.4 × 32 000 - 475 040 = 49 760（元）

借：其他权益工具投资——公允价值变动（丁公司股票）　　49 760
　　　贷：其他综合收益——其他权益工具投资公允价值变动　　49 760

调整后阳光公司持有的该股票账面余额 = 16.4 × 32 000 = 524 800（元）

20×2 年 12 月 31 日，调整其他权益工具投资账面余额：

公允价值变动 = 15 × 32 000 - 524 800 = -44 800（元）

借：其他综合收益——其他权益工具投资公允价值变动　　　44 800
　　　贷：其他权益工具投资——公允价值变动（丁公司股票）　　44 800

调整后阳光公司持有的该股票账面余额 = 15 × 32 000 = 480 000（元）

3. 其他权益工具投资的处置。企业处置其他权益工具投资时，应将取得的处置价款与该金融资产账面余额之间的差额计入其他综合收益；同时将累计确认的其他综合收益转为留存收益，不得计入当期损益。

企业应根据实际收到的处置价款，借记"银行存款"等科目；根据其账面余额，贷记"其他权益工具投资"科目；根据其差额，贷记或借记"其他综合收益——其他权益工具投资公允价值变动"科目。同时，根据累计公允价值变动原计入其他综合收益的金额，借记或贷记"其他综合收益——其他权益工具投资公允价值变动"科目，贷记或借记"利润分配——未分配利润"等科目。

【例4-13】20×2年5月17日，阳光公司将持有的48 000股乙公司股票出售，实际收到价款520 000元。出售日，乙公司股票账面余额为480 000元，其中，成本475 040元，公允价值变动（借方）4 960元。阳光公司账务处理如下：

出售乙公司股票：

借：银行存款　　　　　　　　　　　　　　　　　　　　520 000
　　贷：其他权益工具投资——成本（乙公司股票）　　　　475 040
　　　　　　　　　　　　——公允价值变动（乙公司股票）　4 960
　　　　其他综合收益——其他权益工具投资公允价值变动　　40 000

结转累计计入其他综合收益的公允价值变动：

累计计入其他综合收益的公允价值变动 = 4 960 + 40 000 = 44 960（元）

借：其他综合收益——其他权益工具投资公允价值变动　　　44 960
　　贷：利润分配——未分配利润　　　　　　　　　　　　　44 960

第四节　以公允价值计量且其变动计入当期损益的金融资产

一、以公允价值计量且其变动计入当期损益的金融资产的含义与特征

以公允价值计量且其变动计入当期损益的金融资产，是指以摊余成本计量的金融资产和以公允价值计量且其变动计入其他综合收益的金融资产以外的金融资产，例如随时准备出售的债券投资和股票投资等。企业取得该金融资产主要是为了近期内出售。其特征是企业能够随时变现以获得证券交易差价。例如，企业常见的下列投资产品通常分类为以公允价值计量且其变动计入当期损益的金融资产：

（1）股票。股票的合同现金流量源自收取被投资企业未来股利分配以及其清算时获得剩余收益的权利。由于股利及获得剩余收益的权利均不符合本章关于本金和利息的定义，因此股票不符合本金加利息的合同现金流量特征。在不考虑特殊指定的情况下，企业持有的股票应当分类为以公允价值计量且其变动计入当期损益的金融资产。

（2）基金。常见的有股票型基金、债券型基金、货币基金或混合基金，通常投资于动态管理的资产组合，投资者从该类投资中所取得的现金流量既包括投资期间基础资产产生的合同现金流量，也包括处置基础资产的现金流量。基金一般情况下不符合本金加利息的合同现金流量特征。企业持有的基金通常分类为以公允价值计量且其变动计入当期损益的金融资产。

(3) 可转换债券。可转换债券除按一般债权类投资的特性到期收回本金、获取约定利息或收益外，还嵌入了一项转股权。通过嵌入衍生工具，企业获得的收益在基本借贷安排的基础上，会产生基于其他因素变动的不确定性。企业将可转换债券作为一个整体进行评估，由于可转换债券不符合本金加利息的合同现金流量特征，企业持有的可转换债券投资应当分类为以公允价值计量且其变动计入当期损益的金融资产。

二、以公允价值计量且其变动计入当期损益的金融资产的初始计量

根据以公允价值计量且其变动计入当期损益的金融资产的特征，该金融资产的初始确认金额应当按照公允价值计量。公允价值通常为金融资产和金融负债的交易价格，相关的交易费用在发生时直接计入当期损益。企业取得以公允价值计量且其变动计入当期损益的金融资产所支付的价款中，如果包含已宣告但尚未发放的现金股利或已到付息期但尚未领取的债券利息，性质上属于暂付应收款，应当单独确认为应收项目（应收股利或应收利息），不计入以公允价值计量且其变动计入当期损益的金融资产。

企业应当根据《企业会计准则第 39 号——公允价值计量》的规定，确定金融资产和金融负债的公允价值。如果公允价值与交易价格存在差异，企业应区别下列情况处理：

（1）在初始确认时，金融资产或金融负债依据相同资产或负债在活跃市场上的报价或者以仅使用可观察市场数据的估值技术确定的，企业应当将该公允价值与交易价格之间的差额确认为一项利得或损失。

（2）在初始确认时，金融资产或金融负债的公允价值以其他方式确定的，企业应当将该公允价值与交易价格之间的差额递延。初始确认后，企业应当根据某一因素在相应会计期间的变动程度将该递延差额确认为相应会计期间的利得或损失。

企业应设置"交易性金融资产"账户核算以公允价值计量且其变动计入当期损益的金融资产，并根据该金融资产的类别和品种，分别按照"成本""公允价值变动"进行明细核算。需要注意的是，企业持有的指定为以公允价值计量且其变动计入当期损益的金融资产，也通过"交易性金融资产"账户核算，不再单独设置账户。

【例 4 – 14】20×2 年 1 月 6 日，阳光公司购入甲公司每股面值 1 元的普通股股票 10 000 股，每股价格为 15 元，确认为以公允价值计量且其变动计入当期损益的金融资产，并支付交易费用 1 800 元。阳光公司账务处理如下：

借：交易性金融资产——成本（甲公司股票）   150 000
     投资收益   1 800
  贷：银行存款   151 800

【例 4 – 15】20×2 年 4 月 26 日，甲公司按每股 10.2 元的价格从二级市场购入乙

公司每股面值1元的股票10 000股,确认为以公允价值计量且其变动计入当期损益的金融资产,并支付交易费用1 200元。股票购买价格中包含已宣告但尚未领取的现金股利(每股0.2元)。甲公司的账务处理如下:

借:交易性金融资产——成本(乙公司股票)　　　　100 000
　　应收股利　　　　　　　　　　　　　　　　　　　2 000
　　投资收益　　　　　　　　　　　　　　　　　　　1 200
　　贷:银行存款　　　　　　　　　　　　　　　　　103 200

甲公司在收到上述股利时,应借记"银行存款"科目,贷记"应收股利"科目,而非贷记"投资收益"科目。

【例4-16】20×2年7月1日,乙公司支付34 720元购入丙公司于20×1年7月1日发行的面值32 000元、期限5年、票面年利率6%、每年6月30日付息、到期还本的债券,确认为以公允价值计量且其变动计入当期损益的金融资产,并支付交易费用120元。债券购买价格中包含已到付息期但尚未支付的利息1920元。乙公司的账务处理如下:

借:交易性金融资产——成本(丙公司债券)　　　　32 680
　　应收利息　　　　　　　　　　　　　　　　　　　1 920
　　投资收益　　　　　　　　　　　　　　　　　　　　120
　　贷:银行存款　　　　　　　　　　　　　　　　　34 720

乙公司在收到上述利息时,应借记"银行存款"科目,贷记"应收利息"科目,而非贷记"投资收益"科目。

三、以公允价值计量且其变动计入当期损益的金融资产的后续计量

企业在持有以公允价值计量且其变动计入当期损益的金融资产期间,会产生一定的收益,如获得的现金股利或债券利息,应当确认为投资收益。包含在取得以公允价值计量且其变动计入当期损益的金融资产投资时支付的价款中、已宣告但尚未发放的现金股利或已到付息期但尚未领取的债券利息,属于投资者在购买时垫付的资金,是一种债权,在实际收到时应冲减已记录的应收股利或应收利息,不能确认为投资收益。

资产负债表日,以公允价值计量且其变动计入当期损益的金融资产应按公允价值反映,公允价值的变动计入当期损益。

资产负债表日,以公允价值计量且其变动计入当期损益的金融资产的公允价值高于其账面余额时,应按二者之间的差额调增其账面余额,同时确认公允价值上升的收益,借记"交易性金融资产——公允价值变动"科目,贷记"公允价值变动损益"科目;以公允价值计量且其变动计入当期损益的金融资产的公允价值低于其账面余额时,

应按二者之间的差额调减其账面余额，同时确认公允价值下降的损失，借记"公允价值变动损益"科目，贷记"交易性金融资产——公允价值变动"科目。

【例4-17】阳光公司于每年年末对持有的以公允价值计量且其变动计入当期损益的金融资产按公允价值进行后续计量，确认公允价值变动损益。20×2年12月31日，阳光公司持有的以公允价值计量且其变动计入当期损益的金融资产明细资料如表4.4所示。

表4.4 阳光公司交易性金融资产投资明细
20×2年12月31日 单位：元

项目	调整前账面余额	期末公允价值	公允价值变动损益	调整后账面余额
甲公司股票	260 000	208 000	-52 000	208 000
乙公司债券	65 600	68 000	2 400	68 000

根据表4.4，阳光公司20×2年12月31日确认公允价值变动损益的账务处理如下：

借：公允价值变动损益 52 000
　　贷：交易性金融资产——公允价值变动（甲公司股票） 52 000
借：交易性金融资产——公允价值变动（乙公司债券） 2 400
　　贷：公允价值变动损益 2 400

四、以公允价值计量且其变动计入当期损益的金融资产的处置

以公允价值计量且其变动计入当期损益的金融资产处置时，需要确认处置损益。处置损益是指处置以公允价值计量且其变动计入当期损益的金融资产实际收到的价款，减去所处置以公允价值计量且其变动计入当期损益的金融资产账面余额后的差额。其中，以公允价值计量且其变动计入当期损益的金融资产的账面余额，是指以公允价值计量且其变动计入当期损益的金融资产的初始入账金额加上或减去资产负债表日累计公允价值变动后的金额。如果在处置以公允价值计量且其变动计入当期损益的金融资产时，已计入应收项目的现金股利或债券利息尚未收回，还应从处置价款中扣除该部分现金股利或债券利息，然后确认处置损益。处置以公允价值计量且其变动计入当期损益的金融资产，该金融资产在持有期间已确认的累计公允价值变动净损益应确认为处置当期投资收益，同时调整公允价值变动损益。

【例4-18】20×2年3月17日，阳光公司将持有的甲公司股票出售，实际收到出售价款212 800元。股票出售日，该股票账面价值208 000元，其中，成本260 000元，已确认公允价值变动损失52 000元。阳光公司关于股票处置损益的计算及账务处理如下：

处置损益 = 212 800 - 208 000 = 4 800（元）

借：银行存款	212 800
交易性金融资产——公允价值变动（甲公司股票）	52 000
贷：交易性金融资产——成本（甲公司股票）	260 000
投资收益	4 800

同时，

借：投资收益	52 000
贷：公允价值变动损益	52 000

【例4-19】20×2年4月20日，阳光公司将乙公司债券出售，实际收到出售价款70 880元。债券出售日，该债券已计提但尚未收到的利息为1 920元，账面价值为68 000元，其中，成本65 600元，已确认公允价值变动收益2 400元。债券处置损益的计算及账务处理如下：

处置损益 = 70 880 - 68 000 - 1 920 = 960（元）

借：银行存款	70 880
贷：交易性金融资产——成本（乙公司债券）	65 600
——公允价值变动（乙公司债券）	2 400
应收利息	1 920
投资收益	960

同时，

借：公允价值变动损益	2 400
贷：投资收益	2 400

第五节　金融资产的重分类

一、金融资产重分类的账务处理原则

企业改变其管理金融资产的业务模式时，应当对所有受影响的相关金融资产进行重分类。企业对金融资产进行重分类，应当自重分类日起采用未来适用法进行相关账务处理，不得对以前已经确认的利得、损失（包括减值损失或利得）或利息进行追溯调整。重分类日，是指导致企业对金融资产进行重分类的业务模式发生变更后的首个报告期间的第一天。以按季度、半年度和年度对外提供财务报告的上市公司为例，假定A上市公司决定于20×2年2月20日改变对某金融资产的业务模式，则重分类日为20×2年4月1日（即下一个季度会计期间的期初）。

二、金融资产重分类的计量

(一) 以摊余成本计量的金融资产的重分类

1. 以摊余成本计量的金融资产重分类为以公允价值计量且其变动计入其他综合收益的金融资产。

企业将一项以摊余成本计量的金融资产重分类为以公允价值计量且其变动计入其他综合收益的金融资产的,应当按照该金融资产在重分类日的公允价值进行计量。原账面价值与公允价值之间的差额计入其他综合收益。该金融资产重分类不影响其实际利率和预期信用损失的计量。

重分类日,企业应根据该金融资产的摊余成本,借记"其他债权投资"科目,贷记"债权投资"等科目。同时,根据该金融资产公允价值与账面价值的差额,借记或贷记"其他债权投资——公允价值变动"科目,贷记或借记"其他综合收益——其他债权投资公允价值变动"科目。

【例4-20】20×2年12月31日,甲公司将其持有的乙公司债券(债权投资)重分类为以公允价值计量且其变动计入其他综合收益的金融资产。重分类日,乙公司债券的公允价值为405 760元、账面价值为399 040元,其中,成本384 000元,利息调整借差9 280元,应计利息5 760元。其账务处理如下:

结转该债权账面价值:

借:其他债券投资——成本(乙公司债券)	384 000
——利息调整(乙公司债券)	9 280
——应计利息(乙公司债券)	5 760
贷:债权投资——成本(乙公司债券)	384 000
——利息调整(乙公司债券)	9 280
——应计利息(乙公司债券)	5 760

调整公允价值:

公允价值变动 = 405 760 - 399 040 = 6 720(元)

借:其他债券投资——公允价值变动	6 720
贷:其他综合收益——其他债券投资公允价值变动	6 720

2. 以摊余成本计量的金融资产重分类为以公允价值计量且其变动计入当期损益的金融资产。

企业将一项以摊余成本计量的金融资产重分类为以公允价值计量且其变动计入当期损益的金融资产的,应当按照该金融资产在重分类日的公允价值计量,原账面价值与公允价值的差额计入当期损益。

重分类日，企业应根据该金融资产的摊余成本，借记"交易性金融资产——成本"科目，贷记"债权投资"等科目。同时，根据该金融资产公允价值与账面价值的差额，借记或贷记"交易性金融资产——公允价值变动"科目，贷记或借记"公允价值变动损益"科目。

【例 4-21】20×2 年 12 月 31 日，乙公司将其持有的一项丙公司债券（债权投资）重分类为以公允价值计量且其变动计入当期损益的金融资产。重分类日，丙公司债券的公允价值为 405 760 元、账面价值为 399 040 元，其中，成本 384 000 元，利息调整借差 9 280 元，应计利息 5 760 元。其账务处理如下：

结转该债券账面价值：

借：交易性金融资产——成本	399 040
贷：债权投资——成本（丙公司债券）	384 000
——利息调整（丙公司债券）	9 280
——应计利息（丙公司债券）	5 760

调整公允价值：

公允价值变动 = 405 760 - 399 040 = 6 720（元）

借：交易性金融资产——公允价值变动	6 720
贷：公允价值变动损益	6 720

（二）以公允价值计量且其变动计入其他综合收益的金融资产的重分类

1. 以公允价值计量且其变动计入其他综合收益的金融资产重分类为以摊余成本计量的金融资产。

企业将一项以公允价值计量且其变动计入其他综合收益的金融资产重分类为以摊余成本计量的金融资产的，应当将之前计入其他综合收益的累计利得或损失转出，调整该金融资产在重分类日的公允价值，并以调整后的金额作为新的账面价值，即视同该金融资产一直以摊余成本计量。该金融资产重分类不影响其实际利率和预期信用损失的计量。

重分类日，企业应根据该金融资产的摊余成本，借记"债权投资"科目，贷记"其他债权投资"科目。由于其减值准备是以公允价值为基础计算的，因此其公允价值变动属于减值准备的组成部分，应根据公允价值变动，借记或贷记"其他债权投资——公允价值变动"科目，贷记或借记"债权投资减值准备"科目；同时借记或贷记"其他综合收益——信用减值准备"科目，贷记或借记"信用减值损失"科目；根据累计确认的资产减值准备，借记"其他综合收益——信用减值准备"科目，贷记"债权投资减值准备"科目。

【例 4-22】20×2 年 1 月 1 日，甲公司将其持有的乙公司债券（其他债权投资）重分类为以摊余成本计量的金融资产（债权投资）。当日该债券的账面价值为 708 000

元，其中债券面值 640 000 元，利息调整借差 7 197 元，应计利息 64 000 元，公允价值变动 -3 197 元；累计计提金融资产减值准备 12 000 元。其账务处理如下：

结转摊余成本：

借：债权投资——成本　　　　　　　　　　　　　　　640 000
　　　　　　——利息调整　　　　　　　　　　　　　　7 197
　　　　　　——应计利息　　　　　　　　　　　　　　64 000
　　贷：其他债权投资——成本　　　　　　　　　　　　640 000
　　　　　　　　　　——利息调整　　　　　　　　　　7 197
　　　　　　　　　　——应计利息　　　　　　　　　　64 000

结转公允价值变动：

借：其他债权投资——公允价值变动　　　　　　　　　　3 197
　　贷：债权投资减值准备　　　　　　　　　　　　　　3 197
借：信用减值损失　　　　　　　　　　　　　　　　　　3 197
　　贷：其他综合收益——信用减值准备　　　　　　　　3 197

结转金融资产减值准备：

借：其他综合收益——信用减值准备　　　　　　　　　　12 000
　　贷：债权投资减值准备　　　　　　　　　　　　　　12 000

2. 以公允价值计量且其变动计入其他综合收益的金融资产重分类为以公允价值计量且其变动计入当期损益的金融资产。

企业将一项以公允价值计量且其变动计入其他综合收益的金融资产重分类为以公允价值计量且其变动计入当期损益的金融资产的，应当继续以公允价值计量该金融资产。同时，企业应当将之前计入其他综合收益的累计利得或损失从其他综合收益转入当期损益。

重分类日，企业应根据该金融资产的公允价值，借记"交易性金融资产"科目，贷记"其他债权投资"科目；根据原计入其他综合收益的公允价值变动，借记或贷记"其他综合收益"科目，贷记或借记"公允价值变动损益"科目；根据其减值准备，借记"其他综合收益——信用减值准备"科目，贷记"信用减值损失"科目。

【例 4-23】20×2 年 1 月 1 日，甲公司将其持有的乙公司债券（其他债权投资）重分类为以公允价值计量且其变动计入当期损益的金融资产。当日该债券的账面价值为 708 000 元（即公允价值），其中，债券面值 640 000 元，利息调整借差 7 197 元，应计利息 64 000 元，公允价值变动 -3 197 元；累计计提金融资产减值准备 12 000 元。其账务处理如下：

结转摊余成本和公允价值：

借：交易性金融资产——成本　　　　　　　　　　　　708 000

其他债权投资——公允价值变动		3 197
贷：其他债权投资——成本		640 000
——利息调整		7 197
——应计利息		64 000

结转金融资产公允价值变动：
  借：公允价值变动损益   3 197
    贷：其他综合收益——其他债券投资公允价值变动   3 197
结转金融资产减值准备：
  借：其他综合收益——信用减值准备   12 000
    贷：信用减值损失   12 000

（三）以公允价值计量且其变动计入当期损益的金融资产的重分类

1. 以公允价值计量且其变动计入当期损益的金融资产重分类为以摊余成本计量的金融资产。

  企业将一项以公允价值计量且其变动计入当期损益的金融资产重分类为以摊余成本计量的金融资产的，应当以其在重分类日的公允价值作为新的账面余额，以该金融资产在重分类日的公允价值确定实际利率。其后，按照以摊余成本计量的金融资产的相关规定进行后续计量。

  企业将原准备随时出售的债券重分类为以摊余成本计量的金融资产债权投资时，重分类日，应根据该债券的公允价值，借记"债权投资"科目，贷记"交易性金融资产"科目。

  【例4-24】20×2年12月31日，阳光公司决定将原准备随时出售的乙公司债券（交易性金融资产）重分类为以摊余成本计量的金融资产（债权投资）。当日该债券的公允价值为884 000元，其中，成本864 000元，公允价值变动20 000元。该债券系乙公司两年前于20×0年1月1日发行，面值800 000元、5年期、票面年利率4%、到期一次还本付息。阳光公司于每年年末确认投资收益，重新确定的实际年利率为4.21%。其账务处理如下：

  债券应计利息 = 800 000 × 4% × 3 = 96 000（元）
  债券利息调整 = 884 000 - 800 000 - 96 000 = - 12 000（元）

借：债权投资——成本		800 000
——应计利息		96 000
贷：交易性金融资产——成本		864 000
——公允价值变动		20 000
债权投资——利息调整		12 000

2. 以公允价值计量且其变动计入当期损益的金融资产重分类为以公允价值计量且其变动计入其他综合收益的金融资产。

企业将一项以公允价值计量且其变动计入当期损益的金融资产重分类为以公允价值计量且其变动计入其他综合收益的金融资产的，应当继续以公允价值计量该金融资产。

企业将原准备随时出售的债券重分类为以公允价值计量且其变动计入其他综合收益的金融资产时，重分类日，应根据该债券的公允价值，借记"其他债权投资"科目，贷记"交易性金融资产"科目。

【例4-25】20×2年12月31日，阳光公司决定将原准备随时出售的乙公司债券（交易性金融资产）重分类为以公允价值计量且其变动计入其他综合收益的金融资产（其他债权投资）。当日该债券的公允价值为884 000元，其中，成本864 000元，公允价值变动20 000元。该债券系乙公司于20×0年1月1日发行，面值800 000元、5年期、票面年利率4%、到期一次还本付息。阳光公司于每年年末确认投资收益，重新确定的实际年利率为4.21%。其账务处理如下：

债券应计利息 = 800 000 × 4% × 3 = 96 000（元）

债券利息调整 = 884 000 - 800 000 - 96 000 = -12 000（元）

借：其他债权投资——成本　　　　　　　　　　　　800 000
　　　　　　　　——应计利息　　　　　　　　　　　96 000
　　贷：交易性金融资产——成本　　　　　　　　　　　　864 000
　　　　　　　　　　　　——公允价值变动　　　　　　　20 000
　　　　其他债权投资——利息调整　　　　　　　　　　　12 000

思考与练习

一、单项选择题

1. 下列项目中不在"交易性金融资产"账户核算的业务是（　　）。
   A. 随时准备出售的债权投资　　　　B. 随时准备出售的股票投资
   C. 能够随时变现的基金　　　　　　D. 以摊余成本计量的债权投资

2. 20×2年1月1日，A企业支付42 600元（含已到付息期的债券利息）购入20×1年1月1日发行、面值40 000元、票面年利率5%、期限4年、每年12月31日付息的债券作为债权投资。应记入"债权投资——利息调整"科目的金额为（　　）元。
   A. 2 600　　　　B. 2 000　　　　C. 1 000　　　　D. 600

3. 20×2年1月1日，W公司购入甲公司于20×1年1月1日发行的面值为200万元、期限5年、票面年利率6%、每年12月31日付息的债券并划分为交易性金融资产，实际支付购买价款216万元（包括已到付息期的债券利息12万元，交易税费0.4万元）。甲公司债券的初始入账金额为（　　）万元。

  A. 203.6   B. 200   C. 204   D. 215.6

4. 企业购入债券作为以摊余成本计量的金融资产，该债券的初始入账金额为（　　）。

  A. 债券面值   B. 债券面值加相关交易费用

  C. 债券公允价值   D. 债券公允价值加相关交易费用

5. 关于其他权益工具投资，下列各项中应确认为当期投资收益的是（　　）。

  A. 资产负债表日公允价值高于账面价值的差额

  B. 收到的价值高于其账面余额的差额

  C. 期末公允价值与账面价值的差额

  D. 持有期间获得的现金股利

二、多项选择题

1. 下列属于按经济内容分类的金融资产的项目有（　　）。

  A. 货币资金   B. 应收票据

  C. 应收账款   D. 股权投资

  E. 债券投资

2. 企业对有关以公允价值计量且其变动计入当期损益的金融资产的下列交易或事项进行会计处理时，会涉及"投资收益"科目的有（　　）。

  A. 取得投资时支付的交易费用

  B. 取得投资时支付的价款中包含的现金股利

  C. 持有期间获得的现金股利

  D. 持有期间获得的股票股利

  E. 持有期间发生的公允价值变动损益

3. 关于债权投资的会计处理，下列表述中正确的有（　　）。

  A. 债权投资应按面值和票面利率确认投资收益

  B. 债权投资应按摊余成本和实际利率确认投资收益

  C. 债权投资期末应按摊余成本计量

  D. 债权投资不需要计提减值准备

  E. 债权投资的投资对象可以是债券但不能是股票

4. "债权投资"账户下应设置的明细账户有（　　）。

  A. 成本   B. 公允价值变动

  C. 利息调整   D. 损益调整

  E. 应计利息

5. 资产负债表日，在公允价值信息能够持续可靠取得的情况下，可以按公允价值计量的资产有（   ）。

  A. 交易性金融资产   B. 债权投资
  C. 其他债权投资   D. 长期股权投资
  E. 投资性房地产

三、判断题

1. 企业在持有交易性金融资产期间所获得的现金股利或债券利息，应当冲减交易性金融资产的初始入账金额。（   ）

2. 债权投资重分类为以公允价值计量且其变动计入当期损益的金融资产时，重分类日原账面价值与公允价值之间的差额计入投资收益。（   ）

3. 企业取得债权投资时支付的相关税费，应当计入债权投资的初始入账金额。（   ）

4. 企业摊销利息调整金额，可能导致债权投资的摊余成本逐期减少，也可能导致债权投资的摊余成本逐期增加。（   ）

5. 资产负债表日，债权投资如果发生了减值，企业应按其未来现金流量现值低于账面摊余成本的差额确认减值损失。（   ）

四、计算及账务处理题

1. 20×2年1月10日，甲公司以每股6.5元的价格购入乙公司每股面值1元的普通股10 000股作为以公允价值计量且其变动计入当期损益的金融资产，并支付手续费500元。20×2年4月5日，乙公司宣告20×1年度股利分配方案，每股分派现金股利0.1元。20×2年6月30日，乙公司股票每股公允价值7.5元。20×2年9月25日，甲公司将乙公司股票出售，收到出售价款86 000元。

要求：编制甲公司下列有关该项金融资产业务的会计分录。

（1）20×2年1月10日，购入股票。
（2）20×2年4月5日，乙公司宣告分派现金股利。
（3）20×2年6月30日，确认公允价值变动损益。
（4）20×2年9月25日，将乙公司股票出售。

2. 20×2年1月1日，丙公司支付价款189 300元（含20×1年度已付息期但尚未支付的债券利息和相关税费），购入20×1年1月1日发行、面值200 000元、期限4年、票面年利率4%、每年12月31日付息、到期还本的丁公司债券作为以摊余成本计量的金融资产（债权投资）。丙公司在取得债券时确定的实际年利率为6%。

要求：对丙公司下列有关该项债权投资的业务进行账务处理。

（1）编制购入债券的会计分录。
（2）采用实际利率法编制债券利息收入与摊余成本计算表。

(3) 编制各年年末确认债券利息收入的会计分录。

(4) 编制债券到期收回本金和最后一期利息的会计分录。

3. 20×2 年 1 月 10 日，乙公司以每股 6.5 元的价格购入丙公司每股面值 1 元的普通股 10 000 股作为其他权益工具投资，并支付手续费 500 元。20×2 年 4 月 5 日，丙公司宣告 20×1 年度股利分配方案，每股分派现金股利 0.1 元。20×2 年 6 月 30 日，丙公司股票每股公允价值 7.5 元。20×2 年 9 月 25 日，乙公司将丙公司股票出售，收到出售价款 86 000 元。

要求：编制乙公司下列有关该项金融资产业务的会计分录。

(1) 20×2 年 1 月 10 日，购入股票。

(2) 20×2 年 4 月 5 日，丙公司宣告分派现金股利。

(3) 20×2 年 6 月 30 日，确认公允价值变动。

(4) 20×2 年 9 月 25 日，将丙公司股票出售。

思考与练习答案

第五章　长期股权投资

[学习目标]

通过本章的学习，引导学生分析理解金融资产与长期股权投资的联系和区别；了解长期股权投资的定义及类别；理解长期股权投资账户的核算内容；掌握取得长期股权投资的确认、初始计量和后续计量；熟练运用长期股权投资成本法和权益法的核算，以及这两种方法相互转换的核算；知晓长期股权投资处置及减值损失的账务处理。

[思政目标]

随着全球经济一体化发展，越来越多的中国企业海外并购成功案例涌现。成功的海外并购除高度考验专业技能外，还需要投资团队的良好协同意识。会计实务操作是一个整体性的工作，作为未来的会计人员，我们现在就要培养团队合作意识，努力学习专业知识，不断提高会计专业技能，将来成为国际化复合型的高端会计人才，为深化我国会计的国际交流合作、高质量共建"一带一路"贡献力量。

第一节　长期股权投资概述

一、长期股权投资的概念及特点

(一) 长期股权投资的概念

长期股权投资是指企业对被投资单位实施控制或具有重大影响的权益性投资，以及对构成合营企业的合营安排的投资。本章的长期股权投资的范围包括：(1) 公司持有的能够对被投资单位实施控制的权益性投资，即对子公司投资；(2) 公司持有的能够与其他合营方一起对被投资单位实施共同控制的权益性投资，即对合营公司投资；(3) 公司持有的能够对被投资单位施加重大影响的权益性投资，即对联营公司投资。

投资企业持有的对被投资单位不具有控制、共同控制或重大影响的投资，不适用《企业会计准则第2号——长期股权投资》，而应按《企业会计准则第22号——金融工具确认和计量》的有关规定处理，划分为以公允价值计量且其变动计入当期损益的金融资产或者以公允价值计量且其变动计入其他综合收益的金融资产。

（二）长期股权投资的特点

1. 收益性。从持有意图上看，企业准备长期持有，达到控制、重大影响被投资单位，或为长期盈利，或为与被投资单位建立密切关系，以分散经营风险。这不同于金融资产中的交易性金融资产。

2. 风险性。从性质上看，它是权益性投资，不同于债权性投资，其投资风险较大，收益具有高度的不确定性，收益的实现与被投资单位的收益能力及分配政策密切相关。但如果被投资单位经营状况不佳，投资企业也需要承担相应的投资损失。

3. 长期性。长期股权投资的最终目标是获得较大的经济收益，投资企业通过控制或影响被投资单位的财务和经营政策，从而从被投资单位的经营活动中获得长期的收益，故投资企业一般不会轻易抽回投资，投资的时效具有长期性。

二、长期股权投资的分类

由长期股权投资形成的投资企业与被投资单位的关系，从投资企业角度来看，可以分为控制、共同控制、重大影响三类。

（一）控制

控制是投资企业拥有对被投资单位的权力，通过参与被投资单位的相关活动而享有可变回报，并且有能力运用对被投资单位的权力影响其回报金额。控制关系形成对子公司的投资。

控制的主要标志是决定一个企业的财务和经营政策，而获取经济利益是其主要目的。满足控制定义中的三个要素，则投资企业能够控制被投资单位。一般来说，投资企业持有被投资单位50%以上股份时，投资企业可以控制被投资单位，但还是应从"实质重于形式"出发，考虑所有的事实和情况再判断。

控制包括绝对控制和相对控制。绝对控制是指投资企业直接拥有，或间接拥有，或直接间接合计拥有被投资单位50%以上的表决权资本而取得对被投资单位的控制权；相对控制是指投资企业直接拥有被投资单位50%或以下的表决权资本，但拥有其他实质控制权的情况。投资企业能够对被投资单位实施直接或间接控制的，则投资企业与被投资单位为母子公司关系，投资企业应当将子公司纳入合并财务报表的合并范围。

（二）共同控制

共同控制是指按照相关约定，对某项安排所共有的控制，并且该安排的相关活动必须经过分享控制权的参与方一致同意后才能决策。共同控制关系形成对合营企业的投资。投资企业与其他方对被投资单位实施共同控制的，被投资单位为其合营企业，合营企业是一种不以股权为基础的契约经济组织，合营各方的权益和责任以及利润或亏损的分享和分担方案，将由合营各方协商签订的协议、合同加以具体规定，不管合营各方对合营企业所持表决权资本的比例相同还是不同，但都按合同约定共同控制。

（三）重大影响

重大影响是指对一个公司的财务和经营政策有参与决策的权力，但并不能够控制或者与其他方一起共同控制这些政策的制定，重大影响关系形成对联营企业的投资。投资企业直接或通过子公司间接拥有被投资单位20%以上但低于50%的表决权股份时，一般认为对被投资单位具有重大影响，除非有明确的证据表明该种情况下不能参与被投资单位的生产经营决策，则不形成重大影响。投资企业拥有被投资单位有表决权股份的比例低于20%的，一般认为对被投资单位不具有重大影响，但需要综合考虑所有事实和情况作出恰当的判断。

三、长期股权投资的核算方法

长期股权投资的核算方法有两种：一是成本法；二是权益法。

（一）成本法的定义及适用范围

成本法是指长期股权投资以初始投资成本进行计价的方法。成本法认为投资企业与被投资单位是两个独立企业，被投资单位经营绩效和净资产变动均与投资企业无关，除追加或收回投资应当调整股权投资的初始投资成本外，投资企业无需按被投资单位所有者权益的增减变动对其股权投资的账面价值进行调整。所以，成本法下若投资企业无追加或收回投资，其股权投资成本就是其初始投资成本。

长期股权投资的成本法适用于企业持有的、能够对被投资单位实施控制的权益性投资，即对子公司的投资适用于成本法。

（二）权益法的定义及适用范围

权益法是指投资以初始投资成本计量后，在投资持有期间根据投资企业享有被投资单位所有者权益份额的变动对其投资的账面价值进行调整的方法。权益法认为投资企业与被投资单位是经济利益共同体，持有过程中被投资单位经营情况如何、净资产是否增减变动都会影响投资企业股权投资的账面价值。所以，权益法下投资企业股权投资的账面价值是需要随着被投资单位所有者权益的增减变动而按股权比例进行相应调整。

权益法适用于投资企业对被投资单位具有共同控制或重大影响的长期股权投资，即对合营公司及联营公司的投资适用于权益法。

(三) 账户设置

为了核算长期股权投资，企业应当设置"长期股权投资"总账账户，反映长期股权投资的初始投资成本，权益法下该账户还应随着被投资单位所有者权益的变动而相应调整，调整的股权投资增加额在借方登记，减少额在贷方登记。该账户的借方余额反映期末企业持有的长期股权投资的价值。

第二节　长期股权投资的初始计量

长期股权投资在取得时，应按初始投资成本入账。但在确定长期股权投资初始投资成本时，应按企业合并和非企业合并两种情况分别处理，而企业合并的类型不同，由此形成的长期股权投资的初始投资成本的具体确定方法也不同，下面将分别介绍同一控制下控股合并、非同一控制下控股合并及合并以外的长期股权投资取得时的会计核算。

一、企业合并形成的长期股权投资

一般来讲，当投资企业对被投资单位直接或间接拥有50%以上表决权资本时，投资企业取得被投资单位的控制权，对其实施控股合并，此时投资企业与被投资单位为母子公司关系，投资企业应当将子公司纳入合并财务报表的合并范围。

控股合并分同一控制下的控股合并和非同一控制下的控股合并，两者的账务处理大不相同，以下分述之。

(一) 同一控制下企业合并形成的长期股权投资

1. 同一控制下企业合并形成长期股权投资的初始计量。同一控制下的企业合并是指参与合并的企业在合并前后均受同一方或相同的多方最终控制且该控制并非暂时的企业合并。最终控制方在企业合并前及合并后能够控制的净资产并没有发生变化，合并结果仅仅是原本已经控制的资产、负债位置的转移。同一控制下的企业合并属于资本性交易活动，该合并形成的对被合并方的长期股权投资应采用账面价值计量，其成本代表的是在被合并方账面所有者权益中享有的份额，其初始投资成本应按合并日取得的被合并方所有者权益账面价值的份额入账。

但是，合并日被合并方账面所有者权益中享有的份额，指的是被合并方在最终控制方合并报表上显示的所有者权益的账面价值，而这个金额不一定等于被合并方个别财务报表中的数额。

2. 合并直接费用的核算原则。合并直接费用是指合并企业在合并过程中所支付的与合并有关的费用，主要包括合并中发生的审计费、法律服务、评估咨询费用、佣金等中介费用。

合并方以支付现金、转让非现金资产作为合并对价的，合并方发生的直接费用以及其他相关管理费用，应当在发生时计入当期管理费用。

合并方为进行合并而发行权益性证券发生的手续费、佣金等费用，应当抵减权益性证券的溢价发行收入；溢价发行收入不足冲减的，再依次冲减盈余公积、未分配利润。

合并方为合并而发行债券或承担其他债务支付的手续费、佣金等，应当计入所发行债券及其他债务的初始确认金额。

3. 账务处理。设置"长期股权投资"总账科目核算长期股权投资业务。合并方以支付现金、转让非现金资产或以发行权益性证券作为合并对价的，应当在合并日按照取得被投资单位所有者权益账面价值的份额作为长期股权投资的初始投资成本。长期股权投资的初始投资成本与合并对价账面价值之间的差额，应当调整资本公积（仅限于资本溢价或股本溢价部分）；资本公积（仅限于资本溢价或股本溢价）不足冲减的，再依次冲减盈余公积、未分配利润。

合并方账务处理为：在合并日按照取得被合并方所有者权益账面价值的份额，借记"长期股权投资"科目；按应享有被投资单位已宣告但尚未发放的现金股利或利润，借记"应收股利"科目；按支付的合并对价的账面价值，贷记有关资产科目；按其差额，贷记"资本公积"科目，如为借方差额，应借记"资本公积"科目，资本公积（股本溢价）不足冲减的，借记"盈余公积""利润分配——未分配利润"科目。

值得注意的是，按照合并日被合并方账面所有者权益中享有的份额确定长期股权投资的初始成本时，前提是合并前合并方与被合并方采用的会计政策应当一致。如果政策不一致，应首先按照合并方的会计政策对被合并方资产、负债的账面价值进行调整，在此基础上计算确定形成长期股权投资的初始投资成本。另外，同一控制下的企业合并属于资本性交易活动，采用账面价值计量，其取得的长期股权投资初始投资成本与付出的合并对价账面价值之间的差额，不能作为损益核算，而要依次调整资本公积和留存收益。

【例5-1】20×2年5月23日，阳光公司以5 000 000元及其拥有的作为交易性金融资产核算的C公司股票取得同一集团内B公司60%的股权。合并日，交易性金融资产账面价值为3 420 000元，B公司的账面所有者权益总额为8 023 400元。阳光公司合并当日起能够对 B 公司实施控制。合并后 B 公司仍维持其法人地位继续经营，两公司在合并前采用的会计政策相同，"资本公积——资本溢价"余额足以冲减长期股权投资的初始投资成本与支付现金、转让非现金资产或承担债务账面价值之间的差额。

长期股权投资初始入账价值 = 8 023 400 × 60% = 4 814 040（元）

作为合并对价的银行存款及交易性金融资产账面价值 = 5 000 000 + 3 420 000
= 8 420 000（元）

借：长期股权投资　　　　　　　　　　　　　4 814 040
　　资本公积　　　　　　　　　　　　　　　 3 605 960
　　贷：银行存款　　　　　　　　　　　　　　　　5 000 000
　　　　交易性金融资产　　　　　　　　　　　　　3 420 000

【例 5-2】20×2 年 6 月 30 日，阳光公司向同一集团内 S 公司发行 10 000 000 股普通股（每股面值 1 元，市价 4.34 元），取得 S 公司 100% 的股权，并于当日起能够对 S 公司实施控制。合并后 S 公司仍维持其法人地位继续经营。两公司在合并前采用的会计政策相同。合并日，S 公司账面所有者权益总额为 22 020 000 元。

S 公司在合并后维持其法人资格继续经营，合并日阳光公司在其账簿及个别财务报表中应确认对 S 公司的长期股权投资。

长期股权投资初始入账价值 = S 公司所有者权益账面价值 22 020 000 × 100%
= 22 020 000（元）

作为合并对价所发行的权益性证券票面价值 = 10 000 000 × 1 = 10 000 000（元）

借：长期股权投资　　　　　　　　　　　　　22 020 000
　　贷：股本　　　　　　　　　　　　　　　　　　10 000 000
　　　　资本公积——股本溢价　　　　　　　　　　12 020 000

（二）非同一控制下企业合并形成的长期股权投资

1. 非同一控制下企业合并形成长期股权投资的初始计量。非同一控制下的企业合并是指参与合并的各方在合并前后不受同一方或相同的多方最终控制的企业合并。相对于同一控制下的企业合并而言，非同一控制下的企业合并是合并各方通过市场进行公平交易的企业合并行为，由此形成的长期股权投资应当以公允价值为基础进行计量。

非同一控制下的企业合并，投资方（合并方）应该以确定的企业合并成本作为长期股权投资的初始投资成本。公司合并成本等于合并付出对价的公允价值之和，包括购买方付出资产、发生或承担的负债、发行的权益性证券的公允价值之和，但不含应自被投资单位收取的现金股利或利润。

2. 合并直接费用的核算原则。以支付现金、转让非现金资产作为合并对价的，合并中发生的各项直接费用,例如审计费、评估费、律师费等费用应当计入当期管理费用。

为合并而发行权益性证券发生的手续费、佣金等费用,应先抵减权益性证券的溢价发行收入;溢价发行收入不足冲减的,再依次冲减盈余公积、未分配利润。

合并方为合并而发行债券或承担其他债务支付的手续费、佣金等,应当计入所发行债券及其他债务的初始确认金额。

3. 账务处理。合并方账务处理为:在购买日按企业合并成本,借记"长期股权投资"科目;按应享有被投资单位已宣告但尚未发放的现金股利或利润,借记"应收股利"科目;按发生的直接相关费用,借记"管理费用"科目;按支付合并对价的账面价值,贷记有关资产或借记有关负债科目;按支付的直接相关费用,贷记"银行存款"科目。其借贷差额需按投资转出的不同非货币性资产而分别记入不同的损益性科目。

非同一控制下的控股合并中,购买方以支付现金、转让非现金资产作为合并对价的,则应当按照确定的企业合并成本作为长期股权投资的初始投资成本。

(1) 投出资产为固定资产或无形资产的,其差额记入"资产处置损益"科目。

(2) 投出资产为存货的,按其公允价值确认,贷记"主营业务收入"或"其他业务收入"科目;按其成本结转,借记"主营业务成本"或"其他业务成本"科目;涉及增值税的,还应进行相应处理。

(3) 投出资产为金融资产等投资的,其差额记入"投资收益"科目,同时金融资产持有期间公允价值变动形成的公允价值变动损益或其他综合收益,也要结转转入"投资收益"或"留存收益"等科目。

【例5-3】阳光公司于20×2年7月31日取得B公司70%的股权。为核实B公司的资产价值,阳光公司聘请专业资产评估机构对B公司的资产进行评估,支付评估费用300万元。合并中,阳光公司支付的有关资产在购买日的账面价值与公允价值如表5.1所示。

表5.1　　　　　　B公司资产在购买日的账面价值与公允价值　　　　　　单位:万元

项目	账面价值	公允价值
库存商品	6 000	9 600
专利技术	2 400	3 000
银行存款	2 400	2 400
合计	10 800	15 000

假定合并前阳光公司与B公司不存在任何关联方关系。阳光公司用作合并对价的专利技术原价为4 600万元,截至企业合并发生时已累计摊销2 200万元。库存商品和专利技术适用的增值税税率分别为13%和6%。

阳光公司应进行如下账务处理：

长期股权投资初始入账价值 = 支付对价的公允价值之和
$$= 96\,000\,000 \times (1 + 13\%) + 30\,000\,000 \times (1 + 6\%)$$
$$+ 24\,000\,000$$
$$= 164\,280\,000（元）$$

无形资产处置损益 = 3 000 000 - 2 400 000 = 6 000 000（元）

转出资产的销项税额 = 96 000 000 × 13% + 30 000 000 × 6% = 14 280 000（元）

借：长期股权投资	164 280 000
累计摊销	22 000 000
贷：无形资产	46 000 000
资产处置损益	6 000 000
主营业务收入	96 000 000
银行存款	24 000 000
应交税费——应交增值税（销项税额）	14 280 000
借：管理费用	3 000 000
贷：银行存款	3 000 000
借：主营业务成本	60 000 000
贷：库存商品	60 000 000

二、企业合并以外形成的长期股权投资

合并以外形成的长期股权投资主要是以支付现金、转让非现金资产、发行权益性证券等方式获得对合营企业、联营企业的投资，对被投资单位具有共同控制或重大影响。其初始投资取得成本根据不同的取得方式，按照实际支付的价款、转让非现金资产的公允价值、发行权益性证券的公允价值等分别确定。

（一）以支付现金和转让非现金资产取得的长期股权投资

以支付现金取得的长期股权投资，应当按照实际支付的购买价款作为长期股权投资的初始投资成本，包括购买过程中支付的手续费等必要支出。但若所支付价款中包含被投资单位已宣告但尚未发放的现金股利或利润，则应作为应收项目核算，不构成取得长期股权投资的成本。

【例5-4】阳光公司于20×2年2月10日，自公开市场中买入乙公司20%的股份，实际支付价款9 640万元，其中含宣告发放未领取股利200万元。另外，在购买过程

中支付手续费等相关费用300万元。

阳光公司应当按照剔除已宣告但尚未发放股利后的实际支付价款，作为取得长期股权投资的成本。

长期股权投资初始入账价值 = 96 400 000 + 3 000 000 - 2 000 000
$$= 97\,400\,000（元）$$

相关账务处理如下：

借：长期股权投资	97 400 000
应收股利	2 000 000
贷：银行存款	99 400 000

（二）以发行权益性证券取得的长期股权投资

以发行权益性证券取得的长期股权投资，其成本为所发行权益性证券的公允价值，但不包括应自被投资单位收取的已宣告但尚未发放的现金股利或利润。

为发行权益性证券支付给有关证券承销机构等的手续费、佣金等与权益性证券发行直接相关的费用，不构成取得长期股权投资的成本。该部分费用按照《企业会计准则第37号——金融工具列报》的规定，应自权益性证券的溢价发行收入中扣除；权益性证券的溢价收入不足冲减的，应冲减盈余公积和未分配利润。

【例5-5】20×2年3月，阳光公司通过增发9 000万股本公司普通股（每股面值1元）取得B公司25%的股权，按照增发前后的平均股价计算，该9 000万股股份的公允价值为28 600万元。为增发该部分股份，阳光公司向证券承销机构等支付了700万元的佣金和手续费。

阳光公司应当以所发行股份的公允价值作为取得长期股权投资的成本，按发行普通股的面值确认股本价值。相关账务处理如下：

借：长期股权投资	286 000 000
贷：股本	90 000 000
资本公积——股本溢价	196 000 000

发行权益性证券过程中支付的佣金和手续费，应冲减权益性证券的溢价发行收入，账务处理为：

借：资本公积——股本溢价	7 000 000
贷：银行存款	7 000 000

（三）以债务重组、非货币性资产交换等取得的长期股权投资

以债务重组、非货币性资产交换等取得的长期股权投资，其初始投资成本应按照《企业会计准则第12号——债务重组》和《企业会计准则第7号——非货币性资产交

换》的规定确定，本节略。

第三节 长期股权投资的后续计量

一、长期股权投资的成本法

（一）成本法的核算特点

在成本法下，长期股权投资应当按照初始投资成本计量，除追加或收回投资应当调整长期股权投资的初始投资成本外，其他相关业务的发生均不会影响其初始投资成本。

在持有投资的过程中，如果该项长期股权投资存在可收回金额低于账面价值的减值迹象，投资企业应当计提减值准备，但减值准备不影响长期股权投资的初始投资成本。

（二）持有期间收到现金股利或利润的账务处理

1. 取得投资时实际支付的价款或对价中包含的已宣告但尚未发放的现金股利或利润，因投资时借记"应收股利"科目，所以收到现金股利时借记"银行存款"科目，贷记"应收股利"科目；

2. 投资持有过程中被投资单位宣告发放的现金股利或利润，投资方应按投资比例分享并直接确认为投资收益，借记"应收股利"科目，贷记"投资收益"科目；

3. 被投资单位宣告分派股票股利，投资企业不进行账务处理，但应于除权日作备忘记录。

【例5-6】阳光公司20×2年6月1日以1 500万元的价格购入乙公司60%的股份。阳光公司在取得该部分投资后，形成非同一控制下的企业合并。20×2年9月30日，乙公司宣告分派现金股利，阳光公司按照其持有比例确定可分回20万元。则阳光公司对乙公司长期股权投资应进行账务处理如下：

20×2年6月1日投资时：

借：长期股权投资——乙公司　　　　　　　　　　　　15 000 000
　　　贷：银行存款　　　　　　　　　　　　　　　　　　　　15 000 000

20×2年9月30日宣告分派股利时：

借：应收股利　　　　　　　　　　　　　　　　　　　　200 000
　　　贷：投资收益　　　　　　　　　　　　　　　　　　　　　200 000

实际收到现金股利时：

借：银行存款　　　　　　　　　　　　　　　　　　　　　200 000
　　贷：应收股利　　　　　　　　　　　　　　　　　　　　　200 000

二、长期股权投资的权益法

（一）权益法的核算特点

权益法将投资方与被投资方视为一个经济整体，投资方的长期股权投资账面价值要能够体现在被投资方所有者权益中占有的份额。因此，按初始投资成本对长期股权投资进行确认后，还需要对投资的账面价值进行必要的调整，保证长期股权投资账面价值等于投资时应享有被投资方可辨认净资产公允价值的份额。

一般而言，引起被投资单位所有者权益变动的情形可归纳为四个方面：（1）被投资单位收到新增投资；（2）被投资单位发生盈利或亏损以及分派现金股利或利润；（3）被投资单位发生其他综合收益的变动；（4）被投资单位其他权益变动。值得注意的是，第（1）项所引起的被投资单位所有者权益变动只与增资的股东有关，而其他三种情况的变动却与所有股东都有关。所以权益法下，投资企业除对第（1）项不调整外，对其他三项引起的被投资单位所有者权益变动的情形都需要进行相应调整。

长期股权投资采用权益法进行的调整账务处理主要包括以下几种情况：

1. 投资当期对初始投资成本的调整处理。投资企业将资产投入被投资单位时，实质上是长期股权投资的初始确认和计量，而不是后续确认与计量，但初始计量时并未考虑所享有的被投资单位所有者权益份额，故采用权益法进行后续计量时，应考虑初始投资成本与被投资单位可辨认净资产公允价值份额的差额，对该初始投资成本进行调整。

2. 投资后被投资单位实现净利润或净亏损及分派现金股利或利润的处理。被投资单位发生盈利或亏损意味着投资企业在被投资单位中享有的净资产实质上已经增减变动，且实质上已经发生了投资损益，故应相应调整投资企业的长期股权投资并确认投资损益。但发放现金股利或利润则意味着投资总成本的收回，应调减长期股权投资总成本。

3. 投资后对被投资单位除净损益以外其他所有者权益变动的处理。被投资单位除净损益以外其他所有者权益变动意味着投资企业在被投资单位中享有的净资产实质上已经增减变动，使投资企业所有者权益相应增减变动，因此要相应调整投资企业长期股权投资的账面价值，同时调整"其他综合收益""资本公积"等科目。

值得注意的是，投资企业采用权益法核算并非对所有被投资单位所有者权益的变动都进行相应账务处理。只有当被投资单位所有者权益总额发生变动，投资企业才能按照投资比例计算其享有的被投资单位所有者权益份额的变动，对其长期股权投资账面价值进行调整。而当所有者权益内部结构发生变化时，例如，被投资单位资本公积转增股本、盈余公积转增股本，被投资单位根据税后利润提取法定盈余公积、任意盈余公积，被投资单位以盈余公积弥补亏损等业务，只会影响被投资单位所有者权益内部结构的变化，而不会导致其所有者权益总额的变动，为此投资企业不需要对其长期股权投资账面价值进行调整。

（二）明细分类账户的设置

除设置"长期股权投资"总账账户外，还应设置四个明细账户：

1. "投资成本"明细账户，核算投资企业初始投资时按比例享有的被投资单位可辨认净资产公允价值份额的部分，当确认采用权益法核算时，该账户需对初始确认的投资成本按此份额进行调整；

2. "损益调整"明细账户，核算投资企业在该投资持有期间因被投资单位发生盈利或亏损、分派现金股利或利润而应相应调整长期股权投资账面价值的部分；

3. "其他综合收益"明细账户，核算投资企业在持有期间因被投资单位其他综合收益的增减变动而相应调整投资企业长期股权投资的账面价值部分；

4. "其他权益变动"明细账户，核算投资企业在持有期间因被投资单位除净利润、现金股利或利润分配、其他综合收益以外的因素，导致其他所有者权益增减变动而相应调整投资企业长期股权投资的账面价值部分。

（三）权益法的账务处理

1. 初始投资成本的调整。投资企业取得对联营企业或合营企业的初始投资以后，对于取得投资时投资成本与应享有被投资单位可辨认净资产公允价值份额之间的差额，应区别情况分别处理。

（1）初始投资成本大于取得投资时应享有被投资单位可辨认净资产公允价值份额的，该部分差额从实质上是投资企业在取得投资过程中支付的商誉，但商誉在个别报表中不能单独反映。所以，当初始投资成本大于投资时应享有被投资单位可辨认净资产公允价值份额时，其两者间的差额不要求对长期股权投资的初始投资成本进行调整。

（2）初始投资成本小于取得投资时应享有被投资单位可辨认净资产公允价值份额的，两者之间的差额体现为双方在交易作价过程中转让方的让步。该部分经济利益流入应作为营业外收入处理，同时调增初始投资成本，按其差额借记"长期股权投资——投资成本"科目，贷记"营业外收入"科目。

【例5-7】 阳光公司于20×2年1月取得B公司30%的股权，支付价款9 000万元。取得投资时被投资单位净资产账面价值为22 500万元（假定被投资单位各项可辨认资产、负债的公允价值与其账面价值相同）。

在 B 公司的生产经营决策过程中，所有股东均按持股比例行使表决权。阳光公司在取得 B 公司的股权后，派人参与了 B 公司的生产经营决策。因能够对 B 公司施加重大影响，阳光公司对该投资应当采用权益法核算。取得投资时，按付出对价确认计量初始投资成本。所做账务处理如下：

借：长期股权投资——B 公司（投资成本）　　　　　　90 000 000
　　贷：银行存款　　　　　　　　　　　　　　　　　　　　90 000 000

长期股权投资的初始投资成本 9 000 万元大于取得投资时应享有被投资单位可辨认净资产公允价值的份额 6 750 万元（22 500×30%），两者之间的差额不调整长期股权投资的账面价值。

如果本例中取得投资时被投资单位可辨认净资产的公允价值为 36 000 万元，阳光公司按持股比例 30% 计算确定应享有 10 800 万元，则初始投资成本与应享有被投资单位可辨认净资产公允价值份额之间的差额 1 800 万元应计入取得投资当期的营业外收入，所做账务处理如下：

借：长期股权投资——B 公司（投资成本）　　　　　108 000 000
　　贷：银行存款　　　　　　　　　　　　　　　　　　　　90 000 000
　　　　营业外收入　　　　　　　　　　　　　　　　　　　18 000 000

2. 投资损益的确认。投资企业取得长期股权投资后，应当按照应享有或应分担的被投资单位实现净利润或发生净亏损的份额，调整长期股权投资的账面价值，并确认为当期投资损益。按投资企业应享有的净利润份额，借记"长期股权投资——损益调整"科目，贷记"投资收益"科目。如果被投资单位发生净亏损，投资企业应按照分担的份额，则做相反的会计分录，但"长期股权投资"账户的账面价值以减记至零为限。

确认应享有被投资单位的净损益时，在被投资单位账面净利润的基础上，应考虑以下因素的影响进行适当调整：

（1）被投资单位采用的会计政策及会计期间与投资企业不一致的，应按投资企业的会计政策及会计期间对被投资单位的财务报表进行调整，在此基础上确定被投资单位的损益。

权益法是将投资方和被投资方作为一个整体看待，一个整体产生的损益必须在一致的会计政策基础上确定。如果双方的会计政策不同，投资方应当基于重要性原则，按照本期的会计政策对被投资方的损益进行调整。

（2）以取得投资时被投资各项可辨认资产等的公允价值为基础，对被投资单位的净损益进行调整后，作为确认投资损益的依据。

权益法下，长期股权投资成本是按取得投资时被投资单位有关资产、负债的公允价值为基础计算确定的，取得后应分享、确认的投资收益代表的是被投资单位资产、负债在公允价值计量的情况下，在未来期间通过经营产生的损益归属于投资企业的部分。若取得投资时被投资单位可辨认净资产账面价值与公允价值相等，则被投资单位的净损益就是以公允价值计量的，无需调整；若投资时被投资单位有关资产、负债的公允价值与其账面价值不等，则被投资单位个别利润表中的净损益却仍然是以其持有的资产、负债账面价值为基础持续计算的，与取得投资时的公允价值计算基础不统一，不能真实反映股权投资分享的投资损益，所以必须将被投资单位账面净损益调整为公允价值计量的净损益。

【例 5-8】假设阳光公司于 20×2 年 1 月取得乙公司 20% 有表决权股份，能够对乙公司施加重大影响。假定阳光公司取得该项投资时，乙公司各项可辨认资产、负债的公允价值与其账面价值相同，双方会计政策一致。乙公司 20×1 年实现净利润为 3 200 万元。

权益法下交叉持股时投资收益的计量方法

因取得时被投资单位可辨认净资产账面价值与公允价值相等、双方会计政策一致，则被投资单位实现的净利润就是基于投资时可辨认净资产公允价值计算出来的，故投资企业确认份额时无需调整。

阳光公司应享有收益份额 = 3 200 × 20% = 640（万元）

阳光公司进行的账务处理如下：

借：长期股权投资——乙公司（损益调整）　　　　　6 400 000
　　贷：投资收益　　　　　　　　　　　　　　　　　　6 400 000

【例 5-9】阳光公司于 20×2 年 1 月 10 日购入丁公司 40% 的股份，购买价款为 4 000 万元，并自取得投资之日起派人参与丁公司的生产经营决策。取得投资当日，丁公司可辨认净资产公允价值为 10 000 万元。除表 5.2 所列项目外，丁公司其他资产、负债的公允价值与账面价值相同。

表 5.2　　　　　　　　　　　丁公司账面价值与公允价值比较

项目	账面原价（万元）	已提折旧或摊销（万元）	公允价值（万元）	丁公司预计使用年限（年）	阳光公司取得投资后剩余使用年限（年）
存货	600		1 000		
固定资产	2 000	360	2 400	20	16
无形资产	1 070	210	800	10	8
合计	3 670	570	4 200		

假定丁公司于 20×2 年实现净利润 1 000 万元，其中阳光公司取得投资时的账面存货有 60% 对外出售。阳光公司与丁公司的会计年度及采用的会计政策相同。固定资产、无形资产均按直线法提取折旧或摊销，预计净残值均为 0。

阳光公司股权投资取得时丁公司可辨认净资产账面价值与公允价值不相等，则丁公司 20×2 年实现净利润 1 000 万元是基于其账面价值计算出来的，所以要先对其账面价值净利润进行调整后再确认投资收益。阳光公司在丁公司实现净利润的基础上，根据取得投资时丁公司有关资产的账面价值与其公允价值差额的影响进行调整（假定不考虑所得税的影响），影响表现在对存货销售成本结转差异、固定资产折旧费用计提差异、无形资产摊销费用差异的调整：

存货差额而调减的利润 = (1 000 - 600) × 60% = 240（万元）

固定资产差额而调减的利润 = 2 400 ÷ 16 - 2 000 ÷ 20 = 50（万元）

无形资产差额而调增的利润 = 1 070 ÷ 10 - 800 ÷ 8 = 7（万元）

调整后的净利润 = 1 000 - 240 - 50 + 7 = 717（万元）

阳光公司应享有收益份额 = 717 × 40% = 286.8（万元）

阳光公司确认投资收益的账务处理为：

借：长期股权投资——丁公司（损益调整）　　　　　2 868 000
　　贷：投资收益　　　　　　　　　　　　　　　　　　2 868 000

(3) 投资企业与联营企业及合营企业之间进行商品交易形成的未实现内部损益按照持股比例计算的归属于投资企业的部分，应当予以抵销，在此基础上确认投资损益。

未实现的内部交易损益可以由顺流交易产生，也可以来源于逆流交易。顺流交易是指投资企业向其联营企业或合营企业出售资产的交易；逆流交易则是联营企业或合营企业向投资企业出售资产的交易。如前所述，权益法将投资方与被投资方视作一个经济整体，从而双方之间的购销交易被视为内部交易，这个内部交易在资产没有出售给双方之外的第三方时被称作未实现的内部交易。无论是顺销还是逆销，当未实现的内部交易损益体现在投资方或被投资方持有的资产账面价值中，而投资方按持股比例计算时，从"一体观"角度看，都相当于投资方自己赚自己的。所以，计算投资收益时要予以剔除。

后期，该内部交易利润实现了，还需将前述剔除的利润调整回来后再计算投资收益。需要注意的是，如果有证据证明投资方与被投资方发生的内部交易损失属于资产减值损失，则不予抵销，而应当全额确认。

【例 5 - 10】阳光公司持有 W 公司 20% 的股权，取得投资时 W 公司各项可辨认资产、负债的账面价值等于公允价值，双方会计期间、会计政策均一致。20×2 年 W 公司账面净利润 2 000 万元，其中包括 W 公司向阳光公司销售商品的未实现内部交易利润 100 万元（W 公司当年将一批成本 600 万元的库存商品，按 700 万元的价格销售给阳光公司，阳光公司至期末未将该商品销售）。

本题是逆流交易。阳光公司确认 20×2 年对 W 公司的投资收益时，应对 W 公司当年账面净利润中的未实现利润 100 万元予以剔除。

阳光公司应享有收益份额 = (2 000 - 100) × 20% = 380（万元）

有关账务处理为：

借：长期股权投资——W公司（损益调整）　　　　　　　　3 800 000
　　　贷：投资收益　　　　　　　　　　　　　　　　　　　　　3 800 000

【例5-11】资料见【例5-10】，假定W公司当年将成本600万元的商品以500万元的价格销售给阳光公司，该损失100万元属于W公司的资产减值损失。其他资料不变。

本题中逆流交易产生了内部交易损失100万元，但该损失属于W公司的资产减值损失，应当全额确认，不应予以抵销。

阳光公司应享有收益份额 = 2 000 × 20% = 400（万元）

有关账务处理为：

借：长期股权投资——W公司（损益调整）　　　　　　　　4 000 000
　　　贷：投资收益　　　　　　　　　　　　　　　　　　　　　4 000 000

【例5-12】资料见【例5-10】，假定阳光公司当年将成本600万元的商品以800万元的价格销售给W公司，其他资料不变。

本题是顺流交易，阳光公司出售的商品至期末时仍由W公司持有，该内部交易产生的未实现收益200万元按持股比例归属于阳光公司享有的部分不予确认，需要抵销。

阳光公司应享有收益份额 = (2 000 - 200) × 20% = 360（万元）

有关账务处理为：

借：长期股权投资——W公司（损益调整）　　　　　　　　3 600 000
　　　贷：投资收益　　　　　　　　　　　　　　　　　　　　　3 600 000

3. 取得现金股利或利润的核算。按照权益法核算的长期股权投资，投资企业自被投资单位取得的现金股利或利润，应抵减长期股权投资的账面价值。在被投资单位宣告分派现金股利或利润时，借记"应收股利"科目，贷记"长期股权投资——损益调整"科目。

【例5-13】续【例5-8】，乙公司于20×3年宣告发放现金股利200万元，则阳光公司应享有40万元。阳光公司账务处理如下：

借：应收股利　　　　　　　　　　　　　　　　　　　　　　400 000
　　　贷：长期股权投资——乙公司（损益调整）　　　　　　　　400 000

收到股利时：

借：银行存款　　　　　　　　　　　　　　　　　　　　　　400 000
　　　贷：应收股利　　　　　　　　　　　　　　　　　　　　　400 000

4. 超额亏损的确认。

(1) 超额亏损的确认原则。按照权益法核算的长期股权投资，投资企业确认应分担被投资单位发生的损失，原则上应以长期股权投资及其他实质上构成对被投资单位净投资的长期权益减记至零为限，投资企业负有承担额外损失义务的除外。

"其他实质上构成对被投资单位净投资的长期权益"通常是指长期应收项目。例如，企业对被投资单位的长期债权，该债权没有明确的清收计划，且在可预见的未来期间不准备收回的，实质上构成对被投资单位的净投资，但不包括投资企业与被投资单位之间因销售商品、提供劳务等日常活动所产生的长期债权。

（2）超额亏损的确认顺序。在确认应分担被投资单位发生的亏损时，应当按照以下顺序进行处理：①减记长期股权投资的账面价值。②在长期股权投资的账面价值减记至零的情况下，对于未确认的投资损失，考虑除长期股权投资以外，账面上是否有其他实质上构成对被投资单位净投资的长期权益项目。如果有，则应以其他长期权益的账面价值为限，继续确认投资损失，冲减长期应收项目等的账面价值。③经过上述处理，按照投资合同或协议约定，投资企业仍需要承担额外损失弥补等义务的，应按预计将承担的义务金额确认预计负债，计入当期投资损失。④若按上述顺序已确认的投资损失仍有额外损失的，则应在账外备查簿中登记。

（3）超额亏损确认的账务处理。企业在实务操作过程中，在发生投资损失时，应借记"投资收益"科目，贷记"长期股权投资——损益调整"科目。在长期股权投资的账面价值减记至零以后，考虑其他实质上构成对被投资单位净投资的长期权益，继续确认的投资损失，应借记"投资收益"科目，贷记"长期应收款"科目；因投资合同或协议约定导致投资企业需要承担额外义务的，按照或有事项准则的规定，对于符合确认条件的义务，应确认为当期损失，同时确认预计负债，借记"投资收益"科目，贷记"预计负债"科目。

【例5-14】假设阳光公司持有乙企业40%的股权，能够对乙企业施加重大影响。20×0年12月31日该项长期股权投资的账面价值为6 000万元。乙企业20×1年由于一项主要经营业务市场条件发生变化，当年度亏损18 000万元。假定阳光公司在取得该投资时，乙企业各项可辨认资产、负债的公允价值与其账面价值相等，双方所采用的会计政策及会计期间也相同。如果阳光公司账上仍有应收乙企业的长期应收款1 000万元，该款项从目前情况看，没有明确的清偿计划（并非产生于商品购销等日常活动）。

乙企业当年度的亏损额为18 000万元，则阳光公司按其持股比例确认应分担的损失为7 200万元（18 000×40%），但长期股权投资的账面价值仅为6 000万元，如果没有其他实质上构成对被投资单位净投资的长期权益项目，则阳光公司应确认的投资损失仅为6 000万元，超额损失1 200万元在账外进行备查登记。

但本题已知信息中显示阳光公司账上存在一笔没有明确清偿计划的长期应收乙企业的非商品购销款项1 000万元，该款项实质上构成对乙公司净投资的长期权益项目，所以阳光公司在确认6 000万元的投资损失、长期股权投资的账面价值减记至零后，应以长期应收款的账面价值为限进一步确认投资损失1 000万元，最后的超额损失200万元在账外备查簿中登记。

阳光公司进行的账务处理如下：

借：投资收益　　　　　　　　　　　　　　　　　　　　　60 000 000
　　贷：长期股权投资——乙企业（损益调整）　　　　　　　　60 000 000
借：投资收益　　　　　　　　　　　　　　　　　　　　　10 000 000
　　贷：长期应收款　　　　　　　　　　　　　　　　　　　10 000 000

阳光公司在备查账中登记 200 万元的未确认亏损。

(4) 超额亏损恢复的账务处理。在确认有关的投资损失后，被投资单位以后期间实现盈利的，应按以上相反顺序进行恢复，分别减记备查簿中登记的应分担亏损、已确认的预计负债、恢复其他长期权益及长期股权投资账面价值，同时确认投资收益。即应当按顺序分别借记"预计负债""长期应收款""长期股权投资"科目，贷记"投资收益"科目。

【例 5-15】资料见【例 5-14】，假设 20×2 年乙公司进行了资产重组，经营情况好转，20×2 年度实现净利润 22 000 万元。

因阳光公司在备查账中登记了未确认的亏损 200 万元，需要首先减记 20×1 年度备查账中登记的应分担的亏损额，所以阳光公司 20×2 年应确认收益份额为 8 600 万元（22 000×40% − 200），然后依次恢复长期应收款账面价值、长期股权投资账面价值。

借：长期应收款　　　　　　　　　　　　　　　　　　　10 000 000
　　长期股权投资——乙企业（损益调整）　　　　　　　　76 000 000
　　贷：投资收益　　　　　　　　　　　　　　　　　　　86 000 000

5. 其他综合收益的处理。被投资单位确认其他综合收益及其变动时，会导致其所有者权益总额发生变动，从而影响投资企业在被投资单位所有者权益中应享有的份额。因此，在权益法下，当被投资单位确认其他综合收益及其变动时，投资企业应按持股比例计算应享有的份额，通过"长期股权投资——其他综合收益"科目调整长期股权投资的账面价值，同时调整"其他综合收益"科目。

【例 5-16】阳光公司拥有 M 公司 20% 的股份，能够对其施加重大影响。20×2 年 M 公司确认增加其他综合收益 1 200 万元。其他资料略。阳光公司进行的账务处理如下：

借：长期股权投资——M 公司（其他综合收益）　　　　　　2 400 000
　　贷：其他综合收益　　　　　　　　　　　　　　　　　　2 400 000

6. 其他权益变动的处理。采用权益法核算时，投资企业对于被投资单位除净损益、分派现金股利或利润、其他综合收益以外所有者权益的其他变动，在持股比例不变的情况下，通过"长期股权投资——其他权益变动"科目，按持股比例相应调整长期股权投资的账面价值，同时增加或减少"资本公积——其他资本公积"

科目。

【例 5-17】假设阳光公司持有 B 企业 20% 的股份，能够对 B 企业施加重大影响。20×2 年 B 企业的母公司向其捐赠 300 万元，B 企业将收到的这一笔实质上属于资本性投入的捐赠计入了资本公积（股本溢价）。其他资料略。阳光公司进行的账务处理如下：

借：长期股权投资——B 企业（其他权益变动） 600 000
　　贷：资本公积——其他资本公积 600 000

7. 股票股利的核算。被投资单位分派的股票股利，投资企业不作账务处理，但应于除权日注明所增加的股数，以反映股份的变化情况。

第四节　长期股权投资核算方法的转换

一、投资转换概述

如前所述，企业投资后对被投资方的影响程度分为控制、共同控制或重大影响的权益性投资，作为长期股权投资核算，并分别采用成本法和权益法进行后续计量；企业对被投资方重大影响以下的权益性投资，作为公允价值计量的金融资产核算。如果企业追加投资或处置投资，可能会引起长期股权投资后续计量方法之间的相互转换，也有可能会引起长期股权投资与公允价值计量的权益性投资之间的相互转换。

（一）因减少投资等原因导致的转换

企业持有的金融资产，因减少投资等原因导致其会计核算方法发生转换。其转换情况分为以下三种：（1）长期股权投资的成本法转换为权益法；（2）长期股权投资的权益法转换为公允价值计量的权益性投资；（3）长期股权投资的成本法转换为公允价值计量的权益性投资。

（二）因追加投资等原因导致的转换

企业持有的金融资产，因追加投资等原因导致其会计核算方法发生转换。其转换的情形分为以下三种：（1）以公允价值计量的权益性投资转换为长期股权投资的权益法；（2）以公允价值计量的权益性投资转换为长期股权投资的成本法；（3）长期股权投资的权益法转换为成本法。

六种转换形式如图 5.1 所示。

图 5.1　权益性投资核算方法的转换形式

二、长期股权投资后续计量方法间的转换

（一）成本法转换为权益法

投资方因处置投资导致对被投资单位影响能力由控制转为具有重大影响或者与其他投资方一起实施共同控制时，长期股权投资的核算由成本法转为权益法。这种情形如图 5.1 中的第 1 种转换形式。

这种情况下的账务处理基本规则是：对剩余长期股权投资进行追溯调整。账务处理步骤如下：

1. 按处置投资的比例终止确认长期股权投资成本，并确认处置损益；
2. 对剩余的长期股权投资按权益法进行追溯调整，调整步骤如下：

（1）将剩余投资的账面价值按权益法进行结转，借记"长期股权投资——投资成本"科目，贷记"长期股权投资"科目。

（2）对原投资取得时点剩余投资的初始投资成本进行调整。将剩余股权的投资成本与按照剩余持股比例计算原投资时应享有被投资单位可辨认净资产公允价值份额进行比较：前者高于后者的差额部分为投资作价中的商誉，不调整初始投资成本；如果前者小于后者，则按份额确认并调整长期股权投资的初始投资成本，同时调整留存收益，即借记"长期股权投资——投资成本"科目，贷记"盈余公积"和"利润分配——未分配利润"科目。

（3）按权益法对剩余投资根据投资后被投资单位净损益（扣除已发放及已宣告发放的现金股利和利润）变动进行调整。对于原取得投资后至处置当期期初期间被投资单位实现净损益中应享有的份额，调整长期股权投资的账面价值，同时调整留存收益，即借记"长期股权投资——投资成本"科目，贷记"盈余公积"和"利润分配——未分配利润"科目；对于处置当期期初至处置投资之日期间被投资单位实现的净损益中享有的份额，调整当期投资损益，即借记"长期股权投资——投资成本"科目，贷记"投资收益"科目。

（4）按权益法对剩余投资根据投资后被投资单位其他综合收益变动中应享有的份

额,在调整长期股权投资账面价值的同时,同时确认其他综合收益,即借记"长期股权投资——其他综合收益"科目,贷记"其他综合收益"科目。

(5) 按权益法对剩余投资根据投资后被投资单位其他权益变动中应享有的份额,在调整长期股权投资账面价值的同时,确认资本公积,即借记"长期股权投资——其他权益变动"科目,贷记"资本公积——其他资本公积"科目。

【例5-18】阳光公司20×0年持有B公司60%的股权,其账面余额为9 900万元,未计提减值准备。20×2年12月6日,阳光公司将其持有的对B公司20%的股权出售给某公司,出售取得价款5 400万元,当日被投资单位可辨认净资产公允价值总额为36 000万元。阳光公司原取得对B公司60%的股权时,B公司可辨认净资产公允价值总额为23 890万元(假定可辨认净资产的公允价值与账面价值相同)。自取得对B公司长期股权投资后至处置投资前,B公司实现净利润7 000万元(其中,投资后至20×2年初实现的净利润为5 000万元,20×2年初到处置日实现的净利润为2 000万元。假定B公司一直未进行利润分配)。除所实现净损益外,B公司20×0年已确认非交易性股权投资的公允价值变动利得500万元。本例中阳光公司按净利润的10%提取盈余公积。

在出售20%的股权后,阳光公司对B公司的持股比例为40%,在被投资单位董事会中派有代表,但不能对B公司生产经营决策实施控制。对B公司长期股权投资应由成本法改为权益法进行核算。

确认长期股权投资处置损益,账务处理为:

借:银行存款	54 000 000
贷:长期股权投资——B公司	33 000 000
投资收益	21 000 000

将剩余投资由成本法追溯调整至权益法的步骤如下:

将剩余投资的账面价值按权益法进行结转:

借:长期股权投资——B公司(投资成本)	66 000 000
贷:长期股权投资——B公司	66 000 000

对初始投资成本账面价值按投资时应享有的份额进行调整:

剩余长期股权投资的账面价值为6 600万元,低于原投资时应享有被投资单位可辨认净资产公允价值份额之间的差额2 956万元(23 890×40% - 6 600),应调整长期股权投资的成本和留存收益(即按10%的比例计入盈余公积295.6万元,剩余的2 660.4万元计入未分配利润)。

借:长期股权投资——B公司(投资成本)	29 560 000
贷:盈余公积	2 956 000
利润分配——未分配利润	26 604 000

确认应享有的被投资单位实现净利润的份额：

借：长期股权投资——B公司（损益调整） 28 000 000
    贷：盈余公积（50 000 000×40%×10%） 2 000 000
        利润分配——未分配利润（50 000 000×40%×90%） 18 000 000
        投资收益（20 000 000×40%） 8 000 000

确认应享有的被投资单位其他综合收益的份额：

借：长期股权投资——B公司（其他综合收益）（5 000 000×40%）
                                                             2 000 000
    贷：其他综合收益 2 000 000

值得注意的是，按剩余股份进行追溯调整的起点是原投资时，而不是处置时。追溯调整结束后，阳光公司对B公司的长期股权投资账面价值为12 556万元（23 890×40%+7 000×40%+500×40%）。

（二）权益法转换为成本法

因追加投资原因导致原持有的对联营公司或合营公司的投资转变为对子公司投资的，长期股权投资账面价值的调整按分步取得股权最终形成企业合并处理，要将原持股比例部分由权益法调整为成本法。这种情形如图5.1中的第5种转换形式。

这种情况下账务处理的基本原则是：对原按权益法核算的长期股权投资的账面价值不进行追溯调整。具体账务处理的步骤为：

1. 追加投资后长期股权投资的初始投资成本等于追加投资日之前持有的对被投资方股权投资的账面价值与新增股权投资成本之和。

2. 原持有的股权投资因采用权益法而确认的其他综合收益、资本公积（其他资本公积），在终止采用权益法核算时并不需要结转，而是在未来处置时再予以结转。

【例5-19】阳光公司20×1年1月以银行存款2 500万元取得乙公司20%的表决权股份，因能够对乙公司的生产经营决策施加重大影响，阳光公司对该项投资采用权益法核算。取得当日乙公司可辨认净资产公允价值为10 000万元，等于账面价值。20×1年度乙公司实现净利润1 500万元（未宣告发放现金股利），确认了100万元其他债权投资的公允价值变动利得。20×2年5月阳光公司支付6 800万元进一步购入乙公司40%股权，至此拥有乙公司60%的表决权，对乙公司实施控制，长期股权投资由原按权益法转按成本法核算。追加投资之日乙公司可辨认净资产的公允价值为11 600万元。假定阳光公司与乙公司在实现控股合并前为非同一控制下的两个公司。不考虑其他相关税费及会计事项，阳光公司应进行以下账务处理：

20×1年1月进行股权投资时：

借：长期股权投资——乙公司（投资成本） 25 000 000

贷：银行存款	25 000 000

20×1年确认投资收益时：

借：长期股权投资——乙公司（损益调整）	3 000 000
贷：投资收益	3 000 000

20×1年确认其他综合收益时：

借：长期股权投资——其他综合收益	200 000
贷：其他综合收益	200 000

20×2年新增投资时：

借：长期股权投资——乙公司	68 000 000
贷：银行存款	68 000 000

将权益法账面价值转为成本法时：

借：长期股权投资——乙公司	28 200 000
贷：长期股权投资——乙公司（投资成本）	25 000 000
——损益调整	3 000 000
——其他综合收益	200 000

至此，合并日阳光公司对子公司（乙公司）的长期股权投资初始成本为 2 500 + 300 + 20 + 6 800 = 9 620（万元）。

三、长期股权投资与以公允价值计量的权益性投资的转换

（一）以公允价值计量的权益性投资转换为长期股权投资

投资方原持有的对被投资方不具有控制、共同控制和重大影响的权益性投资，因追加投资后能够对被投资方施加重大影响或共同控制的（即图 5.1 中的第 4 种转换形式），或者能够对被投资方实施控制的（即图 5.1 中的第 6 种转换形式），其账务处理原则如下：

1. 对原先股权投资以公允价值重新计量，公允价值和账面价值间的差额计入其他综合收益。

2. 将原持有股权投资的公允价值加上为取得新增投资而应支付对价的公允价值，作为该按权益法或成本法核算的长期股权投资的初始投资成本（本节仅考虑形成非同一控制的企业合并，同一控制下企业合并暂不考虑）。

3. 以公允价值计量的权益性投资转换为权益法核算的长期股权投资的，在转换日，要将初始投资成本与获得被投资方共同控制或重大影响时，应享有被投资方可辨认净资产公允价值的份额进行比较，前者大于后者的差额，不调整长期股权投资成本；前者小于后者的差额，应调整长期股权投资账面价值并计入当期营业外收入。

4. 转换日原计入其他综合收益的累计公允价值变动（包括转换时形成的和持有期间形成的），均应在转换时结转计入留存收益，不得计入当期损益。

【例 5-20】阳光公司原持有丙公司 10% 的权益性投资，作为以公允价值计量且其变动计入其他综合收益的金融资产核算。20×2 年 10 月，阳光公司追加投资 6 500 万元购入丙公司 20% 的股份，并能够对丙公司施加重大影响。追加投资时，阳光公司原持有投资的公允价值为 3 200 万元，账面价值 3 000 万元（其中，投资成本 2 800 万元、公允价值变动 200 万元）；丙公司可辨认净资产公允价值为 33 100 万元。

阳光公司账务处理如下：

追加投资时：

借：长期股权投资——丙公司（投资成本）	65 000 000
贷：银行存款	65 000 000

将原持有投资调整至当日公允价值：

借：其他权益工具投资——公允价值变动	2 000 000
贷：其他综合收益	2 000 000

将原持有投资进行结转：

借：长期股权投资——丙公司（投资成本）	32 000 000
贷：其他权益工具投资——丙公司（成本）	28 000 000
——丙公司（公允价值变动）	4 000 000

对长期股权投资账面价值进行调整：

转换日阳光公司对丙公司按权益法核算的长期股权投资，初始投资成本为 9 700 万元（6 500 + 3 200），小于应享有丙公司可辨认净资产公允价值的份额 9 930 万元（33 100 × 30%），则按其差额 230 万元（9 930 - 9 700）调增"长期股权投资"的初始投资成本，同时贷记"营业外收入"科目。

借：长期股权投资——丙公司（投资成本）	2 300 000
贷：营业外收入	2 300 000

将原确认的公允价值变动转入留存收益：

借：其他综合收益	4 000 000
贷：盈余公积	400 000
利润分配——未分配利润	3 600 000

【例 5-21】假定 20×2 年 10 月，阳光公司追加投资 10 000 万元购入丙公司 50% 的股份，能够对丙公司实施控制，其他资料参见【例 5-20】。

追加投资时：

借：长期股权投资——丙公司	100 000 000
贷：银行存款	100 000 000

将原有投资调整至当日公允价值：

借：其他权益工具投资——公允价值变动　　　　　2 000 000
　　贷：其他综合收益　　　　　　　　　　　　　　　　2 000 000

将原持有投资进行结转：

借：长期股权投资——丙公司（投资成本）　　　　32 000 000
　　贷：其他权益工具投资——丙公司（成本）　　　　　28 000 000
　　　　　　　　　　　　——丙公司（公允价值变动）　4 000 000

将原确认的公允价值变动转入留存收益：

借：其他综合收益　　　　　　　　　　　　　　　4 000 000
　　贷：盈余公积　　　　　　　　　　　　　　　　　　　400 000
　　　　利润分配——未分配利润　　　　　　　　　　　3 600 000

（二）长期股权投资转为以公允价值计量的权益性投资

投资方因处置部分股权等原因使其对被投资方的影响程度降为不具有控制、共同控制、重大影响的（见图5.1中的第2、第3种转换形式），剩余投资应改按金融工具确认和计量准则的规定处理，其账务处理规则如下：

1. 处置后的剩余股权应该改按《企业会计准则第22号——金融工具确认和计量》核算，计入公允价值计量的金融资产相关科目，以转换当日的公允价值计量，该剩余股权在转换当日的公允价值与其账面价值之间的差额计入当期损益。

2. 原采用权益法核算的相关其他综合收益，应当在终止采用权益法核算时，采用与被投资单位直接处置相关资产或负债相同的基础进行账务处理；因被投资单位除净损益、其他综合收益（不能结转损益的除外）和利润分配以外的其他所有者权益变动而确认的所有者权益，应当在终止采用权益法时全部转入当期损益。

【例5-22】阳光公司持有N公司60%的有表决权股份，因能够对N公司实施控制，采用成本法核算。20×2年10月，阳光公司将该项投资中的80%对外出售，出售以后，对N公司的影响降至重大影响以下。出售投资前，该项长期股权投资的账面价值为8 000万元；出售其中的80%所得价款为7 500万元。剩余股权投资转为以公允价值计量且其变动计入当期损益的金融资产，当日该剩余股权投资的公允价值为1 800万元。

阳光公司有关账务处理为：

处置部分投资：

借：银行存款　　　　　　　　　　　　　　　　　75 000 000
　　贷：长期股权投资——N公司　　　　　　　　　　　64 000 000
　　　　投资收益　　　　　　　　　　　　　　　　　　11 000 000

将剩余长期股权投资结转：

借：交易性金融资产——成本　　　　　　　　　　　　　　　18 000 000
　　贷：长期股权投资——N公司　　　　　　　　　　　　　　16 000 000
　　　　投资收益　　　　　　　　　　　　　　　　　　　　　 2 000 000

【例5-23】阳光公司持有H公司30%的有表决权股份，对H公司具有重大影响，采用权益法核算。20×2年10月，阳光公司将该项投资中的60%对外出售，从而对H公司的影响程度降至重大影响以下。出售投资前，该项长期股权投资的账面价值为5 000万元，其中投资成本为4 000万元，损益调整为910万元，其他综合收益为60万元（系H公司确认其他权益工具投资的公允价值变动利得），其他权益变动30万元。出售其中的60%所得价款为3 200万元，剩余股权投资指定为以公允价值计量且其变动计入其他综合收益的金融资产，当日公允价值为2 200万元。假设阳光公司按照10%计提盈余公积。

阳光公司有关账务处理如下：

处置部分投资：

借：银行存款　　　　　　　　　　　　　　　　　　　　　　32 000 000
　　贷：长期股权投资（H公司）——投资成本　　　　　　　　24 000 000
　　　　　　　　　　　　　　　　——损益调整　　　　　　　 5 460 000
　　　　　　　　　　　　　　　　——其他综合收益　　　　　　 360 000
　　　　　　　　　　　　　　　　——其他权益变动　　　　　　 180 000
　　　　投资收益　　　　　　　　　　　　　　　　　　　　　 2 000 000

将剩余长期股权投资结转：

借：其他权益工具投资——成本　　　　　　　　　　　　　　　22 000 000
　　贷：长期股权投资（H公司）——投资成本　　　　　　　　16 000 000
　　　　　　　　　　　　　　　　——损益调整　　　　　　　 3 640 000
　　　　　　　　　　　　　　　　——其他综合收益　　　　　　 240 000
　　　　　　　　　　　　　　　　——其他权益变动　　　　　　 120 000
　　　　投资收益　　　　　　　　　　　　　　　　　　　　　 2 000 000

结转原确认的其他综合收益：

借：其他综合收益　　　　　　　　　　　　　　　　　　　　　　600 000
　　贷：盈余公积　　　　　　　　　　　　　　　　　　　　　　 60 000
　　　　利润分配——未分配利润　　　　　　　　　　　　　　　 540 000

结转原确认的其他权益变动：

借：资本公积——其他资本公积　　　　　　　　　　　　　　　　300 000
　　贷：投资收益　　　　　　　　　　　　　　　　　　　　　　300 000

第五节　长期股权投资的减值与处置

一、长期股权投资的减值

（一）减值判断

为了反映长期股权投资的真实价值，确保相关会计信息的可靠性和相关性，当长期股权投资存在减值迹象时，投资方应当进行减值测试，并按照资产减值准则的规定计提减值准备。

长期股权投资减值，是指长期股权投资的可收回金额低于其账面价值的情况。可收回金额，应当根据"资产的公允价值减去处置费用后的净额"与"资产预计未来现金流量的现值"两者之间较高者确定。其中，处置费用包括与资产处置有关的法律费用、相关费用、搬运费，以及为使资产达到可销售状态所发生的直接费用等。

（二）账户设置及账务处理

设置"长期股权投资减值准备"账户，核算企业长期股权投资的减值准备，贷方登记企业计提的长期股权投资减值准备，借方登记企业处置长期股权投资时结转的长期股权投资减值准备。该账户期末有贷方余额，反映企业已计提但尚未转销的长期股权投资减值准备。该账户可按被投资单位进行明细核算。

当长期股权投资的可收回金额低于其账面价值的，应当将长期股权投资的账面价值减记至可收回金额，减记的金额确认为资产减值损失，计入当期损益。同时计提长期股权投资减值准备，即借记"资产减值损失"科目，贷记"长期股权投资减值准备"科目。

在会计核算上，资产减值损失一经确认，在以后会计期间不得转回。

【例 5 – 24】 阳光公司 20×1 年 1 月 1 日对 F 公司长期股权投资（该项长期股权投资系以银行存款购买取得的）的账面价值为 480 000 元，持有 F 公司的股份为 60 000 股，并按权益法核算。同年 7 月 5 日，由于 F 公司所在地区发生局部地震，企业大部分资产已损失，并难有恢复的可能，使其股票市价下跌为每股 3 元。阳光公司确认资产减值损失，并提取该项投资减值准备，进行的账务处理如下：

20×1 年 12 月 31 日：

该项投资的可收回金额 = 3 × 60 000 = 180 000（元）

应确认减值损失 = 480 000 – 180 000 = 300 000（元）

借：资产减值损失——长期股权投资减值损失　　　　　　　　300 000

贷：长期投资减值准备——F公司　　　　　　　　　　　　　　300 000

20×2年12月31日，假如上述对F公司长期股权投资的市价又回升至每股5元，阳光公司已确认的减值损失不能再转回。

二、长期股权投资的处置

企业处置长期股权投资时，应相应结转与所售股权相对应的长期股权投资的账面价值，出售所得价款与处置长期股权投资账面价值之间的差额，应确认为处置损益。如果已计提减值准备的长期股权投资，处置时应将与所处置的长期股权投资相对应的减值准备予以转出。处置长期股权投资时，按实际收到的价款，借记"银行存款"科目，按已计提的长期股权投资减值准备，借记"长期股权投资减值准备"科目，按长期股权投资账面余额，贷记"长期股权投资"科目，按已确认但尚未收到的现金股利，贷记"应收股利"科目，按上述差额，借记或贷记"投资收益"科目。

处置采用权益法核算的长期股权投资时，应当采用与被投资方直接处置相关资产或负债相同的基础。对相关的其他综合收益进行账务处理，对于可以转入当期损益的其他综合收益，应借记或贷记"其他综合收益"科目，贷记或借记"投资收益"科目；同时，还应将计入资本公积的其他权益变动金额转出，计入当期损益，借记或贷记"资本公积——其他资本公积"科目，贷记或借记"投资收益"科目。

如果是部分处置某项长期股权投资，则按该项投资的总平均成本确定处置部分的成本，并按相同的比例结转已计提的长期股权投资减值准备和相关的其他综合收益、资本公积金额（部分处置股权的举例可参见【例5-22】、【例5-23】）。

【例5-25】阳光公司因战略转型需要于20×2年12月20日以1 200万元出售了其持有的子公司Y公司的权益性投资，阳光公司采用成本法核算，当时该项投资的账面余额为1 000万元，为该投资计提的减值准备余额为40万元（该投资的账面价值为960万元）。不考虑相关税费及其他会计事项，阳光公司账务处理如下：

借：银行存款　　　　　　　　　　　　　　　　　　　　　12 000 000
　　长期投资减值准备　　　　　　　　　　　　　　　　　　　400 000
　　贷：长期股权投资——Y公司　　　　　　　　　　　　　10 000 000
　　　　投资收益　　　　　　　　　　　　　　　　　　　　2 400 000

【例5-26】阳光公司对持有的L公司股份采用权益法核算。20×2年4月5日将持有的L公司股份全部转让，收到转让价款3 500万元。转让日，该项长期股权投资的账面余额为3 300万元，其中，投资成本2 500万元，损益调整500万元，其他综合收益200万元（180万元为L公司持有的其他权益工具投资公允价值变动中应享有的份额，20万元为其他债权投资公允价值变动中应享有的份额），其他权益变动100万元。阳光公司按照10%计提盈余公积。不考虑相关税费及其他会计事项。

阳光公司有关账务处理如下：

对出售的股权投资进行终止确认：

转让损益 = 3 500 - 3 300 = 200（万元）

借：银行存款	35 000 000
贷：长期股权投资（L公司）——投资成本	25 000 000
——损益调整	5 000 000
——其他综合收益	2 000 000
——其他权益变动	1 000 000
投资收益	2 000 000

结转原确认的其他综合收益，享有的其他权益工具投资公允价值变动180万元转入留存收益；享有的其他债权投资公允价值变动20万元转入当期损益。

借：其他综合收益	2 000 000
贷：投资收益	200 000
盈余公积	180 000
利润分配——未分配利润	1 620 000

将原确认的资本公积转入当期损益：

| 借：资本公积——其他资本公积 | 1 000 000 |
| 贷：投资收益 | 1 000 000 |

三、长期股权投资的列报

报告期末，长期股权投资应作为一个单独的报表项目进行列报。它根据"长期股权投资"科目的账面余额减去"长期股权投资减值准备"科目贷方余额的差额，在资产负债表的"长期股权投资"项目中填报。

思考与练习

一、单项选择题

1. 20×0年5月1日甲公司增发1 000万股（每股面值1元、公允价值8元）股票换取M公司70%股权，能对M公司实施控制。甲公司另以银行存款支付审计费、评估费等共计20万元。此前甲公司和M公司不存在关联方关系，当日M公司可辨认净资产公允价值为10 000万元。不考虑其他因素影响，甲公司该项长期股权投资的初始投资成本为（　　）万元。

A. 8 020　　　　B. 7 020　　　　C. 7 000　　　　D. 8 000

2. 20×1年2月1日甲公司以增发1 000万股（每股面值1元，每股公允价值8元）本公司普通股股票和一台大型设备为对价取得乙公司30%股权，能对乙公司施加重大影响。甲公司因增发向证券承销机构支付佣金和手续费600万元；用作对价的设备账面价值为600万元，公允价值为800万元；当日乙公司可辨认净资产公允价值为30 000万元。假设不考虑增值税影响，甲公司该项长期股权投资的初始投资成本为（　　）万元。

A. 9 000　　　　B. 8 800　　　　C. 9 100　　　　D. 9 300

3. 20×1年7月1日，甲公司以银行存款3 000万元取得乙公司30%表决权的股份，对乙公司具有重大影响，甲公司另支付相关费用10万元。当日乙公司可辨认净资产公允价值为11 000万元（与账面价值相等）。乙公司20×1年度实现的净利润为1 000万元（假定利润均衡发生），不考虑其他因素，该投资对甲公司20×1年度利润总额的影响为（　　）万元。

A. 450　　　　B. 440　　　　C. 590　　　　D. 600

4. 甲公司持有乙公司20%的股权，对其具有重大影响。20×2年1月2日将上述投资的60%对外出售，售价为240万元，剩余投资的公允价值为160万元。出售前，甲公司持有的该项股权投资在权益法核算下的账面价值为350万元（其中包含因被投资单位其他债权投资公允价值变动而确认的其他综合收益20万元）；出售后，甲公司将剩余投资作为以公允价值计量且其变动计入当期损益的金融资产核算。不考虑其他因素影响，甲公司20×2年1月2日出售投资时应确认的投资收益为（　　）万元。

A. 42　　　　B. 50　　　　C. 70　　　　D. 62

5. 甲公司持有乙公司30%有表决权股份，对其具有重大影响，取得投资时乙公司可辨认各项资产负债的公允价值和其账面价值相等。20×2年1月1日，甲公司将其账面价值800万元的存货以1 000万元的价格出售给乙公司，至当年末该批存货仍未对外出售，双方此前期间均未发生过内部交易。乙公司20×2年度实现的净利润为1 000万元，不考虑其他因素，甲公司20×2年应确认的投资收益为（　　）万元。

A. 360　　　　B. 300　　　　C. 240　　　　D. 540

二、多项选择题

1. 从投资企业角度来看，长期股权投资形成的投资企业与被投资企业的关系，可以分为（　　）。

A. 控制　　　　B. 共同控制　　　　C. 母子公司　　　　D. 重大影响

2. 同一控制下企业合并长期股权投资的初始投资成本与合并对价账面价值之间的

差额，应调整（   ）。

  A. 资本公积   B. 其他综合收益
  C. 盈余公积   D. 未分配利润

 3. 甲公司对乙公司的长期股权投资采用权益法核算，乙公司发生的下列交易事项中将导致甲公司长期股权投资账面价值发生变动的有（   ）。

  A. 提取法定盈余公积

  B. 实现净利润

  C. 宣告分派优先股股利

  D. 持有的其他权益工具投资公允价值变动

 4. 下列与长期股权投资有关的业务中，投资方应确认为投资收益的有（   ）。

  A. 采用成本法核算时，被投资单位宣告发放现金股利

  B. 企业以合并以外方式取得长期股权投资时，初始投资成本小于投资时应享有被投资单位可辨认净资产公允价值份额的差额

  C. 同一控制下企业合并的会计处理中，合并方所付出资产公允价值与账面价值的差额

  D. 对采用权益法核算的长期股权投资进行全部处置时，结转原记入"资本公积——其他资本公积"科目的金额

 5. 下列关于权益法核算的长期股权投资的会计处理中正确的有（   ）。

  A. 初始投资成本小于投资时应享有被投资单位可辨认净资产公允价值份额的，应按其差额计入营业外收入

  B. 投资企业与被投资企业间发生的未实现内部交易损失，有证据表明属于所转让资产发生减值损失的，在计算投资企业应享有被投资企业的净损益时不应予以抵销

  C. 收到被投资单位发放的股票股利，不进行账务处理，但应在备查簿中登记

  D. 初始投资成本大于投资时应享有被投资单位可辨认净资产公允价值份额的，应按其差额调整并确认商誉

三、判断题

 1. 采用成本法核算的长期股权投资，应当按照初始投资成本计价，追加或收回投资应当调整长期股权投资的成本。（   ）

 2. 采用权益法核算的长期股权投资，初始投资成本大于取得投资时应享有被投资单位可辨认净资产公允价值变动份额的部分，应作为商誉进行调整并确认入账。（   ）

 3. 企业因处置部分子公司股权将剩余股权投资重分类为以公允价值计量且其变动计入当期损益的金融资产时，应在丧失控制权日将剩余股权投资的公允价值与账面价

值之间的差额计入其他综合收益。   (   )

4. 对于企业合并以外方式形成的长期股权投资，与取得长期股权投资直接相关的手续费等必要支出应计入当期损益。   (   )

5. 被投资单位分派股票股利的，投资企业要做会计处理，同时还应于除权日登记所增加的股数，以反映股份的变化情况。   (   )

四、计算及账务处理题

1. 甲公司有关长期股权投资的业务资料如下：

（1）20×1年1月2日，甲公司以每股11元的价格从证券市场买入乙公司的股票200万股，每股价格中包含已宣告但尚未领取的现金股利0.4元，另支付相关的税费20万元。甲公司购入的股票占乙公司有表决权资本的比例为30%，并准备长期持有。甲公司取得投资后，派人参与了乙公司的生产经营决策，对乙公司具有重大影响。投资当时，乙公司可辨认净资产的公允价值为8 000万元，乙公司资产、负债的公允价值与账面价值都相等。甲、乙公司采用的会计政策相同，双方未发生任何内部交易。

（2）20×1年1月21日，甲公司收到乙公司分派的现金股利。

（3）20×1年度，乙公司实现净利润600万元，确认其他综合收益10万元。

（4）20×2年度，乙公司实现净亏损200万元。

（5）20×3年3月10日，甲公司将持有的乙公司的股票全部出售，取得款项净额为1 950万元，款项已由银行收存。

要求：编制甲公司上述业务的相关会计分录。

2. 甲公司20×1～20×3年发生如下经济业务：

（1）20×1年1月1日，甲公司取得K公司60%的股权，确定的投资成本为150万元。当日，K公司可辨认净资产的账面价值为258万元，可辨认净资产的公允价值与账面价值相同。甲公司对K公司实施控制，采用成本法核算相应的长期股权投资。甲公司按净利润的10%提取法定盈余公积。20×2年7月1日，甲公司出售K公司20%的股权，出售价格为56万元。当日，K公司可辨认净资产的公允价值为285万元。甲公司出售K公司20%的股权后，还持有K公司40%的股权，能够对K公司施加重大影响。甲公司改用权益法核算相应的长期股权投资。K公司于20×1年实现净利润20万元，未分派现金股利；20×2年上半年宣告分派现金股利2万元，股利已以现金支付，上半年实现净利润9万元。除实现净利润和宣告分派现金股利外，K公司未发生计入其他综合收益和其他资本公积的交易或事项。

（2）20×3年1月5日，甲公司出售K公司30%的股权，出售价格为87万元。K公司剩余10%股权的公允价值为29万元，此时，甲公司股权投资的账面价值为117.2万元，其中，投资成本103.2万元，损益调整14万元。出售投资后，甲公司无法对K

公司实施重大影响,将剩余股权投资转为其他权益工具投资核算。

要求:编制甲公司因减资引起的长期股权投资核算方法转换的会计分录。

思考与练习答案

第六章　固定资产

[学习目标]

通过本章的学习，掌握固定资产的概念、确认条件；掌握固定资产初始计量的核算；掌握固定资产后续支出的核算；掌握固定资产处置的核算；熟悉固定资产折旧方法。

[思政目标]

固定资产是企业重要的经济资源，具有价值高、使用寿命长的特点。对于国有企业来说，建立健全国有资产管理制度十分必要。国有企业应该克服盲目购买资产，防止国有资产的流失。根据国有资产数据统计工作结果，要做到账表、账账、账卡、账实相符。杜绝国有资产流失，降低单位运行成本，提高资产的使用效益。

第一节　固定资产概述

一、固定资产的概念及确认条件

（一）固定资产的概念

固定资产，是指为生产商品、提供劳务、出租或经营管理而持有的，使用寿命超过一个会计年度的有形资产。

固定资产是企业生产经营过程中的重要劳动资料，它能够在若干个生产经营周期中发挥作用，并保持其原有的实物形态。但其价值则由于损耗而逐渐减少，这部分减少的价值以折旧的形式分期转移到产品成本或费用中去，并在销售收入中得到补偿。从固定资产的定义来看，固定资产具有以下三个特征：

1. 为生产商品、提供劳务、出租或经营管理而持有。企业持有固定资产的目的不是出售。固定资产是企业的劳动工具或手段，企业持有固定资产的目的是生产商品、提供劳务、出租或经营管理。其中，出租的固定资产是指企业以经营租赁方式出租的机器设备类固定资产，以融资租赁方式出租的固定资产由租入方按照自有固定资产核算；经营出租的建筑物属于企业的投资性房地产，也不在固定资产中核算。

2. 可供企业长期使用。固定资产属于长期耐用资产，其使用寿命超过一个会计年度。固定资产的使用寿命，是指企业使用固定资产的预计期间，或者该固定资产所能生产产品或提供劳务的数量。一般情况下固定资产的使用寿命是指使用固定资产的预计期间，例如，自用房屋建筑物的使用寿命以使用年限表示。但是对于某些机器设备或运输设备等固定资产，其使用寿命往往以该固定资产所能生产产品或提供劳务的数量来表示，例如，发电设备按其预计发电量估计使用寿命，汽车或飞机等按其预计行驶里程估计使用寿命。固定资产虽然可以长期使用，但实物形态却不会因为使用而发生变化或显著损耗，其账面价值通过计提折旧方式而逐渐减少，这也有别于存货等流动资产。

3. 固定资产是有形资产。固定资产有一个实体存在，可以看得见、摸得着。这与企业的无形资产、应收账款、其他应收款等资产不同。对于无形资产，虽然可供企业长期使用，甚至使用期限超过固定资产，但由于其无形性而不能作为企业的固定资产；对企业持有的某些具有实物形态，而且具有固定资产某些特征的实物资产，例如，工业企业持有的工具、用具、备品备件、维修设备等资产，施工企业持有的模板、挡板、架料等周转材料，以及地质勘探企业持有的管材等资产，虽然其使用期限超过一年，但由于数量多、单价低，如果采用折旧的方法实现价值的转移不符合成本效益原则，所以在实务中通常确认为存货。相反，如果价值很高，且符合固定资产定义和确认条件的，应当确认为固定资产，例如民用航空运输企业持有的高价周转件等。

(二) 固定资产的确认条件

固定资产的确认是指企业在什么时候和以多少金额将固定资产作为企业所拥有或控制的资源进行反映。一般来讲，固定资产只有在同时满足以下两个条件时，才能加以确认：

1. 该固定资产包含的经济利益很可能流入企业。这一条件要求企业必须对该固定资产未来经济利益流入企业的确定程度作出可靠的估计，只有在企业确认通过该项资产很可能获得报酬时才确认为企业的固定资产。

2. 该固定资产的成本能够可靠地计量。这是资产确认的一个基本条件，也就是确定资产的价值量问题。如果企业对固定资产能够拥有和控制，那么其价值量在大多数情况下的确定并不是一件很困难的事情。例如，外购固定资产，在交易时就确定了它的大部分价值；自建的资产，可以根据企业购买的材料、发生的人工费和建造过程中的其他投入对其成本进行可靠的计量等。从取得固定资产的角度而言，固定资产成本的计量就是以货币为计量单位计算固定资产的价值额，包括企业最初取得固定资产的成本，即原始价值，以及在以后某个时点上重新取得同样固定资产的成本，即重置完全价值。

二、固定资产的分类

在企业中,固定资产的数量是很多的,为了便于固定资产的实物管理和价值的核算,需要对固定资产进行科学、合理的分类。一般可以按如下标准对固定资产进行分类:

(一) 固定资产按经济用途分类

按照经济用途可以将固定资产划分为经营用固定资产和非经营用固定资产两大类。

1. 经营用固定资产,是指直接参加或直接服务于生产经营过程的各种固定资产,如用于企业生产经营的房屋、建筑物、机器设备、运输设备、工具器具等。

2. 非经营用固定资产,是指不直接服务于生产经营过程而是为企业职工生活、福利等方面提供服务的各种固定资产,如用于职工住宅、公共福利设施、文化娱乐、卫生保健等方面的房屋、建筑物、设施和器具等。

(二) 固定资产按使用情况分类

按照使用情况可以将固定资产划分为使用中固定资产、未使用固定资产、租出固定资产和不需用固定资产四大类。

1. 使用中固定资产,是指企业正在使用的经营用固定资产和非经营用固定资产。企业的房屋及建筑物无论是否在实际使用,都应视为使用中固定资产。由于季节性生产经营或进行大修理等原因而暂时停止使用以及存放在生产车间或经营场所备用、轮换使用的固定资产,也属于使用中固定资产。

2. 未使用固定资产,是指已购建完成但尚未交付使用的新增固定资产以及进行改建、扩建等暂时脱离生产经营过程的固定资产。

3. 租出固定资产,是指企业根据租赁合同的规定,以经营租赁方式出租给其他企业临时使用的固定资产。

4. 不需用固定资产,是指本企业多余或不适用、待处置的固定资产。

除上述基本分类外,固定资产还可按其他标准进行分类,例如,按固定资产的所有权分类,可分为自有固定资产和租入固定资产;按固定资产的性能分类,可分为房屋和建筑物、动力设备、传导设备、工作机器及设备、工具、仪器及生产经营用具、运输设备、管理用具等;按固定资产的来源渠道分类,可分为外购的固定资产、自行建造的固定资产、投资者投入的固定资产、改建扩建新增的固定资产、接受抵债取得的固定资产、非货币性资产交换换入的固定资产、接受捐赠的固定资产、盘盈的固定资产等。

在会计实务中，企业为了更好地满足固定资产管理和核算的需要，往往将几种分类标准结合起来，采用综合的标准对固定资产进行分类。例如，综合考虑固定资产的经济用途、使用情况及所有权等，可将固定资产分为经营用固定资产、非经营用固定资产、租出固定资产、未使用固定资产、不需用固定资产等。企业应当根据固定资产的定义，结合本企业的具体情况，制定适合本企业的固定资产目录、分类方法、每类或每项固定资产的折旧年限、折旧方法，为进行固定资产的实物管理和价值核算提供依据。

第二节　固定资产的初始计量

固定资产的初始计量是指确定固定资产的取得成本。取得成本包括企业为购建某项固定资产达到预定可使用状态前所发生的一切合理的、必要的支出。在实务中，企业取得固定资产的方式是多种多样的，包括外购、自行建造、投资者投入，以及非货币性资产交换、债务重组、企业合并和租入等，取得的方式不同，其成本的具体构成内容及确定方法也不尽相同。

一、外购固定资产的成本

企业外购固定资产的成本，包括购买价款、相关税费、使固定资产达到预定可使用状态前所发生的可归属于该项资产的运输费、装卸费、安装费和专业人员服务费等。

外购固定资产是否达到预定可使用状态，需要根据具体情况进行分析判断。如果购入不需安装的固定资产，购入后即可发挥作用，因此，购入后即可达到预定可使用状态。如果购入需安装的固定资产，只有安装调试后，达到设计要求或合同规定的标准，该项固定资产方可发挥作用，这才意味着达到预定可使用状态。

在实务中，企业可能以一笔款项同时购入多项没有单独标价的资产。如果这些资产均符合固定资产的定义，并满足固定资产的确认条件，则应将各项资产单独确认为固定资产，并按各项固定资产公允价值的比例对总成本进行分配，分别确定各项固定资产的成本。如果以一笔款项购入的多项资产中还包括固定资产以外的其他资产，也应按类似的方法予以处理。

企业购入的固定资产分为不需要安装的固定资产和需要安装的固定资产两种情形。前者的取得成本为企业实际支付的购买价款、包装费、运杂费、保险费、专业人员服务费和相关税费（不含可抵扣的增值税进项税额）等，其账务处理为：按应计入固定资产成本的金额，借记"固定资产"科目，贷记"银行存款""其他应付款""应付票据"等科目；后者的取得成本是在前者取得成本的基础上加上安装调试成本等，其账务处理为：按应计入固定资产成本的金额，先记入"在建工程"科目，安装完毕交付使用时再转入"固定资产"科目。

【例6-1】20×2年7月5日，阳光公司购入一台不需要安装的设备，发票上注明设备价款30 000元，应交增值税3 900元，支付场地整理费、装卸费等合计1 200元。上述款项企业已用银行存款支付。其账务处理如下：

借：固定资产　　　　　　　　　　　　　　　　　　　　　31 200
　　应交税费——应交增值税（进项税额）　　　　　　　　　 3 900
　　贷：银行存款　　　　　　　　　　　　　　　　　　　　35 100

【例6-2】20×2年2月1日，阳光公司购入一台需要安装的生产用机器设备，取得的增值税专用发票上注明的设备价款500 000元，增值税进项税额为65 000元，款项已通过银行支付。安装设备时，领用本公司原材料一批，价值30 000元，购进该批原材料时支付的增值税进项税额为3 900元，支付安装工人的工资为4 900元。假定阳光公司为增值税一般纳税人，不考虑其他相关税费，阳光公司的账务处理如下：

支付设备价款、增值税：

借：在建工程——××设备　　　　　　　　　　　　　　　500 000
　　应交税费——应交增值税（进项税额）　　　　　　　　　65 000
　　贷：银行存款　　　　　　　　　　　　　　　　　　　 565 000

领用本公司原材料、支付安装工人工资等费用：

借：在建工程——××设备　　　　　　　　　　　　　　　 34 900
　　贷：原材料　　　　　　　　　　　　　　　　　　　　　30 000
　　　　应付职工薪酬　　　　　　　　　　　　　　　　　　 4 900

设备安装完毕达到预定可使用状态：

借：固定资产——××设备　　　　　　　　　　　　　　　534 900
　　贷：在建工程——××设备　　　　　　　　　　　　　 534 900

固定资产的成本 = 500 000 + 34 900 = 534 900（元）

【例6-3】20×2年9月10日，阳光公司从甲公司购入20×9年4月30日前建造的厂房一栋，增值税专用发票注明价款15 000 000元，应交增值税750 000元，款项15 750 000元已通过银行存款支付。

此例中，甲公司出售20×9年4月30日前建造的不动产，选择简易计税方法，按5%计算应交增值税。

借：固定资产　　　　　　　　　　　　　　　　　　　　15 000 000
　　应交税费——应交增值税（进项税额）　　　　　　　　 750 000
　　贷：银行存款　　　　　　　　　　　　　　　　　　 15 750 000

个别情况下,企业的固定资产可能会与其他几项可以独立使用的资产采用"一揽子"方式进行购买。这种情况下,企业支付的是捆绑在一起的各项资产的总成本,而单项固定资产并没有标价。但是在会计核算时由于各项固定资产的作用、价值额以及后续计量问题的账务处理方法不同,就需要对每一项资产的价值分别加以衡量。采用的方法是,将购买的总成本按每项资产的公允价值占各项资产公允价值总和的比例进行分配,以确定各项资产的入账价值。

【例6-4】20×2年10月20日,阳光公司"一揽子"购买A、B、C三项设备,支付设备价款3 900 000元,应交增值税507 000元。三项资产的公允价值分别为1 500 000元、1 200 000元和1 300 000元。上述设备不需要安装。账务处理方法如下:

计算各设备分配固定资产价值的比例:

A设备:1 500 000÷(1 500 000+1 200 000+1 300 000)×100% =37.5%

B设备:1 200 000÷(1 500 000+1 200 000+1 300 000)×100% =30%

C设备:1 300 000÷(1 500 000+1 200 000+1 300 000)×100% =32.5%

计算各设备购买成本:

A设备:3 900 000×37.5% =1 462 500(元)

B设备:3 900 000×30% =1 170 000(元)

C设备:3 900 000×32.5% =1 267 500(元)

合计:1 462 500+1 170 000+1 267 500 =3 900 000(元)

借:固定资产——A设备　　　　　　　　　　　　　　　1 462 500
　　　　　　——B设备　　　　　　　　　　　　　　　1 170 000
　　　　　　——C设备　　　　　　　　　　　　　　　1 267 500
　　应交税费——应交增值税(进项税额)　　　　　　　507 000
　　贷:银行存款　　　　　　　　　　　　　　　　　　4 407 000

二、自行建造固定资产的成本

自行建造固定资产的成本,由建造该项资产达到预定可使用状态前所发生的必要支出构成,包括工程物资成本、人工成本、交纳的相关税费、应予资本化的借款费用以及应分摊的间接费用等。企业自行建造固定资产包括自营建造和出包建造两种方式。无论采用何种方式,所建工程都应当按照实际发生的支出确定其工程成本并单独核算。

(一)自营方式建造固定资产

企业以自营方式建造固定资产,意味着企业自行组织工程物资采购、自行组织施工人员从事工程施工。实务中,企业较少采用自营方式建造固定资产,多数情况下采用出包方式。企业如以自营方式建造固定资产，其成本应当按照直接材料、直接人工、直接机械施工费等计量。

　　企业为建造固定资产准备的各种物资应当按照实际支付的买价、运输费、保险费等相关税费作为实际成本，并按照各种专项物资的种类进行明细核算。工程完工后，剩余的工程物资转为本企业存货的，按其实际成本或计划成本进行结转。建设期间发生的工程物资盘亏、报废及毁损，减去残料价值以及保险公司、过失人等赔款后的净损失，计入所建工程项目的成本；盘盈的工程物资或处置净收益，冲减所建工程项目的成本。工程完工后发生的工程物资盘盈、盘亏、报废、毁损，计入当期损益。

　　建造固定资产领用工程物资、原材料或库存商品，应按其实际成本转入所建工程成本。自营方式建造固定资产应负担的职工薪酬，辅助生产部门为之提供的水、电、运输等劳务，以及其他必要支出等也应计入所建工程项目的成本。符合资本化条件，应计入所建造固定资产成本的借款费用，按照《企业会计准则第17号——借款费用》的有关规定处理。

　　所建造的固定资产已达到预定可使用状态，但尚未办理竣工结算的，应当自达到预定可使用状态之日起，根据工程预算、造价或者工程实际成本等，按暂估价值转入固定资产，并按有关计提固定资产折旧的规定，计提固定资产折旧。待办理竣工决算手续后再调整原来的暂估价值，但不需要调整原已计提的折旧额。

　　企业以自营方式建造固定资产，发生的工程成本应通过"在建工程"科目核算；工程完工达到预定可使用状态时，从"在建工程"科目转入"固定资产"科目。

　　高危行业企业按照国家规定提取的安全生产费，应当计入相关产品的成本或当期损益，同时记入"专项储备"科目。企业使用提取的安全生产费形成固定资产的，应当通过"在建工程"科目归集所发生的支出，待安全项目完工达到预定可使用状态时确认为固定资产；同时，按照形成固定资产的成本冲减专项储备，并确认相同金额的累计折旧。该固定资产在以后期间不再计提折旧。

　　【例6-5】阳光公司利用剩余生产能力自行制造一台生产设备，该设备用于产品生产。在建造过程中主要发生以下支出：

　　20×2年5月6日用银行存款购入工程物资90 400元，其中价款80 000元，应交增值税10 400元，工程物资验收入库。

　　20×2年5月20日工程开工，当日实际领用工程物资80 000元；领用库存材料一批，实际成本6 000元；领用库存产成品若干件，实际成本8 100元；辅助生产部门为工程提供水、电等劳务支出共计5 000元，工程应负担直接人工费10 260元。

　　20×2年9月30日工程完工并达到预定可使用状态。其账务处理过程如下：

　　20×2年5月6日，购入工程物资、验收入库。

　　　　借：工程物资　　　　　　　　　　　　　　　　　　　　　80 000

应交税费——应交增值税（进项税额）	10 400	
贷：银行存款		90 400

20×2年5月20日领用工程物资，投入自营工程。

借：在建工程　　　　　　　　　　　　　　　80 000
　　贷：工程物资　　　　　　　　　　　　　　　　80 000

20×2年5月20日领用库存材料。

借：在建工程　　　　　　　　　　　　　　　6 000
　　贷：原材料　　　　　　　　　　　　　　　　　6 000

20×2年5月20日，领用库存产成品。

借：在建工程　　　　　　　　　　　　　　　8 100
　　贷：库存商品　　　　　　　　　　　　　　　　8 100

结转应由工程负担的水电费。

借：在建工程　　　　　　　　　　　　　　　5 000
　　贷：生产成本——辅助生产成本　　　　　　　　5 000

结转应由工程负担的直接人工。

借：在建工程　　　　　　　　　　　　　　　10 260
　　贷：应付职工薪酬　　　　　　　　　　　　　　10 260

20×2年9月30日工程完工并达到预定可使用状态，计算并结转工程成本。

设备制造成本 = 80 000 + 6 000 + 8 100 + 5 000 + 10 260 = 109 360（元）

借：固定资产　　　　　　　　　　　　　　　109 360
　　贷：在建工程　　　　　　　　　　　　　　　　109 360

（二）出包方式建造固定资产

在出包方式下，企业通过招标方式将工程项目发包给建造承包商，由建造承包商（即施工企业）组织工程项目施工。企业要与建造承包商签订建造合同，企业是建造合同的甲方，负责筹集资金和组织管理工程建设，通常称为建设单位；建造承包商是建造合同的乙方，负责建筑安装工程施工任务。

企业以出包方式建造固定资产，其成本由建造该项固定资产达到预定可使用状态前所发生的必要支出构成，包括发生的建筑工程支出、安装工程支出以及需分摊计入各固定资产价值的待摊支出，如人工费、材料费、机械使用费等由建造承包商核算。对于发包企业而言，建筑工程支出、安装工程支出是构成在建工程成本的重要内容，发包企业按照合同规定的结算方式和工程进度，定期与建造承包商办理工程价款结算，结算的工程价款计入在建工程成本。待摊支出，是指在建设期间发生的，不能直接计入某项固定资产价值，而应由所建造固定资产共同负担的相关费用，包括为建造工程发生的管理费、可行性研究费、临时设施费、公证费、监理费、应负担的税金、符合资本化条件的借款费用、建设期间发生的工程物资盘亏、报废及毁损净损失以及负荷联合试车费等。企业为建造固定资产通过出让方式取得土地使用权而支付的土地出让金不计入在建工程成本，应确认为无形资产（土地使用权）。

在出包方式下，"在建工程"科目主要是企业与建造承包商办理工程价款的结算科目，企业支付给建造承包商的工程价款，作为工程成本通过"在建工程"科目核算。企业应按合理估计的工程进度和合同规定结算的进度款，借记"在建工程——建筑工程——××工程""在建工程——安装工程——××工程"科目，贷记"银行存款""预付账款"等科目。工程完成时，按合同规定补付的工程款，借记"在建工程"科目，贷记"银行存款"等科目。企业将需安装设备运抵现场安装时，借记"在建工程——在安装设备——××设备"科目，贷记"工程物资——××设备"科目；企业为建造固定资产发生的待摊支出，借记"在建工程——待摊支出"科目，贷记"银行存款""应付职工薪酬"等科目。

在建工程达到预定可使用状态时，首先计算分配待摊支出，待摊支出的分配率可按下列公式计算：

$$待摊支出分配率 = \frac{累计发生的待摊支出}{建筑工程支出 + 安装工程支出 + 在安装设备支出} \times 100\%$$

$$某项工程应分摊的待摊支出 = 该项工程支出 \times 待摊支出分配率$$

【例6-6】阳光公司以出包方式建造一栋厂房，双方签订的合同规定建造新厂房的价款为15 000 000元。生产所需设备由阳光公司负责购买，由承包方负责安装。阳光公司购进生产用设备，价款4 000 000元，应交增值税520 000元，全部款项通过银行支付，设备已运达，等待安装；向承包方支付安装费300 000元；按照与承包单位签订合同的规定，公司需事前支付工程款12 000 000元，剩余工程款于工程完工结算时补付。有关业务账务处理如下：

按合同规定时间预付工程款12 000 000元。

借：预付账款　　　　　　　　　　　　　　　　　　　　12 000 000
　　贷：银行存款　　　　　　　　　　　　　　　　　　　　12 000 000

建筑工程完工，办理工程价款结算，补付剩余工程款3 000 000元。

借：在建工程——建筑工程　　　　　　　　　　　　　　15 000 000
　　贷：银行存款　　　　　　　　　　　　　　　　　　　　3 000 000
　　　　预付账款　　　　　　　　　　　　　　　　　　　　12 000 000

阳光公司购进生产用设备，价款4 000 000元，应交增值税520 000元，全部款项通过银行支付，设备已运达，等待安装。

借：工程物资　　　　　　　　　　　　　　　　　　　　4 000 000

应交税费——应交增值税（进项税额）	520 000
贷：银行存款	4 520 000

阳光公司将生产设备交付承包方进行安装，支付安装费 300 000 元。

借：在建工程——在安装设备	4 000 000
——安装工程	300 000
贷：工程物资	4 000 000
银行存款	300 000

阳光公司为建造工程发生的管理费、可行性研究费、临时设施费、监理费等支出，共计 482 500 元，均通过银行支付。

借：在建工程——待摊支出	482 500
贷：银行存款	482 500

待摊支出在各工程项目间的分配。

$$待摊支出分配率 = \frac{482\,500}{15\,000\,000 + 4\,000\,000 + 300\,000} \times 100\% = 2.5\%$$

建筑工程应分摊待摊支出 = 15 000 000 × 2.5% = 375 000（元）

在安装设备应分摊待摊支出 = 4 000 000 × 2.5% = 100 000（元）

安装工程应分摊待摊支出 = 300 000 × 2.5% = 7 500（元）

借：在建工程——建筑工程	375 000
——在安装设备	100 000
——安装工程	7 500
贷：在建工程——待摊支出	482 500

上述各项工程项目完成验收，固定资产达到预定可使用状态，计算并结转工程成本。

借：固定资产——厂房	15 375 000
——设备	4 407 500
贷：在建工程——建筑工程	15 375 000
——在安装设备	4 100 000
——安装工程	307 500

三、其他方式取得固定资产的成本

企业取得固定资产的其他方式与存货类似，主要包括接受投资者投资、接受捐赠、非货币性资产交换、债务重组、企业合并等。

（一）投资者投入固定资产的成本

投资者投入固定资产的成本，应当按照投资合同或协议约定的价值确定，但合同或协议约定价值不公允的除外。在投资合同或协议约定价值不公允的情况下，按照该项固定资产的公允价值作为入账价值。

（二）接受捐赠固定资产的成本

接受捐赠的固定资产，应根据具体情况合理确定其入账价值。一般分为两种情况：第一，捐赠方提供了有关凭据的，按凭据上标明的金额加上应支付的相关税费，作为入账价值。第二，捐赠方没有提供有关凭据的，按如下顺序确定其入账价值：首先，同类或类似固定资产存在活跃市场的，按同类或类似固定资产的市场价格估计的金额，加上应支付的相关税费，作为入账价值；其次，同类或类似固定资产不存在活跃市场的，按该接受捐赠固定资产预计未来现金流量的现值，加上应支付的相关税费，作为入账价值。企业接受捐赠的固定资产在按照上述会计规定确定入账价值以后，按接受捐赠金额，计入营业外收入。

（三）通过非货币性资产交换、债务重组、企业合并等方式取得固定资产的成本

企业通过非货币性资产交换、债务重组、企业合并等方式取得的固定资产，其成本应当分别按照《企业会计准则第7号——非货币性资产交换》《企业会计准则第12号——债务重组》《企业会计准则第20号——企业合并》等的规定确定。但是，其后续计量和披露应当执行固定资产准则的规定。

（四）盘盈固定资产的成本

前面提到的几项业务都会使固定资产在量上产生增加。每项业务发生时，会计部门都应及时将增加的固定资产记录在相关的账簿内。但有时企业固定资产的增加并不能够被及时掌握，所以企业需要定期或不定期地对固定资产进行清查。通过清查，确定企业的固定资产是否与账簿记录相一致。如果通过清查发现有的固定资产在企业账簿上并没有作记录，那么这种情况就是"实大于账"了，这在会计上被称为固定资产的盘盈。

盘盈固定资产入账价值的确定方法是，如果同类或类似固定资产存在活跃市场的，应按同类或类似固定资产的市场价格，减去按该项固定资产新旧程度估计价值损耗后的余额确定；如果同类或类似固定资产不存在活跃市场的，应按盘盈固定资产预计未来现金流量的现值计价入账。盘盈的固定资产待报经批准处理后，应作为企业以前年度的差错，记入"以前年度损益调整"科目。

【例6-7】阳光公司在固定资产清查中，发现一台仪器没有在账簿中记录。该仪器当前市场价格为8 000元，根据其新旧程度估计价值损耗2 000元。会计分录为：

借：固定资产　　　　　　　　　　　　　　　　　　　　　　　6 000
　　贷：以前年度损益调整　　　　　　　　　　　　　　　　　　　6 000

四、存在弃置费用的固定资产

对于特殊行业的特定固定资产，确定其初始成本时，还应考虑弃置费用。弃置费用通常是指根据国家法律和行政法规、国际公约等规定，企业承担的环境保护和生态恢复等义务所确定的支出，例如核电站核设施等的弃置和恢复环境义务。

弃置费用的金额与其现值比较通常较大，需要考虑货币时间价值。对于这些特殊行业的特定固定资产，企业应当根据《企业会计准则第13号——或有事项》，按照现值计算确定应计入固定资产成本的金额和相应的预计负债。在固定资产的使用寿命内按照预计负债的摊余成本和实际利率计算确定的利息费用应当在发生时计入财务费用。一般工商企业的固定资产发生的报废清理费用不属于弃置费用，应当在发生时作为固定资产处置费用处理。

【例6-8】阳光公司经国家批准于20×2年1月1日建造完成核电站核反应堆并交付使用，建造成本为2 500 000万元，预计使用寿命40年。该核反应堆将会对当地的生态环境产生一定的影响，根据法律规定，企业应在该项设施使用期满后将其拆除，并对造成的污染进行整治，预计发生弃置费用250 000万元。假定适用的折现率为10%。

核反应堆属于特殊行业的特定固定资产，确定其成本时应考虑弃置费用。账务处理为：

20×2年1月1日，弃置费用的现值 = 250 000 × (P/F, 10%, 10%, 40)
　　　　　　　　　　　　　　　 = 250 000 × 0.0221 = 5 525（万元）

固定资产的成本 = 2 500 000 + 5 525 = 2 505 525（万元）

借：固定资产——××核反应堆　　　　　　　　　　　　　25 055 250 000
　　贷：在建工程——××核反应堆　　　　　　　　　　　　　25 000 000 000
　　　　预计负债——××核反应堆——弃置费用　　　　　　　　　55 250 000

计算第1年应负担的利息费用 = 55 250 000 × 10% = 5 525 000（元）

借：财务费用　　　　　　　　　　　　　　　　　　　　　　5 525 000
　　贷：预计负债——××核反应堆——弃置费用　　　　　　　　　5 525 000

以后年度，企业应当按照实际利率法计算确定每年的财务费用，账务处理略。

第三节 固定资产的后续计量

固定资产的后续计量主要包括固定资产折旧的计提、减值损失的确定，以及后续支出的计量。其中，固定资产的减值应当按照《企业会计准则第 8 号——资产减值》处理。

一、固定资产折旧

（一）固定资产折旧的定义

折旧，是指在固定资产的使用寿命内，按照确定的方法对应计折旧额进行的系统分摊。应计折旧额，是指应当计提折旧的固定资产的原价扣除其预计净残值后的金额。如果已对固定资产计提减值准备，还应当扣除已计提的固定资产减值准备累计金额。

（二）影响固定资产折旧的因素

影响固定资产折旧的因素主要有以下几个方面：
1. 固定资产原价，是指固定资产的成本。
2. 固定资产的使用寿命，是指企业使用固定资产的预计期间，或者该固定资产所能生产产品或提供劳务的数量。企业确定固定资产使用寿命时，应当考虑下列因素：
（1）该项资产预计生产能力或实物产量。
（2）该项资产预计有形损耗，是指固定资产在使用过程中，由于正常使用和自然力的作用而引起的使用价值和价值的损失，例如，设备使用中发生磨损、房屋建筑物受到自然侵蚀等。
（3）该项资产预计无形损耗，是指由于科学技术的进步和劳动生产率的提高而带来的固定资产价值上的损失，例如，因新技术的出现而使现有的资产技术水平相对陈旧、市场需求变化使其所生产的产品过时等。
（4）法律或者类似规定对该项资产使用的限制。某些固定资产的使用寿命可能受法律或类似规定的约束。例如，对于租入的固定资产，根据《企业会计准则第 21 号——租赁》规定，能够合理确定租赁期届满时将会取得租赁资产所有权的，应当在租赁资产使用寿命内计提折旧；如果无法合理确定租赁期届满时能够取得租赁资产所有权的，应当在租赁期与租赁资产使用寿命两者中较短的期间内计提折旧。
3. 预计净残值，是指假定固定资产预计使用寿命已满并处于使用寿命终了时的预期状态，企业目前从该项资产处置中获得的扣除预计处置费用后的金额。

4. 固定资产减值准备，是指固定资产已计提的固定资产减值准备累计金额。固定资产计提减值准备后，应当在剩余使用寿命内根据调整后的固定资产账面价值（固定资产账面余额扣减累计折旧和累计减值准备后的金额）和预计净残值重新计算确定折旧率和折旧额。

（三）固定资产折旧范围

企业应当对所有的固定资产计提折旧。但是，已提足折旧仍继续使用的固定资产和单独计价入账的土地除外。在确定计提折旧的范围时还应注意以下几点：

1. 固定资产应当按月计提折旧，并根据用途计入相关资产的成本或者当期损益。固定资产应自达到预定可使用状态时开始计提折旧，终止确认时或划分为持有待售非流动资产时停止计提折旧。为了简化核算，当月增加的固定资产，当月不计提折旧，从下月起计提折旧；当月减少的固定资产，当月仍计提折旧，从下月起不计提折旧。

2. 固定资产提足折旧后，不论能否继续使用，均不再计提折旧，提前报废的固定资产也不再补提折旧。所谓提足折旧是指已经提足该项固定资产的应计折旧额。

3. 已达到预定可使用状态但尚未办理竣工决算的固定资产，应当按照估计价值确定其成本，并计提折旧；待办理竣工决算后再按实际成本调整原来的暂估价值，但不需要调整原已计提的折旧额。

（四）固定资产折旧方法

企业应当根据与固定资产有关的经济利益的预期消耗方式，合理选择折旧方法。可选用的折旧方法包括年限平均法、工作量法、双倍余额递减法和年数总和法等。企业选用不同的固定资产折旧方法，将影响固定资产使用寿命期间内不同时期的折旧费用。因此，固定资产的折旧方法一经确定，不得随意变更。如需变更，应当符合固定资产准则的规定，至少于每年年度终了时对固定资产的使用寿命、预计净残值和折旧方法进行复核，按复核的结果进行处理。

1. 年限平均法。年限平均法又称直线法，是指将固定资产的应计折旧额均衡地分摊到固定资产预计使用寿命内的一种方法。采用这种方法计算的每期折旧额均相等。计算公式如下：

$$年折旧率 = \frac{1 - 预计净残值率}{预计使用寿命（年）} \times 100\%$$

$$月折旧率 = 年折旧率 \div 12$$

$$折旧额 = 固定资产原价 \times 月折旧率$$

【例6-9】阳光公司一台机器设备原始价值为92 000元，预计净残值率为4%，预计使用 5 年，采用年限平均法计提折旧。

年折旧率 $= \dfrac{1-4\%}{5} \times 100\% = 19.2\%$

月折旧率 $= 19.2\% \div 12 = 1.6\%$

年折旧额 $= 92\,000 \times 19.2\% = 17\,664$（元）

月折旧额 $= 17\,664 \div 12 = 1\,472$（元）

或者 　　　　　$= 92\,000 \times 1.6\% = 1\,472$（元）

采用年限平均法计算的各年折旧额如表 6.1 所示。

表 6.1　　　　　　　　年限平均法各年折旧计算　　　　　　　　单位：元

使用年次	年折旧额	累计折旧额	账面净值
0	—	—	92 000
1	17 664	17 664	74 336
2	17 664	35 328	56 672
3	17 664	52 992	39 008
4	17 664	70 656	21 344
5	17 664	88 320	3 680

注：—表示当年无折旧额

采用年限平均法计算固定资产折旧虽然比较简便，但它也存在着一些明显的局限性。首先，固定资产在不同使用年限提供的经济效益是不同的。一般来讲，固定资产在其使用前期工作效率相对较高，所带来的经济利益也较多；而在其使用后期，工作效率一般呈下降趋势，因而，所带来的经济利益也就逐渐减少。年限平均法不予考虑这些因素明显是不合理的。其次，固定资产在不同的使用年限发生的维修费用也不一样。固定资产的维修费用将随着其使用时间的延长而不断增加，而年限平均法也没有考虑这一因素。

当固定资产各期负荷程度相同时，各期应分摊相同的折旧费，这时采用年限平均法计算折旧是合理的。但是，如果固定资产各期负荷程度不同，采用年限平均法计算折旧时，则不能反映固定资产的实际使用情况，计提的折旧额与固定资产的损耗程度也不相符。

2. 工作量法。工作量法是以固定资产预计可完成的工作总量为分摊标准，根据各年实际完成的工作量计算折旧的一种方法。采用这种折旧方法，各年折旧额的大小随着工作量的变动而变动，因而也称变动费用法。采用工作量法计算折旧的原理和年限平均法相同，只是将分配折旧额的标准由使用年限改成了工作量。因此，工作量法实际上是年限平均法的一种演变，因而工作量法也被归类为直线法。工作量法计算折旧的过程是分两个步骤来完成的：首先要计算固定资产单位工作量的折旧额；在此基础上再根据每期实际工作量的多少计算当期的折旧额。其计算过程用公式表示如下：

$$单位工作量折旧额 = \frac{固定资产原价 \times (1 - 预计净残值率)}{预计总工作量}$$

$$年折旧额 = 某年实际完成的工作量 \times 单位工作量折旧额$$

采用工作量法，不同的固定资产应按不同的工作量标准计算折旧，例如，机器设备应按工作小时计算折旧；运输工具应按行驶里程计算折旧；建筑施工机械应按工作台班时数计算折旧等。工作量法假定固定资产价值的降低不是由于时间的推移，而是由于使用。对于在使用期内工作量负担程度差异大，提供的经济效益不均衡的固定资产而言，特别是在有形磨损比经济折旧更为重要的情况下，工作量法的这一假定是合理的。但是，工作量法把有形损耗看作是引起固定资产折旧的唯一因素，由于无形损耗的客观存在，固定资产即使不使用也会发生折旧，使用工作量法难以在账面上对这种情况作出反映。

【例 6-10】 阳光公司的一台施工机械按工作量法计算折旧。原始价值为 150 000 元，预计净残值率为 3%，预计可工作 20 000 个台班时数。该设备投入使用后，各年的实际工作台班时数假定为：第一年 7 200 小时；第二年 6 800 小时；第三年 4 500 小时；第四年 1 500 小时。

$$单位台班小时折旧额 = \frac{150\ 000 \times (1 - 3\%)}{20\ 000} = 7.275（元/小时）$$

采用工作量法计算的各年折旧额如表 6.2 所示。

表 6.2　　　　　　　　　　　工作量法各年折旧额计算　　　　　　　　　　　单位：元

使用年次	各年折旧额	累计折旧额	账面净值
0	—	—	150 000
1	52 380	52 380	97 620
2	49 470	101 850	48 150
3	32 737.5	134 587.5	15 412.5
4	10 912.5	145 500	4 500

注：—表示当年无折旧额。

3. 双倍余额递减法。双倍余额递减法是指在不考虑固定资产预计净残值的情况下，根据每期期初固定资产原价减去累计折旧后的金额（即固定资产净值）和双倍的直线法折旧率计算固定资产折旧的一种方法。计算公式如下：

$$年折旧率 = 2 \div 预计使用寿命 \times 100\%$$

$$月折旧率 = 年折旧率 \div 12$$

$$月折旧额 = 固定资产净值 \times 月折旧率$$

由于每年年初固定资产净值没有扣除预计净残值,因此,在应用这种方法计算折旧额时必须注意不能使固定资产的净值降低到其预计净残值以下。即采用双倍余额递减法计提折旧的固定资产,通常在其折旧年限到期前两年内,将固定资产净值扣除预计净残值后的余额平均摊销。

【例6-11】阳光公司某项设备原价为120万元,预计使用寿命为5年,预计净残值率为4%。假设甲公司没有对该机器设备计提减值准备。

阳光公司按双倍余额递减法计提折旧,每年折旧额计算如下:

年折旧率 = 2 ÷ 5 × 100% = 40%

第1年应提的折旧额 = 120 × 40% = 48(万元)

第2年应提的折旧额 = (120 - 48) × 40% = 28.8(万元)

第3年应提的折旧额 = (120 - 48 - 28.8) × 40% = 17.28(万元)

从第4年起改按年限平均法(直线法)计提折旧:

第4、第5年应提的折旧额 = (120 - 48 - 28.8 - 17.28 - 120 × 4%) ÷ 2

= 10.56(万元)

4. 年数总和法。年数总和法又称年限合计法,是将固定资产的原价减去预计净残值的余额乘以一个以固定资产尚可使用寿命为分子、以预计使用寿命逐年数字之和为分母的逐年递减的分数来计算每年的折旧额。计算公式如下:

年折旧率 = 尚可使用寿命 ÷ 预计使用寿命的年数总和 × 100%

月折旧率 = 年折旧率 ÷ 12

月折旧额 = (固定资产原价 - 预计净残值) × 月折旧率

【例6-12】沿用【例6-11】的资料,采用年数总和法计算的各年折旧额如表6.3所示。

表6.3　　　　　　　　　　年数总和法各年折旧计算

年次	尚可使用寿命（年）	原价－预计净残值（元）	年折旧率	每年折旧额（元）	累计折旧（元）
第1年	5	1 152 000	5/15	384 000	384 000
第2年	4	1 152 000	4/15	307 200	691 200
第3年	3	1 152 000	3/15	230 400	921 600
第4年	2	1 152 000	2/15	153 600	1 075 200
第5年	1	1 152 000	1/15	76 800	1 152 000

双倍余额递减法和年数总和法都属于加速折旧法,其特点是在固定资产使用的早期多提折旧,后期少提折旧,其递减的速度逐年加快,从而相对加快折旧的速度,目的是使固定资产成本在估计使用寿命内加快得到补偿。

(五) 固定资产折旧的账务处理

固定资产应当按月计提折旧，计提的折旧应通过"累计折旧"科目核算，并根据用途计入相关资产的成本或者当期损益。

1. 企业基本生产车间所使用的固定资产，其计提的折旧应计入制造费用。
2. 管理部门所使用的固定资产，其计提的折旧应计入管理费用。
3. 销售部门所使用的固定资产，其计提的折旧应计入销售费用。
4. 自行建造固定资产过程中使用的固定资产，其计提的折旧应计入在建工程成本。
5. 经营租出的固定资产，其计提的折旧应计入其他业务成本。
6. 未使用的固定资产，其计提的折旧应计入管理费用。

【例6-13】阳光公司20×2年1月固定资产计提折旧情况如下：

第一生产车间厂房计提折旧7.6万元；机器设备计提折旧9万元。

管理部门房屋建筑物计提折旧13万元；运输工具计提折旧4.8万元。

销售部门房屋建筑物计提折旧6.4万元；运输工具计提折旧5.26万元。

此外，本月第一生产车间新购置一台设备，原价为122万元，预计使用寿命10年，预计净残值1万元，按年限平均法计提折旧。

本例中，新购置的设备本月不提折旧，应从20×2年2月开始计提折旧。阳光公司20×2年1月计提折旧的账务处理如下：

借：制造费用——第一生产车间　　　　　　　　　　166 000
　　管理费用　　　　　　　　　　　　　　　　　　178 000
　　销售费用　　　　　　　　　　　　　　　　　　116 600
　　贷：累计折旧　　　　　　　　　　　　　　　　　　　460 600

值得注意的是，企业在选择固定资产折旧方法时，应当根据与固定资产有关的经济利益的预期消耗方式作出决定。由于收入可能受到投入、生产过程、销售等因素的影响，这些因素与固定资产有关经济利益的预期消耗方式无关，因此，企业不应以包括使用固定资产在内的经济活动所产生的收入为基础进行折旧。

(六) 固定资产使用寿命、预计净残值和折旧方法的复核

由于固定资产的使用寿命长于一年，属于企业的非流动资产，企业至少应当于每年年度终了时，对固定资产的使用寿命、预计净残值和折旧方法进行复核。

在固定资产使用过程中，其所处的经济环境、技术环境以及其他环境有可能对固定资产使用寿命和预计净残值产生较大影响。例如，固定资产使用强度比正常情况大大加强，致使固定资产实际使用寿命大大缩短；替代该项固定资产的新产品的出现致

使其实际使用寿命缩短，预计净残值减少，等等。为真实反映固定资产为企业提供经济利益的期间及每期实际的资产消耗，企业至少应当于每年年度终了时，对固定资产使用寿命和预计净残值进行复核。如有确凿证据表明，固定资产使用寿命预计数与原先估计数有差异，应当调整固定资产使用寿命；如果固定资产净残值预计数与原先估计数有差异，应当调整预计净残值。

固定资产使用过程中所处经济环境、技术环境以及其他环境的变化也可能致使与固定资产有关的经济利益的预期消耗方式发生重大改变。如果固定资产给企业带来经济利益的方式发生重大变化，企业也应相应改变固定资产折旧方法。例如，某企业以前年度采用年限平均法计提固定资产折旧，此次年度复核中发现，与该固定资产相关的技术发生很大变化，年限平均法已很难反映该项固定资产给企业带来经济利益的方式，因此，决定变年限平均法为加速折旧法。

企业应当结合实际情况，制定固定资产目录、分类方法、每类或每项固定资产的使用寿命、预计净残值、折旧方法等。固定资产使用寿命、预计净残值和折旧方法的改变应作为会计估计变更，根据《企业会计准则第28号——会计政策、会计估计变更和差错更正》进行账务处理。

二、固定资产的后续支出

固定资产的后续支出是指固定资产使用过程中发生的更新改造支出、修理费用等。

后续支出的处理原则为：符合资本化条件的，应当计入固定资产成本或其他相关资产的成本（例如，与生产产品相关的固定资产的后续支出计入相关产成品的成本），同时将被替换部分的账面价值扣除；不符合资本化条件的，应当计入当期损益。

（一）资本化的后续支出

固定资产发生资本化的后续支出时，企业一般应将该固定资产的原价、已计提的累计折旧和减值准备转销，将固定资产的账面价值转入在建工程，并在此基础上重新确定固定资产原价。当固定资产转入在建工程时，应停止计提折旧。在固定资产发生的后续支出完工并达到预定可使用状态时，再从在建工程转为固定资产，并按重新确定的固定资产原价、使用寿命、预计净残值和折旧方法计提折旧。固定资产发生的资本化的后续支出，通过"在建工程"科目核算。

【例6-14】阳光公司有关固定资产更新改造的资料如下：

（1）20×2年12月30日，该公司自行建成了一条生产线，建造成本为1 136 000元；采用年限平均法计提折旧；预计净残值率为3%，预计使用寿命为6年。

（2）20×5年1月1日，由于生产的产品适销对路，现有生产线的生产能力已难以满足公司生产发展的需要,但若新建生产线则建设周期过长。甲公司决定对现有生产线进行改扩建,以提高其生产能力。假定该生产线未发生减值。

(3) 20×5年1月1日至3月31日,经过三个月的改扩建,完成了对这条生产线的改扩建工程,达到预定可使用状态。共发生支出 537 800 元,全部以银行存款支付。

(4) 该生产线改扩建工程达到预定可使用状态后,大大提高了生产能力,预计其使用寿命将延长4年,即为10年。假定改扩建后的生产线的预计净残值率为改扩建后固定资产账面价值的3%;折旧方法仍为年限平均法。

(5) 为简化计算过程,整个过程不考虑相关税费;公司按年度计提固定资产折旧。

本例中,生产线改扩建后,生产能力大大提高,能够为企业带来更多的经济利益,改扩建的支出金额也能可靠计量,因此该后续支出符合固定资产的确认条件,应计入固定资产的成本。有关的账务处理如下:

固定资产后续支出发生前:

该条生产线的应计折旧额 = 1 136 000 × (1 − 3%) = 1 101 920 (元)

年折旧额 = 1 101 920 ÷ 6 ≈ 183 653.33 (元)

20×3 年和 20×4 年两年计提固定资产折旧的账务处理为:

借:制造费用　　　　　　　　　　　　　　　　　　　　　183 653.33
　　贷:累计折旧　　　　　　　　　　　　　　　　　　　　　　183 653.33

20×5 年 1 月 1 日,固定资产的账面价值 = 1 136 000 − 183 653.33 × 2
　　　　　　　　　　　　　　　　　　= 768 693.34 (元)

固定资产转入改扩建:

借:在建工程——××生产线　　　　　　　　　　　　　　768 693.34
　　累计折旧　　　　　　　　　　　　　　　　　　　　　367 306.66
　　贷:固定资产——××生产线　　　　　　　　　　　　　　1 136 000

20×5 年 1 月 1 日至 3 月 31 日,发生改扩建工程支出:

借:在建工程——××生产线　　　　　　　　　　　　　　537 800
　　贷:银行存款　　　　　　　　　　　　　　　　　　　　　537 800

20×5 年 3 月 31 日,生产线改扩建工程达到预定可使用状态,固定资产的入账价值 = 768 693.34 + 537 800 = 1 306 493.34 (元)。

借:固定资产——××生产线　　　　　　　　　　　　　　1 306 493.34
　　贷:在建工程——××生产线　　　　　　　　　　　　　　1 306 493.34

20×5 年 3 月 31 日,转为固定资产后,按重新确定的使用寿命、预计净残值和折旧方法计提折旧:

应计提折旧额 = 1 306 493.34 × (1 − 3%) = 1 267 298.54 (元)

月折旧额 = 1 267 298.54 ÷ (7 × 12 + 9) = 13 626.87（元）

年折旧额 = 13 626.87 × 12 = 163 522.39（元）

20×5年应计提的折旧额 = 13 626.87 × 9 = 122 641.83（元）

会计分录为：

借：制造费用　　　　　　　　　　　　　　　　　　122 641.83

　　贷：累计折旧　　　　　　　　　　　　　　　　　　122 641.83

企业发生的某些固定资产后续支出可能涉及替换原固定资产的某组成部分，当发生的后续支出符合固定资产确认条件时，应将其计入固定资产成本，同时将被替换部分的账面价值扣除。这样可以避免将替换部分的成本和被替换部分的成本同时计入固定资产成本，导致固定资产成本高估。企业对固定资产进行定期检查发生的大修理费用，符合资本化条件的，可以计入固定资产成本或其他相关资产的成本，不符合资本化条件的，应当费用化，计入当期损益。固定资产在定期大修理间隔期间，照提折旧。

【例6-15】阳光公司20×0年12月购入一架飞机，总计花费80 000 000元（含发动机），发动机当时的购价为5 000 000元。公司未将发动机作为一项单独的固定资产进行核算。20×9年初，公司开辟新航线，航程增加。为延长飞机的空中飞行时间，公司决定更换一部性能更为先进的发动机。新发动机购入价7 000 000元，另需支付安装费用51 000元。假定飞机的年折旧率为3%，不考虑相关税费的影响，公司的账务处理为：

20×9年初飞机的累计折旧金额为：80 000 000 × 3% × 8 = 19 200 000（元），固定资产转入在建工程：

借：在建工程——××飞机　　　　　　　　　　　　60 800 000

　　累计折旧　　　　　　　　　　　　　　　　　　19 200 000

　　贷：固定资产——××飞机　　　　　　　　　　　　80 000 000

安装新发动机：

借：在建工程——××飞机　　　　　　　　　　　　7 051 000

　　贷：工程物资——××发动机　　　　　　　　　　　7 000 000

　　　　银行存款　　　　　　　　　　　　　　　　　　　51 000

20×9年初老发动机的账面价值为：5 000 000 - 5 000 000 × 3% × 8 = 3 800 000（元），终止确认老发动机的账面价值。假定按报废处理，无残值。

借：营业外支出　　　　　　　　　　　　　　　　　3 800 000

　　贷：在建工程——××飞机　　　　　　　　　　　　3 800 000

发动机安装完毕，投入使用。固定资产的入账价值为：

60 800 000 + 7 051 000 - 3 800 000 = 64 051 000（元）

借：固定资产——××飞机　　　　　　　　　　　　64 051 000

　　　　贷：在建工程——××飞机　　　　　　　　　　　　　64 051 000

(二) 费用化的后续支出

　　与固定资产有关的修理费用等后续支出，不符合资本化条件的，应当根据不同情况分别在发生时计入当期管理费用或销售费用。

　　一般情况下，固定资产投入使用之后，由于固定资产磨损、各组成部分耐用程度不同，可能导致固定资产的局部损坏，为了维护固定资产的正常运转和使用，充分发挥其使用效能，企业将对固定资产进行必要的维护。除与存货生产和加工相关的固定资产的修理费用按照存货成本确定原则进行处理外，行政管理部门、企业专设的销售机构等发生的固定资产修理费用等后续支出应计入管理费用或销售费用；企业固定资产更新改造支出不满足资本化条件的，在发生时应直接计入当期损益。

第四节　固定资产的处置

一、固定资产处置的含义及业务内容

　　固定资产处置是指由于各种原因使企业固定资产退出市场生产经营过程所做的处理活动。企业固定资产的使用过程中，会出现固定资产退出生产经营过程的情况，例如固定资产的出售转为待售、转让、报废、毁损、对外投资、非货币性资产交换、债务重组等。固定资产的处置涉及固定资产的终止确认问题，按照现行固定资产准则的规定，满足下列条件之一的，固定资产应当予以终止确认：(1) 该固定资产处于处置状态，即固定资产不再用于生产商品、提供劳务、出租或经营管理，因此不再符合固定资产的定义，所以应予终止确认。(2) 该固定资产预期通过使用或处置不能产生经济利益。因为预期会给企业带来经济利益是资产的基本特征，因此当固定资产预期未来使用过程中或者处置时都不能为企业带来经济利益的情况下，就不再符合固定资产的定义和确认的条件，故也应予以终止确认。

　　固定资产处置业务的产生往往是由于不同的原因所造成的。在大多数情况下，出售的固定资产一般是企业多余闲置的固定资产，或者是不适合企业产品生产需要的固定资产，如果不出售的话，会造成企业资源的浪费，增加额外的管理成本。

　　报废、毁损的固定资产产生的原因一般有以下几个方面：第一，固定资产的预计使用年限已满，其物质磨损程度已达到极限，不宜继续使用，应按期报废；第二，由于科学技术水平的提高，致使企业拥有的某项固定资产继续使用时在经济上已不合算了，必须将其淘汰，提前报废；第三，由于自然灾害（如火灾、水灾）事故的发生或

管理不善等原因而造成的固定资产毁损。

固定资产在处置过程中发生的收益或损失，称为处置损益。它以处置固定资产所取得的各项收入与固定资产账面价值、发生的清理费用等之间的差额来确定。其中，处置固定资产的收入包括出售价款、残料变价收入、保险及过失人赔款等项收入；清理费用包括处置固定资产时发生的拆卸、搬运、整理等项费用。

二、固定资产处置的核算

如果企业固定资产未被划分为持有待售类别而被出售、转让，以及因报废或毁损而处置的固定资产，发生的损益通过"固定资产清理"科目进行归集。固定资产转入清理时，按固定资产账面价值，借记"固定资产清理"科目，按已计提的累计折旧，借记"累计折旧"科目，按已计提的减值准备，借记"固定资产减值准备"科目，按固定资产账面余额，贷记"固定资产"科目；固定资产清理过程中发生的整理、拆卸、搬运等费用，借记"固定资产清理"科目，贷记"银行存款"等科目；企业收回出售固定资产的价款、残料价值和变价收入等，应冲减清理支出。按实际收到的出售价款以及残料变价收入等，借记"银行存款""原材料"等科目，贷记"固定资产清理""应交税费"等科目；企业计算或收到的应由保险公司或过失人赔偿的损失，应冲减清理支出，借记"其他应收款""银行存款"等科目，贷记"固定资产清理"科目。

（一）固定资产出售

企业对闲置或不再使用的固定资产，如果未被划分为持有待售类别，可出售给其他需要该项固定资产的企业，以收回资金，避免资源的浪费。出售固定资产的损益是指出售固定资产取得的价款与固定资产账面价值、发生的清理费用之间的差额。通过"固定资产清理"科目归集的出售固定资产损益，期末应将余额转入"资产处置损益"科目。"资产处置损益"科目核算企业出售划分为持有待售的非流动资产（金融工具、长期股权投资和投资性房地产除外）或处置组（子公司和业务除外）时确认的处置利得或损失，以及处置未划分为持有待售的固定资产、在建工程、生产性生物资产及无形资产而产生的处置利得或损失。

【例 6-16】阳光公司因经营管理的需要，于 20×2 年 5 月将一台 20×1 年 3 月购入的设备出售，出售的价款为 500 000 元，适用的增值税税率为 13%，应交增值税为 65 000 元，开具增值税专用发票。出售设备原始价值为 530 000 元，累计折旧 40 000 元。发生清理费用 1 200 元。其账务处理过程如下：

注销固定资产原价及累计折旧：

借：固定资产清理　　　　　　　　　　　　　　　　　490 000
　　累计折旧　　　　　　　　　　　　　　　　　　　 40 000
　　　贷：固定资产　　　　　　　　　　　　　　　　　　　　530 000

支付清理费用 1 200 元：

借：固定资产清理　　　　　　　　　　　　　　　　　　1 200
　　　贷：银行存款　　　　　　　　　　　　　　　　　　　　　1 200

收到出售设备全部款项：

借：银行存款　　　　　　　　　　　　　　　　　　　565 000
　　　贷：固定资产清理　　　　　　　　　　　　　　　　　　500 000
　　　　　应交税费——应交增值税（销项税额）　　　　　　　 65 000

结转固定资产清理净损益：

净收益 = 500 000 − 490 000 − 1 200 = 8 800（元）

借：固定资产清理　　　　　　　　　　　　　　　　　　8 800
　　　贷：资产处置损益　　　　　　　　　　　　　　　　　　　8 800

（二）持有待售固定资产

1. 持有待售类别资产及划分条件。企业非流动资产或处置组如果不是通过持续使用而主要是出售（包括具有商业实质的非货币性交换）收回资产账面价值的，应当将其划分为持有待售类别。这里的非流动资产包括固定资产、无形资产、长期股权投资等，但不包括递延所得税资产、与金融工具相关的会计准则规范的金融资产、以公允价值模式进行后续计量的投资性房地产、以公允价值减去出售费用后的净额计量的生物资产和由保险合同相关会计准则规范的保险合同所产生的权利。处置组是指一项交易中作为整体通过出售或其他方式一并处置的一组资产，以及在该交易中转让的与这些资产直接相关的负债。也就是处置组可能包含企业的任何资产和负债，例如流动资产、流动负债、非流动资产和非流动负债，以及按合理方式分摊至该资产组的商誉。

企业将非流动资产或处置组划分为持有待售类别，应当同时满足以下两个条件：

（1）可立即出售，是指按照惯例，在类似交易中出售此类资产或处置组，在当前状况下，即可立即进行。具体表现为企业具有在当前状态下出售该类资产的意图和能力，符合交易惯例的要求，企业应当在出售前做好相关准备。

（2）出售极可能发生，是指企业已经就一项出售计划作出决议且获得确定的购买承诺，预计出售将在一年内完成。企业该项资产出售决议一般需要由企业相应级别的管理层作出，有关规定要求企业及相关权力机构或者监管部门批准后方可以出售的，应当已经获得批准；确定的购买承诺，是指企业与其他方签订的具有法律约束力的购买协议，该协议包含交易价格、时间和足够严厉的违约惩罚等重要条款，使协议出现重大调整或撤销的可能性极小；该项资产出售交易自资产划分为持有待售类别起一年内能够完成。如果因企业无法控制的原因导致非关联方之间的交易未能在一年内完成，且有充分证据表明企业仍然承诺出售非流动资产或处置组的，企业应当继续将非流动资产或处置组划分为持有待售类别。这些原因包括：第一，买方或其他方意外设定导致出售延期的条件。企业针对这些条件已经及时采取行动，且预计能够自设定导致出售延期的条件起一年内顺利化解延期因素。第二，发生罕见情况。罕见情况（主要是指因不可抗力导致引发的情况、宏观经济形势发生急剧变化等不可控情况）导致持有待售的非流动资产或处置组未能在一年内完成出售，企业在最初一年内已经针对这些新情况采取必要措施，且重新满足了持有代售类别的划分条件。

企业对于符合持有待售类别划分条件但仍然在使用的非流动资产或资产组，如果通过该资产或资产组使用收回的价值相对于通过出售收回的价值微不足道，资产的账面价值仍然主要通过出售收回，企业则不应当因持有待售的非流动资产或资产组仍在产生零星收入而不将其划分为持有待售类别。

2. 持有待售固定资产的账务处理。下面主要以固定资产为例，说明其被划分为持有待售类别时相关业务的账务处理。企业的固定资产如欲通过出售而收回其账面价值的，在满足上述两个条件时应转换为持有待售固定资产。固定资产从被划分为持有待售类别至按照协议出售期间，包括划分日初始计量、后续资产负债表日的重新计量、持有待售固定资产出售三个环节所涉业务。

（1）划分日初始计量。企业的固定资产被划分为持有待售类别时，其初始计量应遵循的规定是，分类前账面价值高于公允价值减去出售费用后净额的，应当将账面价值减记至公允价值减去出售费用后的净额，减记的金额确认为资产减值损失，计入当期损益，同时计提持有待售资产减值准备；如果分类前账面价值低于公允价值减去出售费用后的净额的，则不需要对账面价值进行调整。企业已经获得确定的购买承诺，公允价值应当参考交易价格确定。如果企业尚未获得确定的购买承诺，公允价值应优先使用市场报价等可观察输入值进行估计。出售费用是指可以直接归属于出售资产的增量费用，包括为出售发生的特定法律服务、评估咨询等中介费用，以及相关的消费税、城市维护建设税、土地增值税、印花税等。企业取得日划分为持有待售类别固定资产的，应当在初始计量时比较假定其不划分为持有待售类别情况下的初始计量金额和公允价值减去出售费用后的净额，以两者孰低计量。除企业合并中取得的非流动资产或处置组外，由非流动资产或处置组以公允价值减去出售费用后的净额作为初始计量金额产生的差额，应当计入当期损益。企业的固定资产被划分为持有待售类别时，按固定资产账面价值，借记"持有待售资产"科目，按已计提的累计折旧借记"累计折旧"科目，按计提的减值准备借记"固定资产减值准备"科目，按固定资产账面余额，贷记"固定资产"科目；划分日按减值的金额，借记"资产减值损失"科目，贷记"持有待售资产减值准备"科目。

【例 6-17】 20×2 年 3 月 10 日，阳光公司由于转产，一台设备不再使用，遂与甲公司签订不可撤销销售协议，约定在 20×2 年底将此设备转售给甲公司。20×2 年 3 月 10 日，甲公司出价 1 000 000 元，预计处置费用为 30 000 元，假定不考虑相关税费。上述设备为阳光公司于 20×0 年 12 月 15 日购买，原始价值为 1 250 000 元，预计使用 10 年，净残值率为 4%，按年限平均法计提折旧。20×2 年 3 月 10 日，该项设备应转为待售固定资产，账务处理如下：

首先，固定资产转为持有待售：

$$固定资产账面价值 = 1\,250\,000 - \frac{1\,250\,000 \times (1 - 4\%)}{10 \times 12} \times 15 = 1\,100\,000\,（元）$$

借：持有待售资产　　　　　　　　　　　　　　　　1 100 000
　　累计折旧　　　　　　　　　　　　　　　　　　　150 000
　　贷：固定资产　　　　　　　　　　　　　　　　　　　　1 250 000

其次，计算减记额：

计提减值准备 = 1 100 000 - (1 000 000 - 30 000) = 130 000（元）

借：资产减值损失　　　　　　　　　　　　　　　　　130 000
　　贷：持有待售资产减值准备　　　　　　　　　　　　　　130 000

（2）后续资产负债表日重新计量。后续资产负债表日持有待售固定资产账面价值高于公允价值减去出售费用后的净额，如预计出售费用发生增加，应当将账面价值减记至公允价值减去出售费用后的净额，减记的金额确认为资产减值损失，计入当期损益，同时提取持有待售资产减值准备。

后续资产负债表日持有待售固定资产公允价值减去出售费用后的净额增加的，如预计出售费用发生减少，以前减记的金额应当予以恢复，并在划分为持有待售类别后确认的资产减值损失金额内转回，转回金额计入当期损益。划分为持有待售类别前确认的资产减值损失不得转回。

假如【例 6-17】中，在某一后续资产负债表日，出售费用由于相关因素变化预计会发生金额为 40 000 元，则减记金额应调整增加 10 000 元。

借：资产减值损失　　　　　　　　　　　　　　　　　10 000
　　贷：持有待售资产减值准备　　　　　　　　　　　　　　10 000

持有待售固定资产在持有期间不得计提折旧。这样做的理由是，当固定资产转为持有待售资产以后，其在未来为企业带来经济利益的方式与企业拥有的其他普通固定资产已经不同，即企业不再通过使用这项固定资产而实现其经济利益，而是通过以相当确定的金额出售给其他企业而带来经济利益。如果继续计提折旧会减少持有待售固定资产账面价值，这样会使固定资产账面价值低于其将来能为企业带来的经济利益，使固定资产账面价值的反映不真实，影响会计信息的可靠性。

持有待售固定资产因不再满足持有待售类别的划分条件而不再继续划分为持有待售类别时，应当按照以下两者孰低计量：划分为持有待售类别前的账面价值，按照假定不划分为持有待售类别情况下本应确认的折旧或减值等进行调整后的金额；可收回金额。

（3）持有待售固定资产出售。持有待售固定资产出售时，借记"银行存款""持有待售资产减值准备"科目，贷记"持有待售资产""应交税费""资产处置损益"科目；支付出售费用时，借记"资产处置损益"科目，贷记"银行存款"科目。

【例6-18】承【例6-17】，假定阳光公司如期于20×2年底按协议将此设备转售给甲公司，实际发生出售费用46 000元，其他条件不变。相关账务处理如下：

转出持有待售资产时：

借：银行存款	1 130 000
持有待售资产减值准备	130 000
贷：持有待售资产	1 100 000
应交税费——应交增值税（销项税额）	130 000
资产处置损益	30 000

支付出售费用时：

借：资产处置损益	46 000
贷：银行存款	46 000

（三）固定资产报废或毁损

企业固定资产报废或毁损存在正常到期、到期之前和超龄使用后报废或毁损三种情况。造成固定资产报废或毁损的原因有许多，例如，固定资产丧失使用功能，发生自然灾害等。因固定资产报废或毁损终止确认时，通过"固定资产清理"科目归集的损益，若属于丧失使用功能正常报废产生的利得或损失，作为非流动资产报废损失，结转时借记或贷记"营业外支出——非流动资产报废"科目，贷记或借记"固定资产清理"科目；若属于自然灾害等非正常原因产生的利得或损失，作为非常损失，结转时借记或贷记"营业外支出——非常损失"科目，贷记或借记"固定资产清理"科目。

【例6-19】阳光公司一台设备由于丧失使用功能，按规定做报废处理。设备原价120 000元，累计折旧117 000元。报废时支付清理费用360元，残料作价1 600元，可验收入库作为材料使用。其账务处理如下：

设备报废，注销原价及累计折旧：

借：固定资产清理	3 000

累计折旧		117 000
贷：固定资产		120 000

支付报废设备清理费用360元：

借：固定资产清理		360
贷：银行存款		360

残料入库：

借：原材料		1 600
贷：固定资产清理		1600

结转报废净损失：

报废净损失 = 3 000 + 360 - 1 600 = 1 760（元）

借：营业外支出——非流动资产报废		1 760
贷：固定资产清理		1 760

【例6-20】阳光公司一座仓库因火灾烧毁。仓库原价为300 000元，累计折旧12 000元。大火扑灭后对现场进行了清理，发生清理费用21 000元，收到保险公司赔款100 000元，残料变卖收入19 000元。其账务处理如下：

注销烧毁库房原价及累计折旧：

借：固定资产清理		180 000
累计折旧		120 000
贷：固定资产		300 000

支付现场清理费用：

借：固定资产清理		21 000
贷：银行存款		21 000

残料变卖收入存入银行：

借：银行存款		19 000
贷：固定资产清理		19 000

收到保险公司赔款100 000元：

借：银行存款		100 000
贷：固定资产清理		100 000

计算并结转毁损净损失：

毁损净损失 = 180 000 + 21 000 - 19 000 - 100 000 = 82 000（元）

借：营业外支出——非常损失		82 000
贷：固定资产清理		82 000

（四）固定资产盘亏

企业的固定资产属于劳动资料，是生产和管理的要素之一。由于固定资产的种类及数量较多，使用中存在变动等复杂情况，因此，企业应定期或至少于每年年末对固定资产实物进行清查，以保证账实相符与企业财产的安全和完整。固定资产清查前要建立清查小组，编制固定资产清查计划。清查中要按计划认真进行实地盘点并核实有关情况。对于清查中发现的盘盈、盘亏应当填制"固定资产盘点报告表"，并及时查明原因，按规定程序报批处理。

固定资产盘亏是指账簿记录的企业拥有的固定资产，其实物在实地盘点时并不存在，即账大于实或实小于账。盘亏的固定资产应通过"待处理财产损溢——待处理固定资产损溢"科目进行核算。发现盘亏的固定资产，在未报经批准处理前，要先按账面原价和累计折旧及时予以注销，其净值记入"待处理财产损溢——待处理固定资产损溢"科目；待报经批准处理后，再将净值转入"营业外支出——盘亏损失"科目。

【例6-21】阳光公司在固定资产的定期清查中，发现少了一台电视机。该电视机账面原价4 600元，已计提折旧1 900元。

报经批准处理前，注销盘亏电视机原价与累计折旧：

借：待处理财产损溢——待处理固定资产损溢　　2 700
　　累计折旧　　　　　　　　　　　　　　　　1 900
　　贷：固定资产　　　　　　　　　　　　　　　　　　4 600

经批准，盘亏电视机净值转入营业外支出：

借：营业外支出——盘亏损失　　　　　　　　　2 700
　　贷：待处理财产损溢——待处理固定资产损溢　　　　2 700

第五节　固定资产减值

一、固定资产的减值迹象

每年年末，企业应对固定资产的账面价值进行检查，如果出现下列情况之一，表明该固定资产已出现减值迹象，应对固定资产的可收回金额进行估计：

（1）固定资产的市价当期大幅度下跌，其跌幅明显高于因时间的推移或正常使用而预计的下跌；

（2）企业经营所处的经济技术或者法律环境以及固定资产所处的市场，在当期或将在近期发生重大变化，从而对企业产生不利影响；

（3）市场利率或者其他市场投资报酬率在当期已经提高，从而影响企业计算固定资产预计未来现金流量现值的折现率，导致固定资产可收回金额大幅度降低；

（4）有证据表明，固定资产已经陈旧过时；

(5) 固定资产已经或将被闲置，终止使用，或者计划提前处置；

(6) 企业内部报告的证据表明，固定资产的经济绩效已经低于或者将低于预期，例如，固定资产所创造的净现金流量或者实现的营业利润或者亏损远远低于或者是高于预计的金额等；

(7) 其他表明固定资产可能已经发生减值的迹象。

二、固定资产可收回金额的计量

固定资产可收回金额应当根据固定资产的公允价值减去处置费用后的净额，与固定资产预计未来现金流量的现值两者之间较高者确定。

固定资产的公允价值应当根据公平交易中销售协议的价格确定。不存在销售协议，但存在活跃市场的，应当按照该固定资产市场价格确定固定资产的公允价值，通常应当根据资产的买方出价确定。在不存在销售协议和固定资产活跃市场的情况下，应当以可获取的最佳信息为基础，估计固定资产的公允价值。

企业按照上述规定，仍然无法可靠估计固定资产公允价值减去处置费用后的净额的，应当以该固定资产预计未来现金流量的现值作为其可收回金额。

三、固定资产减值损失的确定

固定资产可收回金额的计量结果表明，固定资产可收回金额低于其账面价值的，应当将固定资产的账面价值减记至可收回金额，借记"资产减值损失"科目，贷记"固定资产减值准备"科目。固定资产减值损失确认后，减值固定资产的折旧费用应当在未来期间做相应的调整，以使该固定资产在剩余使用寿命内系统地分摊调整后的固定资产账面价值。固定资产减值损失一经确认，在以后会计期间不得转回。

【例6-22】阳光公司20×2年1月31日购入一台机器设备，原值为200 000元，预计净残值为8 000元，预计使用寿命为5年，采用年限平均法计提折旧。20×3年12月31日该机器设备发生减值，公允价值减去处置费用后的金额为100 000元，未来现金流量的现值为110 000元。计提减值准备后，该机器设备的剩余使用年限预计为2年，预计净残值为2 000元。

计算该机器设备至20×3年12月的累计折旧：

$$月折旧额 = \frac{200\,000 - 8\,000}{12 \times 5} = 3\,200（元）$$

累计折旧 = $3\,200 \times (11 + 12) = 73\,600$（元）

计算该机器设备20×3年12月31日的净值：

固定资产净值 = 200 000 - 73 600 = 126 400（元）

计提减值准备：

应计提的减值准备 = 126 400 - 110 000 = 16 400（元）

借：资产减值损失　　　　　　　　　　　　　　　　16 400
　　贷：固定资产减值准备　　　　　　　　　　　　　　16 400

20×4年1月起的月折旧额：

$$月折旧额 = \frac{110\ 000 - 2\ 000}{12 \times 2} = 4\ 500（元）$$

思考与练习

一、单项选择题

1. 企业购入三项没有单独标价的不需要安装的固定资产A、B、C，实际支付的价款总额为100万元。其中固定资产A的公允价值为60万元；固定资产B的公允价值为40万元；固定资产C的公允价值为20万元。固定资产A的入账价值为（　　）万元。

　　A. 60　　　　B. 50　　　　C. 100　　　　D. 120

2. 下列各项中，关于企业固定资产清查账务处理的表述不正确的是（　　）。

　　A. 盘盈的固定资产应作为前期差错处理
　　B. 盘盈的固定资产应按重置成本确定入账价值
　　C. 盘盈的固定资产应通过"以前年度损益调整"科目进行核算
　　D. 盘亏的固定资产应通过"固定资产清理"科目进行核算

3. 某企业于20×2年12月购入一台管理用设备，实际成本为100万元，估计使用年限为10年，估计净残值为0，采用直线法计提折旧。20×3年末该设备出现减值迹象，减值测试过程中确定其可收回金额为72万元。不考虑其他因素，20×3年该设备对利润总额的影响金额为（　　）万元。

　　A. -18　　　B. 10　　　　C. -28　　　D. 18

4. 甲公司为增值税一般纳税人，适用的增值税税率为13%，20×2年6月1日甲公司采用自营方式建造一条生产线，实际领用工程物资250万元（不含增值税）。另外领用本公司外购的产品一批，成本为140万元，市场价格为150万元，未计提存货跌价准备。发生的在建人员工资和福利费，分别为190万元和40万元。20×3年12月31日假定该生产线已经达到预定可使用状态。不考虑其他因素，该固定资产的入账价值为（　　）万元。

　　A. 620　　　B. 639.5　　　C. 520　　　D. 751

5. 某公司为增值税一般纳税人，对一条生产线进行改建，该生产线原价为100万元，已提折旧 40 万元，改建过程中购买新部件发生支出 27 万元（符合固定资产确认条件），增值税专用发票上注明的增值税税额为 3.51 万元，发生安装费 3 万元，增值税税额为 0.39 万元，被替换部分的账面原值为 25 万元，计提折旧比例与整体相同，该生产线改建后的成本为（　　）万元。

  A. 65   B. 70   C. 75   D. 130

二、多项选择题

1. 下列各项属于固定资产特征的有（　　）。

  A. 为生产商品、提供劳务而持有

  B. 使用寿命超过 1 个会计年度

  C. 单位价值比较高

  D. 给企业带来的收益期超过 1 年

2. 下列各项中，关于企业固定资产账务处理的表述正确的有（　　）。

  A. 固定资产盘亏产生的损失计入管理费用

  B. 计提减值准备后的固定资产以扣除减值准备后的账面价值为基础计提折旧

  C. 增值税一般纳税人购入的生产设备支付的增值税不计入固定资产成本

  D. 对于所有固定资产均应按照确定的方法计提折旧

3. 在采用自营方式建造房屋建筑物时，下列项目中应计入固定资产取得成本的有（　　）。

  A. 工程项目耗用的工程物资

  B. 工程领用本企业商品涉及的消费税

  C. 生产车间为工程提供的水、电等费用

  D. 企业行政管理部门为组织和管理生产经营活动而发生的费用

4. 下列各项中，关于工业企业固定资产折旧账务处理表述正确的有（　　）。

  A. 基本生产车间使用的固定资产，其计提的折旧应计入制造费用

  B. 经营租出的固定资产，其计提的折旧应计入其他业务成本

  C. 建造厂房时使用的自有固定资产，其计提的折旧应计入在建工程成本

  D. 行政管理部门使用的固定资产，其计提的折旧应计入管理费用

5. 下列关于固定资产的后续支出说法中正确的有（　　）。

  A. 固定资产的后续支出是指固定资产在使用过程中发生的更新改造支出、修理费用等

  B. 固定资产的更新改造中，如有被替换的部分，应同时将被替换部分的账面余额从该固定资产原账面价值中扣除

  C. 企业生产车间发生的固定资产日常修理费用，记入"制造费用"科目

  D. 企业专设销售机构发生的不可资本化的后续支出，记入"销售费用"科目

三、判断题

1. 专门用于生产某产品的固定资产，其所包含的经济利益通过所生产的产品实现的，该固定资产的折旧额应计入产品成本。（　　）

2. 企业建造的固定资产已达到预定可使用状态，但尚未办理竣工决算的，应等到竣工决算完成再对该固定资产计提折旧。（　　）

四、计算及账务处理题

甲公司为增值税一般纳税人，20×2年发生固定资产业务如下：

（1）1月20日，管理部门购入一台不需要安装的A设备，取得的增值税专用发票上注明的设备价款为643.5万元，增值税税额为109.395万元，另发生运费4.5万元，增值税税额为0.495万元，款项均以银行存款支付，根据税法相关规定增值税可以抵扣。

（2）A设备经过调试后，于1月22日投入使用，预计使用年限为10年，预计净残值为35万元，采用双倍余额递减法计提折旧。

（3）7月15日，公司生产车间购入一台需要安装的B设备，取得的增值税专用发票上注明的设备价款为700万元，增值税税额为112万元，另发生保险费10万元，增值税税额为0.6万元，款项均以银行存款支付。根据税法规定增值税可以抵扣。

（4）8月19日，将B设备投入安装，以银行存款支付安装费3万元。B设备于8月25日达到预定可使用状态，并投入使用。

（5）B设备采用工作量法计提折旧，预计净残值为35.65万元，预计总工时为5万小时。9月，B设备实际使用工时为720小时。

要求：根据上述资料编制会计分录。

（1）1月20日购入A设备；

（2）计提A设备第一个月的折旧；

（3）7月15日购入B设备；

（4）8月19日B设备安装完毕达到预定可使用状态；

（5）计提B设备第一个月的折旧。

思考与练习答案

第七章 无形资产

[学习目标]

通过本章的学习，掌握无形资产的确认与初始计量；明确无形资产使用寿命的确定原则、无形资产摊销原则；了解无形资产处置的方法，资产负债表日减值测试；重点掌握无形资产取得、摊销、处置和减值的账务处理，及其在财务报表上的列报；难点是自创无形资产的确认与计量。

[思政目标]

企业取得无形资产的主要途径之一是自主研发，近年来国家也从多项政策上支持、鼓励企业投入研发。科技创新是企业保持持续发展的核心动力，科技兴国是我国改革开放多年的践行之路。科技兴国、匹夫有责，我们要有创新意识，要认识到知识产权国有化对国家建设的重要性，对企业发展、持续经营的重要意义。

第一节 无形资产概述

一、无形资产的含义及特征

无形资产是企业拥有或者控制的没有实物形态的可辨认非货币性资产。从定义中可以看出无形资产具有以下特征：

(1) 无形资产不具有实物形态。无形资产通常表现为某种权力、某项技术或某种获取超额利润的综合能力。无形资产没有实物形态，却有使用价值，能提高企业的经济利益或为企业获取超额收益。不具有实物形态是无形资产区别于其他资产的特征之一。需要指出的是，某些无形资产的存在依赖于实物载体，例如管理信息系统需要在电脑中运行。但这并没有改变无形资产本身不具有实物形态的特征。

(2) 无形资产具有可辨认性。可辨认性是指无形资产能够单独辨认并区别于其他资产的特性。无形资产能够从企业中分离或划分出来，并能单独用于出售和转让等。商誉的存在无法与企业自身分离，不具有可辨认性，因此不构成无形资产的组成部分。

(3) 无形资产属于非货币性资产。无形资产没有实物形态，货币性资产也没有实物形态，例如，应收账款、银行存款等也没有实物形态。因此，仅仅以无实物形态将无形资产与其他资产加以区分是不够的。无形资产属于非货币性资产，且不是流动资产。

（4）无形资产带来的未来经济利益流入存在较大不确定性。无形资产创造经济利益的能力还较多地受外界因素的影响，例如利用无形资产所生产产品的市场接受程度、相关新技术更新换代的速度等。无形资产在创造经济利益方面存在较大不确定性，要求在对无形资产进行核算时持有更为谨慎的态度。

根据我国会计准则关于无形资产定义的要求，我国无形资产的具体内容包括专利权、非专利技术、商标权、著作权、土地使用权、特许权等。

专利权是指经国家专利管理机关审定并授予发明者在一定年限内对其成果制造、使用和出售的专门权利。专利权一般包括发明专利权、实用新型专利权和外观设计专利权等。专利权受法律保护。

非专利技术是指不为外界所知的、在生产经营活动中已采用了的、不享有法律保护的各种技术和经验。例如独特的设计、造型、配方、计算公式、软件包、制造工艺等工艺诀窍、技术秘密等。非专利技术没有在专利机关登记注册，依靠保密手段进行垄断。

商标权是民事主体享有的在特定的商品或服务上以区分来源为目的排他性使用特定标志的权利。商标权的取得方式包括通过使用取得商标权和通过注册取得商标权两种方式。通过注册获得商标权又称为注册商标专用权。在我国，商标注册是取得商标权的基本途径。《中华人民共和国商标法》第三条规定，经商标局核准注册的商标为注册商标，商标注册人享有商标专用权，受法律保护。

著作权也称为版权，是指著作者或文艺作品创作者以及出版商依法享有的在一定年限内发表、制作、出版和发行其作品的专有权利。著作权包括作品发表权、署名权、修改权和保护作品完整权，还包括复制权、发行权、出租权、展览权、表演权、放映权、广播权、信息网络传播权、摄制权、改编权、翻译权、汇编权以及应当由著作权人享有的其他权利。著作权受法律保护，未经著作权所有者许可或转让，他人不得占有和行使。

特许权，又称经营特许权、专营权，是指企业在某一地区经营或销售某种特定商品的权利，或是一家企业接受另一家企业使用其商标、商号、技术秘密等的权利。通常有两种形式：一种是由政府机构授权，准许企业使用或在一定地区享有经营某种业务的特权，例如水、电、邮电通信等专营权，烟草专卖权等；另一种是企业间依照签订的合同，有限期或无限期使用另一家企业的某些权利，例如连锁店分店使用总店的名称等。通常在特许权转让合同中规定了特许权转让的期限、转让人和受让人的权利和义务。转让人一般要向受让人提供商标、商号等使用权，传授专有技术，并负责培训营业人员，提供经营所必需的设备和特殊原料。受让人要向转让人支付取得特许权的费用，开业后则按营业收入的一定比例或其他计算方法支付享用特许权费用，还要为转让人保守商业秘密。

土地使用权是指国家准许某企业在一定期间内对国有土地享有开发、利用、经营的权利。根据《中华人民共和国土地管理法》的规定，我国土地实行公有制，任何单位和个人不得侵占、买卖或者以其他形式非法转让。企业取得土地使用权的方式大致有以下几种：行政划拨取得、外购取得及投资者投入取得。

二、无形资产的分类

无形资产作为企业的重要组成部分，尤其对于高新技术和文化传媒这样的"轻资产型"企业来说，无形资产是其价值创造的核心资产，对企业价值具有十分重要的作用。企业必须加强对无形资产的管理与核算。对无形资产进行合理分类，是展开无形资产管理和核算的基础工作。根据上述无形资产的特点，可对无形资产做如下分类：

无形资产按取得来源不同，可分为外购的无形资产、自行开发的无形资产、投资者投入的无形资产、企业合并取得的无形资产、债务重组取得的无形资产、非货币性资产交换取得的无形资产以及政府补助取得的无形资产等。资产是由过去的交易或事项所形成的，这奠定了资产的计量基础。明确无形资产的取得来源，使得无形资产的初始计量更加准确和合理。

无形资产按其使用寿命是否有期限，可分为使用寿命确定的无形资产和使用寿命不确定的无形资产。在企业取得无形资产时，就应加以分析判断无形资产的使用寿命，这样分类可以保证在无形资产使用期内正确进行摊销。我国《企业会计准则》规定，无形资产的使用寿命为有限的，应当估计该使用寿命的年限或者构成使用寿命的产量等类似计量单位数量；无法预见无形资产为企业带来经济利益期限的，应当视为使用寿命不确定的无形资产。使用寿命有限的无形资产，其应摊销金额应当在使用寿命内系统合理摊销。使用寿命不确定的无形资产不应摊销。

第二节　无形资产的初始计量

无形资产的初始计量是指企业初始取得无形资产时入账价值的确定。无形资产按取得来源不同，其入账价值的确定也各有不同。在对无形资产初始计量之前，首先要进行无形资产确认。

一、无形资产的确认

无形资产不具有实物形态，对其进行资产确认有一定难度。我们对无形资产的定义仔细考量，同时满足下列条件的，才能确认为无形资产：（1）符合无形资产的定义；(2) 与该无形资产有关的经济利益很可能流入企业；(3) 该无形资产的成本能够可靠地计量。

条件 (1) 指出无形资产首先要满足资产的一般属性要求，即归企业拥有或控制，同时也要满足无形资产没有实物形态和可辨认的特性。条件 (2) 指出无形资产能产生经济利益，同时该经济利益能被企业所拥有或控制。企业在判断无形资产产生的经济利益是否很可能流入时，应当对无形资产在预计使用寿命内可能存在的各种经济因素作出合理估计，并且应当有明确证据支持。条件 (3) 是针对无形资产的入账价值而言的。无形资产的入账价值，需要根据其取得的成本确定。正是有这一确认条件，对于企业内部产生的品牌、刊头、报刊名、客户名单及类似项目等，因其发生的成本无法可靠计量而不能确认为企业的无形资产。

二、取得无形资产的初始计量

无形资产通常按实际成本计量，即取得无形资产并使之达到预定用途而发生的全部支出，作为无形资产的成本。对于不同来源形成的无形资产，其成本构成不尽相同。

(一) 外购无形资产的初始计量

外购方式是企业取得无形资产的重要渠道之一。外购的无形资产，应按取得时实际支付的价款、相关税费以及直接归属于使该项资产达到预定用途所发生的其他支出的合计数作为入账价值。直接归属于使该项资产达到预定用途所发生的其他支出包括：使无形资产达到预定用途所发生的专业服务费用，如律师费、咨询费、公证费、鉴定费、注册登记费等；测试无形资产是否能够正常发挥作用的费用。

企业采用分期付款方式购买无形资产，当购买无形资产的价款超过正常信用条件延期支付时，实质上具有融资性质。无形资产的初始成本应以购买价款的现值为基础进行确定，实际支付的价款与购买价款现值之间的差额，除按照有关规定应予资本化的以外，应当在信用期间内采用实际利率法进行摊销，计入当期损益。

企业通过外购方式取得的土地使用权通常按照取得时所支付的价款及相关税费确认为无形资产。土地使用权比较特殊，应根据不同情况，分别进行确认：

(1) 企业购入的用于非房屋建筑物的土地使用权，应单独确认为无形资产，在使用期限内分期摊销。

(2) 企业购入的用于房屋建筑物的土地使用权，由于土地使用权和房屋建筑物的使用年限不同，也应单独确认为无形资产，不计入房屋建筑物成本；土地使用权和房屋建筑物成本在使用期限内应分别摊销和计提折旧。

(3) 企业购入房屋建筑物实际支付价款中包含的土地使用权价值，应采用合理的方法将其从支付的全部价款中分离出来,单独确认为无形资产;如果无法合理将其进行分离,则应计入房屋建筑物成本。

(4) 房地产开发企业购入用于建造对外出售房屋建筑物的土地使用权,应计入房屋建筑物等存货成本,不确认为无形资产。

【例7-1】 阳光公司购入一项专利权,双方协商确认不含增值税价值为600 000元,增值税税额为36 000元,以银行存款支付。

借:无形资产　　　　　　　　　　　　　　　　　　　600 000
　　应交税费——应交增值税(进项税额)　　　　　　 36 000
　贷:银行存款　　　　　　　　　　　　　　　　　　　636 000

(二) 投资者投入无形资产的初始计量

投资者投入的无形资产,其入账价值应当按照投资合同或协议约定的价值确定,但合同或协议约定价值不公允的除外。在投资合同或协议约定价值不公允的情况下,应当按无形资产的公允价值入账;无形资产的入账价值与折合资本额之间的差额,计入资本公积。

【例7-2】 阳光公司因业务发展的需要接受 M 公司以一项专利权向企业进行投资。根据投资双方签订的投资合同,此项专利权的价值为300 000元,应交增值税进项税额为18 000元,折合为公司的股票100 000股,每股面值1元。

借:无形资产——专利权　　　　　　　　　　　　　　300 000
　　应交税费——应交增值税(进项税额)　　　　　　 18 000
　贷:股本(100 000×1)　　　　　　　　　　　　　　100 000
　　　资本公积——股本溢价　　　　　　　　　　　　 218 000

(三) 企业内部研究开发无形资产的初始计量

无形资产会计准则对于企业内部研究开发费用的确认与计量是分研究和开发两个阶段进行的。研究是指为获取并理解新的科学或技术知识而进行的具有独创性的有计划调查。开发是指在进行商业性生产或使用前,将研究成果或其他知识应用于某项计划或设计,以生产出新的或具有实质性改进的材料、装置、产品等。

1. 研究阶段特点及账务处理。研究阶段特点在于其属于探索性的过程,是为了进一步的开发活动进行资料及相关方面的准备。从已经进行的研究活动看,将来是否能够转入开发、开发后是否会形成无形资产等具有较大的不确定性。为此,企业研究阶段发生的支出,应予以费用化。企业应根据自行研究开发项目在研究阶段发生的支出,借记"研发支出——费用化支出",贷记有关科目。

2. 开发阶段特点及账务处理。开发阶段相对研究阶段而言,应当是完成了研究阶段的工作,即在很大程度上形成一项新产品或新技术的基本条件已经具备。企业自行研究开发项目在开发阶段发生的支出,同时满足下列条件的,应当确认为无形资产:

(1) 完成该无形资产以使其能够使用或出售在技术上具有可行性;

(2) 具有完成该无形资产并使用或出售的意图;

(3) 无形资产产生经济利益的方式,包括能够证明运用该无形资产生产的产品存在市场或无形资产自身存在市场,无形资产将在内部使用的,应当证明其有用性;

(4) 有足够的技术、财务资源和其他资源支持,以完成该无形资产的开发,并有能力使用或出售该无形资产;

(5) 归属于该无形资产开发阶段的支出能够可靠地计量。

【例7-3】2×23年1月1日,阳光公司经董事会批准研发一项新型技术,公司研发该项目具有可靠的技术和财务等资源的支持,一旦研发成功将大幅降低本公司的生产成本。2×23年该项目研发过程中发生材料费用260 000元,人工费用300 000元,计提专用设备折旧200 000元,以银行存款支付其他费用40 000元,总计800 000元,其中,符合资本化条件的支出为760 000元。2×24年1月1日,该项新型技术研发成功并已达到预定用途。

阳光公司的账务处理为:

2×23年该研发项目资本化支出=760 000元

2×23年该研发项目费用化支出=800 000-760 000=40 000(元)

2×23年度发生研发支出。

借:研发支出——××技术——费用化支出　　　　　　40 000
　　　　　　　　　　　——资本化支出　　　　　　760 000
　　贷:原材料　　　　　　　　　　　　　　　　　260 000
　　　　应付职工薪酬　　　　　　　　　　　　　　300 000
　　　　累计折旧　　　　　　　　　　　　　　　　200 000
　　　　银行存款　　　　　　　　　　　　　　　　 40 000

2×23年12月31日,将不符合资本化条件的研发支出转入当期管理费用。

借:管理费用——研究费用　　　　　　　　　　　　40 000
　　贷:研发支出——××技术——费用化支出　　　　40 000

2×24年1月1日,该项新型技术已经达到预定用途。

借:无形资产——××技术　　　　　　　　　　　　760 000
　　贷:研发支出——××技术——资本化支出　　　　760 000

(四) 其他方式取得无形资产的初始计量

非货币性资产交换、债务重组、政府补助和企业合并取得的无形资产的成本,应当分别按照《企业会计准则第 7 号——非货币性资产交换》《企业会计准则第 12 号——债务重组》《企业会计准则第 16 号——政府补助》《企业会计准则第 20 号——企业合并》的规定确定。

第三节　无形资产的后续计量

无形资产的后续计量是指在某一个时点上对无形资产价值余额的计量。无形资产能够给企业在一定时期内带来经济利益，因此理论上无形资产的价值应按无形资产的受益期体现在各期的损益中，这在会计上称为无形资产的摊销。无形资产的摊销主要涉及三个方面的问题，即无形资产的摊销期限、摊销方法的选择和摊销金额的列支去向。

一、无形资产的摊销期限

会计上是以无形资产的使用寿命为摊销期进行无形资产价值的摊销。无形资产的使用寿命分为有限和无限两种。由于使用寿命无限的无形资产价值不予摊销，而只有使用寿命有限的无形资产才存在价值摊销问题。企业需对无形资产的使用寿命作出合理的估计，通常要考虑的因素有以下几个方面：

（1）该资产通常的产品寿命周期、可获得的类似资产使用寿命的信息；

（2）技术、工艺等方面的现阶段情况及对未来发展趋势的估计；

（3）以该资产生产的产品（或服务）的市场需求情况；

（4）现在或潜在的竞争者预期采取的行动；

（5）为维持该资产产生未来经济利益能力的预期维护支出，以及企业预计支付有关支出的能力；

（6）对该资产的控制期限、使用的法律或类似限制，如特许使用期间、租赁期限等；

（7）与企业持有的其他资产使用寿命的关联性等。

对于来源于合同性权利或其他法定权利的无形资产，其使用寿命不应超过合同性权利或其他法定权利的期限。但如果企业使用无形资产的预期期限短于合同性权利或其他法定权利规定的期限，应当按照企业使用无形资产的预期期限确定其使用寿命。

合同或法律没有规定使用寿命的，企业应当综合各方面情况进行判断，以确定无形资产能为企业带来未来经济利益的期限。例如，与同行业的情况进行比较、参考历史经验，或聘请相关专家进行论证等。如果按照上述方法仍无法合理确定无形资产为企业带来经济利益期限的，则该项无形资产应作为使用寿命不确定的无形资产而不进行摊销，但应进行减值测试。

无形资产使用寿命确定以后并不是一成不变的，随着相关影响因素的变化，有限的使用寿命可能延长或缩短。而使用寿命不能确定的无形资产，其使用寿命可能会变得能够确定。企业至少应当于每年年度终了时，对无形资产的使用寿命进行复核，如果有证据表明无形资产的使用寿命不同于以前的估计，则对于使用寿命有限的无形资产，应改变其摊销年限和摊销方法，并按照会计估计变更进行处理。对于使用寿命不确定的无形资产，如果有证据表明其使用寿命是有限的，则应视为会计估计变更，应当估计其使用寿命并按照使用寿命有限的无形资产的处理原则进行处理。

二、无形资产的摊销方法

无形资产的摊销方法，应当反映与该项无形资产有关的经济利益的预期实现方式，无法可靠确定预期实现方式的，应当采用年限平均法摊销。使用寿命有限的无形资产，如果有第三方承诺在无形资产使用寿命结束时购买该无形资产，或可以根据活跃市场得到预计残值信息，并且该市场在无形资产使用寿命结束时很可能存在，则可以预计其净残值；否则，其残值应当视为零。

无形资产的应摊销金额为其成本扣除预计净残值后的金额。已计提减值准备的无形资产，还应扣除已计提的无形资产减值准备累计金额。

需要注意的是，无形资产的摊销期自其可供使用时（即达到预定可使用状态时）起至终止确认时止。无形资产当月增加时，当月就开始进行无形资产的摊销；而在无形资产减少的当月就不再进行摊销。

三、无形资产摊销的账务处理

无形资产的摊销金额一般应确认为当期损益，计入管理费用。如果某项无形资产包含的经济利益是通过所生产的产品或其他资产实现的，无形资产的摊销金额可以计入产品或其他资产的成本中。

企业摊销无形资产进行账务处理时，单独设置"累计摊销"科目，反映因摊销而减少的无形资产价值。企业按月计提无形资产摊销额时，借记"管理费用""制造费用""其他业务成本"等科目，贷记"累计摊销"科目。本科目期末贷方余额，反映企业无形资产的累计摊销额。

【例7-4】承【例7-1】，阳光公司根据新产品生产的需要购入一项专利权，入账价值为600 000元。根据相关法律的规定，购买时该项专利权的使用寿命为10年，企业采用直线法按10年期限进行摊销，该专利权残值为0。

月摊销额 = 600 000 ÷ 10 ÷ 12 = 5 000（元）

借：制造费用　　　　　　　　　　　　　　　　　　　　5 000
　　贷：累计摊销　　　　　　　　　　　　　　　　　　　　5 000

需要注意的是，企业应当至少于每年年度终了时，对使用寿命有限的无形资产的使用寿命及未来经济利益的实现方式进行复核。如果无形资产的预计使用寿命及经济利益预期实现方式与以前估计相比不同，就应当改变摊销期限和摊销方法。同时，如果无形资产计提了减值准备，则无形资产减值准备金额要从应摊销金额中扣除，以后每年的摊销金额要重新调整计算。

第四节　无形资产的处置

无形资产的处置，是指由于无形资产出售、对外出租、对外捐赠，或者无法为企业未来带来经济利益（报废）时，应对无形资产转销并终止确认。

一、无形资产的出售

企业出售某项无形资产，意味着企业放弃该项资产所有权，应终止确认，转销无形资产的摊余价值。如果出售的无形资产已计提了减值准备，在出售时还应将已计提的减值准备加以注销。企业出售无形资产应按6%的税率计算交纳增值税，其中土地使用权出售时增值税税率为9%。企业出售无形资产的净损益，计入资产处置损益。

【例7-5】20×2年7月5日，阳光公司出售一项无形资产，收取价款100 000元，增值税税额6 000元，用银行存款支付律师费2 000元，增值税税额120元。该项无形资产的原始价值为150 000元，累计摊销额为70 000元，已计提减值准备8 000元。

出售无形资产净损益 = 100 000 - (150 000 - 70 000 - 8 000) - (2 120 - 120)
　　　　　　　　　　= 26 000（元）

借：银行存款　　　　　　　　　　　　　　　　　　　　106 000
　　累计摊销　　　　　　　　　　　　　　　　　　　　　70 000
　　应交税费——应交增值税（进项税费）　　　　　　　　　　120
　　无形资产减值准备　　　　　　　　　　　　　　　　　 8 000
　　贷：应交税费——应交增值税（销项税额）　　　　　　　6 000
　　　　无形资产　　　　　　　　　　　　　　　　　　　150 000
　　　　银行存款　　　　　　　　　　　　　　　　　　　　2 120

| 资产处置损益 | | 26 000 |

二、无形资产的出租

企业将所拥有的无形资产的使用权让渡给他人，并收取租金，在满足收入确认条件的情况下，应确认相关的收入及成本。出租无形资产时，取得的租金收入记入"其他业务收入"科目；摊销出租无形资产的成本，借记"其他业务成本"科目，贷记"累计摊销"科目。无形资产出租，即转让无形资产使用权时，除符合法律规定的免征增值税项目外，应计算交纳增值税，例如出租商标使用权等，增值税税率为6%。

【例7-6】20×2年1月1日，阳光公司将某产品商标权出租给A公司使用，本月取得租金收入30 000元，应交增值税1 800元。阳光公司在出租期间内不再使用该商标权。该产品商标权初始入账价值为1 200 000元，预计使用年限为10年，采用直线法摊销。账务处理如下：

当月收取租金收入时：

借：银行存款　　　　　　　　　　　　　　　　　　　　31 800
　　贷：其他业务收入　　　　　　　　　　　　　　　　　　30 000
　　　　应交税费——应交增值税（销项税额）　　　　　　　1 800

当月对该出租商标权进行摊销时：

借：其他业务成本　　　　　　　　　　　　　　　　　　10 000
　　贷：累计摊销（1 200 000÷10÷12）　　　　　　　　　10 000

三、无形资产的报废

当无形资产预期不能再为企业带来经济利益，便不再符合无形资产的定义，应将该无形资产转入报废并予以注销。报废无形资产的账面价值作为非流动资产处置损失，应予以转销，计入营业外支出。

【例7-7】由于生产技术的快速发展，阳光公司A专利权已不能给企业带来经济利益，应予以转销。A专利权账面价值为200 000元，已摊销金额180 000元，已计提无形资产减值准备6 000元。

借：累计摊销　　　　　　　　　　　　　　　　　　　　180 000
　　无形资产减值　　　　　　　　　　　　　　　　　　　6 000
　　营业外支出——非流动资产报废　　　　　　　　　　　14 000
　　贷：无形资产　　　　　　　　　　　　　　　　　　　　200 000

第五节　无形资产的减值

资产减值的确认实质上是对资产价值的再确认。资产负债表日，企业应当判断使用寿命有限的无形资产是否存在减值的迹象。对于使用寿命不确定的无形资产也应当于每年年度终了进行减值测试。

一、无形资产可收回金额的计量

无形资产存在减值迹象的，应当估计其可收回金额。可收回金额应当根据"资产的公允价值减去处置费用后的净额"与"资产预计未来现金流量的现值"两者之间较高者确定。如果估计结果表明无形资产的可收回金额低于其账面价值（即账面价值虚高），则应将该无形资产的账面价值减记至可收回金额。

二、无形资产减值损失的确定

企业设"无形资产减值准备"账户核算企业无形资产的减值。计提无形资产减值准备时，借记"资产减值损失"科目，贷记"无形资产减值准备"科目。

无形资产减值损失确认后，无形资产减值准备应从无形资产摊销金额中扣除，并在未来期间作相应调整，以使该无形资产在剩余使用寿命内，系统地分摊调整后的无形资产账面价值。

无形资产的资产减值损失一经确认，在以后会计期间不得转回。以前期间计提的资产减值准备，在资产处置、出售、对外投资、以非货币性资产交换方式换出、在债务重组中抵偿债务时，才可予以转出。

【例7-8】阳光公司20×0年1月7日购入一项专利权，实际成本为300 000元，预计使用年限为10年。企业采用直线法按10年期限进行摊销，该专利权残值为零。20×3年12月31日，该项专利权发生减值，预计未来现金流量的现值为120 000元，公允价值为110 000元。该项专利权发生减值以后，预计剩余使用年限为5年。20×6年1月7日，甲公司将该专利权出售，收取价款60 000元，应交增值税3 600元。

计算该项专利权在20×3年12月31日计提减值准备前的账面余额：

累计摊销 = 300 000 ÷ 10 × 4 = 120 000（元）

账面余额 = 300 000 - 120 000 = 180 000（元）

计提减值准备：

可回收金额 = 120 000元

应计提的减值准备 = 180 000 - 120 000 = 60 000（元）

借：资产减值损失　　　　　　　　　　　　　　　　60 000
　　贷：无形资产减值准备　　　　　　　　　　　　　　60 000

计算剩余使用年限内年摊销额：

剩余使用年限内年摊销额 =（180 000 - 60 000）÷ 5 = 24 000（元）

计算该项专利权在2023年1月7日的累计摊销和账面价值：

20×4～20×5年摊销额 = 24 000 × 2 = 48 000（元）

累计摊销 = 120 000 + 48 000 = 168 000（元）

账面价值 = 300 000 - 168 000 - 60 000 = 72 000（元）

出售专利权：

借：银行存款　　　　　　　　　　　　　　　　　　63 600
　　累计摊销　　　　　　　　　　　　　　　　　　168 000
　　无形资产减值准备　　　　　　　　　　　　　　 60 000
　　资产处置损益　　　　　　　　　　　　　　　　 12 000
　　贷：无形资产　　　　　　　　　　　　　　　　 300 000
　　　　应交税费——应交增值税（销项税额）　　　　3 600

思考与练习

一、单项选择题

1. 下列各项中，制造企业应确认为无形资产的是（　　）。

    A. 自创的商誉

    B. 企业合并产生的商誉

    C. 内部研究开发项目研究阶段发生的支出

    D. 以交纳土地出让金方式取得的土地使用权

2. 甲公司20×2年1月10日开始自行研究开发无形资产，12月31日达到预定用途。其中，研究阶段发生职工薪酬30万元、计提专用设备折旧40万元；进入开发阶段后，相关支出符合资本化条件前发生的职工薪酬30万元、计提专用设备折旧30万元，符合资本化条件后发生职工薪酬100万元、计提专用设备折旧200万元。假定不考虑其他因素，甲公司20×2年对上述研发支出进行的下列账务处理中，正确的是（　　）。

    A. 确认管理费用70万元，确认无形资产360万元

    B. 确认管理费用30万元，确认无形资产400万元

    C. 确认管理费用130万元，确认无形资产300万元

D. 确认管理费用 100 万元，确认无形资产 330 万元

3. 下列关于无形资产账务处理的表述中，正确的是（　　）。

　　A. 当月增加的使用寿命有限的无形资产从下月开始摊销

　　B. 无形资产摊销方法应当反映其经济利益的预期实现方式

　　C. 具有融资性质的分期付款购入的无形资产以总价款确定其初始成本

　　D. 使用寿命不确定的无形资产应采用直线法按 10 年摊销

4. 甲公司 20×0 年 1 月 1 日购入一项无形资产。该无形资产的实际成本为 500 万元，摊销年限为 10 年，采用直线法摊销。20×4 年 12 月 31 日，该无形资产发生减值，预计可收回金额为 180 万元。计提减值准备后，该无形资产原摊销年限不变。20×5 年 12 月 31 日，该无形资产的账面价值为（　　）万元。

　　A. 500　　　　B. 214　　　　C. 200　　　　D. 144

5. 甲公司出售所拥有的无形资产一项，取得收入 300 万元，假定不考虑相关税金，该无形资产取得时实际成本为 400 万元，已摊销 120 万元，已计提减值准备 50 万元。甲公司出售该项无形资产应计入当期损益的金额为（　　）万元。

　　A. -100　　　B. -20　　　　C. 300　　　　D. 70

二、多项选择题

1. 下列各项中，企业可以确认为无形资产的有（　　）。

　　A. 吸收投资取得的土地使用权　　B. 因支付土地出让金取得的土地使用权

　　C. 企业自行开发研制的专利权　　D. 接受捐赠取得的专有技术

2. 下列关于无形资产研发支出的说法，正确的有（　　）。

　　A. 企业内部研究开发项目研究阶段的支出，应该计入无形资产的成本

　　B. 企业内部研究开发项目研究阶段的支出，应该计入管理费用

　　C. 企业内部研究开发项目开发阶段的支出，符合资本化条件时可以资本化

　　D. 企业内部研究开发项目开发阶段的支出，在期末一定转入当期损益

3. 下列有关无形资产摊销的表述中，正确的有（　　）。

　　A. 无形资产的应摊销金额为其成本扣除预计残值后的金额，已计提减值准备的无形资产，还应扣除已计提的无形资产减值准备累计金额

　　B. 企业选择的无形资产摊销方法，应当反映与该项无形资产有关的经济利益的预期实现方式，无法可靠确定预期实现方式的，应当采用直线法摊销

　　C. 使用寿命有限的无形资产，应将其应摊销金额在使用寿命内采用系统合理的方法进行摊销

　　D. 企业摊销无形资产，应当自无形资产可供使用时起，至终止确认时止

4. 下列关于无形资产处置的说法中，正确的有（　　）。

　　A. 无形资产预期不能为企业带来经济利益的，应当将该无形资产的账面价值

转入营业外支出

B. 企业出售无形资产的，应将所取得的价款与该无形资产账面价值的差额计入当期损益

C. 无形资产预期不能为企业带来经济利益的，也应按原预定方法和使用寿命摊销

D. 企业出租无形资产获得的租金收入应通过其他业务收入来核算

5. 下列事项中会影响当期利润表中营业利润的有（　　）。

A. 摊销无形资产

B. 接受其他单位捐赠的专利权

C. 新技术项目研究过程中发生的人工费用

D. 计提无形资产减值准备

三、判断题

1. 无形资产是指企业拥有或控制的没有实物形态的可辨认货币性资产。（　　）

2. 企业研发阶段的支出应当全部费用化，计入当期损益。（　　）

3. 内部开发无形资产的成本仅仅包括在满足资本化条件的时点至无形资产申请成功发生的支出总和，对于同一项无形资产在开发过程中达到资本化条件之前已经费用化计入当期损益的支出应进行调整计入无形资产成本。（　　）

4. 企业取得的使用寿命有限的无形资产应按照直线法进行摊销。（　　）

5. 企业出租无形资产使用权取得的收入和出售无形资产所有权的净收入，均计入营业外收入。（　　）

思考与练习答案

第八章 投资性房地产

[学习目标]

通过本章的学习，了解投资性房地产的概念和范围；掌握投资性房地产的确认条件以及投资性房地产后续支出的账务处理；重点掌握投资性房地产采用成本模式的账务处理、采用公允价值模式的账务处理、投资性房地产与非投资性房地产互相转换的账务处理以及出售投资性房地产的账务处理。

[思政目标]

"房子是用来住的，不是用来炒的"的定位，正是基于对住房居住属性的回归和再认识。一般个人购买房子是用来住的，账务处理作为"固定资产"；如果购买房子是用来出租、持有并准备增值后转让的土地使用权，账务处理作为"投资性房地产"。不要做超出自己能力范围的事情，尤其是买房，一定要控制好家庭负债率，不然后果不堪想象。

第一节 投资性房地产概述

一、投资性房地产的定义

房地产是土地和房屋及其权属的总称。在我国，土地归国家或集体所有，企业只能取得土地使用权。因此，房地产中的土地是指土地使用权；房屋是指土地上的房屋等建筑物及构筑物。

投资性房地产是指为赚取租金或资本增值，或者两者兼有的房地产。从定义可以看出，投资性房地产有别于企业自用的房地产和房地产开发企业作为存货的房地产。企业自用的房地产是指企业自用的厂房、办公楼等生产经营场所，企业应当将其作为固定资产或无形资产处理。作为存货的房地产是指房地产开发企业销售的或为销售而正在开发的商品房和土地，是房地产企业的开发产品，应当作为存货处理。与自用房地产和作为存货的房地产相比，投资性房地产要么是让渡房地产使用权以赚取使用费收入，要么是持有准备增值赚取增值收益。这使得投资性房地产在一定程度上具有了金融资产的属性,所以要作为一项单独的资产予以确认、计量和列报。也正因为如此,投资性房地产的计量模式有别于固定资产和存货的计量模式,企业可以选择成本模式和公允价值模式对投资性房地产进行后续计量,其中,公允价值模式的处理原则与交易性金融资产的处理原则基本一致。

二、投资性房地产的范围

投资性房地产的范围包括已出租的土地使用权、持有并准备增值后转让的土地使用权、已出租的建筑物。

(一) 已出租的土地使用权

已出租的土地使用权,是指企业通过出让和转让方式取得的,以经营租赁方式出租的土地使用权。企业取得的土地使用权通常包括在一级市场上以交纳土地出让金的方式取得的土地使用权,也包括在二级市场上接受其他单位转让的土地使用权。

(二) 持有并准备增值后转让的土地使用权

持有并准备增值后转让的土地使用权,是指企业取得的、准备增值后转让的土地使用权。土地使用权在我国属于稀缺资源,国家严格限制与之相关的投机行为,因此在我国实务中,持有并准备增值后转让的土地使用权这种情况较少。

(三) 已出租的建筑物

已出租的建筑物是指企业以经营租赁方式出租的建筑物,主要包括自行建造和开发活动完成后用于出租的建筑物,以及正在建造或开发过程中将来用于出租的建筑物。这是基于房地产状态或目的的判断。用于出租的建筑物是企业拥有产权的建筑物,以经营租赁方式租入再转租的建筑物不属于投资性房地产。已出租的建筑物是企业已经与其他方签订了租赁协议,约定以经营租赁方式出租的建筑物。对企业持有以备经营出租的空置建筑物或在建建筑物,如董事会或类似机构作出书面决议,明确表明将其用于经营出租且持有意图短期内不再发生变化的,即使尚未签订租赁协议,也应视为投资性房地产。这里的"空置建筑物"是指企业新购入、自行建造或开发完工但尚未使用的建筑物,以及不再用于日常生产经营活动且经整理后达到可经营出租状态的建筑物。

企业将建筑物出租,按租赁协议向承租人提供的相关辅助服务在整个协议中不重大的,应当将该建筑物确认为投资性房地产。例如,企业将其办公楼出租,同时向承租人提供维护、保安等日常辅助服务,企业应当将其确认为投资性房地产。

第二节 投资性房地产的初始计量

一、投资性房地产的确认和初始计量

投资性房产只有在符合定义的前提下，同时满足下列条件的，才能予以确认：（1）与该投资性房地产有关的经济利益很可能流入企业；（2）该投资性房地产的成本能够可靠地计量。

对已出租的土地使用权、已出租的建筑物，其作为投资性房地产的确认时点一般为租赁期开始日，即土地使用权和建筑物进入出租状态、开始赚取租金的日期。对持有并准备增值后转让的土地使用权，其作为投资性房地产的确认时点为企业将自用土地使用权停止自用、准备增值后转让的日期。投资性房地产无论采用哪一种后续计量模式，取得时均应当按照成本进行初始计量。

（一）外购投资性房地产的确认和初始计量

外购的土地使用权和建筑物，按照取得时的实际成本进行初始计量。取得时的实际成本包括购买价款、相关税费和可直接归属该项资产的其他支出。企业购入的房地产，部分用于出租（或资本增值）、部分自用，用于出租（或资本增值）的部分可以单独确认为投资性房地产的，应按照不同部分的公允价值占公允价值总额的比例将成本在不同部分之间进行分配。

如采用公允价值模式计量，需要在"投资性房地产"科目下设置"成本"和"公允价值变动"两个明细科目，其中，"投资性房地产——成本"科目反映外购的土地使用权和建筑物发生的实际成本。

【例8-1】20×2年3月，阳光公司计划购入某写字楼部分楼层用于对外出租。3月5日，阳光公司与乙公司签订了租赁合同，约定自购买日起，将所购的写字楼部分出租给乙公司使用，租赁期为4年。3月31日，阳光公司购入写字楼的部分楼层，实际支付购买价款为3 000万元。根据租赁合同，租赁期开始日为20×2年4月1日。不考虑相关税费（会计分录中的金额单位为万元，本章后面的会计分录中金额单位相同）。

假定采用成本模式进行后续计量，阳光公司的账务处理如下：

借：投资性房地产——写字楼　　　　　　　　　　　　　3 000
　　贷：银行存款　　　　　　　　　　　　　　　　　　　　　3 000

假定采用公允价值计量模式进行后续计量，阳光公司的账务处理如下：

借：投资性房地产——写字楼（成本）　　　　　　　　　3 000

贷：银行存款　　　　　　　　　　　　　　　　　　　　　　　　3 000

（二）自行建造投资性房地产的确认和初始计量

　　自行建造投资性房地产，其成本由建造该项资产达到预定可使用状态前发生的必要支出构成，包括土地开发费、建筑成本、安装成本、应予以资本化的借款费用、支付的其他费用和分摊的间接费用等。建造过程中发生的非正常性损失，直接计入当期损益，不计入建造成本。

　　【例8-2】 20×2年1月，阳光公司购入一块土地的使用权，用于建造三栋仓库。20×2年11月30日，三栋仓库同时完工，每栋仓库的实际建造价均为1 800万元，能够单独出售。同日，阳光公司董事会作出书面决议，将其中一栋仓库用于经营出租，并与乙公司签订了经营租赁合同，租赁期为3年，租赁开始日为20×2年12月1日。其余两栋仓库自用，用于存放产品。租赁开始日用于建造厂房的土地使用权账面价值为3 000万元。不考虑相关税费。

　　假定采用成本模式进行计量，阳光公司的账务处理如下：
　　转换为投资性房地产的土地使用权成本 = 3 000 × 1 800 ÷ 5 400 = 1 000（万元）
　　借：固定资产——仓库　　　　　　　　　　　　　　　　　　　　3 600
　　　　投资性房地产——仓库　　　　　　　　　　　　　　　　　　1 800
　　　　贷：在建工程——仓库　　　　　　　　　　　　　　　　　　　　5 400
　　借：投资性房地产——土地使用权　　　　　　　　　　　　　　　1 000
　　　　贷：无形资产——土地使用权　　　　　　　　　　　　　　　　　1 000

　　假定采用公允价值模式进行后续计量，阳光公司的账务处理如下：
　　借：固定资产——仓库　　　　　　　　　　　　　　　　　　　　3 600
　　　　投资性房地产——仓库（成本）　　　　　　　　　　　　　　1 800
　　　　贷：在建工程　　　　　　　　　　　　　　　　　　　　　　　　5 400
　　借：投资性房地产——土地使用权（成本）　　　　　　　　　　　1 000
　　　　贷：无形资产——土地使用权　　　　　　　　　　　　　　　　　1 000

（三）非投资性房地产转换为投资性房地产的确认和初始计量

　　非投资性房地产转换为投资性房地产，实质上是因房地产用途发生改变而对房地产进行的重新分类。如果投资性房地产采用成本模式计量，则按照该项房地产在转换日的账面价值入账；如果投资性房地产采用公允价值模式计量，则按该项房地产在转换日的公允价值入账。

二、与投资性房地产有关的后续支出

（一）资本化的后续支出

与投资性房地产有关的后续支出，满足投资性房地产确认条件的，应当计入投资性房地产成本。例如，企业为了提高投资性房地产的使用效能，往往需要对投资性房地产进行改建、扩建而使其更加坚固耐用，或者通过装修而改善其室内装潢，改扩建或装修支出满足确认条件的，应当将其资本化。企业对某项投资性房地产进行改扩建等开发且将来仍作为投资性房地产的，在再开发期间应继续将其作为投资性房地产，再开发期间不计其折旧和摊销。

【例8-3】阳光公司对投资性房地产采用成本模式进行后续计量。阳光公司与乙公司签订的一项写字楼经营租赁合同即将于20×2年1月31日到期，该写字楼原价2 000万元，租赁到期日累计已计提折旧400万元。为了提高写字楼的租金收入，阳光公司决定租赁期满后对写字楼进行改建，并与丙公司签订了经营租赁合同，约定自改建完工之日起将写字楼出租给丙公司使用。20×2年1月31日与乙公司的租赁合同到期，写字楼转入改建工程。在改建过程中，用银行存款支付改建支出160万元。20×2年5月31日，该写字楼改建完工，即日按照租赁合同将写字楼出租给丙公司。不考虑相关税费。

20×2年1月31日，将写字楼转入改建工程，阳光公司的账务处理如下：

借：投资性房地产——写字楼（在建） 1 600
　　投资性房地产累计折旧 400
　　贷：投资性房地产——写字楼 2 000

20×2年1月31日至5月31日累计发生改建支出：

借：投资性房地产——写字楼（在建） 160
　　贷：银行存款 160

20×2年5月31日，改建工程完工：

改建后写字楼的价值 = 1 600 + 160 = 1 760（万元）

借：投资性房地产——写字楼 1 760
　　贷：投资性房地产——写字楼（在建） 1 760

（二）费用化的后续支出

与投资性房地产有关的后续支出，不满足投资性房地产确认条件的，应当在发生时计入当期损益。例如，企业对投资性房地产进行日常维护发生的支出，企业在发生投资性房地产费用化的后续支出时,借记"其他业务成本"等科目,贷记"银行存款"等科目。

【例8-4】 阳光公司对其投资性房地产进行日常维修,维修费3万元,该维修费以银行存款支付。阳光公司的账务处理如下:

借:其他业务成本　　　　　　　　　　　　　　　　　　　　　　　3
　　贷:银行存款　　　　　　　　　　　　　　　　　　　　　　　　3

第三节　投资性房地产的后续计量

投资性房地产的后续计量可以选择成本模式或公允价值模式,但同一企业只能采用一种模式对其所有投资性房地产进行后续计量,不得同时采用两种计量模式,即不得对一部分投资性房地产采用成本模式进行后续计量,对另一部分投资性房地产采用公允价值进行后续计量。

一、采用成本模式进行后续计量的投资性房地产

采用成本模式进行后续计量的投资性房地产,应当按照《企业会计准则第4号——固定资产》或《企业会计准则第6号——无形资产》的有关规定,按期(月)计提折旧或摊销,借记"其他业务成本"等科目,贷记"投资性房地产累计折旧(摊销)"科目。取得的租金收入,借记"银行存款"等科目,贷记"其他业务收入"等科目。

投资性房地产存在减值迹象的,应当适用资产减值的有关规定。经减值测试后确定发生减值的,应当计提减值准备,借记"资产减值损失"科目,贷记"投资性房地产减值准备"科目。如果已经计提减值准备的投资性房地产的价值又得以恢复,不得转回。

【例8-5】 阳光公司购入写字楼用于出租。实际支付购买价款2 880万元,该写字楼折旧年限为20年,预计净残值为零,采用直线法计提折旧。20×1年6月30日阳光公司将该写字楼以经营租赁方式出租给乙公司使用。租赁合同约定,写字楼租赁期为6年,年租金168万元,乙公司需每年6月30日之前预付下一租赁年度的租金。阳光公司对投资性房地产采用成本模式进行后续计量。20×3年12月31日,写字楼出现减值迹象,经减值测试,确定其可回收金额为2 300万元。假定不考虑相关的因素及其费用。

20×1年6月30日预收租金,阳光公司的账务处理如下:

借：银行存款 168
　　　贷：合同负债——乙公司 168

20×1年7月31日，计提写字楼折旧：

写字楼月折旧额 = 2 880/(20×12) = 12（万元）

借：其他业务成本 12
　　　贷：投资性房地产累计折旧 12

20×1年7月31日，确认租金收入：

写字楼月租金收入 = 168/12 = 14（万元）

借：合同负债——乙公司 14
　　　贷：其他业务收入 14

20×3年12月31日，计提减值准备：

投资性房地产（写字楼）的账面价值 = 2 880 - 12×30 = 2 520（万元）

投资性房地产（写字楼）减值金额 = 2 520 - 2 300 = 220（万元）

借：资产减值损失 220
　　　贷：投资性房地产减值准备 220

二、采用公允价值模式进行后续计量的投资性房地产

企业存在确凿证据表明其投资性房地产的公允价值能够持续可靠取得的，可以对投资性房地产采用公允价值模式进行后续计量。公允价值模式的最大特点是在会计期末按照公允价值调整投资性房地产的账面价值，并将公允价值变动计入当期损益。从理论上说，采用公允价值模式进行后续计量更符合投资性房地产的特点，但实务中能否持续可靠取得公允价值是较大的挑战。为此，会计准则提出了两种计量模式供企业选择，并对选择公允价值模式所应具备的条件作了规定。

采用公允价值模式计量的投资性房地产，应当同时满足下列条件：（1）投资性房地产所在地有活跃的房地产交易市场。所在地通常指投资性房地产所在的城市。对于大中型城市，应当为投资性房地产所在的城区。（2）企业能够从活跃的房地产交易市场上取得同类或类似房地产的市场价格及其他相关信息，从而对投资性房地产的公允价值作出合理的估计。

投资性房地产采用公允价值模式进行后续计量的，不需要计提折旧或摊销，应当以资产负债表的公允价值计量。资产负债表日，投资性房地产的公允价值高于其账面余额的差额，借记"投资性房地产——公允价值变动"科目，贷记"公允价值变动损益"科目；公允价值低于其账面余额的差额做相反的会计分录。

【例8-6】阳光公司为从事房地产经营开发的企业，20×2年6月1日该公司与乙

公司签订租赁合同，约定将阳光公司当日开发完成的一栋精装的写字楼自当日起租赁给乙公司使用，租赁期为8年。该写字楼的造价为8 000万元，20×2年12月31日该写字楼的公允价值为8 100万元。假设阳光公司采用公允价值计量模式，不考虑相关税费。

20×2年6月1日，阳光公司开发完成写字楼并出租，其账务处理如下：

借：投资性房地产——写字楼（成本）　　　　　　　　　　8 000
　　贷：开发成本　　　　　　　　　　　　　　　　　　　　8 000

20×2年12月31日，按照公允价值调整投资性房地产写字楼账面价值，公允价值与账面价值之间的差额计入当期损益。阳光公司的账务处理如下：

借：投资性房地产——公允价值变动　　　　　　　　　　　100
　　贷：公允价值变动损益　　　　　　　　　　　　　　　　100

三、投资性房地产后续计量模式的变更

为保证会计信息的可比性，企业对投资性房地产的计量模式一经确定，不得随意变更。只有在房地产市场比较成熟、能够满足采用公允价值模式条件的情况下，才允许企业对投资性房地产从成本模式计量变更为公允价值模式计量。

成本模式转为公允价值模式的，应当作为会计政策变更处理，并按计量模式变更时公允价值与账面价值的差额调整期初留存收益。已采用公允价值模式计量的投资性房地产不得从公允价值模式转为成本模式。

【例8-7】阳光公司对投资性房地产原采用成本模式进行后续计量。由于阳光公司所在的房地产市场现已经比较成熟，房地产的公允价值能够可靠取得，可以满足公允价值模式的条件。阳光公司决定从20×2年1月1日起，对投资性房地产采用公允价值模式进行后续计量。阳光公司作为投资性房地产核算的写字楼成本为3 000万元、累计已计提折旧500万元。20×2年1月1日，写字楼的公允价值为2 800万元，阳光公司按净利润的10%提取盈余公积。不考虑相关税费。

写字楼转为公允价值模式计量，阳光公司的账务处理如下：

借：投资性房地产——写字楼（成本）　　　　　　　　　　2 800
　　投资性房地产累计折旧　　　　　　　　　　　　　　　　500
　　贷：投资性房地产——写字楼　　　　　　　　　　　　3 000
　　　　盈余公积　　　　　　　　　　　　　　　　　　　　30
　　　　利润分配——未分配利润　　　　　　　　　　　　　270

第四节 投资性房地产的转换

一、投资性房地产转换形式及转换日的确定

(一) 投资性房地产转换形式

房地产的转换，是因房地产用途发生改变而对房地产进行的重新分类。这里所说的房地产转换是针对房地产用途发生改变而言，而不是后续计量模式的改变。企业必须有确凿证据表明房地产用途发生改变，才能将投资性房地产转化为非投资性房地产或者将非投资性房地产转换为投资性房地产，例如自用的办公楼改为出租等。这里的确凿证据包括两个方面：一是企业董事会或类似机构应当就改变房地产用途形成正式的书面决议；二是房地产因用途改变而发生实际状态上的改变，例如从自用状态改为出租状态。房地产转换形式主要包括：

1. 投资性房地产开始自用，相应地由投资性房地产转换为固定资产或无形资产。投资性房地产开始自用是指企业将原来用于赚取租金或资本增值的房地产改为用于生产商品、提供劳务或者经营管理。例如，企业将出租的厂房收回，并用于生产本企业的产品。又如，从事房地产开发的企业将出租的开发产品收回，作为企业的固定资产使用。

2. 作为存货的房地产改为出租。通常指房地产开发企业将其持有的开发产品以经营租赁的方式出租，相应地由存货转换为投资性房地产。

3. 自用土地使用权停止自用，用于赚取租金或资本增值，相应地由无形资产转换为投资性房地产。

4. 自用建筑物停止自用，改为出租，相应地由固定资产转换为投资性房地产。

5. 房地产企业将用于经营出租的房地产重新开发用于对外销售，从投资性房地产转为存货。

(二) 投资性房地产转换日的确定

转换日的确定关系到资产的确认时点和入账价值，因此十分重要。转换日是指房地产的用途发生改变、状态相应发生改变的日期。转换日的确定标准主要包括：

1. 投资性房地产开始自用，转换日是指房地产达到自用状态，企业开始将房地产用于生产商品、提供劳务或者经营管理的日期。

2. 投资性房地产转换为存货，转换日为租赁期届满，企业董事会或类似机构作出书面决议，明确表明将其重新开发用于对外销售的日期。

3. 作为存货的房地产改为出租，或者自用建筑物或土地使用权停止自用改为出租，转换日通常为租赁期开始日。租赁期开始日是指承租人有权行使其使用租赁资产权利的日期。

二、投资性房地产转换的核算

（一）投资性房地产转换为非投资性房地产

1. 采用成本模式进行后续计量的投资性房地产转换为自用房地产。企业将原本用于赚取租金或资本增值的房地产改用于生产商品、提供劳务或者经营管理，投资性房地产相应地转换为固定资产或无形资产。例如，企业将出租的厂房收回，并用于生产本企业的产品。在此情况下，转换日为房地产达到自用状态，企业开始将房地产用于生产商品、提供劳务或者经营管理的日期。

企业将投资性房地产转换为自用房地产，应当按该项投资性房地产在转换日的账面余额、累计折旧或摊销、减值准备等，分别转入"固定资产""累计折旧""固定资产减值准备"等科目。按投资性房地产的账面余额，借记"固定资产"或"无形资产"科目，贷记"投资性房地产"科目。按已计提的折旧或摊销额，借记"投资性房地产累计折旧（摊销）"科目，贷记"累计折旧"或"累计摊销"科目。原已计提减值准备的，借记"投资性房地产减值准备"科目，贷记"固定资产减值准备"或"无形资产减值准备"科目。

【例8-8】20×2年3月1日，阳光公司将出租的仓库收回，开始用于存放货物。仓库在转换之前采用成本模式计量，账面价值为1 800万元，累计已计提折旧325万元。不考虑相关税费。

阳光公司的相关账务处理如下：

借：固定资产——仓库　　　　　　　　　　　　　　　　1 800
　　投资性房地产累计折旧　　　　　　　　　　　　　　　325
　　贷：投资性房地产——仓库　　　　　　　　　　　　　　1 800
　　　　累计折旧　　　　　　　　　　　　　　　　　　　　325

2. 采用公允价值模式进行后续计量的投资性房地产转为自用房地产。企业将采用公允价值模式计量的投资性房地产转换为自用房地产时，应当以其转换当日的公允价值作为自用房地产的账面价值，公允价值与账面价值之间的差额计入当期损益。

转换日，按该项投资性房地产的公允价值，借记"固定资产"或"无形资产"科目；按该项投资性房地产的成本，贷记"投资性房地产——成本"科目；按该项投资性房地产的累计公允价值变动，贷记或借记"投资性房地产——公允价值变动"科目；按其差额，贷记或借记"公允价值变动损益"科目。

【例8-9】20×2年6月1日,阳光公司对外出租的写字楼租赁期满予以收回,准备作为本企业行政管理用办公楼。写字楼在转换之前采用公允价值模式计量,原账面价值为8 800万元,其中,成本为8 300万元,公允价值变动(截至20×1年12月31日)为500万元。20×2年6月1日,当日的公允价值为8 900万元。不考虑相关税费。

阳光公司的相关账务处理如下:

借:固定资产——写字楼　　　　　　　　　　　　　　　8 900
　　贷:投资性房地产——写字楼(成本)　　　　　　　　　　　8 300
　　　　　　　　　　　——(公允价值变动)　　　　　　　　　500
　　　　公允价值变动损益　　　　　　　　　　　　　　　　　100

3. 采用成本模式进行后续计量的投资性房地产转换为存货。房地产开发企业将用于经营出租的房地产重新开发用于对外销售的,从投资性房地产转化为存货。这种情况下,转换日为租赁期届满、企业董事会或类似机构作出书面决议,明确表明将其重新开发用于对外销售的日期。

企业将投资性房地产转换为存货时,应当按照该项投资性房地产在转换日的账面价值,借记"开发产品"科目;按照已计提的折旧或摊销,借记"投资性房地产累计折旧(摊销)"科目;原已计提减值准备的,借记"投资性房地产减值准备"科目;按其账面余额,贷记"投资性房地产"科目。

【例8-10】阳光公司为一家房地产开发企业,该公司将其开发的一栋写字楼以经营租赁方式出租给乙公司使用。20×2年2月1日,因租赁期满,该公司将出租的写字楼收回,并作出书面决议,将写字楼重新开发用于对外销售。写字楼在转换之前采用成本模式计量,账面原价为7 800万元,已提折旧580万元,已计提的减值准备为200万元。不考虑相关税费。

阳光公司的相关账务处理如下:

借:开发产品　　　　　　　　　　　　　　　　　　　　7 020
　　投资性房地产累计折旧　　　　　　　　　　　　　　　580
　　投资性房地产减值准备　　　　　　　　　　　　　　　200
　　贷:投资性房地产——写字楼　　　　　　　　　　　　　　7 800

4. 采用公允价值模式进行后续计量的投资性房地产转换为存货。企业将采用公允价值模式计量的投资性房地产转换为存货时,应当以其转换当日的公允价值作为存货的账面价值,公允价值与原账面价值的差额计入当期损益。

转换日,按该项投资性房地产的公允价值,借记"开发产品"等科目,按该项投资性房地产的成本,贷记"投资性房地产——成本"科目;按该项投资性房地产的累计公允价值变动,贷记或借记"投资性房地产——公允价值变动"科目;按其差额,贷记或借记"公允价值变动损益"科目。

【例 8-11】沿用【例 8-10】资料，假设阳光公司写字楼在转换之前采用公允价值模式计量，原账面价值为 7 800 万元，其中，成本为 7 500 万元，公允价值变动（截至 20×1 年 12 月 31 日）为 300 万元。20×2 年 2 月 1 日，写字楼的公允价值为 7 850 万元，其他条件不变，不考虑相关税费。

阳光公司将投资性房地产转换为存货的账务处理如下：

借：开发产品　　　　　　　　　　　　　　　　　　　　　7 850
　　贷：投资性房地产——写字楼（成本）　　　　　　　　7 500
　　　　投资性房地产——写字楼（公允价值变动）　　　　300
　　　　公允价值变动损益　　　　　　　　　　　　　　　50

（二）非投资性房地产转换为投资性房地产

1. 非投资性房地产转换为采用成本模式进行后续计量的投资性房地产。

（1）作为存货的房地产转换为投资性房地产。通常是指房地产开发企业将其持有的开发产品以经营租赁的方式出租，存货相应地转换为投资性房地产。这种情况下，转换日通常为房地产的租赁期开始日。租赁期开始日是指出租人提供租赁资产使其可供承租人使用的起始日期。一般而言，对于企业自行建造或开发完成但尚未使用的建筑物，如果企业董事会或类似机构正式作出书面决议，明确表明其自行建造或开发产品用于经营出租、持有意图短期内不再发生变化的，应视为存货转换为投资性房地产，转换日为企业董事会或类似机构作出书面决议的时间。

企业将作为存货的房地产转换为采用成本模式计量的投资性房地产，应当按该项存货在转换日的账面价值借记"投资性房地产"科目；原已计提跌价准备的，借记"存货跌价准备"科目；按其账面余额，贷记"开发产品"等科目。

【例 8-12】20×2 年 3 月 15 日，甲房地产开发公司与乙公司签订租赁协议，将其自行开发的准备销售的一栋写字楼出租给乙公司，租赁期开始日为 20×2 年 4 月 1 日。该写字楼的实际建造成本为 88 000 万元，未计提存货跌价准备。阳光公司对投资性房地产采用成本模式计量，不考虑相关税费。

阳光公司将存货转换为投资性房地产的账务处理如下：

借：投资性房地产——写字楼　　　　　　　　　　　　　88 000
　　贷：开发产品　　　　　　　　　　　　　　　　　　88 000

（2）自用房地产转化为投资性房地产。企业将原本用于日常生产商品、提供劳务或者经营管理的房地产改用于出租，通常应于租赁期开始日，按照固定资产或无形资产的账面价值，将固定资产或无形资产相应地转换为投资性房地产。对不再用于日常生产经营活动且经整理后达到可经营出租状况的房地产，如果企业董事会或类似机构正式作出书面决议，明确表明其自用房地产用于经营出租且持有意图短期内不再发生变化的，应视为自用房地产转换为投资性房地产，转换日为企业董事会或类似机构正式作出书面决议的日期。

企业将自用土地使用权和建筑物转换为以成本模式计量的投资性房地产时，应当按该项建筑物或土地使用权在转换日的原价、累计折旧、减值准备等，分别转入"投资性房地产""投资性房地产累计折旧摊销""投资性房地产减值准备"科目。按其账面余额，借记"投资性房地产"科目，贷记"固定资产"或"无形资产"科目；按已计提的折旧或摊销，借记"累计摊销"或"累计折旧"科目，贷记"投资性房地产累计折旧摊销"科目；原已计入减值准备的，借记"固定资产减值准备"或"无形资产减值准备"科目，贷记"投资性房地产减值准备"科目。

【例8-13】阳光公司将一栋闲置仓库对外出租。20×2年4月20日，阳光公司与乙公司签订经营租赁协议，将仓库出租给乙公司使用，租赁期开始日为20×2年5月1日，租赁期为3年，仓库账面原值1 500万元，已提折旧400万元。阳光公司对投资性房地产采用成本模式计量，不考虑相关税费。

阳光公司的相关账务处理如下：

借：投资性房地产——仓库　　　　　　　　　　　　　　　1 500
　　累计折旧　　　　　　　　　　　　　　　　　　　　　　400
　　贷：固定资产——仓库　　　　　　　　　　　　　　　　1 500
　　　　投资性房地产累计折旧　　　　　　　　　　　　　　400

2. 非投资性房地产转化为采用公允价值模式进行后续计量的投资性房地产。

（1）作为存货的房地产转换为投资性房地产。企业将作为存货的房地产转换为采用公允价值模式计量的投资性房地产，应当按该项房地产在转换日的公允价值入账，借记"投资性房地产——成本"科目，原已计提跌价准备的，借记"存货跌价准备"科目；按其账面余额，贷记"开发产品"等科目。同时转换日的公允价值小于账面价值的，按其差额，借记"公允价值变动损益"科目；转换日的公允价值大于账面价值的，按其差额，贷记"其他综合收益"科目。当该项投资性房地产处置时，之前转换时计入其他综合收益的部分应转入当期损益。

【例8-14】沿用【例8-12】资料，假设阳光公司对投资性房地产采用公允价值模式计量，20×2年3月15日的公允价值为89 000万元，其他条件不变，不考虑相关税费。

阳光公司将存货转换为投资性房地产的账务处理如下：

借：投资性房地产——写字楼（成本）　　　　　　　　　　89 000
　　贷：开发产品　　　　　　　　　　　　　　　　　　　88 000
　　　　其他综合收益　　　　　　　　　　　　　　　　　1 000

（2）自用房地产转换为投资性房地产。企业将自用房地产转换为采用公允价值模式计量的投资性房地产,应当按该项土地使用权和建筑物在转换日的公允价值,借记"投资性房地产——成本"科目;按已计提的累计折旧或累计摊销,借记"累计折旧"或"累计摊销"科目;原已计提减值准备的,借记"固定资产减值准备"或"无形资产减值准备"科目;按其账面余额,贷记"固定资产"或"无形资产"科目。同时,转换日的公允价值小于账面价值的,按其差额,借记"公允价值变动损益"科目;转换日的公允价值大于账面价值的,按其差额,贷记"其他综合收益"科目。当该项投资性房地产处置时,转换计入其他综合收益的部分应转入当期损益。

【例8-15】沿用【例8-13】资料,假设阳光公司对投资性房地产采用成本模式计量,其他条件不变,不考虑相关税费。

阳光公司的相关账务处理如下:

(1) 假设阳光公司仓库20×2年5月1日的公允价值为1 000万元。

借:投资性房地产——仓库(成本)　　　　　　　　　　1 000
　　累计折旧　　　　　　　　　　　　　　　　　　　　400
　　公允价值变动损益　　　　　　　　　　　　　　　　100
　　贷:固定资产——仓库　　　　　　　　　　　　　　　1 500

(2) 假设阳光公司仓库20×2年5月1日的公允价值为1 200万元。

借:投资性房地产——仓库(成本)　　　　　　　　　　1 200
　　累计折旧　　　　　　　　　　　　　　　　　　　　400
　　贷:固定资产——仓库　　　　　　　　　　　　　　　1 500
　　　　其他综合收益　　　　　　　　　　　　　　　　100

第五节　投资性房地产的处置

当投资性房地产被处置,或者永久退出使用且预计不能从其处置中取得经济利益时,应当终止确认该项投资性房地产。企业可以通过对外出售或转让的方式处置投资性房地产取得收益。对于那些由于使用而不断磨损直到最终报废,或者由于遭受自然灾害等非正常原因发生毁损的投资性房地产应当及时进行清理。此外,企业因其他原因,例如因非货币性交易而减少的投资性房地产也属于投资性房地产的处置。企业出售、转让、报废投资性房地产或者发生投资性房地产毁损,应当将处置收入扣除其账面价值和相关税费后的金额计入当期损益。

一、采用成本模式计量的投资性房地产的处置

处置采用成本模式计量的投资性房地产时,应当按实际收到的金额,借记"银行

存款"等科目,贷记"其他业务收入""应交税费——应交增值税(销项税额)"科目;按该项投资性房地产的账面价值,借记"其他业务成本"科目,按其账面余额,贷记"投资性房地产"科目,按照原已计提的折旧和摊销,借记"投资性房地产累计折旧(摊销)"科目。原已计提减值准备的,借记"投资性房地产减值准备"科目。

【例8-16】阳光公司将其一栋写字楼用于对外出租,采用成本模式计量。租赁期满后,阳光公司将该写字楼出售给乙公司,合同价款为2 900万元,乙公司已用银行存款付清该款项。出售时,该栋写字楼的成本为2 800万元,已累计计提折旧150万元。假定不考虑相关税费。

出售时阳光公司的账务处理如下:

借:银行存款	2 900
贷:其他业务收入	2 900
借:其他业务成本	2 650
投资性房地产累计折旧	150
贷:投资性房地产——写字楼	2 800

二、采用公允价值模式计量的投资性房地产的处置

处置采用公允价值模式计量的投资性房地产时,应当按实际收到的金额,借记"银行存款"等科目,贷记"其他业务收入""应交税费——应交增值税(销项税额)"科目;按该项投资性房地产的账面余额,借记"其他业务成本"科目,按其成本,贷记"投资性房地产——成本"科目,按其累计公允价值变动,贷记或借记"投资性房地产——公允价值变动"科目。同时结转投资性房地产累计公允价值变动。若存在原转换日计入其他综合收益的金额也一并结转。

【例8-17】20×1年1月21日,阳光公司与乙公司签订租赁协议,将其自用的一栋写字楼出租给乙公司使用,租赁期为2年,租赁期开始日为20×1年2月1日。写字楼的实际造价成本为50 000万元,截至20×1年1月31日,累计已计提折旧5 800万元,阳光公司对投资性房地产采用公允价值模式计量。20×1年2月1日,写字楼的公允价值为46 000万元;20×1年12月31日,写字楼的公允价值为45 500万元;20×2年12月31日,写字楼的公允价值为45 000万元。20×3年1月31日,租赁期届满,阳光公司收回写字楼,并以45 000万元出售,价款已收存银行。假定不考虑相关税费。

20×1年2月1日,将自用房地产转换为投资性房地产,阳光公司的账务处理如下:

借:投资性房地产——写字楼(成本)	46 000

累计折旧	5 800
贷：固定资产——写字楼	50 000
其他综合收益	1 800

20×1年12月31日，确认公允价值变动：

借：公允价值变动损益	500
贷：投资性房地产——写字楼（公允价值变动）	500

20×2年12月31日，确认公允价值变动：

借：公允价值变动损益	500
贷：投资性房地产——写字楼（公允价值变动）	500

20×3年1月31日，出售投资性房地产写字楼：

借：银行存款	45 000
贷：其他业务收入	45 000
借：其他业务成本	45 000
投资性房地产——写字楼（公允价值变动）	1 000
贷：投资性房地产——写字楼（成本）	46 000
借：其他业务成本	1 000
贷：公允价值变动损益	1 000
借：其他综合收益	1 800
贷：其他业务成本	1 800

思考与练习

一、单项选择题

1. 企业持有的下列房地产中，不属于投资性房地产的是（   ）。

  A. 已出租的土地使用权   B. 持有并准备增值后转让的土地使用权
  C. 已出租的建筑物   D. 持有并准备增值后转让的建筑物

2. 企业取得投资性房地产发生的下列支出中，不计入投资性房地产成本的是（   ）。

  A. 土地开发费   B. 建筑安装成本
  C. 应予以资本化的借款费用 D. 业务人员差旅费

3. 企业对投资性房地产采用成本模式计量，计提的折旧费用或摊销费用应当计入（   ）。

  A. 管理费用 B. 制造费用 C. 营业外支出 D. 其他业务成本

4. 采用成本模式进行后续计量的企业，关于投资性房地产的账务处理，下列说法中不正确的是（　　）。

　　A. 应当按规定计提折旧或者进行摊销

　　B. 折旧额或者摊销额计入其他业务成本

　　C. 取得的租金收入计入其他业务收入

　　D. 不得转为公允价值模式计量

5. 企业发生的下列投资性房地产后续支出中，不能作为资本性支出的是（　　）。

　　A. 房屋修理支出　　　　　　B. 房屋改造支出

　　C. 房屋装修支出　　　　　　D. 房屋扩建支出

二、多项选择题

1. 下列各项中，属于投资性房地产的有（　　）。

　　A. 企业以经营租赁方式租出的写字楼

　　B. 企业持有拟增值后转让的房屋

　　C. 企业拥有并自行经营的饭店

　　D. 企业持有拟增值后转让的土地使用权

2. 下列各项中，会引起采用成本模式计量的投资性房地产账面价值发生增减变化的有（　　）。

　　A. 对投资性房地产进行改建扩建

　　B. 对投资性房地产进行修理维护

　　C. 对投资性房地产计提折旧

　　D. 投资性房地产发生增值

3. 企业用于经营出租的下列建筑物中，不应计提折旧的有（　　）。

　　A. 采用成本模式计量的已出租建筑物

　　B. 采用公允价值模式计量的已出租建筑物

　　C. 采用成本模式计量的改建、扩建中的建筑物

　　D. 采用公允价值模式计量的修理维护中的建筑物

4. 房地产的转换是因房地产用途发生改变而对房地产进行的重新分类，其具体包括（　　）。

　　A. 自用房地产转换为投资性房地产

　　B. 作为存货的房地产转换为投资性房地产

　　C. 作为存货的房地产转换为自用房地产

　　D. 投资性房地产转换为自用房地产

5. 某项房地产部分用于出售、部分用于赚取租金，并且不同用途的部分能够单独计量和出售。对于该房地产，下列说法中正确的有（　　）。

　　A. 该项房地产应分别确认为存货和投资性房地产

B. 用于出售的部分属于存货
C. 用于赚取租金的部分属于投资性房地产
D. 该项房地产均属于投资性房地产

三、判断题

1. 企业处置投资性房地产的净损益，应当计入资产处置损益。（   ）
2. 按成本模式进行后续计量的投资性房地产，需要计提折旧、摊销、减值准备。（   ）
3. 外购的投资性房地产其成本应包括购买价款、相关税费和可直接归属于该资产的其他支出。（   ）
4. 投资性房地产的后续支出应当作为资本化支出，计入投资性房地产的成本。（   ）
5. 投资性房地产的修理支出不能满足资本化条件的，应当在发生时计入当期损益。（   ）

四、计算及账务处理题

1. 20×8年3月5日，星海公司与B公司签订经营租赁协议，约定将星海公司购入的一栋写字楼租给B公司使用，租期为3年。20×8年3月25日，星海公司购入写字楼支付买价28 600万元（假定不考虑相关税费），根据租赁协议，租赁期开始日为20×8年4月1日。星海公司对投资性房地产采用公允价值模式进行后续计量。

要求：编制星海公司有关投资性房地产的会计分录。

（1）20×8年3月25日，购入写字楼并出租。

（2）20×8年12月31日，确认公允价值变动损益。

①假定该写字楼公允价值为29 000万元。

②假定该写字楼公允价值为28 000万元。

2. 星海公司将用作办公场所的房屋转为对外出租，并于20×4年12月25日签订了租赁合同，租期为3年，租赁期开始日为20×5年1月1日，用于出租的房屋原价1 600万元，预计净残值40万元，预计可使用30年，采用年限平均法计提折旧（为简化起见，按年折旧）。转换为投资性房地产之前，该房屋已经使用了9年，累计折旧为468万元。

要求：作出星海公司有关该项投资性房地产的账务处理。

（1）假定采用成本模式进行后续计量。

①20×4年12月25日，将自用房地产转换为投资性房地产。

②20×5年12月31日计算房屋年折旧额，并计提折旧。

③20×7年1月1日将成本模式转为公允价值模式，房屋公允价值为1 560万元。

④20×7年12月31日，房屋公允价值为1 570万元。

（2）假定采用公允价值模式进行后续计量。

①20×4年12月25日，将自用房地产转换为投资性房地产，房屋公允价值为1 500万元。

②20×5年12月31日，房屋的公允价值为1 490万元。

③20×6年12月31日，房屋的公允价值为1 560万元。

④20×7年12月31日，房屋的公允价值为1 570万元。

⑤20×7年12月31日租赁期满，房屋转为自用办公场所。

⑥20×8年12月31日计算房屋年折旧额，并计提折旧。

3. 星海公司自建的办公楼于20×0年12月10日投入使用，实际建造成本为12 800万元，预计使用30年，预计净残值为200万元，采用年限平均法计提折旧。20×4年12月31日，星海公司为该办公楼计提减值准备1 560万元，预计净残值和预计使用年限均未发生变动。因星海公司启用了新的办公大楼，原办公楼于20×6年6月5日停止自用，并经董事会决议将其对外出租。20×6年6月20日，星海公司与C公司签订了经营租赁协议，将办公楼租给C公司使用，租期为3年，租赁开始日为20×6年7月1日。星海公司对投资性房地产采用成本模式计量。20×9年7月1日租赁期届满，星海公司以8 500万元的价款将办公楼出售，截至出售日，该投资性房地产共计提折旧3 300万元。假定不考虑相关税费。

要求：计算累计折旧，并编制有关会计分录。

（1）计算截至转换日办公楼的累计折旧。

（2）编制出售办公楼的会计分录。

思考与练习答案

第九章 流动负债

[学习目标]

通过本章的学习，了解流动负债的特征和确认条件，重点掌握短期借款的核算方法、应付款项的核算方法、应付职工薪酬的确认与计量、应交税费的确认条件及相关会计核算，以及其他流动负债的辨别与应用，并能结合案例熟练编写相应会计分录。

[思政目标]

现代社会，无论是以契约连接起来的企业还是个人都会面临着各种各样的责任（即负债），而负债的履行必然导致经济利益的流出，故一定要树立两种意识：一是有借有还的诚信意识；二是提升负债筹资的风险意识。我们要树立正确的人生观和价值观，清清白白做人，明明白白做事，不被利益所引诱；生活中理性消费，增强绿色环保意识、纳税意识，做一个诚信、有爱的中国公民，践行社会主义核心价值观，养成勤俭节约的传统美德和健康的生活习惯。

第一节 流动负债概述

一、流动负债的定义及判断

《企业会计准则——基本准则》第二十三条规定，负债是指企业过去的交易或事项形成的、预期会导致经济利益流出企业的现时义务。负债是反映企业财务状况的一个要素，其确认条件主要包括两个方面：一是与该义务有关的经济利益很可能流出企业；二是未来流出经济利益的金额能够可靠地估计。按照流动性不同，可以将负债划分为流动负债和非流动负债，分类列示在资产负债表的负债项目中。在资产负债表中，将流动负债与流动资产进行比较，能够反映企业的短期偿债能力。本章主要讲解流动负债的相关内容。

流动负债是指在一年内（含一年）或一个营业周期内，需要用流动资产来归还，或者以新的流动负债所获得的资金来抵偿的各种债务。主要包括短期借款、应付票据、应付账款、预收账款、应付职工薪酬、应交税费、其他应付款等。

一般而言，满足以下几种情形之一，即可判断为流动负债：

（1）在一年或者一个周期内预计能够偿还的负债，例如向银行借取的一年内到期还款的短期借款。

（2）因交易形成的、预期能在一个营业周期内偿还的负债，例如企业购买物资采用商业信用支付产生的应付票据。

（3）企业自资产负债表日起一年内到期应予以偿还的资产，例如以前年度的长期借款在本年自资产负债表日起一年内到期，需将长期借款转为短期借款。

（4）企业无权自主延期偿还的流动负债，即企业自己无法使债务期限由短期转换为长期的负债。例如本月出具的六个月期的银行承兑汇票。

二、流动负债的分类

（一）按形成方式分类

流动负债按照形成方式分类，可以分为融资活动形成的流动负债和经营活动形成的流动负债。

融资活动形成的流动负债是指企业在银行或其他金融机构进行筹资活动形成的流动负债，例如企业向银行借款形成的短期借款；由借款产生的应付利息等。

经营活动产生的流动负债是指企业在正常的生产经营活动中形成的流动负债，包括外部业务结算形成的流动负债和内部业务活动产生的流动负债。外部业务结算产生的流动负债主要是指企业在采购、销售过程中形成的应付账款、应付票据、预收账款和应交税费等流动负债；内部业务活动形成的流动负债主要是指应付职工薪酬及其他应付款中支付给员工的款项。

（二）按偿还方式分类

流动负债按照偿还方式分类，可以分为货币性流动负债和非货币性流动负债。

货币性流动负债是指到期以货币资金偿还的流动负债，主要包括短期借款、应付账款、应付职工薪酬等。

非货币性流动负债是指不需要用货币资金偿还的流动负债，主要为预收账款。

（三）按偿还金额是否确定分类

流动负债按照偿还金额是否确定分类，可以分为偿还金额确定的流动负债和偿还金额需要估计的流动负债。

偿还金额可以确定的流动负债是指有明确的债权人和偿还日期，并有具体偿还金额的流动负债，例如短期借款、应付票据、应付职工薪酬、预收账款等。

偿还金额需要估计的流动负债是指没有明确的债权人和偿付日期，或者没有规定具体偿还金额的流动负债，例如结算凭证尚未到达，但已入库的存货，其应付账款应于月末估计确定。

按照不同的标准，我们可以将流动负债分为不同的类别，以满足不同的需求。除以上三种分类方法外，我们还可以根据具体情形进行分析，确定某项流动负债的性质。

第二节　短期借款

一、短期借款的定义

短期借款是指企业向银行或其他金融机构等借入的期限在一年以内（含1年）的各种借款，通常是为了满足企业日常运营的需要。企业在日常运营中面临资金短缺的危机时，首先会考虑从银行借入资金，而银行也会根据企业本身的信誉状况给予企业一定的借款额度，允许企业在借款额度范围内支取部分资金，并承诺在较短期限内偿还本金和利息，从而形成了短期借款。

短期借款具有借款金额小、时间短、利息低等特点，对企业资产的流动性要求高。

二、短期借款的会计核算

企业应通过设置"短期借款"会计科目，核算短期借款的取得、利息处理和相应地归还短期借款本金及利息的处理。短期借款科目属于负债类科目，即"贷增借减"。该科目贷方表示登记取得借款的本金金额，借方登记偿还借款的本金金额。期末余额在贷方，表示尚未偿还的短期借款。在实际工作中，银行一般于每季度末收取短期借款利息。为此，企业的短期借款应通过月末计提的方式进行核算。短期借款科目可按照借款种类、贷款人和币种设置明细科目进行明细核算。

（一）短期借款取得时的会计核算

企业从银行或其他金融机构借入"短期借款"时，应签订相应的借款合同，注明短期借款的金额、借款利息及偿还时间等。企业取得短期借款使"短期借款"会计科目增加，而短期借款是"贷增借减"，那么其增加必然记入"贷方"；相应地企业收到短期借款，资产增加，"借方"记入"银行存款"会计科目。

（二）短期借款利息的会计核算

企业借入短期借款所发生的利息费用一般应作为"财务费用"核算，计入当期损益。银行或其他金融机构一般在每月月末计提利息，按季偿还利息。因此，企业每个月都应在月末计提一次利息，同时每个季度偿还三个月的利息。每月利息不变，每个季度偿还的利息包含前两个月的利息，共计每月利息的三倍。"财务费用"属于损益类账户中的费用类账户，在借贷记账法下，其借方登记增加额，贷方登记减少额；"应付利息"属于负债类账户，在借贷记账法下，其借方登记减少额，贷方登记增加额，月末计提本月利息使得财务费用和应付利息两个会计科目同时增加。因此，"财务费用"的增加记入"借方"，"应付利息"的增加记入"贷方"。

应用情形一（预提方式）：短期借款利息是按期支付的，一般是按月或按季支付利息，或者利息在到期之后和本金一起连本带利归还。

具体账务处理如下：

计提利息时：

借：财务费用
　　贷：应付利息

实际支付时：

借：应付利息（财务费用）
　　贷：银行存款等

应用情形二（直接支付方式）：短期借款利息是按期支付的，一般是按月或者按季支付利息，或者在到期之后和本金一起连本带利归还。

账务处理如下：

借：财务费用
　　贷：银行存款等

（三）短期借款到期偿还的会计核算

企业在短期借款到期偿还本金时，应借记"短期借款"科目，贷记"银行存款"科目。企业在偿还短期借款本金和利息时，借记"短期借款""应付利息"科目。此时，如果有未计提的利息应当借记"财务费用"科目，同样的，贷记"银行存款"科目。相应会计分录编写如下：

到期偿还短期借款本金：

借：短期借款
　　贷：银行存款

到期偿还短期借款本金和利息：

借：短期借款
　　财务费用（未计提的利息）
　　应付利息（已计提的利息）

贷：银行存款

【例 9-1】阳光公司为缓解日常运营的资金压力，于 20×2 年 10 月 1 日向银行取得短期借款 400 000 元，借款期限为 6 个月，借款年利率为 5%，到期还本，借款利息分月计提，按季支付。

阳光公司的有关账务处理如下：

20×2 年 10 月 1 日借入短期借款时：

借：银行存款	400 000
贷：短期借款	400 000

20×2 年 10 月末计提本月利息：

本月应计提的利息金额 = 400 000 × 6% ÷ 12 = 2 000（元）

借：财务费用	2 000
贷：应付利息	2 000

20×2 年 11 月末计提本月利息：

本月应计提的利息金额 = 400 000 × 6% ÷ 12 = 2 000（元）

借：财务费用	2 000
贷：应付利息	2 000

20×2 年 12 月末支付第一季度银行借款利息时：

借：财务费用	2 000
应付利息	4 000
贷：银行存款	6 000

20×3 年 1 月末计提本月利息：

借：财务费用	2 000
贷：应付利息	2 000

20×3 年 2 月末计提本月利息：

借：财务费用	2 000
贷：应付利息	2 000

20×3 年 3 月末支付第二季度银行借款利息时：

借：财务费用	2 000
应付利息	4 000
贷：银行存款	6 000

20×3 年 4 月 1 日，甲公司偿还短期借款本金：

借：短期借款	400 000
贷：银行存款	400 000

第三节 应付票据和应付账款

一、应付票据

（一）应付票据概述

应付票据是企业为采购材料、购买商品或获得服务而向收款人签发的商业汇票。购货单位委托承兑人在规定的日期，无条件地向收款人或持票人兑付确定金额。商业汇票以承兑人的不同分为银行承兑汇票和商业承兑汇票，又以是否带息分为带息票据和不带息票据。无论是否带息，商业票据都按面值入账，带息票据在期末时计算利息，借方记入"财务费用"科目，同时贷方记入"应付票据"科目。

（二）会计核算

1. 发生应付票据时的会计核算。发生应付票据时，企业应根据商业汇票票面金额入账：

借：原材料（库存商品等）
　　应交税费——应交增值税（进项税额）
　　贷：应付票据

2. 支付票款时的会计核算。

（1）不带息商业汇票的核算。

借：应付票据
　　贷：银行存款

（2）带息商业汇票的核算。

若期末时应付票据尚未支付，应计提尚未支付的利息：

借：财务费用
　　贷：应付票据

支付票款时：

借：应付票据
　　财务费用
　　贷：银行存款

（3）企业到期无力支付票据时，应将应付票据的账面价值与计提的利息同时结转。

如果是商业承兑汇票，会计分录为：

借：应付票据
　　财务费用
　　贷：应付账款

如果是银行承兑汇票，则会计分录如下：

借：应付票据
　　财务费用
　　贷：短期借款

【例 9-2】 20×2 年 12 月 1 日，阳光公司购进一批原材料用于生产，原材料已验收入库。增值税专用发票上注明该批材料不含税价格为 80 000 元，增值税税额为 10 400 元，采用商业承兑汇票结算，期限为 4 个月，票面年利率为 6%，于 20×3 年 3 月 31 日用银行存款支付。

阳光公司应编制如下会计分录：

（1）20×2 年 12 月 1 日签发商业承兑汇票时：

借：原材料　　　　　　　　　　　　　　　　　　　　　80 000
　　应交税费——应交增值税（进项税额）　　　　　　　　10 400
　　贷：应付票据　　　　　　　　　　　　　　　　　　　　　90 400

（2）20×2 年 12 月 31 日计提利息费用时：

应计提的利息 = 90 400 × 6% ÷ 12 = 452（元）

借：财务费用　　　　　　　　　　　　　　　　　　　　　452
　　贷：应付票据　　　　　　　　　　　　　　　　　　　　　452

（3）20×3 年 3 月 31 日支付票款时：

应付票据账面价值 = 90 400 + 452 = 90 852（元）

应计提的利息 = 90 400 × 6% ÷ 12 × 3 = 1 356（元）

借：应付票据　　　　　　　　　　　　　　　　　　　　　90 852
　　财务费用　　　　　　　　　　　　　　　　　　　　　 1 356
　　贷：银行存款　　　　　　　　　　　　　　　　　　　　　92 208

二、应付账款

（一）应付账款概述

应付账款是企业为采购材料、购买商品或获得服务而应支付却未支付的款项。由于最终支付的货款与实际确认所购货物或劳务存在时间上的差异，从而产生了一项流动负债，该流动负债即应付账款。应付账款应在所购货物或与劳务所有权相关的主要风险或报酬已转移或已接受时确认。

(二) 会计核算

在确认应付账款时,应区分以下几种情况进行处理:

1. 货物和发票同时到达,按照发票上记载的金额确认应付账款,会计分录为:

借:原材料(库存商品等)
　　应交税费——应交增值税(进项税额)
　贷:应付账款

2. 发票先于货物到达,按照发票上记载的金额确认应付账款,会计分录为:

借:在途物资等
　　应交税费——应交增值税(进项税额)
　贷:应付账款

3. 货物先于发票到达,月末时先按暂估价格入账,下月初以红字冲回,待收到发票后再按照发票上记载的金额确认应付账款。相关会计分录如下:

(1) 暂估入账时:

借:原材料(库存商品等)
　贷:应付账款——暂估账款

(2) 下个月红字冲回时:

借:原材料(库存商品等)(红色)
　贷:应付账款——暂估账款(红色)

(3) 收到发票,按发票金额入账时:

借:原材料(库存商品等)
　　应交税费——应交增值税(进项税额)
　贷:应付账款

4. 带有折扣条件的应付账款。若是商业折扣,购货方应以折扣后的金额作为入账依据;若是现金折扣,购货方应以折扣前的金额,即应付金额总价入账,待获得现金折扣时,将折扣金额冲减财务费用。

5. 无法支付的应付账款。因某些特殊情况,企业确实无法支付应付账款的,应将该笔应付账款作为企业的一项营业外收入,借记"应付账款"科目,贷记"营业外收入"科目。

【例9-3】20×2年8月6日,阳光公司购进原材料一批,原材料已验收入库。增值税专用发票上注明该批材料不含税价格为35 000元,增值税税额为4 550元,拟定于9月10日支付。

阳光公司应编制如下会计分录:

(1) 8月6日赊购原材料时:

借：原材料	35 000	
应交税费——应交增值税（进项税额）	4 550	
贷：应付账款		39 550

（2）9月10日支付货款时：

借：应付账款	39 550	
贷：银行存款		39 550

【例9-4】假设上述购货条件附有现金折扣，具体条件为3/15，n/30，阳光公司应编制如下会计分录：

（1）8月6日赊购原材料时：

借：原材料	35 000	
应交税费——应交增值税（进项税额）	4 550	
贷：应付账款		39 550

（2）若在15天内付款，可享受3%的折扣优惠：

借：应付账款	39 550	
贷：银行存款		38 363.5
财务费用		1 186.5

（3）若超过折扣期限付款：

借：应付账款	39 550	
贷：银行存款		39 550

第四节　应付职工薪酬

一、应付职工薪酬的含义及内容

根据《企业会计准则第9号——职工薪酬》的规定，职工薪酬是指企业为获得职工提供的服务或解除劳动关系而给予各种形式的补偿或报酬。

其中，职工包括：（1）与企业订立劳动合同的所有人员，包括全职、兼职和临时员工；（2）未与企业签订劳动合同，但由企业正式任命的人员，例如企业的董事会成员、监事会成员；（3）未与企业订立劳动合同或未有企业正式任命，但向企业提供的服务与企业职工提供的服务类似的人员，例如企业与劳务中介公司签订用工合同而向企业提供服务的人员。

应付职工薪酬包括短期薪酬、离职后福利、辞退福利以及其他长期职工福利。企业提供给职工配偶、子女、受赡养人、已故员工遗属及其他受益人等的福利，也属于职工薪酬。

(一) 短期薪酬的内容

短期薪酬,是指企业预期在职工提供相关服务的年度报告期间结束后 12 个月内需要全部予以支付的职工薪酬,因解除与职工的劳动关系给予补偿的除外。

短期薪酬主要包括的内容如下:

1. 职工工资、奖金、津贴和补贴。主要由以下五部分构成:一是计时工资、计件工资;二是支付给职工的超额劳动报酬;三是支付给职工的各种奖金;四是为补偿职工特殊贡献、额外劳动消耗或其他特殊原因而支付给职工的津贴;五是各种特殊情况下支付给职工的工资,例如交通补贴和物价补贴等各种补贴。此外,企业的短期奖金计划属于短期薪酬;长期奖金计划属于其他长期职工福利。

2. 职工福利费。主要是指企业提供给职工除工资、奖金、津贴、社会保险费等以外的福利待遇支出。主要包括以下三种情况:一是发放或支付用于职工卫生保健、生活等各项现金补贴及非货币性福利,例如因公负伤的外地就医费用、防暑降温费等;二是企业尚未分离的内设集体福利部门所发生的设备、设施和人员费用;三是发放给职工的生活困难补助以及按规定发生的其他职工福利支出,例如职工生活困难补助、职工异地安家费、丧葬补助费等。

3. 社会保险费。主要包括医疗保险费、工伤保险费、生育保险费。这类费用需按照国家规定的基准和比例进行计算。

4. 住房公积金。主要是指企业按照国家规定的基准和比例计算的,并向住房公积金管理机构缴存的用于购买商品房、支付住房租金的长期储备金。住房公积金实行专款专用,一般企业按照一定标准按月支付。

5. 工会经费和职工教育经费。主要是指企业为改善职工文化生活、为职工学习先进技术和提高文化水平及业务素质,用于单位开展工会活动和职工教育及职业技能培训等活动的相关经费支出。

6. 短期带薪缺勤。主要是指企业支付工资或提供补偿的职工缺勤,包括年休假、病假、短期伤残、婚嫁、产假、丧假、探亲假等。职工在带薪缺勤期间,按照规定可以获得全部或部分工资。

7. 短期利润分享计划。主要是指企业因职工提供服务而与职工达成的基于利润或其他经营成果为标准计算并提供薪酬的协议。例如,企业对部分职工按照当期实现的净利润超过标准金额部分的 10% 予以奖励。长期利润分享计划属于其他长期职工福利。

8. 非货币性福利。主要是指企业以自产产品或外购商品发放给职工作为福利、企业将自有资产或租赁资产无偿提供给职工使用等。

9. 其他短期薪酬。是指除上述薪酬以外的其他为获得职工提供的服务而给予的短期薪酬。

（二）离职后福利的内容

离职后福利，是指企业为获得职工提供的服务而在职工退休或与企业解除劳动关系后，提供的各种形式的报酬和福利，属于短期薪酬和辞退福利的除外。

离职后福利计划，是指企业与职工就离职后福利达成的协议，或者企业为向职工提供离职后福利制定的规章或办法等。离职后福利计划按其特征可以分为设定提存计划和设定受益计划。

（三）辞退福利的内容

辞退福利，是指在职工劳动合同尚未到期前与职工解除劳动关系，或者为鼓励职工自愿接受裁减而给予的补偿。辞退福利主要包括以下内容：

1. 职工没有选择权的辞退福利。这是指在职工劳动合同尚未到期前，不论职工本人是否愿意，企业都决定解除与职工的劳动关系而给予的补偿。

2. 职工有选择权的辞退福利。这是指在职工劳动合同尚未到期前，企业为鼓励职工自愿接受裁减而给予的补偿，职工有权选择继续在职或接受补偿离职。

辞退福利通常在解除劳动关系时，企业将补偿一次性支付给员工。

（四）其他长期福利的内容

其他长期职工福利，是指除短期薪酬、离职后福利、辞退福利之外所有的职工薪酬，包括长期带薪缺勤、长期残疾福利、长期利润分享计划等。

二、短期薪酬的确认与计量

（一）短期薪酬的确认

企业应当在职工为其提供服务的会计期间，将实际发生的短期薪酬确认为一项流动负债，记入"应付职工薪酬"科目。同时，根据职工所在部门、提供服务的性质和受益对象等情况，将短期薪酬计入当期损益或资产成本，主要包括以下几种情况：

1. 企业生产产品或提供劳务负担的短期薪酬，计入相关产品成本或劳务成本，借记"生产成本""劳务成本""制造费用"等科目，贷记"应付职工薪酬"科目。

2. 公司管理部门的管理人员、董事会成员、监事会成员、财务人员，以及销售部门的销售人员等的短期薪酬，在发生时直接计入当期损益，借记"管理费用""销售费用"等科目，贷记"应付职工薪酬"科目。

3. 符合资本化条件,应当计入固定资产、无形资产等初始成本的工程部门、研发部门等部门的短期薪酬,借记"固定资产""在建工程""研发支出——资本化支出"等科目,贷记"应付职工薪酬"科目。不符合资本化条件的研发部门职工的短期薪酬,应当计入当期损益,借记"研发支出——费用化支出"等科目,贷记"应付职工薪酬"科目。

(二) 短期薪酬的计量

1. 货币性短期薪酬。货币性职工薪酬,是指企业以货币形式支付给职工的工资、奖金、津贴和补贴,以及为员工支付的职工福利费、社会保险费、住房公积金、职工教育经费等。

企业应当根据员工提供的服务情况和工资标准计算应计入职工薪酬的工资总额,并将实际发生的工资、奖金、津贴和补贴等,根据职工提供服务的受益对象计入当期损益或相关成本。借记"生产成本""制造费用""管理费用"等科目,贷记"应付职工薪酬"。实际发放时,借记"应付职工薪酬",贷记"银行存款"等科目。

企业发生的职工福利费,应当在实际发生时根据实际发生额计入当期损益或相关资产成本。社会保险费、住房公积金、工会经费及职工教育费等,企业应按照国务院、所在地政府规定的计提基础和计提比例计算确定。

【例9-5】阳光公司20×2年5月职工薪酬明细表如表9.1所示。

表9.1 阳光公司职工薪酬明细表
20×2年5月 单位:万元

部门	应发工资	医疗保险费 (10%)	住房公积金 (9%)	工会经费 (2%)	职工教育经费 (1.5%)	总计
生产部门生产人员	1 000	100	90	20	15	1 225
生产部门管理人员	1 200	120	108	24	18	1 470
公司管理部门人员	2 000	200	180	40	30	2 450
销售部门人员	1 600	160	144	32	24	1 960
总计	5 800	580	522	116	87	7 105

5月末,阳光公司根据上述业务,应进行如下账务处理:

借:生产成本 12 250 000
　　制造费用 14 700 000
　　管理费用 24 500 000
　　销售费用 19 600 000
　贷:应付职工薪酬——工资 58 000 000
　　　　　　　　——医疗保险费 5 800 000

——住房公积金	5 220 000
——工会经费	1 160 000
——职工教育经费	870 000

企业在实际支付货币性职工薪酬时，还需要为职工代扣代缴个人所得税、社会保险费、住房公积金等支出。因此，当企业在实际支付各项薪酬时，应按照实际支付给职工的金额，借记"应付职工薪酬"科目；按照实际支付薪酬的总额，贷记"银行存款"科目；企业代职工交纳的个人所得税，贷记"应交税费——应交所得税"科目；将企业代扣代缴的，应由职工个人应负担的医疗保险费、住房公积金等支出，贷记"其他应付款"科目。

【例9-6】阳光公司发放20×2年5月份工资，应付职工薪酬总额为58 000 000元，其中由公司代扣代缴的个人所得税为6 000 000元；应由职工个人负担但由公司代扣代缴的各种社会保险费和住房公积金2 000 000元；实发工资部分已经通过银行转账支付。此外，公司通过银行交纳5月份医疗保险费5 800 000元、住房公积金5 220 000元、工会经费1 160 000元、职工教育经费870 000元。

阳光公司根据上述业务，应进行如下账务处理：

支付职工工资：

借：应付职工薪酬——工资	58 000 000
贷：银行存款	50 000 000
应交税费——应交个人所得税	6 000 000
其他应付款	2 000 000

交纳医疗保险费5 800 000元、住房公积金5 220 000元、工会经费1 160 000元、职工教育经费870 000元：

借：应付职工薪酬——医疗保险费	5 800 000
——住房公积金	5 220 000
——工会经费	1 160 000
——职工教育经费	870 000
贷：银行存款	13 050 000

【例9-7】20×2年7月25日，因天气高温，阳光公司用现金支付生产工人福利费6 000元。

阳光公司根据以上业务，应进行账务处理如下：

7月25日，支付福利费：

借：应付职工薪酬——职工福利	6 000
贷：库存现金	6 000

月末，分配福利：

借：生产成本 6 000
　　贷：应付职工薪酬——职工福利 6 000

2. 带薪缺勤。带薪缺勤，是指企业对员工因年休假、病假、短期伤残假、婚嫁、产假等各种原因的缺勤进行补偿。带薪缺勤分为累积带薪缺勤和非累积带薪缺勤。

（1）累积带薪缺勤是指带薪权利可以结转下期的带薪缺勤，本期尚未用完的带薪缺勤权利可以在未来期间使用。企业应当在职工提供服务从而增加了其未来享有的带薪缺勤权利时，确认与累积带薪缺勤相关的职工薪酬，并以累积未行使权利而增加的预期支付金额进行计量，计入当期成本费用，借记"生产成本""制造费用""管理费用""销售费用"等科目，贷记"应付职工薪酬——累积带薪缺勤"科目。

职工在未来期间实际享受前期带薪缺勤时，由于该期间职工未提供服务，应冲减该期间的成本费用，借记"应付职工薪酬——累积带薪缺勤"科目，贷记"生产成本""管理费用""制造费用""在建工程""研发支出"等科目。

（2）非累积带薪缺勤是指带薪缺勤权利不能结转下期的带薪缺勤，本期未用完的带薪缺勤权利将予以取消，并且职工离开企业时也无权获得现金支付。例如，某职工每年可以享受 8 天带薪休假，当年由于工作任务较重，未能按时休假。如果该企业规定当年未休假的时间不能递延，则当年未休假的时间属于非累积带薪缺勤。

企业应当在职工实际发生带薪缺勤的会计期间，确认与非累积带薪缺勤相关的职工薪酬。这部分职工薪酬属于应付工资的范围。

【例9-8】阳光公司自 20×2 年起实行累积带薪缺勤制度。该制度规定，每个职工每年可享受 10 个工作日带薪休假，未使用的年休假可无限期向后结转，且在其离开公司时以现金支付。该公司经理工资为每日 500 元，20×2 年 12 月 31 日，未使用带薪年休假为 3 天。

该经理未使用的累积带薪缺勤：3×500 = 1 500（元）

20×2 年 12 月 31 日，阳光公司确认该经理累积带薪缺勤的薪酬时，应当进行以下账务处理：

借：管理费用 1 500
　　贷：应付职工薪酬——累积带薪缺勤 1 500

若 20×3 年，该经理享受了上年未享受的带薪休假，则账务处理为：

借：应付职工薪酬——累积带薪缺勤 1 500
　　贷：管理费用 1 500

3. 利润分享计划。利润分享计划，是指因职工提供服务而与职工达成的基于利润或其他经营成果提供薪酬的协议。企业制定有利润分享计划的，例如规定当职工在企业工作特定期限后，能够享有按照企业净利润一定比例计算的薪酬，如果职工在企业工作到特定期末，其提供的服务就会增加企业应付职工薪酬金额。

利润分享计划同时满足下列条件的，企业应当确认相关的应付职工薪酬，并计入当期损益或者相关资产成本：一是企业因过去事项导致现在具有支付职工薪酬的法定义务；二是因利润分享计划所产生的应付职工薪酬义务能够可靠估计。属于以下三种情形之一的，视为义务金额能够可靠估计：

（1）在财务报告批准报出之前企业已确定应支付的薪酬金额。

（2）该利润分享计划的正式条款中包括确定薪酬金额的方式。

（3）过去的惯例为企业确定推定义务金额提供了明显证据。

为了反映利润分享计划的提取和发放情况，应在"应付职工薪酬"科目下设置"利润分享计划"明细科目。企业确认职工利润分享计划薪酬时，应借记"生产成本""制造费用""管理费用""销售费用""在建工程""研发支出"等科目，贷记"应付职工薪酬——利润分享计划"科目。在企业实际发放利润分享计划薪酬时，应借记"应付职工薪酬——利润分享计划"科目，贷记"银行存款"等科目。

【例9-9】20×2年8月15日，阳光公司发布短期利润分享计划，将按照20×2年度利润总额的5%作为奖金（直接参加生产的员工享有2%，总部管理人员享有3%），发放给20×1年9月20日至20×2年12月31日在公司工作的员工；如果有员工在20×2年12月31日前离职，将不能获得奖金；该奖金将于20×3年1月30日支付。20×2年度，在未考虑利润分享计划的情况下，阳光公司实现利润总额1 000万元。

不考虑其他因素，阳光公司20×2年12月31日应进行以下账务处理：

借：生产成本　　　　　　　　　　　　　　　　　　4 000 000
　　管理费用　　　　　　　　　　　　　　　　　　6 000 000
　　　贷：应付职工薪酬——利润分享计划　　　　　　10 000 000

20×3年1月30日，阳光公司支付该奖金，则应进行以下账务处理：

借：应付职工薪酬——利润分享计划　　　　　　　　10 000 000
　　　贷：银行存款　　　　　　　　　　　　　　　　10 000 000

4. 非货币性福利。非货币性福利，是指企业以非货币性资产支付给职工的薪酬，主要包括企业以自己的产品或其他有形资产发放给职工作为福利，向职工无偿提供自己拥有的资产供其使用，以及为职工无偿提供类似医疗保健服务等。为了反映非货币性福利的支付与分配情况，应在"应付职工薪酬"科目下设置"非货币性福利"明细科目。

（1）以自产产品作为福利发放给员工。企业以其生产的产品作为非货币性福利提供给职工的，应当按照该产品的公允价值和相关税费计量应计入成本费用的职工薪酬金额，并在产品发出时确认销售收入。借记"应付职工薪酬——非货币性福利"科目，贷记"主营业务收入""应交税费——应交增值税（销项税额）"科目。根据职工提供服务的性质确认当期损益或资产成本,同时结转销售成本,借记"主营业务成本"科目,贷记"库存商品"等科目。

【例9-10】A公司为一家生产洗衣机的企业,共有职工100人。20×2年10月,A公司以其自产的一批洗衣机作为职工福利发放给全体员工。该批洗衣机生产成本为每台3 000元,售价为每台4 000元(不含税),A公司适用的增值税税率为13%。假定100名职工中直接参加生产的人员为70人,车间管理人员为10人,销售人员15人,总部管理人员5人。

本例中,公司以其自产产品作为非货币性福利发放给职工,应当按照该批产品的公允价值(即产品售价)以及增值税税额计算确定职工薪酬的金额,同时确认销售收入,并结转销售成本。

该批商品公允价值:4 000 × 100 = 400 000(元)
该商品应交增值税税额:400 000 × 13% = 52 000(元)
该批产品公允价值与相关税费合计:400 000 + 52 000 = 452 000(元)
计入生产成本的非货币性福利:452 000 × 70 ÷ 100 = 316 400(元)
计入制造费用的非货币性职工福利:452 000 × 10 ÷ 100 = 45 200(元)
计入销售费用的非货币性职工福利:452 000 × 15 ÷ 100 = 67 800(元)
计入管理费用的非货币性职工福利:452 000 × 5 ÷ 100 = 22 600(元)
该批产品的生产成本:3 000 × 100 = 300 000(元)
具体账务处理如下:
A公司决定发放非货币性福利时:

借:生产成本	316 400
制造费用	45 200
销售费用	67 800
管理费用	22 600
贷:应付职工薪酬——非货币性福利	452 000

A公司向公司员工实际发放非货币性福利时:

借:应付职工薪酬——非货币性福利	452 000
贷:主营业务收入	400 000
应交税费——应交增值税(销项税额)	52 000

同时,结转产品成本:

借:主营业务成本	300 000
贷:库存商品	300 000

(2)以外购产品作为福利发放给员工。企业将外购商品作为非货币性福利发放给职工时,应当按照该商品的公允价值和相关税费计量,计入当期损益或资产成本。外

购商品用于发放职工福利时,其进项税额不可抵扣。按购入时目的不同,可将其分为:为发放员工福利购入和购入时未知用于员工福利,二者增值税处理在会计分录上有所差异。

【例 9-11】 20×2 年 5 月,A 公司为给车间生产人员发放职工福利,购入一批棉衣,购入价格为 11 300 元(其中,商品价款 10 000 元,增值税进项税额 1 300 元)。不考虑其他因素,本月 A 公司应进行的账务处理:

购入商品时:
借:库存商品 11 300
　　贷:银行存款 11 300
借:生产成本 11 300
　　贷:应付职工薪酬——非货币性福利 11 300
实际发放时:
借:应付职工薪酬——非货币性福利 11 300
　　贷:库存商品 11 300

【例 9-12】 20×2 年 5 月 1 日,A 公司购入一批肉制品拟用于产品生产,该批肉制品购入价格为 5 650 元(其中,商品价款 5 000 元,增值税进项税额 650 元),后因生产调整,该批肉制品未被投入使用。20×2 年 9 月,A 公司决定将该批肉制品作为员工福利发放给公司销售人员。

A 公司应进行账务处理如下:

20×2 年 5 月 1 日购入肉制品时:
借:原材料 5 000
　　应交税费——应交增值税(进项税额) 650
　　贷:银行存款 5 650
20×2 年 9 月决定将其作为非货币性职工福利:
借:销售费用 5 650
　　贷:应付职工薪酬——非货币性福利 5 650
实际发放时:
借:应付职工薪酬——非货币职工福利 5 650
　　贷:原材料 5 000
　　　　应交税费——应交增值税(进项税额) 650

(3) 将拥有的房屋或租赁住房等资产提供给职工无偿使用。企业将拥有的住房等固定资产无偿提供给职工作为非货币性福利时,应当按照企业对该固定资产每期计提的折旧来计量应付职工薪酬,借记"应付职工薪酬——非货币性福利"科目,贷记"累计折旧"等科目,同时根据职工提供服务的性质计入当期损益或资产成本。企业将租赁的住房无偿提供给职工作为非货币性福利时,应当按照企业每期支付的租金来计量应付职工薪酬,借记"应付职工薪酬——非货币性福利"科目,贷记"银行存款"等科目。同时根据职工提供服务的性质计入当期损益或资产成本。

【例 9-13】20×2 年 1 月 1 日,A 公司向该公司总经理发放一台打印机作为非货币性福利,已知该打印机成本为 10 000 元,预计净残值为 0,预计使用寿命为 10 年,采用直线法按年计提折旧。

20×2 年 12 月 31 日,A 公司对打印机的账务处理如下:

20×2 年该打印机应计提折旧费用:10 000÷10=1 000(元)

借:管理费用　　　　　　　　　　　　　　　　　　　1 000
　　贷:应付职工薪酬——非货币性福利　　　　　　　　　　　1 000
借:应付职工薪酬——非货币性福利　　　　　　　　　1 000
　　贷:累计折旧　　　　　　　　　　　　　　　　　　　　　1 000

【例 9-14】20×2 年 1 月 1 日起,A 公司租赁某单元楼作为生产人员宿舍,租赁费用为每年 120 000 元,20×2 年 1 月 1 日以银行存款支付该笔费用。

A 公司支付租金的账务处理:

借:预付账款　　　　　　　　　　　　　　　　　　120 000
　　贷:银行存款　　　　　　　　　　　　　　　　　　　　120 000

A 公司每月月末应确认生产人员非货币性福利的账务处理:

该单元楼每月租金:120 000÷12=10 000(元)

借:生产成本　　　　　　　　　　　　　　　　　　　10 000
　　贷:应付职工薪酬——非货币性福利　　　　　　　　　　　10 000
借:应付职工薪酬——非货币性福利　　　　　　　　10 000
　　贷:预付账款　　　　　　　　　　　　　　　　　　　　　10 000

(三) 离职后福利的确认与计量

1. 设定提存计划。设定提存计划,是指向独立的基金缴存固定费用后,企业不再承担进一步支付义务的离职后福利计划。企业应当在职工为其提供服务的会计期间,将根据设定提存计划确定的应缴存金额确认为负债,并计入当期损益或相关资产成本。为反映设定提存计划的提取与支付情况,企业应在"应付职工薪酬"科目下设置"设定提存计划"明细科目。

企业设定提存计划的会计核算方法与医疗保险费、工伤保险费等社会保险费的核算方法相同。

2. 设定受益计划。设定受益计划,是指除设定提存计划以外的离职后福利计划。企业应当采用预期累计福利单位法和适当的精算假设,确认和计量设定受益计划所产生的义务，并计入当期损益或其他综合收益。为反映受益提存计划的提取与支付情况，企业应在"应付职工薪酬"科目下设置"受益提存计划"明细科目。

（四）辞退福利

1. 辞退福利的确认。企业应当在同时满足以下两个条件时将辞退福利确认一项应付职工薪酬：

（1）企业已制定正式的解除劳动关系计划或提出自愿裁减建议，并即将实施。正式的辞退福利计划或建议，应当经过董事会或类似权力机构的批准。

（2）企业不能单方面撤回解除劳动关系计划或自愿裁减建议。与其他形式的职工薪酬不同的是，由于被辞退的职工不再为企业提供服务，所以不论被辞退职工原先的工作性质，企业都应将本期确认的辞退福利全部借记"管理费用"科目，贷记"应付职工薪酬——辞退福利"科目。

2. 辞退福利的计量。辞退福利的计量需要考虑职工是否具有选择权，具体计算方法如下：

（1）对于职工没有选择权的辞退计划，企业应当根据辞退计划规定的拟辞退职工数量、每一职位的辞退补偿计提辞退福利。

（2）对于自愿接受裁减的辞退建议，企业应当按照或有事项准则的规定预计将接受裁减建议的职工数量，并根据预计自愿辞退职工数量和每一职位的辞退补偿等计提辞退福利。

第五节　应交税费

企业根据税法的规定应交纳的各种税费主要包括增值税、消费税、城市维护建设税、企业所得税、资源税、土地增值税、耕地占用税、房产税、印花税、车船使用税、土地使用税、教育费附加、矿产资源补偿费，以及代扣代缴的个人所得税等。这些应交的税费，应按照权责发生制的原则预提记入有关科目。这些税费如果需要先计算应交数，然后再实际交纳，则在尚未交纳之前形成企业的一项负债。本节主要介绍增值税、消费税等其他税费的相关核算内容。

一、应交增值税

增值税是对在中华人民共和国境内发生增值税应税交易（以下称应税交易），以及进口货物的增值额征收的一种税。

应税交易,是指销售货物、服务、无形资产、不动产和金融商品;销售货物、不动产、金融商品,是指有偿转让货物、不动产、金融商品的所有权;销售服务,是指有偿提供服务;销售无形资产,是指有偿转让无形资产的所有权或者使用权。

发生应税交易,应当按照一般计税方法计算交纳增值税,国务院规定适用简易计税方法的除外。一般计税方法按照销项税额抵扣进项税额后的余额计算应纳税额。简易计税方法按照应税交易销售额(以下称销售额)和征收率计算应纳税额,不得抵扣进项税额。

(一) 一般计税方法下应交增值税的核算

1. 科目设置。一般计税方法下,企业应当在"应交税费"科目下设置"应交增值税""未交增值税""预交增值税""待抵扣进项税额""待认证进项税额""待转销项税额""增值税留抵税额""简易计税""转让金融商品应交增值税""代扣代交增值税"等明细科目。

(1) "应交增值税"明细科目,核算纳税人进项税额、销项税额抵减、已交税金、转出未交增值税、减免税款、出口抵减内销产品应纳税额、销项税额、出口退税、进项税额转出、转出多交增值税等情况。该明细账设置以下专栏:①"进项税额"专栏,记录一般纳税人发生应税交易,准予从当期销项税额中抵扣的增值税税额;②"销项税额抵减"专栏,记录一般纳税人按照现行增值税制度规定因扣减销售额而减少的销项税额;③"已交税金"专栏,记录一般纳税人当月已交纳的应交增值税税额;④"转出未交增值税"和"转出多交增值税"专栏,分别记录一般纳税人月度终了转出当月应交未交或多交的增值税税额;⑤"减免税款"专栏,记录一般纳税人按现行增值税制度规定准予减免的增值税税额;⑥"出口抵减内销产品应纳税额"专栏,记录实行"免、抵、退"办法的一般纳税人按规定计算的出口货物的进项税抵减内销产品的应纳税额;⑦"销项税额"专栏,记录一般纳税人发生应税交易应收取的增值税税额;⑧"出口退税"专栏,记录一般纳税人出口应税交易按规定退回的增值税税额;⑨"进项税额转出"专栏,记录一般纳税人发生非正常损失以及其他原因而不应从销项税额中抵扣、按规定转出的进项税额。

(2) "未交增值税"明细科目,核算一般纳税人月度终了从"应交增值税"或"预交增值税"明细科目转入当月应交未交、多交或预交的增值税税额,以及当月交纳以前期间未交的增值税税额。

(3) "预交增值税"明细科目,核算一般纳税人转让不动产、提供不动产经营租赁服务、提供建筑服务、采用预收款方式销售自行开发的房地产项目等,按现行增值税制度规定应预交的增值税税额。

(4) "待抵扣进项税额"明细科目,核算一般纳税人已取得增值税扣税凭证并经税务机关认证，按照现行增值税制度规定准予以后期间从销项税额中抵扣的进项税额。

（5）"待认证进项税额"明细科目，核算一般纳税人由于未取得增值税扣税凭证或未经税务机关认证而不得从当期销项税额中抵扣的进项税额。

（6）"待转销项税额"明细科目，核算一般纳税人发生应税交易，已确认相关收入（或利得）但尚未发生增值税纳税义务而需于以后期间确认为销项税额的增值税税额。

（7）"转让金融商品应交增值税"明细科目，核算增值税纳税人转让金融商品发生的增值税税额。

（8）"代扣代交增值税"明细科目，核算纳税人购进在境内未设立经营机构的境外单位或个人在境内的应税行为代扣代缴的增值税。

2. 一般计税方法下增值税业务的账务处理。

（1）一般物资购销业务。国内采购的物资，按专用发票上注明的允许抵扣的增值税，借记"应交税费——应交增值税（进项税额）"科目；按专用发票上记载的应当计入采购成本的金额，借记"材料采购""库存商品"等科目；按应付或实际支付的金额，贷记"应付账款""应付票据""银行存款"等科目。

进口物资，按海关提供的完税凭证上注明的增值税，借记"应交税费——应交增值税（进项税额）"科目；按进口物资应计入采购成本的金额，借记"材料采购""库存商品"等科目；按应付或实际支付的金额，贷记"应付账款""应付票据""银行存款"等科目。

发生应税行为，按实现的营业收入和按规定收取的增值税税额，借记"应收账款""应收票据""银行存款"等科目；按专用发票上注明的增值税税额，贷记"应交税费——应交增值税（销项税额）"科目；按实现的营业收入贷记"主营业务收入"等科目。

（2）接受应税劳务。接受应税劳务，按增值税专用发票上注明的增值税，借记"应交税费——应交增值税（进项税额）"科目；按专用发票上记载的应当计入加工、修理修配等物资成本的金额，借记"生产成本""委托加工物资""制造费用""管理费用"等科目；按应支付或实际支付的金额，贷记"应付账款""银行存款"等科目。

【例9-15】阳光公司生产车间委托外单位修理机器设备，对方开来的专用发票上注明修理费用20 000元，增值税税额2 600元，款项已用银行存款支付。该公司的有关会计分录为：

借：管理费用　　　　　　　　　　　　　　　　　　　　　　20 000
　　应交税费——应交增值税（进项税额）　　　　　　　　　2 600
　　贷：银行存款　　　　　　　　　　　　　　　　　　　　　22 600

（3）购进免税农业产品。根据增值税暂行条例，企业购入免征增值税货物，一般不能够抵扣增值税销项税额。但是对于购入的免税农产品，可以根据农产品收购发票或普通发票上注明的农产品买价和规定的扣除率计算进项税额。企业购进免税农产品，按应计入采购成本的金额，借记"原材料""库存商品"等科目；按买价和规定税率计算的可抵扣增值税税额，借记"应交税费——应交增值税（进项税额）"科目；按应付或实际支出的价款，贷记"应付账款""银行存款""库存现金"等科目。

【例9-16】阳光公司收购免税农产品作为原材料，实际支付款项100 000元，产品已验收入库，款项已经支付。假定阳光公司采用实际成本进行材料日常核算，该产品准予抵扣的进项税额按买价的9%计算确定。阳光公司的账务处理为：

免税农业产品的增值税进项税额 = 100 000 × 9% = 9 000（元）

借：原材料	91 000
应交税费——应交增值税（进项税额）	9 000
贷：银行存款	100 000

（4）视同销售。根据现行增值税制度规定：企业将货物交付他人代销；销售代销货物；将自产、委托加工或购买的货物作为投资，提供给其他单位或个人经营者；将自产、委托加工或购买的货物分配给股东或投资者；将自产、委托加工的货物用于集体福利或个人消费；将自产、委托加工或购买的货物无偿赠送他人等行为，应视同销售货物，需要计算交纳增值税。这些业务无论会计上如何处理，只要税法规定需要交纳增值税的，就应当计算增值税销项税额，并记入"应交税费——应交增值税（销项税额）"科目。

【例9-17】阳光公司将自己生产的产品用于公益性捐赠，产品的成本为80 000元，计税价格为100 000元，增值税税率为13%，阳光公司的有关账务处理为：

借：营业外支出	93 000
贷：库存商品	80 000
应交税费——应交增值税（销项税额）	13 000

【例9-18】阳光公司以商品库存对乙公司投资，该批商品的成本为200万元，售价和计税价格均为220万元。假如该项交易具有商业实质，该商品的增值税税率为13%。阳光公司、乙公司应分别做如下账务处理：

阳光公司：

对外投资转出商品计算的销项税额 = 220 × 13% = 28.6（万元）

借：长期股权投资	2 486 000
贷：主营业务收入	2 200 000
应交税费——应交增值税（销项税额）	286 000

同时结转产品成本：

借：主营业务成本	2 000 000

贷：库存商品	2 000 000

乙公司收到投资时，视同购进处理：

借：原材料	2 200 000
应交税费——应交增值税（进项税额）	286 000
贷：实收资本	2 486 000

（5）不予抵扣项目。根据增值税的相关法律规定，下列进项税额不得从销项税额中抵扣：①用于简易计税方法计税项目、免征增值税项目、集体福利或者个人消费的购进货物、服务、无形资产、不动产和金融商品对应的进项税额，其中涉及的固定资产、无形资产和不动产，仅指专用于上述项目的固定资产、无形资产和不动产；②非正常损失项目对应的进项税额；③购进并直接用于消费的餐饮服务、居民日常服务和娱乐服务对应的进项税额；④购进贷款服务对应的进项税额；⑤国务院规定的其他进项税额。

非正常损失，是指因管理不善造成货物被盗、丢失、霉烂变质，以及因违反法律法规造成货物或者不动产被依法没收、销毁、拆除的情形。

属于购入货物时即能认定其进项税额不能抵扣的，例如购入的货物直接用于集体福利和个人消费的，进行账务处理时，其增值税税额计入所购货物或接受劳务的成本。

属于购入货物时不能直接认定其进项税额能否抵扣的，增值税专用发票上注明的增值税税额，按增值税账务处理方法记入"应交税费——应交增值税（进项税额）"科目，如果这部分购入货物以后用于按规定不能抵扣进项税额项目的，应将已计入进项税额并已支付的增值税税额转出，通过"应交税费——应交增值税（进项税额转出）"科目转入"在建工程""应付职工薪酬""待处理财产损溢"等科目。

【例9-19】阳光公司为本企业职工外购运动服装一批，取得增值税专用发票，发票上注明金额40 000元，税额5 200元。增值税发票已认证。其账务处理如下：

借：管理费用	45 200
贷：应付职工薪酬——非货币性福利	45 200
借：应付职工薪酬——非货币性福利	40 000
应交税费——应交增值税（进项税额）	5 200
贷：银行存款	45 200
借：应付职工薪酬——非货币性福利	5 200
贷：应交税费——应交增值税（进项税额转出）	5 200

【例9-20】阳光公司库存材料因管理不善霉烂变质一批，有关增值税专用发票认定的成本为20 000元，增值税税额2 600元，阳光公司有关账务处理如下：

借：待处理财产损溢	22 600
贷：原材料	20 000

应交税费——应交增值税（进项税额转出）　　　　　　　　　　　2 600

（6）交纳增值税。为了分别反映增值税一般纳税人欠交增值税款和待抵扣增值税的情况，确保企业及时足额上交增值税，企业应在"应交税费"科目下设"未交增值税"明细科目，核算一般纳税人月度终了转入的应交未交增值税和多交增值税；在"应交税费——应交增值税"明细科目下设"转出多交增值税"和"转出未交增值税"两个专栏，分别记录一般纳税人月份终了转出多交或未交的增值税。

　　企业计算出当月应交未交的增值税，借记"应交税费——应交增值税（转出未交增值税）"科目，贷记"应交税费——未交增值税"科目；对于当月多交的增值税，借记"应交税费——未交增值税"科目，贷记"应交税费——应交增值税（转出多交增值税）"科目。经过结转后，月份终了，"应交税费——应交增值税"科目的余额，反映企业尚未抵扣的增值税。

　　企业当月交纳当月的增值税，借记"应交税费——应交增值税（已交税金）"科目，贷记"银行存款"科目；当月交纳以前各期未交的增值税，借记"应交税费——未交增值税"科目，贷记"银行存款"科目。

【例 9 – 21】 阳光公司本月发生销项税额合计为 95 670 元，进项税额转出为 13 670 元，进项税额为 20 440 元，已交纳的增值税为 50 000 元。阳光公司的有关账务处理为：

本月交纳增值税：

借：应交税费——应交增值税（已交税金）　　　　　　　　　　　50 000
　　贷：银行存款　　　　　　　　　　　　　　　　　　　　　　　　50 000

计算本月应交未交增值税：

95 670 – (20 440 – 13 670) – 50 000 = 38 900（元）

借：应交税费——应交增值税（转出未交增值税）　　　　　　　　 38 900
　　贷：应交税费——未交增值税　　　　　　　　　　　　　　　　　38 900

（二）简易计税方法下应交增值税的账务处理

　　小规模纳税人和符合条件的一般纳税人在采用简易计税方法时，应当按照不含税销售额和规定的增值税征收率计算交纳增值税，销售货物或提供应税劳务时只能开具普通发票，不能开具增值税专用发票。采用简易计税方法不享有进项税额的抵扣权，其购进货物或接受应税劳务支付的增值税直接计入有关货物或劳务的成本。因此，采用简易计税方法的企业只需在"应交税费"科目下设置"应交增值税"明细科目，不需要在"应交增值税"明细科目中设置专栏。"应交税费——应交增值税"科目贷方登记应纳的增值税，借方登记已交纳的增值税；期末贷方余额为尚未交纳的增值税，借方余额为多交纳的增值税。

采用简易计税方法的企业购进货物、无形资产和不动产，以及接受劳务时支付的增值税，直接计入有关货物和劳务的成本，借记"材料采购""在途物资"等科目，贷记"银行存款"等科目。

【例9-22】 某工业企业对增值税采用简易计税方法，该企业本期购入原材料，原材料按计划成本核算。按增值税专用发票上记载的原材料成本为500 000元，支付的增值税税额为65 000元，企业已开出承兑的商业汇票，材料尚未到达。该企业本期销售产品，含税价格为824 000元，货款尚未收到，有关会计分录如下：

购进原材料：

借：材料采购　　　　　　　　　　　　　　　　　565 000
　　贷：应付票据　　　　　　　　　　　　　　　　　565 000

销售货物：

不含税价格 = 824 000 ÷ (1 + 3%) = 800 000（元）

应交增值税 = 800 000 × 3% = 24 000（元）

借：应收账款　　　　　　　　　　　　　　　　　824 000
　　贷：主营业务收入　　　　　　　　　　　　　　800 000
　　　　应交税费——应交增值税　　　　　　　　　 24 000

实际交纳税金：

借：应交税费——应交增值税　　　　　　　　　　 24 000
　　贷：银行存款　　　　　　　　　　　　　　　　 24 000

二、应交消费税

消费税是指在我国境内生产、委托加工及进口应税消费品的单位和个人，按其流转额交纳的一种税。消费税的征收方法采取从价定率和从量定额两种方法。采取从价定率方法征收的消费税，以不含增值税的销售额为税基，按税法规定的税率计算，企业销售收入包含增值税的，应将其换算为不包含增值税的销售额；采取从量定额计征消费税，根据按税法规定的应税消费品的数量和单位消费品应交纳的消费税计算确定。

企业应在"应交税费"科目下设置"应交消费税"明细科目，核算应交消费税的发生、交纳情况。"应交消费税"明细科目的贷方发生额反映按规定应交纳的消费税，借方发生额反映企业实际交纳的消费税和待扣的消费税；期末一般为贷方余额，反映尚未交纳的消费税，期末借方余额，反映多交或待扣的消费税。

（一）销售应税消费品

企业销售应税消费品应交的消费税，借记"税金及附加"科目，贷记"应交税费——应交消费税"科目。

【例 9-23】 阳光公司对增值税采用一般计税方法（采用计划成本核算原材料），本期销售其生产的应纳消费税产品，应纳消费税产品的售价为 240 000 元（不含应向购买者收取的增值税税额），产品成本为 150 000 元。该产品的增值税税率为 13%，消费税税率为 10%。产品已经发出，符合收入确认条件，款项尚未收到。根据这项经济业务，有关会计分录如下：

应向购买者收取的增值税税额 = 240 000 × 13% = 31 200（元）

应交的消费税 = 240 000 × 10% = 24 000（元）

借：应收账款　　　　　　　　　　　　　　　　　　　271 200
　　贷：主营业务收入　　　　　　　　　　　　　　　　240 000
　　　　应交税费——应交增值税（销项税额）　　　　　 31 200
借：税金及附加　　　　　　　　　　　　　　　　　　　24 000
　　贷：应交税费——应交消费税　　　　　　　　　　　 24 000
借：主营业务成本　　　　　　　　　　　　　　　　　　150 000
　　贷：库存商品　　　　　　　　　　　　　　　　　　150 000

（二）自产自用应税消费品

企业将生产的应税消费品用于在建工程（如建造职工食堂）等非生产机构时，按规定应交纳的消费税，借记"在建工程"等科目，贷记"应交税费——应交消费税"科目。

【例 9-24】 阳光公司在建工程（建造职工食堂）领用本企业生产的应税消费产品 50 000 元，计税价格为 60 000 元，应纳增值税 7 800 元，应纳消费税 6 000 元。该企业有关的账务处理如下：

借：在建工程　　　　　　　　　　　　　　　　　　　　63 800
　　贷：库存商品　　　　　　　　　　　　　　　　　　 50 000
　　　　应交税费——应交增值税（销项税额）　　　　　　7 800
　　　　　　　　　——应交消费税　　　　　　　　　　　6 000

（三）委托加工应税消费品

按照税法规定，企业委托加工的应税消费品，由受托方在向委托方交货时代收代缴税款（除受托加工或翻新改制金银首饰按规定由受托方交纳消费税外）。这里的委托加工应税消费品，是指由委托方提供原料和主要材料，受托方只收取加工费和代垫部分辅助材料加工的应税消费品。对于由受托方提供原材料生产的应税消费品，或者受托方先将原材料卖给委托方，然后再接受加工的应税消费品，以及由受托方以委托方名义购进原材料生产的应税消费品,都不作为委托加工应税消费品,而应当按照销售自制应税消费品交纳消费税。

企业如有应交消费税的受托加工物资,受托方按照应交税款金额,借记"应收账款""银行存款"等科目,贷记"应交税费——应交消费税"科目。受托加工或翻新改制金银首饰按照规定由受托方交纳消费税。

委托加工物资收回后,直接用于销售的,应将受托方代收代交的消费税计入委托加工物资的成本,借记"委托加工物资"等科目,贷记"应付账款""银行存款"等科目;委托加工物资收回后用于连续生产应税消费品的,按规定准予抵扣的,应按已由受托方代收代交的消费税,借记"应交税费——应交消费税"科目,贷记"应付账款""银行存款"等科目。

【例9-25】阳光公司委托乙企业加工材料(非金银首饰),原材料的实际成本为150 000元,加工费用为60 000元,由受托方代收代交的消费税为6 000元,材料已经加工完毕并验收入库,加工费尚未支付。假设阳光公司对材料采用实际成本进行日常核算。

若阳光公司将收回加工后的材料用于继续生产应税消费品的,则相关账务处理为:

借:委托加工物资　　　　　　　　　　　　　　　　　150 000
　　贷:原材料　　　　　　　　　　　　　　　　　　　150 000
借:委托加工物资　　　　　　　　　　　　　　　　　 60 000
　　应交税费——应交消费税　　　　　　　　　　　　　6 000
　　贷:应付账款　　　　　　　　　　　　　　　　　　 66 000
借:原材料　　　　　　　　　　　　　　　　　　　　 210 000
　　贷:委托加工物资　　　　　　　　　　　　　　　　210 000

若阳光公司将收回加工后的材料直接用于出售,则相应的账务处理为:

借:委托加工物资　　　　　　　　　　　　　　　　　150 000
　　贷:原材料　　　　　　　　　　　　　　　　　　　150 000
借:委托加工物资　　　　　　　　　　　　　　　　　 66 000
　　贷:应付账款　　　　　　　　　　　　　　　　　　 66 000
借:原材料　　　　　　　　　　　　　　　　　　　　 216 000
　　贷:委托加工物资　　　　　　　　　　　　　　　　216 000

三、其他应交税费

除增值税、消费税、企业所得税以外其他应交的税金包括资源税、城市维护建设税、土地增值税、房产税、车船使用税、土地使用税、教育费附加、矿产资源补偿费、个人所得税等。

企业应当在"应交税费"科目下设置相应的明细科目进行核算,贷方登记应交纳的有关税费,借方登记已交纳的有关税费,期末贷方余额表示尚未交纳的有关税费。

(一) 应交城市维护建设税

城市维护建设税是依纳税人实际交纳的增值税和消费税税额为计税依据征收的一种税。企业按规定计算出的城市维护建设税,借记"税金及附加"科目,贷记"应交税费——应交城市维护建设税"科目;实际上交时,借记"应交税费——应交城市维护建设税"科目,贷记"银行存款"科目。

【例9-26】阳光公司本期实际交纳的增值税为500 000元,消费税为400 000元,公司适用的城市维护建设税税率为7%。该公司有关账务处理如下:

计算应交纳的城市维护建设税:

应交纳的城市维护建设税 = (500 000 + 400 000) × 7% = 63 000 (元)

借:税金及附加　　　　　　　　　　　　　　　　　63 000
　　贷:应交税费——应交城市维护建设税　　　　　　　63 000

实际上交城市维护建设税:

借:应交税费——应交城市维护建设税　　　　　　　63 000
　　贷:银行存款　　　　　　　　　　　　　　　　　63 000

(二) 应交教育费附加

教育费附加是为了发展教育事业而向企业征收的附加费,按企业实际交纳的增值税和消费税税额为计税依据征收。企业应交纳的教育费附加,借记"税金及附加"等科目,贷记"应交税费——应交教育费附加"科目。

城市维护建设税与教育费附加分别是流转税的附加税和附加费,它们的纳税义务人是交纳增值税、消费税的单位和个人,两者的计税依据均为企业交纳的增值税、消费税的税额合计数,正因如此,城市维护建设税与教育费附加通常被称为"附加税与附加费"。

城市维护建设税税率如下:在市区的,税率为7%;在县城、镇的,税率为5%;不在市区、县城或镇的,税率为1%。

(三) 应交土地增值税

土地增值税是指在我国境内转让国有土地使用权、地上建筑物及其附着物并取得收入的单位和个人,就其转让房地产所取得的增值额征收的一种税。土地增值额是指转让收入减去规定扣除项目金额后的余额。转让收入包括转让房地产的全部价款及其有关的经济收益。从收入形式看,包括货币收入、实物收入和其他收入;扣除项目主要包括取得土地使用权所支付的金额、开发土地的成本、费用与转让房地产有关的税金、新建房及配套设施的成本、费用或旧房及建筑物的评估价格等。

企业应交纳的土地增值税视不同情况记入不同的科目:企业转让的土地使用权连同地上建筑物及其附着物一并在"固定资产"等科目核算的,转让时应交的土地增值税,借记"固定资产清理"科目,贷记"应交税费——应交土地增值税"科目;土地使用权在"无形资产"科目核算的,按实际收到的金额,借记"银行存款"科目,按应交的土地增值税,贷记"应交税费——应交土地增值税"科目,同时冲销土地使用权的账面价值,贷记"无形资产"科目,借记"累计摊销"科目,借记或贷记"资产处置损益"科目。房地产开发企业以及兼营房地产业务的企业,应由当期收入负担的土地增值税,借记"税金及附加"科目,贷记"应交税费——应交土地增值税"科目。

【例9-27】 阳光公司对外转让一栋自用房屋,按税法规定计算的应交纳土地增值税为25 000元,则有关的账务处理为:

计算应交纳的土地增值税:

借:固定资产清理　　　　　　　　　　　　　　　　25 000
　　　贷:应交税费——应交土地增值税　　　　　　　　25 000

实际交纳的土地增值税:

借:应交税费——应交土地增值税　　　　　　　　25 000
　　　贷:银行存款　　　　　　　　　　　　　　　　25 000

【例9-28】 某房地产企业按照税法规定,计算当期的应交纳土地增值税为800 000元。该企业有关的账务处理为:

借:税金及附加　　　　　　　　　　　　　　　　800 000
　　　贷:应交税费——应交土地增值税　　　　　　　800 000

(四) 应交房产税、城镇土地使用税、车船税和印花税

房产税、城镇土地使用税、车船税是国家对在城市、县城、建制镇和工矿区征收的由产权所有人交纳的一种税。房产税依照房产原值一次减除10%~30%后的余额计算交纳;没有房产原值作为依据的,由房产所在地税务机关参考同类房产核定。房产出租的,以房产租金收入为房产税的计税依据。城镇土地使用税是国家为了合理利用城镇土地,调节土地级差收入,提高土地使用效益,加强土地管理而开征的一种税,以纳税人实际占用的土地面积为计税依据,依照规定税额计算征收。车船税由拥有并且使用车船的单位和个人交纳。企业按规定计算应交的房产税、城镇土地使用税、车船税时,借记"税金及附加"科目,贷记"应交税费——应交房产税(城镇土地使用

税、车船税)"科目;上交时,借记"应交税费——应交房产税(城镇土地使用税、车船税)"科目,贷记"银行存款"科目。

印花税是对书立、领受购销合同等凭证行为征收的税款,实行由纳税人根据规定自行计算应纳税额,购买并一次贴足印花税票的交纳方法。应纳税凭证包括购销、加工承揽、建设工程承包、财产租赁、货物运输、仓储保管、借款、财产保险、技术合同或者具有合同性质的凭证,产权转移书据,营业账簿,权利、许可证照等。纳税人根据应纳税凭证的性质,分别按比例税率或者按件定额计算应纳税额。企业交纳的印花税,是由纳税人根据规定自行计算应纳税额以购买并一次贴足印花税票的方法交纳的税款。即一般情况下,企业需要预先购买印花税票,待发生应税行为时,再根据凭证的性质和规定的比例税率或者按件计算应纳税额,将已购买的印花税票粘贴在应纳税凭证上,并在每枚税票的骑缝处盖戳注销或者划销,办理完税手续。企业交纳的印花税,不会发生应付未付税款的情况,不需要预计应纳税金额,同时也不存在与税务机关结算或清算的问题,因此,企业交纳的印花税不需要通过"应交税费"科目核算,在购买印花税票时,借记"税金及附加"科目,贷记"银行存款"科目。

(五) 应交资源税

资源税是国家对在我国境内开采矿产品或者生产盐的单位和个人征收的一种税。资源税按照应税产品的课税数量和规定的单位税额计算,公式为:应纳税额 = 课税数量 × 单位税额。这里的课税数量为:开采或者生产应税产品销售的,以销售数量为课税数量;开采或者生产应税产品自用的,以自用数量为课税数量。

1. 科目设置。企业按规定应交的资源税,在"应交税费"科目下设置"应交资源税"明细科目核算。"应交资源税"明细科目的借方发生额,反映企业已交的或按规定允许抵扣的资源税;贷方发生额,反映应交的资源税;期末借方余额反映多交或尚未抵扣的资源税;期末贷方余额,反映尚未交纳的资源税。

2. 会计核算。

(1) 销售产品或自产自用产品相关的资源税的账务处理。在会计核算时,企业按规定计算出销售应税产品应交纳的资源税,借记"税金及附加"科目,贷记"应交税费——应交资源税"科目;企业计算出自产自用的应税产品应交纳的资源税,借记"生产成本""制造费用"等科目,贷记"应交税费——应交资源税"科目。

【例 9 – 29】某企业将自产的煤炭 1 000 吨用于产品生产,每吨应交资源税 5 元。根据该项经济业务,企业应做账务处理如下:

自产自用煤炭应交的资源税 = 1 000 × 5 = 5 000(元)

借:生产成本   5 000

贷：应交税费——应交资源税　　　　　　　　　　　　　　　　　　　　5 000

（2）收购未税矿产品相关资源税的账务处理。按照资源税暂行条例的规定，收购未税矿产品的单位为资源税的扣缴义务人。企业应按收购未税矿产品实际支付的收购款以及代扣代缴的资源税，作为收购矿产品的成本，将代扣代缴的资源税，记入"应交税费——应交资源税"科目。

（3）外购液体盐加工固体盐相关资源税的账务处理。按规定企业外购液体盐加工固体盐的，所购入液体盐交纳的资源税可以抵扣。在会计核算时，购入液体盐时，按所允许抵扣的资源税，借记"应交税费——应交资源税"科目，按外购价款扣除允许抵扣资源税后的数额，借记"材料采购"等科目，按应支付的全部价款，贷记"银行存款""应付账款"等科目；企业加工成固体盐后，在销售时，按计算出的销售固体盐应交的资源税，借记"税金及附加"科目，贷记"应交税费——应交资源税"科目；将销售固体盐应纳资源税抵扣液体盐已纳资源税后的差额上交时，借记"应交税费——应交资源税"科目，贷记"银行存款"科目。

（六）应交个人所得税

企业按规定计算的代扣代缴的职工个人所得税，借记"应付职工薪酬"科目，贷记"应交税费——应交个人所得税"科目；企业交纳个人所得税时，借记"应交税费——应交个人所得税"科目，贷记"银行存款"科目。

第六节　其他流动负债

其他流动负债是指除了应付票据、应付账款、应交税费以外的流动负债，包括应付股利、应付利息和其他应付款。

一、应付股利

应付股利，是指企业根据股东大会或类似机构审议批准的利润分配方案确定分配给投资者的现金股利或利润。本科目可按投资者设置明细账。企业根据股东大会或类似机构审议批准的利润分配方案，按应支付给投资者的现金股利或利润，借记"利润分配——应付现金股利或利润"科目，贷记"应付股利"科目；向投资者实际支付现金股利或利润时，借记"应付股利"科目，贷记"银行存款"等科目。"应付股利"科目的期末贷方余额，反映企业尚未支付的现金股利或利润。

【例9-30】阳光公司20×2年度实现净利润10 000万元，本月经过董事会提议并经股东大会批准，决定向全体股东分派现金股利 100 万元。阳光公司编制会计分录如下：

决定分配股利时：
借：利润分配——应付普通股股利　　　　　　　　　　1 000 000
　　贷：应付股利　　　　　　　　　　　　　　　　　　　1 000 000
支付现金股利时：
借：应付股利　　　　　　　　　　　　　　　　　　　1 000 000
　　贷：银行存款　　　　　　　　　　　　　　　　　　　1 000 000

二、应付利息

应付利息，是指企业按照合同约定应支付的利息，包括吸收存款、分期付息到期还本的长期借款、企业债券等应支付的利息。

资产负债表日，企业应按借款或应付债券的摊余成本和实际利率计算确定当期的利息费用，借记"在建工程""财务费用""研发支出——资本化支出"等科目；按借款、应付债券本金和合同利率计算确定的当期应支付的利息，贷记"应付利息"科目。

三、其他应付款

其他应付款，是指除应付票据、应付账款、应付职工薪酬、应交税费、应付股利等经营活动以外的其他各项应付、暂收的款项，应付租入包装物租金、存入保证金等。企业应设置"其他应付款"科目，核算其他应付款的增减变动情况，并按其他应付款的项目和对方单位（或个人）设置明细科目进行明细核算。该科目贷方登记发生的各种应付、暂收款项，借方登记偿还或转销的各种应付、暂收款项；该科目期末贷方余额，反映企业应付未付的其他应付款项。

企业发生其他应付、暂收款项时，借记"管理费用"等科目，贷记"其他应付款"科目；支付或退回其他应付款项时，借记"其他应付款"科目，贷记"银行存款"科目。

其他应付款核算的常见内容有：应付经营租入固定资产租金和包装物租金；企业采用售后回购方式融入资金的，回购价格与原销售价格之间的差额摊销部分；职工未按期领取的工资；存入保证金（如收取的包装物押金）；应付、暂收的所属单位、个人的款项。

思考与练习

一、单项选择题

1. 企业交纳的下列税款中，不需要通过"税金及附加"科目核算的是（　　）。
   A. 增值税　　　　　　　　　B. 消费税
   C. 印花税　　　　　　　　　D. 城市维护建设税

2. 企业无法支付的应付账款，经确认后应记入（　　）科目。
   A. 其他业务收入　　　　　　B. 营业外收入
   C. 其他综合收益　　　　　　D. 待处理财产损溢

3. 企业为职工支付的下列保险费中，不属于短期薪酬的是（　　）。
   A. 医疗保险费　　　　　　　B. 工伤保险费
   C. 失业保险费　　　　　　　D. 养老保险费

4. 企业购进货物用于免征增值税项目时，该货物负担的增值税税额应当计入（　　）。
   A. 营业外支出　　　　　　　B. 销售费用
   C. 货物的采购成本　　　　　D. 管理费用

5. 企业收取包装物押金以及其他各种暂收款项时，应贷记的会计科目是（　　）。
   A. 营业外收入　　　　　　　B. 其他业务收入
   C. 其他应付款　　　　　　　D. 其他应收款

二、多项选择题

1. 企业依法交纳的税金中，应计入税金及附加的有（　　）。
   A. 房产税　　B. 消费税　　C. 印花税　　D. 增值税
   E. 车船税

2. 企业作为增值税一般纳税人，购入货物用于下列项目，所支付的增值税不得抵扣的有（　　）。
   A. 集体福利设施　　　　　　B. 对外投资
   C. 简易计税项目　　　　　　D. 免税项目
   E. 生产经营

三、判断题

1. 一般纳税人购入免税农产品，可以按照买价的9%作为进项税额抵扣。（　　）
2. 应付账款一般按到期的应付金额现值入账。（　　）
3. 开出并承兑的商业承兑汇票如果不能如期支付，应在票据到期时，将应付票据账面余额转入"应付账款"科目。（　　）

4. 小规模纳税人购入货物收到增值税专用发票的,其支付的增值税税额可以由销项税额抵扣。（   ）

5. 企业收回委托加工的应税消费品,如果用于连续生产应税消费品,按税法规定,可以抵扣应纳消费税。（   ）

思考与练习答案

第十章　非流动负债

[学习目标]

通过本章的学习，了解非流动负债的定义、特点及分类，掌握长期借款、应付债券等主要非流动负债的核算方法，同时能够结合学过的其他章节所涉及的其他非流动负债的核算方法进行回顾和归纳，形成对非流动负债核算的完整掌握。

[思政目标]

非流动负债是企业资金的重要来源，与所有者权益资金共同构成企业长期可使用的资金，决定着企业的规模及产出能力。我们应如实反映企业的非流动负债，维护企业信用，提高使用效率，促进经济效益的提高，做大做强企业，壮大实体经济。

第一节　非流动负债概述

一、非流动负债的定义与特征

非流动负债，也称长期负债，是流动负债以外的负债，通常是指偿还期在一年或者超过一年的一个营业周期以上的债务。非流动负债是企业向债权人筹集可供长期使用的资金，是企业长期资金的重要来源。

与流动负债相比，非流动负债具有以下特征：

（1）偿还期限长。由于负债期限长，很多非流动负债的实际偿还期限可能会是3年、5年甚至更长时间。例如企业可能会发行3年、5年甚至更长偿还期限的债券，以筹集长期资金。

（2）金额大。非流动负债通常为取得非流动资产而发生，因此，非流动负债的金额通常比较大。例如企业可能会因为需要购建生产线、办公大楼等而向银行举借长期借款。

（3）利率较高，往往分期付息，到期一次还本。由于偿还期限长，金额大，其蕴含的借贷风险也就较高，相应地其利率也高于流动负债。

二、非流动负债的分类

非流动负债按照债务资金来源渠道的不同，可分为：
（1）长期借款，来源于银行或其他金融机构。
（2）应付债券，来源于购买企业债券的投资者。
（3）长期应付款和租赁负债，来源于其他企业长期债务资金的提供者，例如来源于企业分期付款购买或租入固定资产的固定资产提供方等。

三、非流动负债的计价

非流动负债的账务处理具有不同于流动负债的特点。由于非流动负债具有偿还期限长、金额大的特征，未来现金流量与其现值之间的差额加大，因此从理论上讲，非流动负债宜按其现值入账，而不宜按其未来应付金额入账。实务中，非流动负债通常按照未来偿还金额的现值计价入账。未来偿还的金额与其现值的差额属于企业的融资费用，作为利息调整，分期计入利息费用。

每期末，根据现行会计准则的规定，非流动负债应该采用实际利率法以摊余成本计量。

此外，非流动负债的利息可能是分期支付，也可能是到期还本时一次支付，因而非流动负债的应付未付利息既可能计入流动负债，也可能计入非流动负债。

第二节 长期借款

一、长期借款的特点

长期借款，是指企业从银行或其他金融机构借入的期限在一年以上（不含一年）的各种借款。相对于短期借款，长期借款融资主要有以下特点：
（1）借款的期限较长，普遍在3~5年以上，可以较长时间使用。
（2）借款的金额较大，主要用于满足房屋建筑物、大型机器设备等工程建设项目资金的需要，其借款利息在满足借款费用资本化条件时通常需要资本化。
（3）通常情况下，利息分期支付，本金到期一次偿还或分期偿还。分期偿还的利息计入应付利息，到期一次偿还的利息计入长期的应付利息。
（4）与股权融资相比，一般不会影响股权结构及股东控制权。对于发行的可转换公司债券在未来则会影响公司的股权结构，但是不会影响到公司的控制权。

（5）由于借款期限长、金额大，借款风险较高，企业一般需要提供一定的资产（例如房屋）作为抵押，且利息率明显比短期借款高，偿债压力较大。

二、长期借款的会计核算

企业应当设置"长期借款"科目核算长期借款的取得和偿还，以及各期利息等内容，并设置"本金""利息调整""应计利息"等明细科目，分别核算长期借款的本金、因合同利率与实际利率不一致产生的利息调整及到期一次还本付息时日常计提的利息。

1. 长期借款取得的核算。企业借入各种长期借款时，按实际收到的款项（未来偿还本金的现值），借记"银行存款"科目，贷记"长期借款——本金"科目；按借贷双方之间的差额，借记"长期借款——利息调整"科目。

2. 长期借款利息的核算。在资产负债表日，企业应按长期借款的摊余成本和实际利率计算确定长期借款的利息费用，借记"在建工程""制造费用""财务费用"等科目；按借款本金和合同利率计算确定的应付未付利息，贷记"应付利息""长期借款——应计利息"科目；按其差额，贷记"长期借款——利息调整"科目。

在付息日实际支付利息时，按照本期应支付的利息金额，借记"应付利息"科目，贷记"银行存款"科目。

3. 长期借款到期偿还的核算。企业到期归还长期借款，按归还的长期借款本金，借记"长期借款——本金"科目；按转销的利息调整金额，贷记"长期借款——利息调整"科目；按实际归还款项，贷记"银行存款"科目；按借贷双方之间的差额，借记"在建工程""制造费用""财务费用"等科目。

【例10-1】阳光公司为构建一栋厂房，20×1年1月1日借入期限为两年的专门借款100万元，款项已存入银行。借款利率按市场利率确定为9%，每年付息一次，期满后一次还清本金。20×1年初，以银行存款支付工程款共计60万元，20×2年初又以银行存款支付工程款40万元。该厂房于20×2年8月完工，达到预定可使用状态。假定不考虑专门借款的利息收入或投资收益。阳光公司应做如下账务处理：

20×1年1月1日，借入长期借款时：

借：银行存款　　　　　　　　　　　　　　　　　　　1 000 000
　　贷：长期借款——本金　　　　　　　　　　　　　　　　1 000 000

20×1年初，支付工程款时：

借：在建工程　　　　　　　　　　　　　　　　　　　　600 000
　　贷：银行存款　　　　　　　　　　　　　　　　　　　　600 000

20×1年12月31日，计提本年利息时：

借：在建工程（1 000 000×9%）　　　　　　　　　　90 000
　　贷：应付利息　　　　　　　　　　　　　　　　　　　90 000

20×1年12月31日，支付借款利息时：

借：应付利息　　　　　　　　　　　　　　　　　　　90 000
　　贷：银行存款　　　　　　　　　　　　　　　　　　　90 000

20×2年初支付工程款时：

借：在建工程　　　　　　　　　　　　　　　　　　　400 000
　　贷：银行存款　　　　　　　　　　　　　　　　　　　400 000

20×2年8月，工程完工，达到预定可使用状态时：

借：在建工程（1 000 000×9%÷12×8）　　　　　　60 000
　　贷：应付利息　　　　　　　　　　　　　　　　　　　60 000

结转在建工程：

借：固定资产　　　　　　　　　　　　　　　　　　　1 150 000
　　贷：在建工程　　　　　　　　　　　　　　　　　　　1 150 000

20×2年12月31日，计提9～12月的利息：

1 000 000×9%÷12×4=30 000（元）

借：财务费用　　　　　　　　　　　　　　　　　　　30 000
　　贷：应付利息　　　　　　　　　　　　　　　　　　　30 000

20×2年12月31日支付利息时：

借：应付利息　　　　　　　　　　　　　　　　　　　90 000
　　贷：银行存款　　　　　　　　　　　　　　　　　　　90 000

20×3年1月1日到期还本时：

借：长期借款——本金　　　　　　　　　　　　　　1 000 000
　　贷：银行存款　　　　　　　　　　　　　　　　　　　1 000 000

第三节　应付债券

一、一般公司债券

（一）公司债券的发行

企业发行的一年期以上的债券（包括企业发行的归类为金融负债的优先股、永续债等），构成了企业的长期负债。公司债券的发行方式有三种，即面值发行、溢价发行和折价发行。假设其他条件不变，债券的票面利率高于同期银行存款利率时，可按超过债券票面价值的价格发行，称为溢价发行。溢价是企业以后各期多付利息而事先得到的补偿。如果债券的票面利率低于同期银行存款利率，可按低于债券面值的价格发行，称为折价发行。折价是企业以后各期少付利息而预先给投资者的补偿。如果债券的票面利率与同期银行存款利率相同，可按票面价格发行，称为面值发行。溢价或折价是发行债券企业在债券存续期内对利息费用的一种调整。

企业应当设置"应付债券"账户，用来核算企业发行债券的摊余成本，按应付债券的类别和品种，分别按"面值""利息调整""应计利息"等进行明细核算。

无论是按面值发行，还是溢价发行或折价发行，均按债券面值记入"应付债券"科目的"面值"明细科目；实际收到的款项与面值的差额，记入"利息调整"明细科目。企业发行债券时，按实际收到的款项，借记"银行存款""库存现金"等科目；按债券票面价值，贷记"应付债券——面值"科目；按实际收到的款项与票面价值之间的差额，贷记或借记"应付债券——利息调整"科目。

（二）利息调整的摊销

利息调整应在债券存续期间内采用实际利率法进行摊销。实际利率法是指按照应付债券的实际利率计算其摊余成本及各期利息费用的方法；实际利率是指将应付债券在债券存续期间的未来现金流量，折现为该债券当前账面价值所使用的利率。

资产负债表日，对于分期付息、一次还本的债券，企业应按应付债券的摊余成本和实际利率计算确定的债券利息费用，借记"在建工程""制造费用""财务费用"等科目；按票面利率计算确定的应付未付利息，贷记"应付利息"科目；按其差额，借记或贷记"应付债券——利息调整"科目。

【例 10-2】20×1 年 12 月 31 日，阳光公司经批准发行 5 年期一次还本、分期付息的公司债券 10 000 000 元，债券利息在每年 12 月 31 日支付，票面年利率 6%。假定债券发行时的市场年利率为 5%。

阳光公司该批债券实际发行价格 = 10 000 000 × 0.7835 + 10 000 000 × 6% × 4.3295
= 10 432 700（元）

阳光公司根据上述资料，采用实际利率法和摊余成本计算确定的利息费用，如表 10.1 所示。

表 10.1　　　　　　　　　　　　利息费用　　　　　　　　　　　　单位：元

付息日期	支付利息	利息费用	摊销的利息调整	应付债券摊余成本
20×1 年 12 月 31 日	600 000			10 432 700
20×2 年 12 月 31 日	600 000	521 635	78 365	10 354 335

续表

付息日期	支付利息	利息费用	摊销的利息调整	应付债券摊余成本
20×3年12月31日	600 000	517 716.75	82 283.25	10 272 051.75
20×4年12月31日	600 000	513 602.59	86 397.41	10 185 654.34
20×5年12月31日	600 000	509 282.72	90 717.28	10 094 937.06
20×6年12月31日	600 000	505 062.94*	94 937.06	10 000 000

注：*尾数调整。

根据表10.1的资料，阳光公司的账务处理如下：

20×1年12月31日发行债券时：

借：银行存款　　　　　　　　　　　　　　　　　10 432 700
　　贷：应付债券——面值　　　　　　　　　　　10 000 000
　　　　　　　　——利息调整　　　　　　　　　　432 700

20×2年12月31日计算利息费用时：

借：财务费用等　　　　　　　　　　　　　　　　521 635
　　应付债券——利息调整　　　　　　　　　　　78 365
　　贷：应付利息　　　　　　　　　　　　　　　600 000

20×3～20×5年确认利息费用的账务处理同20×2年。

20×6年12月31日归还债券本金及最后一期利息费用时：

借：财务费用等　　　　　　　　　　　　　　　　505 062.94
　　应付债券——面值　　　　　　　　　　　　　10 000 000
　　　　　　　——利息调整　　　　　　　　　　94 937.06
　　贷：银行存款　　　　　　　　　　　　　　　10 600 000

对于一次还本付息的债券，应于资产负债表日按摊余成本和实际利率计算确定的债券利息费用，借记"在建工程""财务费用""制造费用"等科目；按票面利率计算确定的应付未付利息，贷记"应付债券——应计利息"科目；按其差额，借记或贷记"应付债券——利息调整"科目。

（三）债券的偿还

企业发行的债券通常分为到期一次还本付息或一次还本、分期付息两种。采用一次还本付息方式的，企业应于债券到期支付债券本息时，借记"应付债券——面值、应付利息"科目，贷记"银行存款"科目。采用一次还本、分期付息方式的，在每期支付利息时，借记"应付利息"科目，贷记"银行存款"科目；债券到期偿还本金并支付最后一期利息时，借记"应付债券——面值""在建工程""财务费用""制造费用"等科目，贷记"银行存款"科目，按借贷双方之间的差额，借记或贷记"应付债券——利息调整"科目。

二、可转换公司债券

我国发行可转换公司债券采取记名式无纸化发行方式。企业发行的可转换公司债券，既含有负债成分又含有权益成分。根据《企业会计准则第37号——金融工具列报》的规定，企业发行的可转换公司债券，应当在初始确认时将其包含的负债成分和权益成分进行分拆，将负债成分确认为应付债券；将权益成分确认为其他权益工具。在进行分拆时，应当先对负债成分的未来现金流量进行折现确定负债成分的初始确认金额，再按发行价格总额扣除负债成分初始确认金额后的金额确定权益成分的初始确认金额。发行可转换公司债券发生的交易费用，应当在负债成分和权益成分之间按照各自的相对公允价值进行分摊。

企业发行的可转换公司债券在"应付债券"科目下设置"可转换公司债券"明细科目核算。企业在发行时应按实际收到的款项，借记"银行存款"等科目；按可转换公司债券包含的负债成分面值，贷记"应付债券——可转换公司债券（面值）"科目；按权益成分的公允价值，贷记"其他权益工具"科目；按借贷双方之间的差额，借记或贷记"应付债券——可转换公司债券（利息调整）"科目。对于可转换公司债券的负债成分，在转换为股份前，其账务处理与一般公司债券相同，即按照实际利息率和摊余成本确认利息费用；按照面值和票面利率确认应付债券或应付利息；差额转为利息调整。

可转换公司债券持有人行使转换权，将其持有的债券转换为股票时，按可转换公司债券的余额，借记"应付债券——可转换公司债券（面值）"科目，借记或贷记"应付债券——可转换公司债券（利息调整）"科目；按其权益成分的金额，借记"其他权益工具"科目；按股票面值和转换的股数计算的股票面值总额，贷记"股本"科目；按其差额，贷记"资本公积——股本溢价"科目。如果用现金支付不可转换股票的部分，还应贷记"银行存款"科目。

【例10-3】阳光公司经批准于20×1年1月1日按面值发行5年期一次还本、按年付息的可转换公司债券200 000 000元，款项已收存银行，债券票面年利率为6%。债券发行1年后可转换为普通股股票，初始转股价为每股10元，股票面值为每股1元。债券持有人若在当期付息前转换股票的，应按债券面值和应计利息之和除以转股价，计算转换的股份数。假定20×2年1月1日债券持有人将持有的可转换公司债券全部转换为普通股股票，阳光公司发行可转换公司债券时二级市场上与之类似的没有附带转换权的债券市场年利率为9%。阳光公司的账务处理如下：

20×1年1月1日发行可转换公司债券时：

借：银行存款 200 000 000
　　应付债券——可转换公司债券（利息调整） 23 343 600
　　贷：应付债券——可转换公司债券（面值） 200 000 000
　　　　其他权益工具 23 343 600

可转换公司债券负债成分的公允价值 = 200 000 000 × 0.64990 + 200 000 000 × 6% × 3.8897 = 176 656 400（元）

可转换公司债券权益成分的公允价值 = 200 000 000 − 176 656 400 = 23 343 600（元）

20 × 1 年 12 月 31 日确认利息费用时：

借：财务费用等 15 899 076
　　贷：应付利息——可转换公司债券利息 12 000 000
　　　　应付债券——可转换公司债券（利息调整） 3 899 076

20 × 2 年 1 月 1 日债券持有人行使转换权时（假定利息尚未支付）：

转换的股份数 =（200 000 000 + 12 000 000）÷ 10 = 21 200 000（股）

借：应付债券——可转换公司债券（面值） 200 000 000
　　应付利息——可转换公司债券利息 12 000 000
　　其他权益工具 23 343 600
　　贷：股本 21 200 000
　　　　应付债券——可转换公司债券（利息调整） 19 444 524
　　　　资本公积——股本溢价 194 699 076

企业发行附有赎回选择权的可转换公司债券，其在赎回日可能支付的利息补偿金，即债券约定赎回期届满日应当支付的利息减去应付债券票面利息的差额，应当在债券发行日至债券约定赎回届满日期间计提应付利息。计提的应付利息，分别计入相关资产成本或财务费用。

第四节　其他非流动负债

除前述非流动负债外，其他非流动负债主要包括长期应付款、租赁负债、长期的预计负债等。租赁负债、预计负债将在租赁、或有事项等章节讲述。本节讲述长期应付款的核算。

一、长期应付款的内容

长期应付款，是指企业除长期借款和应付债券以外的其他各种长期应付款项，例如以分期付款方式购入固定资产、无形资产等发生的应付款项等。

企业购买资产有可能延期支付有关价款,这是具有融资性质的延期付款购买资产。如果延期支付的购买价款超过正常信用条件,实质上具有融资性质的,所购资产的成本应当以延期支付购买价款的现值为基础确定。实际支付的价款与购买价款现值之间的差额,应当在信用期间内采用实际利率法进行摊销,计入相关资产成本或当期损益。

二、长期应付款的核算

具体来说,企业购入资产超过正常信用条件延期付款实质上具有融资性质时,应按购买价款的现值,借记"固定资产""在建工程"等科目;按应支付的价款总额,贷记"长期应付款"科目;按其差额,借记"未确认融资费用"科目。

按期支付价款时,借记"长期应付款"科目,贷记"银行存款"科目。未确认融资费用应当在租赁期内各个期间进行分摊。权益应当采用实际利率法计算确认当期的融资费用,借记"财务费用"等科目,贷记"未确认融资费用"科目。

思考与练习

一、单项选择题

1. 甲公司经批准于 2014 年 1 月 1 日以面值发行可转换公司债券,面值总额为 50 000 万元(不考虑相关税费)。该可转换公司债券期限为 5 年,每年 1 月 1 日付息、票面年利率为 4%,实际年利率为 6%。年利率为 6%、期数为 5 期的普通年金现值系数为 4.2124;年利率为 6%、期数为 5 期的复利现值系数为 0.7473。2014 年 1 月 1 日发行可转换公司债券时应确认的权益成分的公允价值为(   )万元。

  A. 45 789.8 B. 4 210.2 C. 50 000 D. 0

2. 甲公司 2015 年 1 月 1 日发行 3 年期可转换公司债券,实际发行价款 100 000 万元,其中负债成分的公允价值为 90 000 万元。假定发行债券时另支付发行费用 300 万元。甲公司发行债券时应确认的"应付债券"的金额为(   )万元。

  A. 9 970 B. 10 000 C. 89 970 D. 89 730

3. 某股份有限公司于 2012 年 1 月 1 日发行 3 年期,每年 1 月 1 日付息、到期一次还本的公司债券,债券面值为 200 万元,票面年利率为 5%,实际年利率为 6%,发行价格为 194.65 万元。按实际利率法确认利息费用。该债券 2013 年度确认的利息费用为(   )万元。

  A. 11.78 B. 12 C. 10 D. 11.68

4. 甲公司于 2008 年 1 月 1 日对外发行 5 年期、面值总额为 2 000 万元的公司债券，债券票面年利率为3%，到期一次还本付息，实际收到发行价款2 200万元。该公司采用实际利率法摊销利息费用，不考虑其他相关税费。计算确定的实际年利率为2%。2009年12月31日，该公司该项应付债券的账面余额为（　　）万元。

  A. 2 120   B. 2 320   C. 2 288.88   D. 2 400

二、多项选择题

1. 下列各项负债中，应当以摊余成本列报的有（　　）。

  A. 长期借款   B. 应付债券   C. 长期应付款   D. 交易性金融负债

2. 计算应付债券摊余成本时应考虑的因素包括（　　）。

  A. 初始成本   B. 债券面值   C. 累计摊销   D. 已偿还的本金

3. 下列各项中，企业因建造办公楼而发生的长期借款利息费用，借记的科目可能有（　　）。

  A. 在建工程   B. 财务费用   C. 制造费用   D. 管理费用

4. 下列关于溢价发行债券的说法中，正确的有（　　）。

  A. 债券的摊余成本逐期减少   B. 债券的利息费用逐期增加

  C. 债券的利息费用逐期减少   D. 债券溢价的摊销额逐期增加

  E. 债券溢价的摊销额逐期减少

5. 对于发行债券的企业来说，采用实际利率法摊销债券折溢价时，下列表述正确的有（　　）。

  A. 随着各期债券溢价的摊销，债券的摊余成本逐期减少，利息费用则逐期增加

  B. 随着各期债券溢价的摊销，债券的摊余成本逐期接近其面值

  C. 随着各期债券溢价的摊销，债券的应付利息和利息费用都逐期减少

  D. 随着各期债券折价的摊销，债券的摊余成本和利息费用都逐期增加

三、判断题

1. 企业采用实际利率法对应付债券的折价进行摊销时，应付债券的摊余成本逐期增加，各期的利息费用也随之逐期增加。（　　）

2. 企业应付债券的利息费用，应当按期初账面价值和票面利率计算确定。（　　）

3. 企业应付债券的利息费用，应当在资产负债表日确认为当期损益或计入资产成本。（　　）

4. 企业应付债券的利息费用，可以采用实际利率法计算，也可以采用直线法计算。（　　）

5. 企业在采用实际利率法计算债券利息费用时，实际利率应当在债券发行日确定，以后期间不再调整。（　　）

四、计算及账务处理题

20×0年12月31日，委托证券公司以7 755万元的价格发行3年期分期付息公司

债券，该债券面值为 8 000 万元，票面年利率为 4.5%，实际年利率为 5.64%，每年分期付息，到期还本。支付的发行费用与发行期间冻结资金产生的利息收入相等。

要求：编制有关会计分录。

思考与练习答案

第十一章　所有者权益

[学习目标]

通过本章的学习，了解所有者权益的含义与构成；理解实收资本与其他权益工具、资本公积与其他综合收益以及留存收益的基本内容；掌握实收资本（或股本）、资本（或股本）溢价及其他资本公积、盈余公积和未分配利润的会计核算。

[思政目标]

实施国有企业改革三年行动（2020～2022年），推动一批指向鲜明、影响力大的企业进行战略性重组和专业化整合，积极向战略性新兴产业布局，国有经济布局优化和结构调整持续推进，有力推动了资源向优势企业和主业企业集中，在解决同质化竞争、重复建设问题方面取得了新进展，切实增强了国有企业的市场竞争力和国际影响力。我们应树立正确的价值观，培养对于国家的责任感和奉献精神。

第一节　所有者权益概述

一、所有者权益的含义

我国《企业会计准则——基本准则》规定：所有者权益是指企业资产扣除负债后由所有者享有的剩余权益。公司的所有者权益又称为股东权益。所有者权益的来源包括所有者投入的资本、直接计入所有者权益的利得和损失、留存收益等。

企业的所有者和债权人均是企业资金的提供者，因而所有者权益和负债（债权人权益）二者都对企业资产有要求权，但二者之间又存在着明显的区别。主要区别有：

（1）权益性质不同。负债是在经营或其他事项中发生的债务，是债权人对其债务的权利；所有者权益是投资者对投入资本及投入资本的运营所产生的盈余（或亏损）的权利。

（2）偿还期限不同。负债必须于一定的日期（特定日期或确定的日期）偿还；所有者权益一般只有在企业解散清算时（除按法律程序减资外），其破产财产在偿付破产费用、债权人的债务等以后，如有剩余财产，才可能还给投资者，在企业持续经营的情况下，一般不能收回投资。

（3）享受的权利不同。债权人只享有收回债务本金和利息的权利，而无权参与企业收益分配和经营管理；所有者则可以参与企业经营管理及收益分配。

（4）承担风险不同。债权人获取的利息一般是按一定利率计算，企业不论盈利与否均应按期付息，对债权人而言，风险较小；所有者获得多少收益则视所投资的企业盈利水平及经营政策，其风险较大。

二、所有者权益的构成

我国《企业会计准则》规定，所有者权益具体项目通常由实收资本（或股本）、其他权益工具、资本公积、其他综合收益和留存收益构成。

1. 实收资本是指所有者在企业注册资本的范围内实际投入的资本。注册资本是企业在设立时向工商行政管理部门登记的资本总额，也是全部出资者设定的出资额之和。注册资本是企业的法定资本，是企业承担民事责任的财力保证。

2. 其他权益工具是指企业发行的除普通股以外归类于权益工具的各种金融工具，主要包括归类于权益工具的优先股、永续债等金融工具。

3. 资本公积是指企业收到投资者出资额超出其在注册资本或股本中所占份额的投资，以及直接计入所有者权益的利得和损失。资本公积包括资本溢价（或股本溢价）和其他资本公积。

4. 其他综合收益是指企业经营活动中形成的未计入当期损益但归所有者共有的利得和损失，主要包括以公允价值计量且其变动计入其他综合收益的金融资产公允价值变动、长期股权投资"权益法"核算下被投资单位所有者权益的其他变动等。

5. 留存收益是企业从历年实现的利润中提取或形成留存于企业的内部积累，它源于企业的资本增值，是企业生产经营活动所实现利润的保留部分。留存收益与投资者投入的资本一样均属于股东权益，是依靠企业经营所得的盈利累积而形成的，由盈余公积和未分配利润构成。

第二节 实收资本与其他权益工具

一、实收资本

（一）实收资本的性质

按照我国有关法律规定，投资者设立企业首先必须投入资本。实

企业组织形式

收资本是投资者投入资本形成法定资本的价值，所有者向企业投入的资本，在一般情况下无须偿还，可以长期周转使用。实收资本的构成比例，即投资者的出资比例或股东的股份比例，通常是确定所有者在企业所有者权益中所占份额和参与企业财务经营决策的基础，也是企业进行利润分配或股利分配的依据，同时还是企业清算时确定所有者对净资产要求权的依据。

企业增加资本除投资者投入资本等一般途径外，还有资本公积转增资本、盈余公积转增资本、股份有限公司发放股票股利、可转换公司债券持有人行使转换权利、将重组债务转换为资本或股本、以权益结算的股份支付的行权等途径。企业减少注册资本的，应当自公告之日起45日后申请变更登记，减资后的注册资本不得低于法定的最低限额。

投资者投入资本的形式可以有多种，可以是现金投资、实物投资，也可以是无形资产投资。实收资本确认和计量要求企业应当设置"实收资本"科目，核算企业接受投资者投入的实收资本；股份有限公司应将该科目改为"股本"。

（二）一般企业投入资本

一般企业是指除股份有限公司以外的企业，例如国有企业、有限责任公司等。收到投资者投入的货币资金时（不存在计价问题），以实际收到的金额，借记"银行存款"科目，贷记"实收资本"科目；收到投资者投入的实物资产时，应在办理实物产权转移手续时，借记"原材料""固定资产""应交税费——应交增值税（进项税额）"等科目，贷记"实收资本"科目；收到投资者投入的无形资产时，应在按合同、协议或公司章程规定移交有关凭证时，借记"无形资产"科目，贷记"实收资本"科目；当企业接受股东或国家的股权投资时，以其投资额为股权的评估价值，借记"长期股权投资""交易性金融资产""其他权益工具投资"等科目，贷记"实收资本"科目。

【例11-1】某有限责任公司收到A投资者投入货币资金1 000 000元，款项已存入银行。该公司所做账务处理如下：

借：银行存款　　　　　　　　　　　　　　　　　　　　　1 000 000
　　贷：实收资本——A投资者　　　　　　　　　　　　　　　1 000 000

【例11-2】某有限责任公司为增值税一般纳税人，收到B投资者投入的原材料一批，确认的不含税价值为200 000元，增值税专用发票列明的税款为26 000元，已办妥相关手续。该公司所做账务处理如下：

借：原材料　　　　　　　　　　　　　　　　　　　　　　　200 000
　　应交税费——应交增值税（进项税额）　　　　　　　　　　26 000
　　贷：实收资本——B投资者　　　　　　　　　　　　　　　226 000

【例11-3】某有限责任公司收到C投资者投入的专利权,双方协议约定的价值为3 000 000元,按照市场估计其公允价值为4 200 000元。该公司所做账务处理如下:

借:无形资产　　　　　　　　　　　　　　　　　　　　4 200 000
　　贷:实收资本——C投资者　　　　　　　　　　　　　　　4 200 000

(三)股份有限公司发行股票

股份有限公司发行股票,不论是普通股还是优先股,均应设置"股本"科目进行核算。"股本"科目核算股东投入股份有限公司的股本,贷方登记已发行的股票面值,借方登记已批准核销的股票面值,贷方余额反映发行在外的股票面值。该科目应按股东单位或姓名设置明细账,并且企业还应将核定的股本总额、股份总数、每股面值在股本科目中作备查记录。

企业发行股票取得的收入与股本总额往往不一致,公司发行股票取得的收入大于股本总额的,为溢价发行;小于股本总额的,为折价发行;等于股本总额的,为面值发行,我国不允许折价发行股票。公司股票发行时收到股款时,借记"银行存款"科目;按相当于股票面值部分,贷记"股本"科目;其余部分在扣除发行过程中支付给券商的佣金、手续费等发行费用后,记入"资本公积——股本溢价"科目。

【例11-4】阳光公司发行普通股50 000 000股,每股面值为1元,发行价格为6元,股款300 000 000元已经全部收到,发行过程中发生相关税费500 000元。所做账务处理如下:

借:银行存款　　　　　　　　　　　　　　　　　　　299 500 000
　　贷:股本——普通股　　　　　　　　　　　　　　　　 50 000 000
　　　　资本公积——股本溢价　　　　　　　　　　　　　249 500 000

(四)企业减少实收资本(或股本)

资本过剩或企业发生重大亏损是企业需要减少实收资本的两大原因,企业因资本过剩而减资,一般要归还投资额和发还股款。

有限责任公司和一般企业归还投资的账务处理比较简单,按法定程序报经批准减少注册资本的,借记"实收资本"科目,贷记"库存现金""银行存款"等科目。

股份有限公司由于缩小经营规模而造成资本过剩,经有关部门批准,可以在《中华人民共和国公司法》(以下简称《公司法》)规定的股份有限公司最低注册资本以上的范围内,回购已发行的股票,发行股票的价格与股票面值可能不同,回购股票的价格也可能与发行价格不同,账务处理较为复杂。回购发行的股票,收回的股票在"库存股"科目核算。回购本公司股份时,应按实际支付的金额,借记"库存股"科目,贷记"银行存款"科目;注销库存股时,按股票面值和注销股数计算的股票面值总额,借记"股本"科目,按注销库存股的账面余额,贷记"库存股"科目,按其差额,冲减股票发行时原记入资本公积的溢价部分,借记"资本公积——股本溢价"科目,回购价格超过上述冲减"股本"及"资本公积——股本溢价"科目部分,应依次借记"盈余公积""利润分配——未分配利润"科目;如回购股份支付的价款低于回购股份所对应的股本,应按回购股份所对应的股本面值,借记"股本"科目,按注销的库存股账面余额,贷记"库存股"科目,按其差额贷记"资本公积——股本溢价"科目。

【例 11-5】阳光公司截至 20×2 年 12 月 31 日的股本为 20 000 万股,每股面值为 1 元,资本公积(股本溢价)5 000 万元,盈余公积 3 000 万元。经股东大会批准,公司以现金回购本公司股票 3 000 万股并注销。假定阳光股份有限公司以每股 2 元回购股票,不考虑其他因素。该公司所做账务处理如下:

库存股的成本 = 30 000 000 × 2 = 60 000 000(元)

借:库存股　　　　　　　　　　　　　　　　　　　　　　60 000 000
　　贷:银行存款　　　　　　　　　　　　　　　　　　　　　　60 000 000
借:股本　　　　　　　　　　　　　　　　　　　　　　　30 000 000
　　资本公积——股本溢价　　　　　　　　　　　　　　　　30 000 000
　　贷:库存股　　　　　　　　　　　　　　　　　　　　　　60 000 000

【例 11-6】沿用【例 11-5】,假定阳光公司以每股 0.8 元回购股票,其他条件不变。该公司所做账务处理如下:

库存股的成本 = 30 000 000 × 0.8 = 24 000 000(元)

借:库存股　　　　　　　　　　　　　　　　　　　　　　24 000 000
　　贷:银行存款　　　　　　　　　　　　　　　　　　　　　　24 000 000
借:股本　　　　　　　　　　　　　　　　　　　　　　　30 000 000
　　贷:库存股　　　　　　　　　　　　　　　　　　　　　　24 000 000
　　　　资本公积——股本溢价　　　　　　　　　　　　　　　　6 000 000

【例 11-7】沿用【例 11-5】,假定阳光公司以每股 3 元回购股票,其他条件不变。该公司所做账务处理如下:

库存股的成本 = 30 000 000 × 3 = 90 000 000(元)

借:库存股　　　　　　　　　　　　　　　　　　　　　　90 000 000
　　贷:银行存款　　　　　　　　　　　　　　　　　　　　　　90 000 000
借:股本　　　　　　　　　　　　　　　　　　　　　　　30 000 000
　　资本公积——股本溢价　　　　　　　　　　　　　　　　50 000 000
　　盈余公积　　　　　　　　　　　　　　　　　　　　　10 000 000
　　贷:库存股　　　　　　　　　　　　　　　　　　　　　　90 000 000

二、其他权益工具

(一) 其他权益工具的含义

权益工具是金融工具分类的一部分,是指能证明拥有某个企业在扣除所有负债后的资产中剩余权益的合同,包括各类权益性质的合同。其他权益工具,是指企业发行的除普通股以外归类为权益工具的各种金融工具,例如企业发行的分类为权益工具的优先股、永续债等。优先股和永续债,可能是权益工具,也可能是金融负债,划分需要遵循实质重于形式的原则。通常来讲,不能无条件避免归还本息义务的是金融负债;反之是权益工具。

(二) 发行其他权益工具的处理原则

企业应设置"其他权益工具"科目,核算企业发行的除普通股以外归类为权益工具的各种金融工具,按发行金融工具的种类等进行明细核算。

1. 发行的金融工具归类为权益工具的,应按实际收到的金额,借记"银行存款"等科目,贷记"其他权益工具——优先股、永续债等"科目。发生的手续费、佣金等交易费用应当从其他权益工具中扣除。

其他权益工具存续期间分配股利和利息的,作为利润分配处理。企业应根据经批准的股利分配方案,按应分配给金融工具持有者的股利金额,借记"利润分配——应付优先股股利、应付永续债利息等"科目,贷记"应付股利——优先股股利、永续债利息等"科目。

2. 按合同条款约定赎回所发行的除普通股以外分类为权益工具的金融工具,按赎回价格,借记"库存股——其他权益工具"科目,贷记"银行存款"科目;注销所回购的金融工具时,按该工具对应的其他权益工具的账面价值,借记"其他权益工具"科目,按该工具的赎回价格,贷记"库存股——其他权益工具"科目,按其差额,借记或贷记"资本公积——资本溢价(或股本溢价)"科目,如资本公积不够冲减的,应依次借记"盈余公积""利润分配——未分配利润"科目。

3. 按合同条款约定将发行的除普通股以外的金融工具转换为普通股的,按该工具对应的金融负债或其他权益工具的账面价值,借记"应付债券""其他权益工具"等科目;按普通股的面值,贷记"实收资本(或股本)"科目;按其差额,贷记"资本公积——资本溢价(或股本溢价)"科目。

【例11-8】某公司发行归类于权益工具的可转换优先股100万股,实际收到价款65万元。该公司所做账务处理如下:

借:银行存款 650 000

贷：其他权益工具——优先股　　　　　　　　　　　　　650 000

【例 11 – 9】沿用【例 11 – 8】资料，可转换优先股全部转换为普通股 10 万股，每股面值 1 元。该公司所做账务处理如下：

　　借：其他权益工具——优先股　　　　　　　　　　　　　650 000
　　　贷：股本　　　　　　　　　　　　　　　　　　　　　100 000
　　　　　资本公积——股本溢价　　　　　　　　　　　　　550 000

第三节　资本公积与其他综合收益

一、资本公积

（一）资本公积的构成

资本公积是企业收到投资者的超出其在企业注册资本（或股本）中所占份额的投资，以及某些特定情况下直接计入所有者权益的项目。资本公积包括资本溢价（或股本溢价）和其他资本公积。

1. 资本溢价（或股本溢价），是企业收到投资者的超出其在企业注册资本（或股本）中所占份额的投资。形成资本溢价（或股本溢价）的原因有溢价发行股票、投资者超额缴入资本等；同一控制下企业合并形成的长期股权投资，也会产生资本溢价或股本溢价。

2. 其他资本公积，是指除资本溢价（或股本溢价）项目以外所形成的资本公积，包括以权益结算的股份支付及采用权益法核算的长期股权投资涉及的业务。其他资本公积一般由特定资产的计价变动而形成，当特定资产被处置时，其他资本公积也应一并处置。因而，其他资本公积不得用于转增资本（或股本）。

资本公积一般应当设置"资本（或股本）溢价""其他资本公积"明细科目核算。

（二）资本溢价或股本溢价

1. 资本溢价。除股份有限公司外投资者经营的企业，投资者依其出资份额对企业经营决策享有表决权，依其所认缴的出资额对企业承担有限责任。企业初创时，投资者认缴的出资额与注册资本一致，一般不会产生资本溢价。但有新的投资者加入时，新加入投资者的出资额往往会大于其在企业注册资本中所占的份额，出现了资本溢价。这是因为，企业进行正常生产经营后，在正常情况下，其资本利润通常会高于企业初创阶段。另外，企业有内部积累，新投资者加入企业后，对这些积累参与分享，所以新加入的投资者往往要付出大于原投资者的出资额，才能取得与原投资者相同的出资比例。投资者投入的资本中按其投资比例计算的出资额部分，应记入"实收资本"科目;大于部分应记入"资本公积——资本溢价"科目。

【例11-10】某有限责任公司由甲、乙、丙三位股东各出资200万元设立,设立的注册资本为600万元。经过一年的经营,该企业的留存收益为60万元,这时又有丁投资者有意加入该企业,并表示愿意出资240万元,占企业注册资本的25%。同时,甲、乙、丙、丁四位投资者一致协商该公司注册资本增加至800万元。该公司所做账务处理如下:

借:银行存款 2 400 000
  贷:实收资本——丁投资者 2 000 000
    资本公积——资本溢价 400 000

2. 股本溢价。股份有限公司是以发行股票的方式筹集股本的,股票是企业签发的证明股东按其所持股份享有权利和承担义务的书面证明。由于股东按其所持企业股份享有权利和承担义务,为了反映和便于计算各股东所持股份占企业全部股本的比例,企业的股本总额应按股票面值与股份总数的乘积计算。我国规定,实收股本总额应与注册资本相等,且股票只能按面值或溢价发行。在面值发行股票的情况下,企业发行股票取得的收入,应全部记入"股本"科目;在采用溢价发行股票的情况下,企业发行股票取得的收入,应将相当于股票面值的部分记入"股本"科目,超出股票面值的溢价收入记入"资本公积——股本溢价"科目。委托证券商代理发行股票而支付的手续费、佣金等,应从溢价收入中扣除,企业应按扣除手续费、佣金后的数额记入"资本公积——股本溢价"科目。

【例11-11】阳光公司增发普通股1 000 000股,每股面值为1元,每股发行价格为5元。股款5 000 000元已经全部收到,发行过程中发生相关税费50 000元。阳光公司所做账务处理如下:

借:银行存款 4 950 000
  贷:股本——普通股 1 000 000
    资本公积——股本溢价 3 950 000

(三)其他资本公积

1. 权益法下被投资单位所有者权益的其他变动。按权益法核算的长期股权投资,被投资单位除净损益、其他综合收益以及利润分配以外所有者权益的其他变动,主要包括被投资单位接受其他股东的资本性投入、以权益结算的股份支付、被投资单位发行可分离交易的可转换公司债券中包含的权益成分等。投资企业按持股比例与被投资单位所有者权益的其他变动计算归属于本企业的部分,应当增加或减少长期股权投资的账面价值,同时贷记或借记"资本公积——其他资本公积"科目。当处置采用权益法核算的长期股权投资时,应当将原记入"资本公积——其他资本公积"科目的相关金额转入"投资收益"科目。

【例 11-12】甲公司以银行存款 2 000 000 元对乙公司进行投资,持有乙公司 20% 的股权,能够对乙公司具有重大影响,采用权益法对有关长期股权投资进行核算。当期,乙公司的另外一位股东对其增资 1 000 000 元,增资后乙公司净资产为 11 000 000 元,甲公司持有乙公司的股权比例不变,仍能对乙公司施加重大影响。相关手续已完成,不考虑其他因素,甲公司所做账务处理如下:

甲公司享有乙公司的所有者权益变动:11 000 000 × 20% - 2 000 000 = 200 000(元)

借:长期股权投资——其他权益变动　　　　　　　　　200 000
　　贷:资本公积——其他资本公积　　　　　　　　　　　　200 000

2. 以权益结算的股份支付。以权益结算的股份支付换取职工提供服务的,对于授予后立即行权的,按照权益工具在授予日的公允价值,借记"管理费用"等科目,贷记"资本公积——其他资本公积"科目;对于职工完成约定期内的服务或达到规定业绩条件才可行权的,在约定期内的每个资产负债表日,应当以对可行权期权数量的最佳估计为基础,按照权益工具在授予日的公允价值,借记"管理费用"等科目,贷记"资本公积——其他资本公积"科目。在行权日,应按实际行权的权益工具数量计算确定的金额,借记"资本公积——其他资本公积"科目;按计入股本的金额,贷记"股本"科目;按其差额,贷记"资本公积——股本溢价"科目。

以现金结算的股份支付换取职工提供服务的,对于授予后立即行权的,按照在授予日以企业承担负债的公允价值,借记"管理费用"等科目,贷记"应付职工薪酬——股份支付"科目;对于职工完成约定期内的服务或达到规定业绩条件才可行权的,在约定期内的每个资产负债表日,应当以对可行权期权数量的最佳估计为基础,按照企业承担负债的公允价值,借记"管理费用"等科目,贷记"应付职工薪酬——股份支付"科目。在行权日,应按实际行权的金额,借记"应付职工薪酬——股份支付"科目,贷记"银行存款"科目。

【例 11-13】W 公司为一家上市公司,20×2 年 1 月 1 日,公司向其 20 名高级管理人员每人授予 10 000 股股票期权,这些职员自 20×2 年 1 月 1 日起在该公司连续服务 3 年,即可以每股 6 元的价格购买 10 000 股 W 公司股票。公司估计该期权在授予日的公允价值为 15 元。20×2 年末,有 2 名高级管理人员离开 W 公司,W 公司估计 3 年中离开的高级管理人员的比例达 20%;第二年又有 3 名高级管理人员离开 W 公司,公司将估计的高级管理人员离开比例修正为 15%;第三年有 3 名高级管理人员离开公司。假定不考虑其他因素,W 公司所做账务处理如下:

授予日 20×2 年 1 月 1 日不做账务处理。

20×2 年 12 月 31 日:

20×2 年应确认的管理费用 = 10 000 × 20 × (1 - 20%) × 15 × 1/3 = 800 000(元)

借：管理费用　　　　　　　　　　　　　　　　　　800 000
　　贷：资本公积——其他资本公积　　　　　　　　　　　800 000

20×3年12月31日：

20×3年应确认的管理费用 = 10 000 × 20 × (1 - 15%) × 15 × 2/3 - 800 000
　　　　　　　　　　　= 900 000（元）

借：管理费用　　　　　　　　　　　　　　　　　　900 000
　　贷：资本公积——其他资本公积　　　　　　　　　　　900 000

20×4年12月31日：

20×4年应确认的管理费用 = 10 000 × 12 × 15 - 1 700 000 = 100 000（元）

借：管理费用　　　　　　　　　　　　　　　　　　100 000
　　贷：资本公积——其他资本公积　　　　　　　　　　　100 000

假定12名高级管理人员在20×5年12月31日行权，W公司股份面值为1元。

借：银行存款　　　　　　　　　　　　　　　　　　72 000
　　资本公积——其他资本公积　　　　　　　　　　1 800 000
　　贷：股本　　　　　　　　　　　　　　　　　　　　12 000
　　　　资本公积——股本溢价　　　　　　　　　　　1 860 000

（四）资本公积转增资本

企业的资本公积金主要用来转增资本。经股东大会或类似机构决议，用资本公积转增资本时，应冲减资本公积；同时按照转增前的实收资本（或股本）的结构或比例，将转增的金额记入"实收资本"（或"股本"）科目下各所有者的明细分类账。

股份支付

【例11-14】某公司为有限责任公司，原注册资本为8 000 000元，股东甲、乙、丙出资比例分别为20%、50%和30%。因扩大经营规模需要，经批准，该公司按原出资比例将资本公积3 000 000元转增资本。其账务处理如下：

借：资本公积——资本溢价　　　　　　　　　　　3 000 000
　　贷：实收资本——甲　　　　　　　　　　　　　　600 000
　　　　　　　　——乙　　　　　　　　　　　　　1 500 000
　　　　　　　　——丙　　　　　　　　　　　　　　900 000

二、其他综合收益

（一）其他综合收益的含义

其他综合收益，是指企业根据会计准则规定未在当期损益中确认的各项利得和损失。其他综合收益包括两类：一是以后会计期间不能重分类进损益的其他综合收益；二是以后会计期间满足规定条件时将重分类进损益的其他综合收益。

在企业经营活动中形成的未计入当期损益但归所有者共有的利得或损失，主要包括以公允价值计量且其变动计入其他综合收益的金融资产公允价值变动；权益法下被投资单位所有者权益其他变动等。

（二）权益法下被投资单位其他综合收益变动

按权益法核算的长期股权投资，被投资单位其他综合收益发生变动时，投资企业按持股比例计算的归属于本企业的部分，应当增加或减少长期股权投资的账面价值，同时贷记或借记"其他综合收益"科目。当处置采用权益法核算的长期股权投资时，应当将原记入"其他综合收益"科目的相关金额转入"投资收益"科目。

其他综合收益的构成

【例11-15】甲公司持有乙公司25%的股份，并能对乙公司施加重大影响。当期，乙公司将作为存货的房地产转换为以公允价值模式计量的投资性房地产，转换日公允价值大于原账面价值1 000万元，计入其他综合收益。不考虑其他因素，甲公司当期按照权益法核算应确认的其他综合收益250万元，其账务处理如下：

借：长期股权投资——其他综合收益　　　　　　　2 500 000
　　贷：其他综合收益　　　　　　　　　　　　　　　　　2 500 000

（三）以公允价值计量且其变动计入其他综合收益的金融资产公允价值变动

以公允价值计量且其变动计入其他综合收益的金融资产发生公允价值变动时，其变动差额应当计入其他综合收益。如果是以公允价值计量且其变动计入其他综合收益的债务工具投资终止确认时，之前计入其他综合收益的累计公允价值变动金额应当从其他综合收益中转出，计入当期损益。如果是以公允价值计量且其变动计入其他综合收益的非交易性权益工具投资终止确认时，之前计入其他综合收益的累计公允价值变动金额应当从其他综合收益中转出，计入留存收益。

【例11-16】20×2年11月8日，甲公司购入乙公司发行的股票100万股，每股市价5元，交易费用1万元。甲公司将其指定为以公允价值计量且其变动计入其他综合收益的非交易性权益工具投资。11月30日，该股票市价为每股6元。12月15日，甲公司以每股5.8元的价格将股票全部转让，另支付交易费用1.16万元。假定不考虑其他因素，其账务处理如下：

20×2年11月8日，购入股票：

借：其他权益工具投资——成本　　　　　　　　　5 010 000
　　贷：银行存款　　　　　　　　　　　　　　　　　　　5 010 000

20×2年11月30日，确认股票价格变动：

借：其他权益工具投资——公允价值变动　　　　　　990 000
　　贷：其他综合收益——其他权益工具投资公允价值变动　　990 000

20×2年12月15日，出售股票：

借：其他综合收益——其他权益工具投资公允价值变动　　990 000
　　贷：盈余公积——法定盈余公积　　　　　　　　　　99 000
　　　　利润分配——未分配利润　　　　　　　　　　891 000
借：银行存款　　　　　　　　　　　　　　　　　5 788 400
　　盈余公积——法定盈余公积　　　　　　　　　　　21 160
　　利润分配——未分配利润　　　　　　　　　　　190 440
　　贷：其他权益工具投资——成本　　　　　　　　5 010 000
　　　　　　　　　　　　——公允价值变动　　　　 990 000

第四节　留存收益

一、盈余公积

(一) 盈余公积的相关规定

根据《公司法》等有关法规的规定，企业应当从当年实现的净利润中提取盈余公积，以利于企业持续经营、维护债权人利益。盈余公积包括法定盈余公积和任意盈余公积。盈余公积主要可以用于弥补亏损、转增资本和扩大企业生产经营等方面。

1. 法定盈余公积。法定盈余公积是指企业按规定从净利润中提取的积累资金。企业必须提取法定盈余公积，目的是确保企业不断积累资本，实现生产规模的扩大。我国《公司法》规定，公司制企业的法定盈余公积金按照税后利润10%的比例提取（非公司制企业也可以按照超过10%的比例提取），法定盈余公积金累计额为公司注册资本的50%以上时，可以不再提取法定公积金。需要注意的是，在计算提取法定盈余公积的基数时，不应包括企业年初未分配利润。

公司法定盈余公积金不足以弥补以前年度亏损的，在提取法定公积金之前，应当先用当年利润弥补亏损。

2. 任意盈余公积。任意盈余公积是公司出于实际需要或采取审慎经营策略，从税后利润中提取的一部分留存收益。公司制企业从税后利润中提取法定盈余公积金后，经股东大会决议，还可以从税后利润中提取任意盈余公积金。非公司制企业经类似权力机构批准，也可以提取任意公积金。由于任意盈余公积金是企业自愿计提的留存收益，其提取比例视实际情况而定。需要注意的是，公司如有优先股，必须在支付优先股股利之后，方可计提任意盈余公积。

法定盈余公积和任意盈余公积的主要区别在于各自计提的依据不同。前者以国家法律或行政规章为依据提取；后者则由企业自行决定提取。

（二）盈余公积的计提

为了反映盈余公积的形成及使用情况，企业应设置"盈余公积"科目，并分别按"法定盈余公积""任意盈余公积"进行明细核算。外商投资企业还应分别设置"储备基金""企业发展基金"科目进行明细核算。

企业计提盈余公积，借记"利润分配——提取法定盈余公积""利润分配——提取任意盈余公积"科目，贷记"盈余公积——法定盈余公积""盈余公积——任意盈余公积"科目。

外商投资企业按规定提取的储备基金、企业发展基金、职工奖励及福利基金，借记"利润分配——提取储备基金""利润分配——提取企业发展基金""利润分配——提取职工奖励及福利基金"科目，贷记"盈余公积——储备基金""盈余公积——企业发展基金""应付职工薪酬"科目。

【例11-17】某股份有限公司20×2年度实现净利润2 000 000元。假定该公司按本年度实现净利润的10%提取法定盈余公积，5%提取任意盈余公积，同时向股东按每股0.1元派发现金股利（该公司股本为5 000 000元，每股面值1元）。

20×2年度终了，企业结转本年度实现的净利润，所做账务处理如下：

借：本年利润　　　　　　　　　　　　　　　　　　　　2 000 000
　　贷：利润分配——未分配利润　　　　　　　　　　　　　2 000 000

提取法定盈余公积、任意盈余公积，所做账务处理如下：

借：利润分配——提取法定盈余公积　　　　　　　　　　200 000
　　　　　　——提取任意盈余公积　　　　　　　　　　100 000
　　贷：盈余公积——法定盈余公积　　　　　　　　　　　200 000
　　　　　　　——任意盈余公积　　　　　　　　　　　100 000

应当说明的是，按规定对董事会或类似机构通过的利润分配方案中拟分配的现金股利或利润不做账务处理，但应在附注中披露。当董事会或类似机构通过的利润分配方案已经获得股东大会或类似机构审议批准后，企业方可进行支付现金股利或利润的账务处理。至于利润分配方案中的股票股利，经股东大会批准并办理增资手续后才可做相应账务处理。

（三）盈余公积转增资本

《公司法》规定，法定盈余公积转增资本时，所留存的法定盈余公积不得少于转增前公司注册资本的25%，且必须经股东大会决议批准。在实际将盈余公积转增资本时，要按股东原有持股比例结转。企业提取的盈余公积，只不过是在企业所有者权益内部作结构上的调整，不引起企业所有者权益总额的变动。

一般企业经批准用盈余公积转增资本时，应借记"盈余公积"科目，贷记"实收资本"科目。股份有限公司经股东大会决议批准，用盈余公积转增资本时，应当借记"盈余公积"科目，贷记"股本"科目。

【例11-18】某公司为有限责任公司，原注册资本为8 000 000元，股东甲、乙、丙出资比例分别为20%、50%和30%。因扩大经营规模需要，经批准，该公司按原出资比例将盈余公积4 000 000元转增资本。其账务处理如下：

借：盈余公积　　　　　　　　　　　　　　　　　　　4 000 000
　　贷：实收资本——甲　　　　　　　　　　　　　　　　800 000
　　　　　　　　——乙　　　　　　　　　　　　　　　2 000 000
　　　　　　　　——丙　　　　　　　　　　　　　　　1 200 000

（四）盈余公积弥补亏损

企业发生亏损时，应由企业自行弥补。弥补亏损的渠道主要有：一是用以后年度税前利润弥补。按照现行制度规定，企业发生亏损时，可以用以后五年内实现的税前利润弥补亏损。二是用以后年度税后利润弥补。企业发生的亏损经过五年期间未弥补足额的，尚未弥补的亏损应用所得税后的利润弥补。三是以盈余公积弥补。

企业用税前利润或税后利润弥补亏损并不需要做专门的账务处理，只有用盈余公积弥补亏损才需要做专门的账务处理。企业经公司董事会提议，并经股东大会批准，用盈余公积弥补亏损，应当借记"盈余公积"科目，贷记"利润分配——盈余公积补亏"科目。

【例11-19】经股东大会批准，某股份有限公司用以前年度的盈余公积弥补当年亏损，当年弥补亏损的数额为800 000元。假定不考虑其他因素，所做账务处理如下：

借：盈余公积　　　　　　　　　　　　　　　　　　　　800 000
　　贷：利润分配——盈余公积补亏　　　　　　　　　　　800 000

二、未分配利润

（一）未分配利润的形成

未分配利润是经过弥补亏损、提取法定盈余公积、提取任意盈余公积和向投资者分配利润等利润分配之后剩余的利润，它是企业留待以后年度进行分配的历年结存的利润。相对于股东权益的其他部分来说，企业对于未分配利润的使用分配有较大的自主权。从数量上来讲，未分配利润是期初未分配利润，加上本期实现的净利润，减去提取的各种盈余公积和分出利润后的余额。

未分配利润通过"利润分配"科目进行核算。"利润分配"科目应当分别"提取法定盈余公积""提取任意盈余公积""应付现金股利或利润""转作股本的股利""盈余公积补亏""未分配利润"等进行明细核算。

（二）分派股利或利润

1. 现金股利或利润。经股东大会或类似机构决议，可以向股东或投资者分派现金股利或利润，借记"利润分配——应付现金股利或利润"科目，贷记"应付股利""应付利润"科目。

股份有限公司在进行现金股利的分配时，往往要经历几个重要的日期：一是宣告日，即公司股利分配方案经股东大会通过后由董事会正式宣布依股东名册按持股比例发放股利的日期。二是股权登记日，即公司宣告股利后所定下的在该日截止过户登记的日期。三是除息日，股权登记日后的下一个交易日就是除息日（除权日），即在该日以后取得股票的股东无权获取股利。在股权登记日和除息日，对于股份公司来说，不需要在账上做任何会计分录。四是分派日，即实际支付股利的日子，通常是在股权登记截止后的若干天开始支付股利。

【例11-20】某股份有限公司20×3年5月12日宣布经股东大会批准的20×2年度利润分配实施方案：以20×2年末公司普通股总股本500 000 000股为基数，向全体股东按每10股2元发放现金股利。股权登记日为20×3年5月15日，除息日为20×3年5月19日，现金股利发放日为20×3年6月4日。

股利宣告日，所做账务处理如下：

借：利润分配——应付现金股利　　　　　　　　　　　100 000 000
　　贷：应付股利　　　　　　　　　　　　　　　　　　　100 000 000

股权登记日和除息日，不做任何账务处理。

股利发放日，所做账务处理如下：

借：应付股利　　　　　　　　　　　　　　　　　　　100 000 000
　　贷：银行存款　　　　　　　　　　　　　　　　　　　100 000 000

2. 股票股利。股票股利是指公司用增发股票的方式发放的股利。公司宣告和分发股票股利，既不影响公司的资产和负债，也不影响股东权益总额，只是股东权益内部各项目之间发生增减变动。至于获取股票股利的股东，其所持股票数量有所增加，但在公司中所占股东权益的份额不会发生任何变化。

经股东大会或类似机构决议，分配给股东的股票股利，应在办理增资手续后，借记"利润分配——转作股本的股利"科目，贷记"股本"科目；如有差额，贷记"资本公积——股本溢价"科目。

【例 11-21】某股份有限公司 20×2 年度经股东大会审议，通过了向股东每 10 股派发 1 股股票股利的利润分配方案。本年发行在外股份 5 000 万股，每股面值为 1 元。公司在办理增资手续后，所做财务处理如下：

借：利润分配——转作股本的股利　　　　　　　　　　　5 000 000
　　贷：股本　　　　　　　　　　　　　　　　　　　　　5 000 000

（三）期末结转利润分配

企业期末结转利润时，应将各损益类科目的余额转入"本年利润"科目，结平各损益类科目。结转后"本年利润"科目如为贷方余额，则为当期实现的净利润；如为借方余额，则为当期发生的净亏损。年度终了，企业应将全年实现的净利润或发生的净亏损，自"本年利润"科目转入"利润分配——未分配利润"科目；并将"利润分配"科目所属其他明细科目的余额，转入"利润分配——未分配利润"明细科目。结转后，"利润分配——未分配利润"科目如为贷方余额，表示累积未分配利润数额；如为借方余额，则表示累积未弥补的亏损数额。

【例 11-22】阳光公司 20×2 年初未分配利润为 500 000 元，20×2 年度实现净利润 30 000 000 元。公司董事会于 20×3 年 2 月 25 日提出公司当年利润分配方案，拟对 20×2 年实现的净利润进行分配。董事会提请批准的利润分配方案为：按照本年度实现净利润的 10% 提取法定盈余公积，5% 提取任意盈余公积，同时向股东按每股 0.3 元派发现金股利，按每 10 股送 3 股的比例派发股票股利（该公司股本为 50 000 000 元，每股面值 1 元）。20×3 年 3 月 5 日公司股东大会决议批准了董事会的利润分配方案，20×3 年 3 月 15 日公司以银行存款支付了全部现金股利，新增股本也已经办理完股权登记和相关增资手续。

20×2 年年度终了，结转本年度实现的净利润，所做账务处理如下：

借：本年利润　　　　　　　　　　　　　　　　　　　　30 000 000
　　贷：利润分配——未分配利润　　　　　　　　　　　　30 000 000

提取法定盈余公积、任意盈余公积，所做账务处理如下：

借：利润分配——提取法定盈余公积　　　　　　　　　　　3 000 000
　　　　　　——提取任意盈余公积　　　　　　　　　　　1 500 000
　　贷：盈余公积——法定盈余公积　　　　　　　　　　　3 000 000
　　　　　　　　——任意盈余公积　　　　　　　　　　　1 500 000

结转"利润分配"的明细科目，所做账务处理如下：

借：利润分配——未分配利润　　　　　　　　　　　　　　4 500 000
　　贷：利润分配——提取法定盈余公积　　　　　　　　　3 000 000

            ——提取任意盈余公积   1 500 000

阳光公司20×2年末"利润分配——未分配利润"科目的余额为：

500 000 + 30 000 000 - 4 500 000 = 26 000 000（元）

即贷方余额26 000 000元，反映企业的累计未分配利润为26 000 000元。

20×3年3月5日，批准发放现金股利，所做账务处理如下：

借：利润分配——应付现金股利   15 000 000
　　贷：应付股利   15 000 000

20×3年3月15日，实际发放现金股利，所做账务处理如下：

借：应付股利   15 000 000
　　贷：银行存款   15 000 000

20×3年3月15日，发放股票股利并办理完增资手续，所做账务处理如下：

借：利润分配——转作股本的股利   15 000 000
　　贷：股本   15 000 000

（四）利润弥补以前年度亏损

企业在生产经营过程中既可能发生盈利，也有可能出现亏损。企业在当年发生亏损的情况下，与实现利润的情况相同，应当将本年发生的亏损自"本年利润"科目，转入"利润分配——未分配利润"科目；结转后"利润分配"科目的借方余额，即为未弥补亏损的数额。

企业以当年实现的利润弥补以前年度结转的未弥补亏损，不需要进行专门的账务处理。企业将当年实现的利润自"本年利润"科目，转入"利润分配——未分配利润"科目的贷方，其贷方发生额与"利润分配——未分配利润"科目的借方余额自然抵补，且无论是以税前利润还是税后利润弥补亏损，其账务处理方法均相同，所不同的只是两者计算应交所得税额的数字不同而已。在以税前利润弥补亏损的情况下，其弥补数额可以抵减当期企业的应纳税所得额；而以税后利润弥补亏损的数额，则不能作为应纳税所得额扣除处理。

【例11-23】 某企业20×2年当年实现的利润总额为1 000 000元，以前年度的亏损为500 000元，所得税税率为25%（假定不存在其他纳税调整项目）。

假如亏损用税前利润弥补，所做账务处理如下：

企业当期应交纳的所得税为（1 000 000 - 500 000）× 25% = 125 000（元）

借：本年利润   875 000
　　贷：利润分配——未分配利润   875 000

20×2年"利润分配——未分配利润"科目期末贷方余额为375 000元。

假如亏损用税后利润弥补，所做账务处理如下：

企业当期应交纳的所得税为 1 000 000×25% = 250 000（元）。

借：本年利润   750 000
    贷：利润分配——未分配利润   750 000

20×2 年"利润分配——未分配利润"账户期末贷方余额为 250 000 元。

思考与练习

一、单项选择题

1. 股份有限公司采用溢价发行股票方式筹集资本，其"股本"科目所登记的金额是（　　）。

　　A. 实际收到的款项

　　B. 实际收到的款项减去应付券商的费用

　　C. 实际收到的款项加上应付券商的费用

　　D. 股票面值与股份总数的乘积

2. 企业发生的下列交易或事项中，不会引起当期资本公积——资本溢价发生变动的是（　　）。

　　A. 同一控制下企业合并中取得被合并方净资产份额小于所支付对价账面价值

　　B. 根据股东大会批准，回购公司股份且回购价低于回购股份所对应的股本

　　C. 授予员工股票期权在等待期内确认相关费用

　　D. 以资本公积转增股本

3. 某公司 20×2 年初所有者权益总额为 1 000 万元，当年实现净利润 250 万元，提取盈余公积 25 万元，向投资者分派现金股利 100 万元，本年内以资本公积转增资本 30 万元，投资者追加现金投资 20 万元。该公司年末所有者权益总额为（　　）万元。

　　A. 1 170   B. 1 275   C. 1 300   D. 1 325

4. 下列各项中，会引起留存收益总额发生增减变动的是（　　）。

　　A. 盈余公积转增资本   B. 盈余公积补亏

　　C. 资本公积转增资本   D. 用税后利润补亏

5. 某公司委托证券公司发行股票 1 000 万股，每股面值 1 元，每股发行价 8 元，向证券公司支付佣金 150 万元，发行股票冻结期间的利息收入为 100 万元。该公司应贷记"资本公积——股本溢价"科目的金额为（　　）万元。

　　A. 6 750   B. 6 850   C. 6 950   D. 7 000

6. 下列各项中，不可能对盈余公积产生影响的事项是（　　）。

　　A. 公司减资注销库存股

　　B. 以权益结算的股份支付行权

C. 盈余公积转增资本

D. 外商投资企业按规定提取企业发展基金

7. 甲公司20×2年12月31日股本为500万股，面值1元，资本公积（股本溢价）150万元，盈余公积50万元。假定甲公司回购本公司股票100万股，回购价每股2.8元。假定不考虑其他因素，则注销库存股时应冲减盈余公积（　　）万元。

A. 0　　　　　B. 30　　　　　C. 50　　　　　D. 20

8. 某企业盈余公积年初余额为50万元，本年利润总额为600万元，所得税费用为150万元，按净利润的10%提取法定盈余公积，并将盈余公积10万元转增资本。该企业盈余公积年末余额为（　　）万元。

A. 40　　　　　B. 85　　　　　C. 95　　　　　D. 110

9. 某企业20×2年1月1日所有者权益构成情况如下：实收资本1 500万元，资本公积100万元，盈余公积300万元，未分配利润200万元。20×2年度实现利润总额为500万元，企业所得税税率为25%。假定不存在纳税调整事项及其他因素，该企业20×2年12月31日可供分配利润为（　　）万元。

A. 500　　　　　B. 575　　　　　C. 700　　　　　D. 1 000

10. 甲股份有限公司注册资本为5 000万元，20×2年实现的净利润为800万元，年初"未分配利润"明细科目借方余额为100万元，20×2年提取盈余公积前法定盈余公积的累计金额为1 000万元。该公司法定盈余公积的提取比例为10%，则该公司20×2年按规定应提取的法定盈余公积的金额是（　　）万元。

A. 70　　　　　B. 80　　　　　C. 90　　　　　D. 0

11. 某企业经营第一年亏损100万元，第二年实现税前利润300万元，所得税税率25%，法定盈余公积的提取比例为10%，无其他纳税调整事项。该企业当年应提取的法定盈余公积是（　　）万元。

A. 3　　　　　B. 22.5　　　　　C. 15　　　　　D. 15.5

12. 不同组织形式的企业在所有者权益的核算上是有差异的，其区别主要在于对（　　）的核算上。

A. 实收资本　　B. 资本公积　　C. 未分配利润　　D. 盈余公积

二、多项选择题

1. 下列交易事项中，能引起资产和所有者权益同时发生增减变动的有（　　）。

A. 分配股票股利　　　　　　B. 接受现金捐赠

C. 财产清查中固定资产盘盈　　D. 以银行存款支付原材料采购价款

2. 下列各项中，影响其他综合收益的有（　　）。

A. 发行可转换公司债券包含的权益成分的价值

B. 应享有联营企业其他综合收益变动的份额

C. 以公允价值计量且其变动计入其他综合收益的其他债权投资公允价值变动

D. 自用房地产转为以公允价值模式计量的投资性房地产转换日公允价值小于账面价值的差额

3. 下列各项中，能引起实收资本或股本发生增减变动的有（   ）。

    A. 将盈余公积转增资本　　　　　B. 投资者投入资本

    C. 将资本公积转增资本　　　　　D. 实际发放现金股利

4. 公司发行股票支付手续费、佣金等发行费用，其正确的账务处理有（   ）。

    A. 计入财务费用

    B. 计入管理费用

    C. 从溢价中抵销

    D. 溢价不足以支付的部分，计入当期管理费用

5. 留存收益包括（   ）。

    A. 法定盈余公积　　　　　　　　B. 任意盈余公积

    C. 其他权益工具　　　　　　　　D. 未分配利润

6. 下列项目中，能引起资产和利润同时减少的项目有（   ）。

    A. 计提短期借款的利息　　　　　B. 计提行政管理部门固定资产折旧

    C. 计提坏账准备　　　　　　　　D. 管理用无形资产的摊销

7. 下列关于其他债权投资的表述中，正确的有（   ）。

    A. 其他债权投资发生的减值损失应计入当期损益

    B. 其他债权投资的公允价值变动应计入当期损益

    C. 其他债权投资可以重分类为其他权益工具投资

    D. 处置其他债权投资期末按公允价值计量

8. 下列项目中，应通过"资本公积——其他资本公积"科目核算的有（   ）。

    A. 债权人豁免的债务

    B. 无法支付的应付账款

    C. 长期股权投资采用权益法核算的，被投资单位除净损益、其他综合收益和利润分配外的所有者权益的其他变动，投资企业按照持股比例应享有的份额

    D. 以权益结算的股份支付换取职工或其他方提供服务的，资产负债表日按规定确定的成本费用金额

9. 下列事项中，属于直接计入所有者权益的利得或损失的有（   ）。

    A. 应享有其联营企业实现的除净损益、利润分配以及其他综合收益以外的所有者权益其他变动的份额

    B. 出售固定资产形成的处置净损失

C. 外币财务报表折算差额

D. 其他权益工具投资的公允价值变动

10. 下列各项中，关于未分配利润的描述正确的有（　　）。

A. 未分配利润是企业所有者权益的组成部分

B. 可留待以后年度进行分配，但不得用于弥补亏损

C. 可留待以后年度进行分配的当年结余利润

D. 可留待以后年度进行分配的历年结余利润

三、判断题

1. 收入能导致企业所有者权益增加，但导致所有者权益增加的不一定是收入。（　　）

2. 企业接受非现金资产投资，应按该非现金资产在投资方的原账面价值确定其在注册资本中应享有的份额。（　　）

3. 股份公司发行股票时支付给券商的手续费、佣金等相关费用应计入当期损益。（　　）

4. 企业股东大会决定宣告发放现金股利和股票股利时，应作为负债和利润分配处理。（　　）

5. 企业用盈余公积弥补亏损时，其所有者权益总额不变。（　　）

6. 指定为以公允价值计量且其变动计入当期损益的金融负债因企业自身信用风险变动引起的公允价值变动计入其他综合收益。（　　）

7. 采用溢价方式发行股票筹集资本时，其"股本"科目登记的金额为实际收到的款项。（　　）

8. 年度终了，除"未分配利润"明细科目外，"利润分配"科目下的其他明细科目应当无余额。（　　）

9. 所有者权益和负债都是对企业资产的要求权，但二者权利并不相同。（　　）

10. 企业发行优先股、永续债等金融工具作为其他权益工具进行核算。（　　）

四、计算及账务处理题

1. 甲公司20×2年12月31日，经股东大会批准，甲公司按每股18元的价格以现金回购本公司股票3 000万股并注销。截至20×2年12月31日甲公司共发行股票20 000万股，股票面值为每股1元，"资本公积——股本溢价"科目余额为46 260万元，"盈余公积"科目余额为2 000万元，"利润分配——未分配利润"贷方余额为3 000万元。该公司回购股票符合相关程序，不考虑其他因素。

要求：请计算回购股票的成本，并做回购股票和注销股票的会计分录。

2. 乙公司20×2年初"资本公积"科目的贷方余额为1 000万元，"其他综合收益"科目的贷方余额为1 500万元，"盈余公积"科目的贷方余额为150万元；其

20×2年有关资本公积、其他综合收益和盈余公积的业务资料如下：

（1）20×2年1月1日，乙公司按每股2.5元的价格溢价增发普通股500万股，每股面值1元，支付给券商佣金、手续费20万元，股款已收到。

（2）20×2年5月1日，乙公司在二级市场以银行存款4 000万元购买丁公司的股权，对丁公司不能施加重大影响，而将其划分为其他权益工具投资。所以年末该投资的公允价值为4 100万元。

（3）20×2年12月31日，乙公司对于权益结算的股份支付（用于高级管理人员）以授予日的公允价值为基础确认当期费用150万元。

（4）20×2年提取盈余公积200万元，用盈余公积转增资本100万元。

假定不考虑所得税影响，乙公司当年未发生其他与资本公积、其他综合收益和盈余公积相关的业务。

要求：

（1）根据以上资料编制相关会计分录。

（2）计算20×2年末乙公司资产负债表"资本公积""其他综合收益""盈余公积"科目的余额。

思考与练习答案

第十二章 收入、费用和利润

[学习目标]

通过本章的学习,了解收入、费用、利润的概念、分类及特征;熟悉收入确认、计量的五步法模型;掌握一般业务收入及特定交易收入的账务处理、成本费用及期间费用的账务处理、利润的结转及分配的账务处理。本章的重点及难点内容在于对收入确认、计量的五步法模型的理解及应用,以及特定交易收入的认定及核算。

[思政目标]

企业的利润是企业可持续发展的基本源泉,追求利润最大化是每一个企业的经营目标,因此正确核算企业的收入、费用和利润是真实反映企业经营成果和盈利能力的保证。然而随着时代的不断发展进步,经济活动日渐复杂多变,往往会出现会计人员对收入、费用的确认和计量进行无意或有意的错判,从而产生会计差错甚至操纵利润的不良后果。因此会计人员运用专业的职业判断能力以及遵循诚实守信的职业道德,对企业的收入、费用进行正确的核算,才能使财务报表使用者全面了解企业的经营成果,分析企业的获利能力及盈利增长趋势,从而作出合理的经济决策。

第一节 收 入

一、收入的概念与特征

收入是指企业在日常活动中形成的、会导致所有者权益增加的、与所有者投入资本无关的经济利益的总流入。收入具有如下特征:

(1) 收入从企业的日常活动中产生,而不是从偶发的交易或事项中产生。日常活动是指企业为完成其经营目标所从事的经常性活动以及与之相关的其他活动。日常活动的理解包括两个层面:一是企业为完成其经营目标所从事的经常性活动;二是与经常性活动相关的活动。例如,工业企业制造并销售产品、商品流通企业销售商品、软件企业为客户开发软件、安装公司提供安装服务等,均属于企业为完成其经营目标所从事的经常性活动。而工业企业转让无形资产使用权、出售不需用原材料等,则属于与经常性活动相关的活动。对于企业处置固定资产、处置无形资产、接受捐赠、债务重组等活动，不是企业为完成其经营目标所从事的经常性活动，也不属于与经常性活动相关的活动，由此产生的经济利益的总流入不构成收入，应当确认为企业的利得。

企业的利得可分为直接计入所有者权益的利得和直接计入当期损益的利得。直接计入所有者权益的利得是指企业非日常活动所形成的、不应计入当期损益、会导致所有者权益增加的、与所有者投入资本无关的经济利益的流入。直接计入当期损益的利得是指企业非日常活动所形成的、应当计入当期损益、会导致所有者权益增加的、与所有者投入资本无关的经济利益的流入。

（2）收入是与所有者投入资本无关的经济利益总流入。在实务中，经济利益的流入有时是所有者投入资本的增加所导致的，所有者投入资本的增加不应当确认为收入，而应当将其直接确认为所有者权益。

（3）收入必然能导致企业所有者权益的增加。与收入相关的经济利益的流入应当会导致企业所有者权益的增加，不会导致所有者权益增加的经济利益的流入不符合收入的定义，不应确认为收入。例如，企业向银行借入款项，尽管该经济事项导致了企业经济利益的流入，但该流入并不导致所有者权益的增加，反而使企业承担了一项现时义务。因此企业对于借入款项不应将其确认为收入，而应当确认为一项负债。

（4）收入只包括本企业经济利益的流入，不包括为第三方或客户代收的款项。企业为第三方或客户代收的款项，日后要支付给第三方或客户，不会导致本企业的所有者权益增加，所以不能确认为收入。

二、收入的确认与计量

（一）收入确认的原则

企业应当在履行了合同中的履约义务，即在客户取得相关商品控制权时确认收入。取得相关商品控制权，是指能够主导该商品的使用并从中获得几乎全部的经济利益，也包括有能力阻止其他方主导该商品的使用并从中获得经济利益。取得商品控制权包括以下三个要素：

（1）能力，即客户必须拥有现时权利，能够主导该商品的使用并从中获得几乎全部经济利益。如果客户只能在未来的某一期间主导该商品的使用并从中获益，则表明其尚未取得该商品的控制权。

（2）主导该商品的使用，即客户有权使用该商品，或者能够允许或阻止其他方使用该商品。

（3）能够获得几乎全部的经济利益。商品的经济利益是指该商品的潜在现金流量，既包括现金流入，也包括现金流出，客户可以通过很多方式直接或间接地获得商品的经济利益,例如使用、消耗、出售或持有该商品;使用该商品提升其他资产的价值;以及将该商品用于清偿债务、支付费用或抵押等。

(二)收入确认和计量的步骤

根据《企业会计准则第 14 号——收入》的规定,收入确认和计量大致分为如下五步:第一步,识别与客户订立的合同;第二步,识别合同中的单项履约义务;第三步,确定交易价格;第四步,将交易价格分摊至各单项履约义务;第五步,履行各单项履约义务时确认收入。其中第一、第二和第五步主要与收入的确认有关;第三和第四步主要与收入的计量有关。

1. 识别与客户订立的合同。合同,是指双方或多方之间订立有法律约束力的权利义务的协议,包括书面形式、口头形式以及其他可验证的形式(例如隐含于商业惯例或企业以往的习惯做法中等)。当企业与客户之间的合同同时满足下列条件时,企业应当在客户取得相关商品控制权时确认收入:(1)合同各方已批准该合同并承诺将履行各自义务;(2)该合同明确了合同各方与所转让商品相关的权利和义务;(3)该合同有明确的与所转让商品相关的支付条款;(4)该合同具有商业实质,即履行该合同将改变企业未来现金流量的风险、时间分布或金额;(5)企业因向客户转让商品而有权取得的对价很可能收回。

在进行上述判断时,需要注意以下三点:第一,合同约定的权利和义务是否具有法律约束力,需要根据企业所处的法律环境和实务操作进行判断,包括合同订立的方式和流程、具有法律约束力的权利和义务的设立时间等。对于合同各方均有权单方面终止完全未执行的合同,且无须对合同其他方作出补偿的,企业应当视为该合同不存在。第二,合同具有商业实质是指履行该合同将改变企业未来现金流量的风险、时间分布或金额。第三,企业在评估其因向客户转让商品而有权取得的对价是否很可能收回时,仅应考虑客户到期时支付对价的能力和意图(即客户的信用风险)。

对于不能同时满足上述收入确认的五个条件的合同,企业只有在不再负有向客户转让商品的剩余义务(例如,合同已完成或取消),且已向客户收取的对价(包括全部或部分对价)无须退回时,才能将已收取的对价确认为收入;否则,应当将已收取的对价作为负债进行账务处理。其中,企业向客户收取无须退回的对价的,应当在已经将该部分对价所对应的商品的控制权转移给客户,并且已不再向客户转让额外的商品且不再负有此类义务时,将该部分对价确认为收入;或者在相关合同已经终止时,将该部分对价确认为收入。

2. 识别合同中的单项履约义务。履约义务,是指合同中企业向客户转让可明确区分商品的承诺。企业应当在合同开始日对合同进行评估,识别该合同包含的各单项履约义务,并确定各单项履约义务是在某一时段内履行,还是在某一时点履行,然后在履行了各单项履约义务时分别确认收入。企业应当将下列向客户转让商品的承诺作为单项履约义务：

（1）企业向客户转让可明确区分商品（或者商品或服务的组合）的承诺。若企业向客户承诺的商品同时满足下列条件的，则作为可明确区分的商品：

一是客户能够从该商品本身或者从该商品与其他易于获得的资源一起使用中受益，即该商品能够明确区分。对于某些商品而言，客户可以从该商品本身获益；而对于另一些商品而言，客户可能需要将其与其他易于获得的资源一起使用才能从中获益。

【例12－1】阳光公司与客户签订合同，向客户销售一台其生产的打印机，并且在未来1年内向该客户免费提供用于该设备的专用耗材。该耗材既可与设备一起销售，也可单独对外销售。

本案例中，如果没有耗材则打印机将无法使用，耗材也只有用于打印机才能有用，但是阳光公司能够单独履行其在合同中的每一项承诺，即如果没有免费提供耗材，阳光公司也可以销售打印机；没有销售打印机也可以单独销售耗材，表明设备和耗材在合同中彼此之间可明确区分。因此，该项合同包含两项履约义务，即销售打印机和销售专用耗材。

二是企业向客户转让该商品的承诺与合同中其他承诺可单独区分，即转让该商品的承诺在合同中是可明确区分的。企业确定了商品本身能够明确区分后，还应当在合同层面继续评估转让该商品的承诺是否与合同中其他承诺彼此之间可明确区分。下列情形通常表明企业向客户转让该商品的承诺与合同中其他承诺是不可单独区分的：企业需提供重大的服务以将该商品与合同中承诺的其他商品整合成合同约定的组合产出转让给客户；该商品将对合同中承诺的其他商品予以重大修改或定制；该商品与合同中承诺的其他商品具有高度关联性，即合同中承诺的每一单项商品均受到合同中其他商品的重大影响。

【例12－2】阳光公司签订了为客户建造一栋写字楼的合同，合同中承诺阳光公司需向客户提供一系列工程技术、场地清理、地基构件、采购建筑材料、建筑架构、管道和管线的铺设、设备安装及装修等业务，这些单项商品本身都能够使客户获益。

本案例中，各单项业务从物理层面是可明确区分的商品，但是在该合同下，阳光公司向客户承诺的是为其建造一栋办公楼，而并非提供建筑材料、提供建造服务等。因此，在该合同中，提供一系列工程技术、场地清理、地基构件等商品彼此之间是不能单独区分的，即从合同层面是不可明确区分的商品。阳光公司应将合同中承诺的所有商品和服务，作为单一履约义务进行账务处理。

【例12－3】阳光公司销售电梯一台，并负责安装调试，合同中承诺如果电梯不能正常运行，则阳光公司需要返修，然后再进行安装和检验。

本案例中，阳光公司安装检验工作和电梯销售高度关联，在合同层面是不可明确区分的,因此二者构成单项履约义务。

【例12-4】阳光公司与乙公司签订合同,为乙公司设计一种实验性的新产品并负责生产20个样品,阳光公司在生产和测试样品的过程中需要对产品的设计进行不断的修正,会导致已生产的样品均可能需要进行不同程度的返工。

本案例中,由于阳光公司提供设计服务与提供样品生产服务产生的风险不可分割,客户没有办法选择仅购买设计服务或者仅购买样品生产服务,因此,阳光公司提供的设计服务和生产样品的服务是不断交替反复进行的,两者高度关联,在合同层面是不可明确区分的。

(2) 企业向客户转让一系列实质相同且转让模式相同的、可明确区分商品的承诺。当企业向客户连续转让某项承诺的商品时,如果这些商品属于实质相同且转让模式相同(采用相同方法确定履约进度的时段义务)的一系列商品,企业应当将这一系列商品作为单项履约义务。其中,转让模式相同,是指每一项可明确区分商品均满足在某一时段内履行履约义务的条件,且采用相同方法确定其履约进度。例如企业每天为客户提供保洁服务的长期劳务合同等。企业在判断所转让的一系列商品是否实质相同时,应当考虑合同中承诺的性质,如果企业承诺的是提供确定数量的商品,那么需要考虑这些商品本身是否实质相同;如果企业承诺的是在某一期间内随时向客户提供某项服务,则需要考虑企业在该期间内的各个时间段(如每天或每小时)的承诺是否相同,而并非具体的服务行为本身。

【例12-5】阳光公司与客户签订一个酒店管理服务合同,合同期限为一年,打包价格为50万元,合同内容包括保洁服务、保安服务和设备维修服务。

本案例中,虽然每一项都可以作为一个单项履约义务,但是每一项属于可明确区分的商品均满足某一时段内履行履约义务的条件,采用相同的方法确定履约进度,所以在这种情况下应当合并为一项履约义务。

3. 确定交易价格。交易价格,是指企业因向客户转让商品而预期有权收取的对价金额。企业代第三方收取的款项(例如增值税)以及企业预期将退还给客户的款项,应当作为负债进行账务处理,不计入交易价格。合同标价并不一定代表交易价格,企业应当根据合同条款,并结合以往的习惯做法等确定交易价格。在确定交易价格时,企业应当考虑可变对价、合同中存在的重大融资成分、非现金对价、应付客户对价等因素对交易价格的影响。

(1) 可变对价。企业与客户的合同中约定的对价金额可能会因折扣、价格折让、返利、退款、奖励积分、激励措施、业绩奖金、索赔等因素而变化。此外,根据一项或多项或有事项的发生而收取不同对价金额的合同,也属于可变对价的情形。企业在判断合同中是否存在可变对价时,不仅应当考虑合同条款的约定,还应当考虑下列情况:一是根据企业已公开宣布的政策、特定声明或者以往的习惯做法等,客户能够合理预期企业将会接受低于合同约定的对价金额,即企业会以折扣、返利等形式提供价格折让;二是其他相关事实和情况表明企业在与客户签订合同时意图向客户提供价格折让。合同中存在可变对价的,企业应当对计入交易价格的可变对价进行估计。

① 可变对价最佳估计数的确定。企业应当按照期望值或最可能发生金额确定可变对价的最佳估计数。期望值是按照各种可能发生的对价金额及相关概率计算确定的金额。如果企业拥有大量具有类似特征的合同,并估计可能产生多个结果时,通常按照期望值估计可变对价金额。最可能发生金额是一系列可能发生的对价金额中最可能发生的单一金额,即合同最可能产生的单一结果。当合同仅有两个可能结果时,通常按照最可能发生金额估计可变对价金额。

【例12-6】阳光公司与乙公司签订了冰箱生产合同,生产数量为1 000台,合同价格为3 000 000元。合同规定每提前一天,承诺的对价将增加10 000元;若每延迟一天,承诺的对价将减少10 000元。阳光公司估计延迟2天的概率为5%,延迟1天的概率为10%,按时完工的概率为50%,提前1天的概率为10%,提前2天的概率为20%。

本案例中,阳光公司拥有大量具有类似特征的合同,据此估计合同可能产生多个结果时,按照期望值估计可变对价金额通常是恰当的。因此,阳光公司应当用期望值预测其有权获取的对价金额。在该方法下,阳光公司估计合同交易价格为3 003 000元[3 000 000 + (-20 000 × 5% - 10 000 × 10% + 0 × 50% + 10 000 × 10% + 20 000 × 20%)]。

【例12-7】阳光公司为其客户建造一栋厂房,合同约定的价款为500万元,但是如果阳光公司不能在合同签订之日起的1年内竣工,则须支付20万元罚款,该罚款从合同价款中扣除。上述金额均不含增值税。假设阳光公司对合同结果的估计如下:工程按时完工的概率为90%;工程延期的概率为10%。

本案例中,合同仅有两个可能结果(完工或延期)时,按照最可能发生金额估计可变对价金额是恰当的。因此,阳光公司估计的交易价格为500万元,即为最可能发生的单一金额。

② 计入交易价格的可变对价金额的限制。企业按照期望值或最可能发生金额确定可变对价金额之后,计入交易价格的可变对价还应该满足限制条件,即包含可变对价的交易价格,应当不超过在相关不确定性消除时,累计已确认的收入极可能不会发生重大转回的金额。企业在评估是否极可能不会发生重大转回时,应当同时考虑收入转回的可能性及其比重。其中"极可能"发生的概率应远高于"很可能"(即可能性超过50%),但不要求达到"基本确定"(即可能性超过95%),其目的是为了避免因为一些不确定性因素的发生导致之前已经确认的收入发生转回;在评估收入转回金额的比重时,应同时考虑合同中包含的固定对价和可变对价,即可能发生的收入转

回金额相对于合同总对价（包括固定对价和可变对价）的比重。企业应当将满足上述限制条件的可变对价的金额，计入交易价格。

【例12-8】阳光公司与乙公司签订合同，向其销售A产品。合同约定，当乙公司在当年的采购量不超过10 000件时，每件产品的价格为100元；若乙公司在当年的采购量超过10 000件时，每件产品的价格为90元。乙公司在第一季度的采购量为500件，阳光公司预计乙公司全年的采购量不会超过10 000件。

本案例中，第一季度阳光公司根据以往经验估计乙公司全年的采购量将不会超过10 000件，阳光公司按照100元的单价确认收入，满足在不确定性消除之后（即乙公司全年的采购量确定之后），累计已确认的收入将极可能不会发生重大转回的要求。因此，阳光公司在第一季度确认的收入金额为50 000元（500×100）。

（2）合同中存在的重大融资成分。当合同各方以在合同中（或者以隐含的方式）约定的付款时间为客户就该交易提供了重大融资利益时，合同中即包含了重大融资成分。例如，企业以分期收款方式销售商品等。合同中存在重大融资成分的，企业应当按照假定客户在取得商品控制权时即以现金支付的应付金额（即现销价格）确定交易价格，使用将合同对价的名义金额折现为商品现销价格的折现率，企业确定的交易价格与合同承诺的对价金额之间的差额，应当在合同期间内采用实际利率法摊销。

①在评估合同中是否存在融资成分以及该融资成分对于该合同而言是否重大时，企业应当考虑所有相关的事实和情况，包括：一是已承诺的对价金额与已承诺商品的现销价格之间的差额；二是企业将承诺的商品转让给客户与客户支付相关款项之间的预计时间间隔和相应的市场现行利率的共同影响。

②表明企业与客户之间的合同未包含重大融资成分的情形有：一是客户就商品支付了预付款，且可以自行决定这些商品的转让时间。例如，企业向客户出售其发行的储值卡，客户可随时到该企业持卡购物。二是客户承诺支付的对价中有相当大的部分是可变的，该对价金额或付款时间取决于某一未来事项是否发生，且该事项实质上不受客户或企业控制。例如，按照实际销售量收取的特许权使用费，金额无法于合同开始日估计。三是合同承诺的对价金额与现销价格之间的差额是由于向客户或企业提供融资利益以外的其他原因所导致的，且这一差额与产生该差额的原因是相称的。例如，合同约定，将货款的5%作为质保金，以保证设备在2年内正常运行，质保期满后予以支付。该支付条款是为了向客户提供保护，并不是为了融资。

为简化实务操作，如果在合同开始日，企业预计客户取得商品控制权与客户支付价款间隔不超过一年的，可以不考虑合同中存在的重大融资成分。企业应当对类似情形下的类似合同一致地应用这一简化处理方法。

【例12-9】阳光公司采用分期收款方式向乙公司销售一套大型设备，合同约定的销售价格为1 000万元，分4次于每年12月31日等额收取。该大型设备成本为420万元。在现销方式下,该大型设备的销售价格为 780 万元。假定阳光公司发出商品时,其有关的增值税纳税义务尚未发生,在合同约定的收款日期,发生有关的增值税纳税义务。

本案例中,考虑到乙公司付款时间和产品交付时间之间的间隔以及现行市场利率水平,阳光公司认为该合同包含重大融资成分,应当确认的销售商品收入金额为 780 万元。

(3) 非现金对价。非现金对价包括实物资产、无形资产、股权、客户提供的广告服务等。企业以存货换取客户的固定资产、无形资产等的,按照下列原则确认收入:客户支付非现金对价的,通常情况下,企业应当按照非现金对价在合同开始日的公允价值确定交易价格;非现金对价公允价值不能合理估计的,企业应当参照其承诺向客户转让商品的单独售价间接确定交易价格;合同开始日后,非现金对价的公允价值因对价形式(如收取股票、股价的波动)而发生变动的,该变动金额不应计入交易价格。

企业以存货换取客户的存货、固定资产、无形资产等,按照上述规定进行账务处理,企业以其他非货币性资产进行交换的,按照《企业会计准则第 7 号——非货币性资产交换》的规定进行账务处理。

【例 12-10】阳光公司与乙公司签订合同,为乙公司生产一批设备。合同约定,乙公司向阳光公司支付 500 万元款项以及一批材料。该批材料公允价值为 100 万元,阳光公司无需为该批材料额外支付价款。设备于 1 个月内建造完成并移交乙公司,乙公司在该时点获得了设备的控制权。

本案例中,阳光公司应当按照非现金对价在合同开始日的公允价值确定交易价格,因此应确认收入 600 万元。

(4) 应付客户对价。应付客户对价是企业在向客户转让商品的同时,需要向客户或第三方支付的对价。企业存在应付客户对价则按照下列原则确认收入:企业存在应付客户对价的,应当将该应付对价冲减交易价格,但应付客户对价是为了自客户取得其他可明确区分商品的除外;企业应付客户对价超过向客户取得可明确区分商品公允价值的,超过金额应当冲减交易价格;向客户取得的可明确区分商品公允价值不能合理估计的,企业应当将应付客户对价全额冲减交易价格;在将应付客户对价冲减交易价格处理时,企业应当在确认相关收入与支付(或承诺支付)客户对价二者孰晚的时点冲减当期收入。

【例 12-11】阳光公司与大型连锁零售店乙公司订立了一年期合同,乙公司承诺在 1 年内购买阳光公司至少价值 1 000 万元的产品。合同同时规定,阳光公司需按照销售额的 10% 向乙公司支付上架费、进场费等,该款项不可返回。假定第 1 个月阳光公司的供货金额为 120 万元。

本案例中，阳光公司的应付客户对价应作为交易价格的抵减，第一个月应确认收入为 120 - 120 × 10% = 108（万元）。

4. 将交易价格分摊至各单项履约义务。当合同中包含两项或多项履约义务时，为了使企业分摊至每一单项履约义务的交易价格能够反映其因向客户转让已承诺的相关商品（或提供已承诺的相关服务）而预期有权收取的对价金额，企业应当在合同开始日，按照各单项履约义务所承诺商品的单独售价的相对比例，将交易价格分摊至各单项履约义务。单独售价是指企业向客户单独销售商品的价格。单独售价无法直接观察的，企业应当综合考虑其能够合理取得的全部相关信息，采用市场调整法、成本加成法、余值法等方法合理估计单独售价。

（1）市场调整法，是指企业根据某商品或类似商品的市场售价，考虑本企业的成本和毛利等进行适当调整后，确定其单独售价的方法。

（2）成本加成法，是指企业根据某商品的预计成本加上其合理毛利后的价格，确定其单独售价的方法。

（3）余值法，是指企业根据合同交易价格减去合同中其他商品可观察的单独售价后的余值确定某商品单独售价的方法。企业在商品近期售价波动幅度巨大，或者因未定价且未曾单独销售而使售价无法可靠确定时，可采用余值法估计其单独售价。

当存在合同折扣时，企业应当在各单项履约义务之间按比例分摊。合同折扣，是指合同中各单项履约义务所承诺商品的单独售价之和高于合同交易价格的金额。有确凿证据表明合同折扣仅与合同中一项或多项（而非全部）履约义务相关的，企业应当将该合同折扣分摊至相关一项或多项履约义务。

同时满足下列条件时，企业应当将合同折扣全部分摊至合同中的一项或多项（而非全部）履约义务：①企业经常将该合同中的各项可明确区分的商品单独销售或者以组合的方式单独销售；②企业也经常将其中部分可明确区分的商品以组合的方式按折扣价格单独销售；③上述第②项中的折扣与该合同中的折扣基本相同，且针对每一组合中商品的分析为将该合同的全部折扣归属于某一项或多项履约义务提供了可观察的证据。有确凿证据表明合同折扣仅与合同中的一项或多项（而非全部）履约义务相关，且企业采用余值法估计单独售价的，企业应当首先在该一项或多项（而非全部）履约义务之间分摊合同折扣，然后再采用余值法估计单独售价。

【例12-12】阳光公司与乙公司签订合同，向其销售A、B、C三种产品，合同总价款为110万元，这三种产品构成三项履约义务。阳光公司经常单独出售A产品，其可直接观察的单独售价为40万元；B产品和C产品的单独售价不可直接观察，阳光公司采用市场调整法估计B产品的单独售价为15万元，采用成本加成法估计C产品的单独售价为85万元。阳光公司经常以40万元的价格单独销售A产品，并且经常将B产品和C产品组合在一起以70万元的价格销售。假定上述价格均不包含增值税。

本案例中,这三种产品的单独售价合计为 140 万元(40 + 15 + 85),而该合同的价格为 110 万元,因此该合同的折扣为 30 万元。由于阳光公司经常将 B 产品和 C 产品组合在一起以 70 万元的价格销售,该价格与其单独售价的差额为 30 万元,证明该合同的折扣仅应归属于 B 产品和 C 产品。因此阳光公司销售 A 产品应确认的收入为 40 万元;B 产品应确认的收入 = 15 − (30 × 15 ÷ 100) = 10.50(万元);C 产品应确认的收入 = 85 − (30 × 85 ÷ 100) = 59.50(万元)。

5. 履行各单项履约义务时确认收入。企业应当在履行了合同中的履约义务,即客户取得相关商品控制权时确认收入。企业应当根据实际情况,首先判断履约义务是否满足在某一时段内履行的条件。如不满足,则该履约义务属于在某一时点履行的履约义务。对于在某一时段内履行的履约义务,企业应当选取恰当的方法来确定履约进度;对于在某一时点履行的履约义务,企业应当综合分析控制权转移的迹象,判断其转移时点。

(1) 在某一时段内履行的履约义务的收入确认条件。在某一时段内履行的履约义务的收入确认条件满足下列条件之一的,属于在某一时段内履行的履约义务,相关收入应当在该履约义务履行的期间内确认:

①客户在企业履约的同时即取得并消耗企业履约所带来的经济利益。企业在履约过程中是持续地向客户转移企业履约所带来的经济利益的,该履约义务属于在某一时段内履行的履约义务,企业应当在履行履约义务的期间内确认收入。企业在进行判断时,可以假定在企业履约的过程中更换为其他企业继续履行剩余履约义务,如果该继续履行合同的企业实质上无须重新执行企业累计至今已经完成的工作,则表明客户在企业履约的同时即取得并消耗了企业履约所带来的经济利益。

②客户能够控制企业履约过程中在建的商品。企业在履约过程中创建的商品包括在产品、在建工程、尚未完成的研发项目、正在进行的服务等,如果客户在企业创建该商品的过程中就能够控制这些商品,应当认为企业提供该商品的履约义务属于在某一时段内履行的履约义务。

③企业履约过程中所产出的商品具有不可替代用途,且该企业在整个合同期间内有权就累计至今已完成的履约部分收取款项。具有不可替代用途,是指因合同限制或实际可行性限制,企业不能轻易地将商品用于其他用途。有权就累计至今已完成的履约部分收取款项,是指在由于客户或其他方原因终止合同的情况下,企业有权就累计至今已完成的履约部分收取能够补偿其已发生成本和合理利润的款项,并且该权利具有法律约束力。

(2) 在某一时段内履行的履约义务的收入确认方法。资产负债表日,企业应当在按照合同的交易价格总额乘以履约进度扣除以前会计期间累计已确认的收入后的金额,确认为当期收入。

本期确认的收入 = 合同的交易价格 × 履约进度 − 以前期间已确认的收入

本期确认的成本费用 = 合同预计总成本 × 履约进度 − 以前期间已确认的成本费用

本期确认的毛利 = 本期确认的收入 − 本期确认的成本费用

企业应当考虑商品的性质，采用产出法或投入法确定恰当的履约进度，并且在确定履约进度时，应当扣除那些控制权尚未转移客户的商品和服务。

①产出法，主要是根据已转移给客户的商品对于客户的价值确定履约进度，主要包括按照实际测量的完工进度、评估已实现的结果、已达到的里程碑、时间进度、已完工或交付的产品等确定履约进度的方法。

②投入法，主要是根据企业履行履约义务的投入确定履约进度，主要包括以投入的材料数量、花费的人工工时或机器工时、发生的成本和时间进度等投入指标确定履约进度。

对于每一项履约义务，企业只能采用一种方法来确定其履约进度，并加以一贯运用。对于类似情况下的类似履约义务，企业应当采用相同的方法确定履约进度。

当履约进度不能合理确定时，企业已经发生的成本预计能够得到补偿的，应当按照已经发生的成本金额确认收入，直到履约进度能够合理确定为止。每一资产负债表日，企业应当对履约进度进行重新估计。当客观环境发生变化时，企业也需要重新评估履约进度是否发生变化，以确保履约进度能够反映履约情况的变化，该变化应当作为会计估计变更进行账务处理。

【例 12 – 13】阳光公司与乙公司签订合同，为乙公司厂房 100 台设备进行维修，合计总价格为 500 万元。截至当年年底，阳光公司共维修设备 65 台，剩余 35 台设备预计明年 2 月 1 日之前完成维修。

本案例中，阳光公司提供的设备维修服务属于在某一时段内履行的履约义务，阳光公司按照已完成的工作量确定履约进度。因此，截至当年年底，该合同的履约进度为 65%，阳光公司应确认的收入为 325 万元（500 × 65%）。

（3）在某一时点履行的履约义务的收入确认条件。当一项履约义务不属于在某一时段内履行的履约义务时，应当属于在某一时点履行的履约义务。对于在某一时点履行的履约义务，企业应当在客户取得相关商品控制权时点确认收入。在判断客户是否取得商品控制权时，企业应当考虑下列迹象：①企业就该商品享有现时收款权利，即客户就该商品负有现时付款义务；②企业已将该商品的法定所有权转移给客户，即客户已拥有该商品的法定所有权；③企业已将该商品实物转移给客户，即客户已实际占有该商品；④企业已将该商品所有权上的主要风险和报酬转移给客户，即客户已取得该商品所有权上的主要风险和报酬；⑤客户已接受该商品；⑥其他表明客户已取得商品控制权的迹象。

在上述迹象中，并没有哪一个或哪几个迹象是决定性的，企业应当根据合同条款和交易实质进行分析,综合判断其是否以及何时将商品的控制权转移给客户,从而确定收入确认的时点。

三、收入核算相关会计科目的设置

为了核算企业与客户之间的合同产生的收入及相关的成本费用,一般需要设置"主营业务收入""其他业务收入""主营业务成本""其他业务成本""合同取得成本""合同履约成本""合同资产""合同负债"等科目。此外,企业发生减值的,还应当设置"合同履约成本减值准备""合同取得成本减值准备""合同资产减值准备"等科目进行核算。

1. "主营业务收入"科目。核算企业确认的销售商品、提供服务等主营业务的收入。企业在履行了合同中的单项履约义务时,应按照已收或应收的合同价款,加上应收取的增值税税额,借记"银行存款""应收账款"等科目;按应确认的收入金额,贷记本科目;按应收取的增值税税额,贷记"应交税费——应交增值税(销项税额)"等科目。期末,应将本科目的余额转入"本年利润"科目,结转后本科目应无余额。

2. "其他业务收入"科目。核算企业确认的除主营业务活动以外的其他经营活动实现的收入,包括出租固定资产、出租无形资产、出租包装物和商品、销售材料等实现的收入。企业在履行了合同中的单项履约义务时,应按照已收或应收的合同价款,加上应收取的增值税税额,借记"银行存款""应收账款"等科目;按应确认的收入金额,贷记本科目;按应收取的增值税税额,贷记"应交税费——应交增值税(销项税额)"等科目。期末,应将本科目的余额转入"本年利润"科目,结转后本科目应无余额。

3. "主营业务成本"科目。核算企业确认销售商品、提供服务等主营业务收入时应结转的成本。企业应根据本期销售各种商品、提供各种服务等实际成本,计算应结转的主营业务成本,借记本科目,贷记"库存商品""合同履约成本"等科目。期末,应将本科目的余额转入"本年利润"科目,结转后本科目无余额。

4. "其他业务成本"科目。核算企业确认的除主营业务活动以外的其他经营活动所发生的支出,包括销售材料的成本、出租固定资产的折旧额、出租无形资产的摊销额、出租包装物的成本或摊销额等。企业发生的其他业务成本,借记本科目,贷记"原材料""周转材料"等科目。期末,应将本科目的余额转入"本年利润"科目,结转后本科目无余额。

5. "合同履约成本"科目。核算企业为履行当前或预期取得的合同所发生的、不属于其他企业会计准则规范范围且按照收入准则应当确认为一项资产的成本。企业因履行合同而产生的毛利不在本科目核算。企业发生上述合同履约成本时,借记本科目,贷记"银行存款""应付职工薪酬""原材料"等科目；对合同履约成本进行摊销时，借记"主营业务成本""其他业务成本"等科目，贷记本科目。本科目期末借方余额，反映企业尚未结转的合同履约成本。

6．"合同履约成本减值准备"科目。核算与合同履约成本有关的资产的减值准备。企业与合同履约成本有关的资产发生减值的，按应减记的金额，借记"资产减值损失"科目，贷记本科目；转回已计提的资产减值准备时，做相反的会计分录。本科目期末贷方余额，反映企业已计提但尚未转销的合同履约成本减值准备。

7．"合同取得成本"科目。核算企业取得合同发生的、预计能够收回的增量成本。企业发生上述合同取得成本时，借记本科目，贷记"银行存款""其他应付款"等科目；对合同取得成本进行摊销时，按照其相关性借记"销售费用"等科目，贷记本科目。本科目期末借方余额，反映企业尚未结转的合同取得成本。

8．"应收退货成本"科目。核算销售商品时预期将退回商品的账面价值，扣除收回该商品预计发生的成本（包括退回商品的价值减损）后的余额。企业发生附有销售退回条款的销售的，应在客户取得相关商品控制权时，按照已收或应收合同价款，借记"银行存款""应收账款""应收票据""合同资产"等科目，按照因向客户转让商品而预期有权收取的对价金额（即不包含预期因销售退回将退还的金额），贷记"主营业务收入""其他业务收入"等科目，按照预期因销售退回将退还的金额，贷记"预计负债"等科目；结转相关成本时，按照预期将退回商品转让时的账面价值，扣除收回该商品预计发生的成本（包括退回商品的价值减损）后的余额，借记本科目，按照已转让商品转让时的账面价值，贷记"库存商品"等科目，按其差额，借记"主营业务成本""其他业务成本"等科目。本科目期末借方余额，反映企业预期将退回商品转让时的账面价值，扣除收回该商品预计发生的成本（包括退回商品的价值减损）后的余额，在资产负债表中按其流动性计入"其他流动资产"或"其他非流动资产"项目。

9．"合同资产"科目。核算企业已向客户转让商品而有权收取对价的权利。仅取决于时间流逝因素的权利不在本科目核算。企业在客户实际支付合同对价或在该对价到期应付之前，已经向客户转让了商品的，应当按因已转让商品而有权收取的对价金额，借记本科目或"应收账款"科目，贷记"主营业务收入""其他业务收入"等科目；企业取得无条件收款权时，借记"应收账款"等科目，贷记本科目。涉及增值税的，还应进行相应的处理。

10．"合同负债"科目。核算企业已收或应收客户对价而应向客户转让商品的义务。企业在向客户转让商品之前，客户已经支付合同对价或企业已经取得无条件收取合同对价权利的，企业应当在客户实际支付款项与到期应支付款项二者孰早的时点，按照该已收或应收的金额，借记"银行存款""应收账款""应收票据"等科目，贷本科目；企业向客户转让相关商品时，借记本科目，贷记"主营业务收入""其他业务收入"等科目。本科目期末贷方余额，反映企业在向客户转让商品之前，已经收到的合同对价或已经取得的无条件收取合同对价权利的金额。

四、履行履约义务确认收入的一般账务处理

合同开始日，企业应当对合同进行评估，识别该合同所包含的各单项履约义务，并确定各单项履约义务是在某一时段内履行，还是在某一时点履行。然后，在履行了各单项履约义务时分别确认收入。

（一）在某一时点履行履约义务的账务处理

对于在某一时点履行的履约义务，企业应当在客户取得相关商品控制权时点确认收入。当客户取得相关商品控制权时，企业应当按照已收或预期有权收取的合同价款确认销售收入，同时在资产负债表日，按已销商品的账面价值结转销售成本。如果销售的商品已经发出，但客户尚未取得相关商品的控制权或者未满足收入确认的条件，则商品发出应通过"发出商品"科目进行核算，等确认收入时结转为销售成本。资产负债表日，"发出商品"科目余额在资产负债表的"存货"项目中反映。

1. 一般销售商品业务收入的账务处理。

【例 12-14】阳光公司向乙公司销售商品一批，开具的增值税专用发票上注明售价 100 000 元，增值税税额为 13 000 元；阳光公司收到乙公司开出的不带息银行承兑汇票一张，票面金额为 113 000 元，期限为 3 个月；阳光公司以银行存款支付代垫运费，增值税专用发票上注明运输费 2 000 元，增值税税额为 180 元，所垫运费尚未收到；该批商品成本为 40 000 元；乙公司收到商品并验收入库。

确认收入时：

借：应收票据 113 000
　　贷：主营业务收入 100 000
　　　　应交税费——应交增值税（销项税额） 13 000
借：主营业务成本 40 000
　　贷：库存商品 40 000

代垫运费时：

借：应收账款 2 180
　　贷：银行存款 2 180

2. 发出商品但不确认收入的账务处理。

【例 12-15】阳光公司向乙公司销售一批商品，销售价款为 100 000 元，增值税税

额为 13 000 元，款项尚未收到；该批商品成本为 40 000 元。阳光公司在销售时已知乙公司资金周转发生困难，但为了减少存货积压，同时也为了维持与乙公司长期建立的商业合作关系，阳光公司仍将商品发往乙公司且办妥托收手续。假定发出商品时，阳光公司已开出增值税专用发票，增值税纳税义务已经发生。

阳光公司发出商品时：

借：发出商品　　　　　　　　　　　　　　　　　　　　　　40 000
　　贷：库存商品　　　　　　　　　　　　　　　　　　　　　　40 000
借：应收账款　　　　　　　　　　　　　　　　　　　　　　13 000
　　贷：应交税费——应交增值税（销项税额）　　　　　　　　13 000

3. 存在收款条件的销售收入的账务处理。存在收款条件的销售确认收入时应先计入合同资产，待企业履行了履约义务，取得无条件收取合同对价的权利时，再转入应收账款。

【例 12-16】20×3 年 1 月 1 日，阳光公司与乙公司签订合同，向其销售 A、B 两种商品，A 商品的单独售价为 10 000 元，B 商品的单独售价为 25 000 元，合同价款为 30 000 元。合同约定，A 商品于合同开始日交付，B 商品在一个月之后交付，当两项商品全部交付之后，阳光公司才有权收取合同对价。A、B 商品的实际成本分别为 6 000 元和 14 000 元。A 商品和 B 商品分别构成单项履约义务，其控制权在交付时转移给客户。20×3 年 2 月 1 日，阳光公司交付 B 商品。20×3 年 3 月 1 日，阳光公司收到乙公司支付的货款存入银行。假设不考虑增值税等其他因素。

合同开始日分摊交易价格：

单独售价总额 = 10 000 + 25 000 = 35 000（元）

分摊至 A 商品的合同价款 = 30 000 × 10 000/35 000 = 8 571.43（元）

分摊至 B 商品的合同价款 = 30 000 × 25 000/35 000 = 21 428.57（元）

1 月 1 日，阳光公司交付 A 商品时：

借：合同资产　　　　　　　　　　　　　　　　　　　　　　8 571.43
　　贷：主营业务收入　　　　　　　　　　　　　　　　　　　8 571.43
借：主营业务成本　　　　　　　　　　　　　　　　　　　　6 000
　　贷：库存商品　　　　　　　　　　　　　　　　　　　　　6 000

2 月 1 日，阳光公司交付 B 商品时：

借：应收账款　　　　　　　　　　　　　　　　　　　　　　21 428.57
　　贷：主营业务收入　　　　　　　　　　　　　　　　　　　21 428.57
借：应收账款　　　　　　　　　　　　　　　　　　　　　　8 571.43
　　贷：合同资产　　　　　　　　　　　　　　　　　　　　　8 571.43
借：主营业务成本　　　　　　　　　　　　　　　　　　　　14 000

　　　　贷：库存商品　　　　　　　　　　　　　　　　　　　　　　　14 000

3月1日，阳光公司收到货款时：

　　借：银行存款　　　　　　　　　　　　　　　　　　　　　　　30 000

　　　　贷：应收账款　　　　　　　　　　　　　　　　　　　　　　30 000

4. 销售折扣、折让与退回的账务处理。

（1）商业折扣的账务处理。商业折扣，是指企业按照商品的零售价格基础上给予买方一定比例的销售折扣。一般而言，商业折扣是企业出于客户大量购买、商品具有较小的瑕疵等原因而给予客户的一定让利。商业折扣应按折扣后的金额作为收入入账。如果销售额和折扣额是在同一张发票上分别注明的，可按折扣后的余额作为销售额计算增值税。

【例12-17】阳光公司向乙公司销售投影仪100台，总价为200 000元，由于批量购买阳光公司给予9折优惠，增值税专用发票上注明售价为180 000元，增值税税额为23 400元，款项尚未收到；该批商品成本120 000元。该项业务属于在某一时点履行的履约义务，乙公司已取得商品控制权。

阳光公司确认收入时：

　　借：应收账款——乙公司　　　　　　　　　　　　　　　　　　203 400

　　　　贷：主营业务收入　　　　　　　　　　　　　　　　　　　180 000

　　　　　　应交税费——应交增值税（销项税额）　　　　　　　　　23 400

（2）现金折扣的账务处理。现金折扣，是指债权人为鼓励债务人在规定的期限内付款而向债务人提供的债务扣除。现金折扣一般用符号"折扣率/付款期限"表示，例如，"2/10，1/20，N/30"表示：销货方允许客户最长的付款期限为30天，如果客户在10天内付款，销货方可按商品售价给予客户2%的折扣；如果客户在11~20天内付款，销货方可按商品售价给予客户1%的折扣；如果客户在21~30天内付款，将不能享受现金折扣。

现金折扣的账务处理方式有总价法与净价法两种。总价法，是在销售业务发生时，应当按照扣除现金折扣前的金额确定商品销售收入，现金折扣在实际发生时计入当期财务费用。净价法，是在销售业务发生时，应当是按发票金额扣除现金折扣后的净额对应收账款及销售收入计价入账。企业在销售商品时给予客户的现金折扣，按照收入准则中关于可变对价的相关规定进行账务处理，即合同中存在可变对价时，企业应当按照期望值或最可能发生的金额确定可变对价的最佳估计数确认收入，现金折扣部分冲减销售收入。在实务操作中，企业可以根据客户交易习惯，判断客户在折扣期限内不是极可能取得现金折扣，应当采用总价法；反之，则采用净价法核算。

【例12-18】阳光公司向乙公司赊销一批产品，合同约定的销售价格为20 000元，增值税销项税额为2 600元。阳光公司开出发票账单并发出产品。根据合同约定，产品赊销期限为30天,现金折扣条件为2/10,1/20,N/30,乙公司于5日后实际支付了款项。该业务计算现金折扣时不包括增值税。

假定阳光公司采用总价法进行账务处理,阳光公司赊销产品时:

借:应收账款——乙公司　　　　　　　　　　　　　22 600
　　贷:主营业务收入　　　　　　　　　　　　　　　　20 000
　　　　应交税费——应交增值税(销项税额)　　　　　2 600

阳光公司收回货款时:

阳光公司在10天内收到款项,可按2%给予现金折扣。

现金折扣 = 20 000 × 2% = 400(元)

借:银行存款　　　　　　　　　　　　　　　　　　22 200
　　财务费用　　　　　　　　　　　　　　　　　　　 400
　　贷:应收账款——乙公司　　　　　　　　　　　　22 600

假定阳光公司采用净价法进行账务处理,阳光公司赊销产品时:

现金折扣 = 20 000 × 2% = 400(元)
销货净额 = 20 000 - 400 = 19 600(元)
应收账款 = 22 600 - 400 = 22 200(元)

借:应收账款——乙公司　　　　　　　　　　　　　22 200
　　贷:主营业务收入　　　　　　　　　　　　　　　　19 600
　　　　应交税费——应交增值税(销项税额)　　　　　2 600

阳光公司在10天内收到款项,可按2%给予现金折扣,阳光公司收回货款时:

借:银行存款　　　　　　　　　　　　　　　　　　22 200
　　贷:应收账款——乙公司　　　　　　　　　　　　22 200

(3)销售折让的账务处理。销售折让,是指企业因售出商品品种、质量不符合客户要求等原因而在售价上给予客户的减让。销售折让如发生在确认销售收入之前,则应在确认销售收入时直接按扣除销售折让后的金额确认;已确认销售收入的售出商品发生销售折让,且不属于资产负债表日后事项的,应在发生时冲减当期销售商品收入,如按规定允许扣减增值税税额的,还应冲减已确认的应交增值税销项税额。

【例12-19】阳光公司向乙公司销售一批商品,开出的增值税专用发票上注明的销售价款为100 000元,增值税税额为13 000元。乙公司在验收过程中发现商品质量不合格,要求在价格上给予5%的折让。假定阳光公司已确认销售收入,款项尚未收到。

阳光公司销售实现时:

借:应收账款　　　　　　　　　　　　　　　　　　113 000
　　贷:主营业务收入　　　　　　　　　　　　　　　100 000

  应交税费——应交增值税（销项税额）　　　　　　　　　　13 000

阳光公司发生销售折让时：

借：主营业务收入　　　　　　　　　　　　　　　　　　　5 000
  应交税费——应交增值税（销项税额）　　　　　　　　　　650
  贷：应收账款　　　　　　　　　　　　　　　　　　　　5 650

阳光公司实际收到款项时：

借：银行存款　　　　　　　　　　　　　　　　　　　　　107 350
  贷：应收账款　　　　　　　　　　　　　　　　　　　　107 350

  （4）销售退回的账务处理。销售退回，是指商品销售后由于某种原因购货方要求退货，经销售企业同意退还货款收回商品的一种撤销原来商品交易的行为。对于销售退回，企业应分别不同情况进行账务处理：销售退货发生在企业确认收入之前，将已计入"发出商品"等账户的商品成本转回"库存商品"账户；如企业确认收入后发生销售退回的，不论是当年销售的，还是以前年度销售的，除属于资产负债表日后事项的销售退回外，一般应冲减退回当月的销售收入，同时冲减退回当月的销售成本；已确认收入的售出商品发生的销售退回属于资产负债表日后事项的，应当按照有关资产负债表日后事项的相关规定进行账务处理。

  【例12-20】阳光公司在20×2年6月1日向乙公司销售一批商品，开出的增值税专用发票上注明的销售价格为50 000元，增值税税额为6 500元，该批商品成本为30 000元，当日乙公司取得了商品的控制权，并在20×2年6月10日支付了货款。20×2年7月5日，该批商品因质量问题被乙公司退回，阳光公司当日支付有关款项。假定甲公司已按规定开具了红字增值税专用发票。

20×2年6月1日客户取得了商品的控制权时，确认收入：

借：应收账款　　　　　　　　　　　　　　　　　　　　　56 500
  贷：主营业务收入　　　　　　　　　　　　　　　　　　50 000
    应交税费——应交增值税（销项税额）　　　　　　　6 500
借：主营业务成本　　　　　　　　　　　　　　　　　　　30 000
  贷：库存商品　　　　　　　　　　　　　　　　　　　　30 000

20×2年6月10日收到货款时：

借：银行存款　　　　　　　　　　　　　　　　　　　　　56 500
  贷：应收账款　　　　　　　　　　　　　　　　　　　　56 500

20×2年7月5日发生销售退回时：

借：主营业务收入　　　　　　　　　　　　　　　　　　　50 000
  应交税费——应交增值税（销项税额）　　　　　　　　　　6 500
  贷：银行存款　　　　　　　　　　　　　　　　　　　　56 500

借：库存商品	30 000	
贷：主营业务成本		30 000

（二）在某一时段履行履约义务的账务处理

对于在某一时段内履行的履约义务，企业应当采用恰当的方法确定履约进度，以使其如实反映企业向客户转让商品和服务的履约情况。企业应当在该段时间内按照履约进度确认收入，履约进度不能合理确定的除外。

确定履约进度的方法，企业应当考虑商品的性质，采用实际测量的完工进度、评估已实现的结果、时间进度、已完工或交付的产品等产出指标，或采用投入的材料数量、花费的人工工时、机器工时、发生的成本和时间进度等投入指标确定恰当的履约进度，并且在确定履约进度时，应当扣除那些控制权尚未转移给客户的商品和服务。对于每一项履约义务，企业只能采用一种方法来确定其履约进度，并加以一贯运用。对于类似情况下的类似履约义务，企业应当采用相同的方法确定履约进度。

资产负债表日，企业应当在按照合同的交易价格总额乘以履约进度扣除以前会计期间累计已确认的收入后的金额，确认为当期收入，并结转相应的成本。

本期确认的收入 = 合同的交易价格 × 履约进度 – 以前期间已确认的收入

本期确认的成本 = 合同预计总成本 × 履约进度 – 以前期间已确认的成本

【例 12-21】20×2 年 12 月 1 日，阳光公司与乙公司签订一项为期 3 个月的装修合同，合同约定装修价款为 100 万元，增值税税率 9%，预计总成本为 80 万元。装修费用每月月末按完工进度支付。12 月末，经专业测量，确定完工程度为 40%；乙公司支付相关款项。20×2 年 12 月 31 日，阳光公司累计发生劳务成本 30 万元（假定均为装修人员薪酬）。20×3 年 1 月 31 日累计完工 70%，阳光公司累计发生劳务成本 55 万元；20×3 年 2 月 28 日全部完工，阳光公司累计发生劳务成本 82 万元。

20×2 年 12 月实际发生劳务成本 30 万元时：

借：合同履约成本	300 000	
贷：应付职工薪酬		300 000

20×2 年 12 月 31 日确认劳务收入并结转劳务成本时：

本期确认的收入 = 1 000 000 × 40% = 400 000（元）

本期确认的成本 = 800 000 × 40% = 320 000（元）

借：银行存款	436 000	
贷：主营业务收入		400 000
应交税费——应交增值税（销项税额）		36 000
借：主营业务成本	320 000	
贷：合同履约成本		320 000

20×3年1月实际发生劳务成本25万元时：

借：合同履约成本　　　　　　　　　　　　　　　　　250 000
　　贷：应付职工薪酬　　　　　　　　　　　　　　　　　250 000

20×3年1月31日确认劳务收入并结转劳务成本时：

本期确认的收入＝1 000 000×70%－400 000＝300 000（元）

本期确认的成本＝800 000×70%－320 000＝240 000（元）

借：银行存款　　　　　　　　　　　　　　　　　　　327 000
　　贷：主营业务收入　　　　　　　　　　　　　　　　　300 000
　　　　应交税费——应交增值税（销项税额）　　　　　　27 000

借：主营业务成本　　　　　　　　　　　　　　　　　240 000
　　贷：合同履约成本　　　　　　　　　　　　　　　　　240 000

20×3年2月实际发生劳务成本27万元时：

借：合同履约成本　　　　　　　　　　　　　　　　　270 000
　　贷：应付职工薪酬　　　　　　　　　　　　　　　　　270 000

20×3年2月28日确认劳务收入并结转劳务成本时：

本期确认的收入＝1 000 000－700 000＝300 000（元）

本期确认的费用＝820 000－560 000＝260 000（元）

借：银行存款　　　　　　　　　　　　　　　　　　　327 000
　　贷：主营业务收入　　　　　　　　　　　　　　　　　300 000
　　　　应交税费——应交增值税（销项税额）　　　　　　27 000

借：主营业务成本　　　　　　　　　　　　　　　　　260 000
　　贷：合同履约成本　　　　　　　　　　　　　　　　　260 000

【例12－22】 阳光公司是一家健身俱乐部。20×2年3月1日，某客户与阳光公司签订合同，成为该健身俱乐部的会员，并向阳光公司支付会员费25 440元，可在未来的12个月内在该俱乐部健身，且没有次数的限制。该业务适用的增值税税率为6%。

本案例中，阳光公司在该合同下的履约义务是承诺随时准备在客户需要时为其提供健身服务。因此，该履约义务属于在某一时段内履行的履约义务，并且该履约义务在会员的会籍期间内随时间的流逝而被履行。阳光公司按照直线法确认收入，每月应当确认的收入＝25 440÷（1＋6%）÷12＝2 000（元）。

20×2年3月1日阳光公司收到会员费时：

借：银行存款　　　　　　　　　　　　　　　　　　　25 440
　　贷：合同负债　　　　　　　　　　　　　　　　　　　24 000
　　　　应交税费——待转销项税额　　　　　　　　　　　1 440

20×2年3月31日阳光公司确认收入，同时将对应的待转销项税额确认为销项税额：

借：合同负债 2 000
  应交税费——待转销项税额 120
 贷：主营业务收入 2 000
   应交税费——应交增值税（销项税额） 120

以后 11 个月内每月确认收入会计分录同上。

五、合同成本

企业在与客户之间建立合同关系过程中发生的成本主要有合同履约成本和合同取得成本。

（一）合同履约成本

企业为履行合同可能会发生各种成本，企业在确认收入的同时应当对这些成本进行分析，属于存货、固定资产、无形资产等规范范围的应当按照相关章节进行账务处理。不属于其他企业会计准则规范范围且同时满足下列条件的，应当作为合同履约成本确认为一项资产：

1. 该成本与一份当前或预期取得的合同直接相关。预期取得的合同应当是企业能够明确识别的合同，例如，现有合同续约后的合同、尚未获得批准的特定合同等。与合同直接相关的成本包括：

（1）直接人工。例如，支付给直接为客户提供所承诺服务的人员的工资、奖金等。

（2）直接材料。例如，为履行合同耗用的原材料、辅助材料、构配件、零件、半成品的成本和周转材料的摊销及租赁费用等。

（3）制造费用或类似费用。例如，与组织和管理生产、施工、服务等活动发生的费用，包括管理人员的职工薪酬、劳动保护费、固定资产折旧费及修理费、物料消耗、取暖费、水电费、办公费、差旅费、财产保险费、工程保修费、排污费、临时设施摊销费等。

（4）明确由客户承担的成本以及仅因该合同而发生的其他成本。例如，支付给分包商的成本、机械使用费、设计和技术援助费用、施工现场二次搬运费、生产工具和用具使用费、检验试验费、工程定位复测费、工程点交费用、场地清理费等。

2. 该成本增加了企业未来用于履行（或持续履行）履约义务的资源。

3. 该成本预期能够收回。企业在下列支出发生时，不应计入合同履约成本，而是应计入当期损益：（1）管理费用，除非这些费用明确由客户承担；（2）非正常消耗的直接材料、直接人工和制造费用（或类似费用）（这些支出为履行合同发生，但未反映在合同价格中）；(3) 与履约义务中已履行（包括已全部履行或部分履行）部分相关的支出（即该支出与企业过去的履约活动相关）；(4) 无法在尚未履行的与已履行（或已部分履行）的履约义务之间区分的相关支出。

【例 12-23】 阳光公司与乙公司签订了一项为期 3 年的管理客户信息技术数据中心的服务合同，在向乙公司提供服务之前，阳光公司设计和构建了一个供其公司内部使用的与客户系统相连接的技术平台。这一平台并不会转让给客户，但将用于向客户交付服务。该信息技术平台由相关的硬件和软件组成。阳光公司需要提供设计方案，将该信息技术平台与乙公司现有的信息系统对接，并进行相关测试。阳光公司为该平台的设计、购买硬件和软件以及信息中心的测试发生了成本。

案例中，阳光公司为履行合同发生的相关成本处理原则为：购买硬件的成本，按照固定资产进行账务处理；购买软件的成本，按照无形资产进行账务处理；设计服务成本、信息中心的测试成本，不属于其他章节的规范范围，但是这些成本与履行该合同直接相关，并且增加了阳光公司未来用于履行履约义务（即提供管理服务）的资源，如果阳光公司预期该成本可通过未来提供服务收取的对价收回，则阳光公司应当将这些成本确认为合同履约成本。

（二）合同取得成本

企业为取得合同发生的增量成本预期能够收回的，应当作为合同取得成本确认为一项资产；但是，该资产摊销期限不超过一年的，可以在发生时计入当期损益。增量成本，是指企业不取得合同就不会发生的成本。

企业为取得合同发生的、除预期能够收回的增量成本之外的其他支出（例如无论是否取得合同均会发生的差旅费等），应当在发生时计入当期损益。但是，明确由客户承担的除外。

【例 12-24】 阳光公司是一家咨询公司，其通过竞标赢得一个新客户，为取得该客户的合同，阳光公司发生下列支出：(1) 聘请外部律师进行尽职调查的支出为 10 000 元；(2) 因投标发生的差旅费为 8 000 元；(3) 销售人员佣金为 7 000 元。阳光公司预期这些支出未来能够收回。此外，阳光公司根据其年度销售目标、整体盈利情况及个人业绩等，向销售部门经理支付年度奖金 9 000 元。

本例中，阳光公司向销售人员支付的佣金属于为取得合同发生的增量成本，应当将其作为合同取得成本确认为一项资产。阳光公司聘请外部律师进行尽职调查发生的支出，为投标发生的差旅费，无论是否取得合同都会发生，不属于增量成本，因此，应当于发生时直接计入当期损益。阳光公司向销售部门经理支付的年度奖金也不是为取得合同发生的增量成本，这是因为该奖金发放与否以及发放金额还取决于其他因素

（包括公司的盈利情况和个人业绩），其并不能直接归属于可识别的合同。

（三）与合同履约成本和合同取得成本有关的资产的摊销和减值

1. 摊销。对于确认为资产的合同履约成本和合同取得成本，企业应当采用与该资产相关的商品收入确认相同的基础（即在履约义务履行的时点或按照履约义务的履约进度）进行摊销，计入当期损益。

2. 减值。合同履约成本和合同取得成本的账面价值高于下列两项的差额的，超出部分应当计提减值准备，并确认为资产减值损失：（1）企业因转让与该资产相关的商品预期能够取得的剩余对价；（2）为转让该相关商品估计将要发生的成本。

以前期间减值的因素之后发生变化，使得上述（1）减（2）的差额高于该资产账面价值的，应当转回原已计提的资产减值准备，并计入当期损益，但转回后的资产账面价值不应超过假定不计提减值准备情况下该资产在转回日的账面价值。

在确定合同履约成本和合同取得成本的减值损失时，企业应当首先确定其他资产减值损失；然后，按照本节的要求确定合同履约成本和合同取得成本的减值损失。

六、特定交易的账务处理

（一）附有销售退回条款的销售

附有销售退回条款的销售，是指客户依照有关合同有权退货的销售方式。客户取得商品控制权之前退回该商品不属于销售退回，企业在允许客户退货的期间内随时准备接受退货的承诺，并不构成单项履约义务，但可能会影响收入确认的金额。

对于附有销售退回条款的销售，企业应当在客户取得相关商品控制权时，按照因向客户转让商品而预期有权收取的对价金额（即不包含预期因销售退回将退还的金额）确认收入，按照预期因销售退回将退还的金额确认负债；同时，按照预期将退回商品转让时的账面价值，扣除收回该商品预计发生的成本（包括退回商品的价值减损）后的余额确认为一项资产，按照所转让商品转让时的账面价值，扣除上述资产成本的净额结转成本。

每一资产负债表日，企业应当重新估计未来销售退回情况。如有变化，应当作为会计估计变更进行账务处理。

【例12-25】阳光公司是一家美容设备销售公司。20×2年12月1日，阳光公司向乙公司销售1 000件美容设备，单位销售价格为2 000元，单位成本为800元，开出的增值税专用发票上注明的销售价格为200万元，增值税税额为26万元。美容设备已经发出，但款项尚未收到。根据协议约定，乙公司应于20×2年12月31日之前支付货款。在20×3年3月1日之前有权退还美容设备。阳光公司根据过去的经验，估计该批美容设备的退货率约为10%。

在20×2年12月31日,阳光公司对退货率进行了重新评估,认为只有5%的美容设备会被退回。阳光公司为增值税一般纳税人,美容设备发出时纳税义务已经发生,实际发生退回时取得税务机关开具的红字增值税专用发票。假定美容设备发出时控制权转移给乙公司。

20×2年12月1日发出健身器材时:

借:应收账款		2 260 000
贷:主营业务收入		1 800 000
预计负债——应付退货款		200 000
应交税费——应交增值税(销项税额)		260 000
借:主营业务成本		720 000
应收退货成本		80 000
贷:库存商品		800 000

20×2年12月31日前收到货款时:

借:银行存款		2 260 000
贷:应收账款		2 260 000

20×2年12月31日,阳光公司对退货率进行重新评估时:

借:预计负债——应付退货款		100 000
贷:主营业务收入		100 000
借:主营业务成本		40 000
贷:应收退货成本		40 000

20×3年3月1日发生销售退回,实际退货量为80台,退货款项已经支付时:

借:主营业务收入		60 000
预计负债——应付退货款		100 000
应交税费——应交增值税(销项税额)		20 800
贷:银行存款		180 800
借:库存商品		64 000
贷:应收退货成本		40 000
主营业务成本		24 000

(二)附有质量保证条款的销售

企业向客户销售产品时,可能同时向客户提供该产品的质量保证,包括生产商家的保修、标准质保或延长质保等。企业的质量保证条款按性质一般可以分为两类情况:一类是法定的质量保证。此质量保证是为了向客户保证所销售的商品符合法定标准,即保证类质量保证（三包服务）；另一类是非法定的质量保证。此质量保证是在向客户保证所销售的商品符合法定标准之外提供一项单独的服务，即服务类质量保证。

对于附有质量保证条款的销售，企业应当评估该质量保证是否在向客户保证所销售商品符合既定标准之外提供了一项单独的服务。企业提供额外服务的，应当作为单项履约义务，按照本准则进行账务处理；否则，质量保证责任应当按照或有事项的要求进行账务处理。

在评估质量保证是否在向客户保证所销售商品符合既定标准之外提供了一项单独的服务时，企业应当考虑该质量保证是否为法定要求、质量保证期限以及企业承诺履行义务的性质等因素。具体处理原则如下：

1. 保证类质量保证是企业为了向客户保证所销售的商品符合一定的标准，这种标准主要是源于法律规定和行业惯例，属于法定义务，不存在单独销售的问题，与销售商品本身是分不开的。这种情况下，销售商品和提供质保属于一个单项履约义务，不用分摊合同交易价格。如果商品在质保期需要投入成本费用进行维修等，企业在进行账务处理时，就应当根据过去的经验进行预估确定，作为一项预计负债。

如果企业销售商品所提供的质量保证期限超过了法定的期限，超过部分的质保期就属于企业额外提供的质量保证，企业销售商品并提供法定质保期与提供额外的质保期属于两个单项履约义务，应该分摊合同的交易价格。

2. 服务类质量保证是企业为客户提供的保证类质量保证以外的一项单独的服务，无论企业会不会单独销售这项服务，这都是一项额外的服务，与销售商品和按照规定提供的保证类质量保证是可以明确区分开的，就属于一项单独的履约服务，需要分摊合同的交易价格，分别确认收入。

3. 企业提供的质量保证同时包含保证类质量保证和服务类质量保证的，应当分别对其进行账务处理；无法合理区分的，应当将这两类质量保证一起作为单项履约义务进行账务处理。

【例 12 – 26】阳光公司为一家手机销售企业，根据与客户的承诺，手机在售出之日起 1 年内发生任何非人为损坏质量问题，阳光公司提供质量保证服务。此外，在此期间，由于客户使用不当（例如摔坏）造成的产品故障，公司也将提供免费维修服务，该维修服务不能单独购买。除此以外，阳光公司还提供延保服务，客户可以选择单独购买 1 年延保，在延保期内，公司将额外提供质量保证服务。

本案例中阳光公司的承诺包括销售手机、提供标准质量保证服务、提供延保服务以及维修服务。其中，阳光公司提供的 1 年期质量保证服务是为了向客户保证所有销售商品符合既定标准，因此不构成单项履约义务，应当按照或有负债的相关规定进行账务处理；提供的 1 年延保则属于既定标准以外的承诺，构成了单项履约义务，对由于客户使用不当而导致的产品故障提供了 1 年的免费维修服务，尽管没有单独销售该项维修服务，但该服务与手机销售可明确区分，应当作为一项单项履约义务，按照各自单独售价的比例分摊交易价格。

【例 12-27】 阳光公司为一家仪器生产企业。阳光公司与乙公司签订一项仪器的销售合同，售价为 800 万元，增值税 104 万元。阳光公司承诺该批仪器售出后 1 年内如出现非意外事件造成的故障或质量问题，阳光公司免费负责维修，同时还向乙公司提供一项免费延保服务，即在法定保修期 1 年之外，延长保修期 2 年。该批仪器和延保服务的单独标价分别为 800 万元和 50 万元。阳光公司根据以往经验估计在 1 年法定保修期内将发生保修费用 10 万元。该批仪器的成本为 400 万元。合同签订当日，阳光公司将该批仪器交付乙公司，同时收到 904 万元价款。

本案例中，阳光公司销售仪器和提供的 1 年期质量保证服务构成一项单项履约义务，提供的 2 年延保则属于既定标准以外的承诺，构成了单项履约义务。

阳光公司确认收入：

销售仪器收入 = 800÷(800+50)×800 = 752.94（万元）

2 年延保服务收入 = 800÷(800+50)×50 = 47.06（万元）

借：银行存款	9 040 000
贷：主营业务收入	7 529 400
合同负债	470 600
应交税费——应交增值税（销项税额）	1 040 000

同时，结转成本：

借：主营业务成本	4 000 000
贷：库存商品	4 000 000

阳光公司确认第 1 年维修费用：

借：销售费用	100 000
贷：预计负债	100 000

阳光公司确认的 2 年延保服务收费 47.06 万元应当在延保期间根据延保服务进度确认为收入，假定按照平均分配，每年确认：

借：合同负债	235 300
贷：主营业务收入	235 300

（三）附有客户额外购买选择权的销售

附有客户额外购买选择权的销售是指企业向客户销售商品时，同时额外给了客户一种选择的权利，让客户可以在以后免费或低于市场价格折扣购买其他商品。企业向客户授予的额外购买选择权的形式包括销售激励、客户奖励积分、未来购买商品的折扣券以及合同续约选择权等。

对于附有客户额外购买选择权的销售，企业应当评估该选择权是否向客户提供了一项重大权利。企业提供重大权利的，应当作为单项履约义务，应当将交易价格分摊至该项履约义务，在客户未来行使购买选择权取得相关商品控制权时，或该选择权失效时，确认相应的收入。具体处理原则如下：

1. 对于附有客户额外购买选择权的销售。企业应当评估该选择权是否向客户提供了一项重大权利。如果客户只有在订立了一项合同的前提下才取得额外购买选择权，并且客户行使该选择权购买额外商品时能够享受到超过该地区或该市场中其他同类客户所能享有的折扣，则通常认为该选择权向客户提供了一项重大权利。在考虑授予客户该项权利是否重大时，应根据其金额和性质综合判断。

2. 该选择权向客户提供了重大权利的，应当作为单项履约义务。在这种情况下，客户在该合同下支付的价款实际上购买了两项单独的商品：一是客户在该合同下原本购买的商品；二是客户可以免费或者以折扣价格购买额外商品的权利。企业应当将交易价格在这两项商品之间进行分摊，其中，客户额外购买选择权在客户未来行使该选择权取得相关商品的控制权或者该选择权失效时，企业应当确认为收入。客户额外购买选择权的单独售价无法直接观察的，企业应当综合考虑客户行使和不行使该选择权所能获得折扣的差异、客户行使该选择权的可能性等全部相关信息后，予以合理估计。

3. 当客户享有的额外购买选择权是一项重大权利时，如果客户行使该权利购买的额外商品与原合同下购买的商品类似，且企业将按照原合同条款提供该额外商品，则企业可以不用估计该选择权的单独售价，而是直接把其预计将提供的额外商品数量以及将收取的相应对价金额纳入原合同，并进行相应的账务处理。这是一种便于实务操作的简化处理，常见于企业向客户提供续约选择权的情况。

【例 12－28】阳光公司向购买 A 商品的客户提供购买 B 商品的购买选择权，A 商品原价 400 元/件，B 商品原价 300 元/件，每购买一件 A 商品，即可享受在一个月内以 200 元的价格购买一件 B 商品的权利。假设阳光公司销售了一件 A 商品，且企业预估客户会以优惠价格购买 B 商品。

本案例中，B 商品的公允价值为 300 元，优惠后的购买价格为 200 元，则 B 商品的购买选择权的公允价值为 100 元。阳光公司在销售 A 商品时按照 A 商品的单独售价及 B 商品的优惠购买选择权占比分别确认 A 商品销售收入 320 元，合同负债 80 元。在客户购买 B 商品时，确认收入 200 元，同时结转合同负债并确认收入 80 元。最终，阳光公司共取得销售收入 600 元，其中 A 商品销售收入 320 元；B 商品销售收入 280 元。

【例 12－29】阳光公司向乙公司提供 200M 宽带服务，服务期限为 1 年，价格为 2 000 元，但到期后乙公司有权利以 1 300 元的价格续约 200M 宽带服务 1 年。阳光公司预估乙公司会行使该权利。

本案例中，乙公司行使权利购买的额外商品与原合同下购买的商品类似，阳光公司可以无需估计该购买选择权的单独售价,直接把其预计将提供的额外商品的数量以及预计将收取的相应对价金额纳入原合同,并进行相应的账务处理。因此阳光公司应按照2年3 300元的价格确认全部合同负债,并按每月137.5元确认收入。

【例12-30】 阳光公司是一家商品便利店,自20×2年1月1日起实行了一项积分奖励计划。根据该计划,客户每消费10元即可获得1积分,每个积分从次月开始在购物时即可抵扣1元,积分1年内有效,到期未兑换则作废。截至20×2年1月31日,客户共消费100 000元,可获得10 000积分。阳光公司预估积分的兑换率为90%。截至20×2年1月31日客户累计兑换其中的8 500积分。

根据预估的兑换率,阳光公司预估积分选择权的公允价值为9 000元(10 000×90%)。
分摊至商品的交易价格 = 100 000 ÷ (100 000 + 9 000) × 100 000 = 91 743.12(元)
分摊至积分的交易价格 = 100 000 ÷ (100 000 + 9 000) × 9 000 = 8 256.88(元)

借:银行存款　　　　　　　　　　　　　　　100 000
　　贷:主营业务收入　　　　　　　　　　　　91 743.12
　　　　合同负债　　　　　　　　　　　　　　8 256.88

截至20×2年1月31日客户累计兑换其中的8 500积分。
积分应确认的收入 = 8 500 ÷ 9 000 × 8 256.88 = 7 798.16(元)

借:合同负债　　　　　　　　　　　　　　　7 798.16
　　贷:主营业务收入　　　　　　　　　　　　7 798.16

20×2年2月1日积分失效时确认剩余积分收入:
借:合同负债　　　　　　　　　　　　　　　458.72
　　贷:主营业务收入　　　　　　　　　　　　458.72

(四)委托代销

委托代销,是指委托方和受托方签订代销合同或协议,委托方委托受托方向终端客户销售商品的行为。

在委托代销方式下,需要判断受托方的身份是主要责任人还是代理人。如果受托方不能取得商品控制权,则表示其身份仅为代理人,需等到受托方将商品销售给终端用户后,委托方才能对收入进行确认。如果受托方能够取得商品控制权,则当控制权转移给受托方时,委托方的销售合同就已完成,即可对收入进行确认。

委托企业可以通过下列迹象判断一项合同是否实质属于委托代销安排,如果出现以下迹象,说明受托方的身份是代理人。(1)受托方向最终客户出售商品或指定期间到期之前,委托方企业拥有对商品的控制权;(2)委托方能够要求受托方将委托代销的商品退回或者将其销售给其他经销商;(3)尽管受托方可能被要求向委托支付一定金额的押金,但是其并没有承担对这些商品无条件付款的义务。

委托代销具体可分为收取手续费方式和视同买断方式两种。

1. 收取手续费方式的委托代销。收取手续费方式的委托代销是受托方根据所代销的商品数量向委托方收取手续费的销售方式。受托方严格按照委托方规定的价格销售商品，只收取手续费。

采用收取手续费方式的委托代销，虽然委托方已将商品发送给受托方，但是受托方并未取得该商品的控制权。因此，委托企业不应在向受托方发货时确认销售商品的收入，而应当根据控制权是否转移来判断何时确认收入。通常，对于委托方，应在受托方已将商品售出，并向委托方开出代销清单时确认收入，同时结转成本，手续费支出计入"销售费用"；对于受托方，应当在商品销售后，按合同或协议约定的方法计算确定的手续费确认收入。

【例12－31】阳光公司委托乙公司销售A商品100件，该商品成本55元/件。假定代销合同规定，乙公司应按每件100元售给顾客，阳光公司按不含增值税的销售价格的10%向乙公司支付手续费（假设不考虑该手续费涉及的增值税），除非这些商品在乙公司存放期间内由于乙公司的责任发生毁损或丢失，否则在A商品对外销售之前，乙公司没有义务向阳光公司支付货款。乙公司不承担包销责任，没有售出的A商品须返回给阳光公司，同时阳光公司也有权要求收回A商品或将其销售给其他的客户。

次月，乙公司实际对外销售A商品100件，开出的增值税专用发票上注明的销售价格为10 000元，增值税税额1 300元。阳光公司在收到乙公司交来的代销清单时，向乙公司开具一张相同金额的增值税发票。

阳光公司应做如下会计分录：

阳光公司将A商品交付乙公司时：

借：发出商品　　　　　　　　　　　　　　　　　　　　　　5 500
　　贷：库存商品　　　　　　　　　　　　　　　　　　　　5 500

阳光公司收到代销清单时：

借：应收账款　　　　　　　　　　　　　　　　　　　　　　11 300
　　贷：主营业务收入　　　　　　　　　　　　　　　　　　10 000
　　　　应交税费——应交增值税（销项税额）　　　　　　　1 300

借：主营业务成本　　　　　　　　　　　　　　　　　　　　5 500
　　贷：发出商品　　　　　　　　　　　　　　　　　　　　5 500

借：销售费用——代销手续费　　　　　　　　　　　　　　　1 000
　　贷：应收账款　　　　　　　　　　　　　　　　　　　　1 000

收到乙公司支付的货款时：

借：银行存款　　　　　　　　　　　　　　　　　　　　　　10 300

　　　　贷：应收账款　　　　　　　　　　　　　　　　　10 300
乙公司应做如下会计分录：
收到 A 商品时：
　　借：受托代销商品　　　　　　　　　　　　　　　　10 000
　　　　贷：受托代销商品款　　　　　　　　　　　　　　10 000
实际销售时：
　　借：银行存款　　　　　　　　　　　　　　　　　　11 300
　　　　贷：受托代销商品　　　　　　　　　　　　　　　10 000
　　　　　　应交税费——应交增值税（销项税额）　　　　1 300
收到增值税专用发票时：
　　借：受托代销商品款　　　　　　　　　　　　　　　10 000
　　　　应交税费——应交增值税（进项税额）　　　　　　1 300
　　　　贷：应付账款　　　　　　　　　　　　　　　　　11 300
支付货款并计算代销手续费：
　　借：应付账款　　　　　　　　　　　　　　　　　　11 300
　　　　贷：银行存款　　　　　　　　　　　　　　　　　10 300
　　　　　　其他业务收入　　　　　　　　　　　　　　　1 000

2. 视同买断方式的委托代销。视同买断方式的委托代销是指由委托方和受托方签订协议，委托方按协议价收取所代销的货款，实际售价可由受托方自定，实际售价与协议价之间的差额归受托方所有的销售方式。

如果代销协议中约定，受托方没有将商品售出时，可以将商品退回给委托方，或者受托方代销商品时出现亏损时可以要求委托方补偿。在这种情况下，受托方并未取得该商品的控制权，因此委托方不能在发出商品时确认收入，受托方也不能作为购进商品处理，只有在代销商品销售后，受托方才确认收入，并向委托方开具代销清单；委托方收到代销清单时确认销售收入。

如果委托方和受托方之间的协议明确标明，受托方在取得代销商品后，无论是否能够卖出、是否获利，均与委托方无关，那么委托方和受托方之间的代销商品交易，与委托方直接销售商品给受托方没有实质区别。在符合销售商品收入确认条件时，委托方应确认相关销售商品收入，受托方应当作为购进商品处理。

【例 12 - 32】阳光公司委托乙公司销售 A 商品 100 件，A 商品成本 55 元/件，协议价为 100 元/件，增值税税率 13%，合同约定乙公司没有将商品售出的情况下可将商品退还给阳光公司，代销商品的实际售价由乙公司决定。乙公司销售时实际按售价 12 000 元售出，收取增值税 1 560 元。并给阳光公司开具代销清单，结算款项。

阳光公司应做如下会计分录：

阳光公司将 A 商品交付乙公司时：

借：发出商品　　　　　　　　　　　　　　　　　　　　　　5 500
　　贷：库存商品　　　　　　　　　　　　　　　　　　　　　　5 500

阳光公司收到代销清单时：

借：应收账款　　　　　　　　　　　　　　　　　　　　　　11 300
　　贷：主营业务收入　　　　　　　　　　　　　　　　　　　10 000
　　　　应交税费——应交增值税（销项税额）　　　　　　　　 1 300
借：主营业务成本　　　　　　　　　　　　　　　　　　　　　5 500
　　贷：发出商品　　　　　　　　　　　　　　　　　　　　　　5 500

收到乙公司支付的货款时：

借：银行存款　　　　　　　　　　　　　　　　　　　　　　11 300
　　贷：应收账款　　　　　　　　　　　　　　　　　　　　　11 300

乙公司应做如下会计分录：

收到 A 商品时：

借：受托代销商品　　　　　　　　　　　　　　　　　　　　10 000
　　贷：受托代销商品款　　　　　　　　　　　　　　　　　　10 000

实际销售时：

借：银行存款　　　　　　　　　　　　　　　　　　　　　　13 560
　　贷：主营业务收入　　　　　　　　　　　　　　　　　　　12 000
　　　　应交税费——应交增值税（销项税额）　　　　　　　　 1 560
借：主营业务成本　　　　　　　　　　　　　　　　　　　　10 000
　　贷：受托代销商品　　　　　　　　　　　　　　　　　　　10 000
借：受托代销商品款　　　　　　　　　　　　　　　　　　　10 000
　　贷：应付账款　　　　　　　　　　　　　　　　　　　　　10 000

收到增值税专用发票时：

借：应交税费——应交增值税（进项税额）　　　　　　　　　 1 300
　　贷：应付账款　　　　　　　　　　　　　　　　　　　　　 1 300

支付货款时：

借：应付账款　　　　　　　　　　　　　　　　　　　　　　11 300
　　贷：银行存款　　　　　　　　　　　　　　　　　　　　　11 300

（五）合同中存在重大融资成分的销售

当合同各方以在合同中（或者以隐含的方式）约定的付款时间为客户或企业就该交易提供了重大融资利益时，合同中即包含了重大融资成分。合同中存在重大融资成分的，企业应当按照假定客户在取得商品控制权时即以现金支付的应付金额（即现销价格）确定交易价格，使用将合同对价的名义金额折现为商品现销价格的折现率，企业确定的交易价格与合同承诺的对价金额之间的差额，应当在合同期间内采用实际利率法摊销。

【例12-33】20×2年1月1日阳光公司与乙公司签署了一份分期收款销售商品的合同。合同约定：货物总收款额为100万元，首笔支付20%，其余款项在4年内每个年末平均分期支付，每期支付20万元。增值税专用发票在付款时开具。双方在20×2年1月1日已经执行了该合同。该货物的现销价格为90万元，成本为60万元，增值税税率13%。

计算确定的实际利率：

首先，以6%的折现率进行测算。查年金现值系数表可知，4期、6%的年金现值系数为3.465，以6%的折现率计算的现值如下：

合同价款的现值 $= 20 + 20 \times (P/A, i, 4) = 20 + 20 \times 3.465 = 89.3$（万元）

上式计算结果小于商品的现销价格，说明实际利率小于6%。再按5%作为折现率进行测算。查年金现值系数表可知，4期、5%的年金现值系数为3.546，以5%作为折现率计算的现值如下：

合同价款的现值 $= 20 + 20 \times (P/A, i, 4) = 20 + 20 \times 3.546 = 90.92$（万元）

上式计算结果大于商品的现销价格，说明实际利率大于5%。因此，实际利率介于5%和6%之间。使用插值法估算实际利率如下：

实际利率：$(i - 6\%)/(90 - 89.3) = (6\% - 5\%)/(89.3 - 90.92)$

计算可得：$i = 5.57\%$

编制融资收益分配表如表12.1所示。

表12.1　　　　　　　　　融资收益分配表
（实际利率法）　　　　　　　　　　　　　　　　单位：万元

时间 ①	分期应收款 ②	应分配融资收益 ③ = 期初⑤ × 5.57%	应收本金减少额 ④ = ② - ③	应收本金余额 期末⑤ = 期初⑤ - ④
20×2年1月1日				70
20×2年12月31日	20	3.899	16.101	53.899
20×3年12月31日	20	3.002	16.998	36.901
20×4年12月31日	20	2.055	17.945	18.956
20×5年12月31日	20	1.044	18.956	0

销售发出商品确认收入时：

借：银行存款　　　　　　　　　　　　　　　　　　　226 000
　　长期应收款　　　　　　　　　　　　　　　　　　904 000

贷：主营业务收入		900 000
应交税费——应交增值税（销项税额）		26 000
——待转销项税额		104 000
未确认融资收益		100 000

同时，结转销售成本：

借：主营业务成本	600 000	
贷：库存商品		600 000

分期收款期间分摊"未确认融资收益"：

20×2年3月31日

借：未确认融资收益	38 990	
贷：财务费用		38 990

其他期间参照以上原理编制会计分录。

分期收到款项：

借：银行存款	226 000	
应交税费——待转销项税额	26 000	
贷：长期应收款		226 000
应交税费——应交增值税（销项税额）		26 000

（六）售后回购

售后回购，是指企业销售商品的同时承诺或有权选择日后再将该商品（包括相同或几乎相同的商品，或以该商品作为组成部分的商品）购回的销售方式。对于不同类型的售后回购交易，企业应当区分下列两种情形分别进行账务处理：

1. 企业因存在与客户的远期安排而负有回购义务或企业享有回购权利的，表明客户在销售时点并未取得相关商品控制权，企业应当作为租赁交易或融资交易进行相应的账务处理。其中，回购价格低于原售价的，应当视为租赁交易进行账务处理；回购价格不低于原售价的，应当视为融资交易，在收到客户款项时确认金融负债，并将该款项和回购价格的差额在回购期间内确认为利息费用等。企业到期未行使回购权利的，应当在该回购权利到期时终止确认金融负债，同时确认收入。

2. 企业负有应客户要求回购商品义务的，应当在合同开始日评估客户是否具有行使该要求权的重大经济动因，客户具有行使该要求权重大经济动因的，企业应当将售后回购作为租赁交易或融资交易，按照上述第1种情形进行账务处理；否则，企业应当将其作为附有销售退回条款的销售交易进行账务处理。在判断客户是否具有行权的重大经济动因时，企业应当综合考虑各种相关因素，包括回购价格与预计回购时市场价格之间的比较，以及权利的到期日等。例如，如果回购价格明显高于该资产回购时的市场价值,则表明客户有行权的重大经济动因。

【例12-34】阳光公司向乙公司销售其生产的一台设备,销售价格为1 500万元,双方约定,乙公司在2年后有权要求阳光公司以1 000万元的价格回购该设备。阳光公司预计该设备在回购时的市场价值(假定600万元)将远低于1 000万元。

本案例中,阳光公司的回购价格1 000万元低于原售价1 500万元,但远高于该设备在回购时的市场价值600万元,阳光公司判断乙公司有重大的经济动因行使其权利要求阳光公司回购该设备。因此,阳光公司应当将该交易作为租赁交易进行账务处理。

【例12-35】20×2年1月1日,阳光公司向乙公司销售一台设备,开具增值税发票注明的销售价格为100万元,增值税税额是13万元,款项已收到。设备成本是65万元。同时双方约定两年后,即20×4年1月1日,阳光公司将以292万元的价格回购该设备。假设不考虑其他税费及货币的时间价值。

本案例中,该交易的实质是阳光公司以该设备作为质押取得了100万元的借款,2年后归还本息合计300万元。阳光公司应当将该交易视为融资交易,不应当终止确认该设备,而应当在收到客户款项时确认金融负债,并将该款项和回购价格的差额在回购期间内确认为利息费用等。

20×2年1月1日销售设备:

借:银行存款　　　　　　　　　　　　　　　　　　　1 130 000
　　贷:应交税费——应交增值税(销项税额)　　　　　　130 000
　　　　长期应付款　　　　　　　　　　　　　　　　1 000 000
借:发出商品　　　　　　　　　　　　　　　　　　　　650 000
　　贷:库存商品　　　　　　　　　　　　　　　　　　650 000

回购价格大于原售价的差额,应在回购期间按期计提利息,计入财务费用。由于回购期间为两年,在不考虑货币时间价值情况下,每月采用直线法计提利息费用:

借:财务费用　　　　　　　　　　　　　　　　　　　　80 000
　　贷:长期应付款　　　　　　　　　　　　　　　　　80 000

20×4年1月1日回购该商品时:

借:长期应付款　　　　　　　　　　　　　　　　　　2 920 000
　　应交税费——应交增值税(进项税额)　　　　　　　379 600
　　贷:银行存款　　　　　　　　　　　　　　　　　3 299 600
借:库存商品　　　　　　　　　　　　　　　　　　　　650 000
　　贷:发出商品　　　　　　　　　　　　　　　　　　650 000

(七)客户未行使的权利

客户未行使的权利是指客户支付给企业无需退回的预付款,由企业为客户提供商品或服务，客户未行使全部合同权利，剩下来的部分则属于未行使权利。企业向客户预收销售商品款项，使企业承担了向客户转让商品的义务，因此应当将预收的款项确认为合同负债，待履行了相关履约义务时再转为收入。当企业预收款项无需退回，且客户可能会放弃其全部或部分合同权利时，企业预期将有权获得与客户所放弃的合同权利相关金额的，应当按照客户行使合同权利的模式按比例将上述金额确认为收入；否则，企业只有在客户要求其履行剩余履约义务的可能性极低时，才能将上述负债的相关余额转为收入。企业在确定其是否预期将有权获得与客户所放弃的合同权利相关的金额时，应当考虑将估计的可变对价计入交易价格的限制要求，即其金额应以相关不确定性消除时极可能不会发生累计已确认收入的重大转回为限。

如果有相关法律规定，企业所收取的与客户未行使权利相关的款项须转交给其他方的（例如法律规定无人认领的财产须上交政府），企业不应将其确认为收入。

【例12-36】阳光公司为一家连锁餐饮企业，20×2年，阳光公司向客户销售了1 000张储值卡，总额为100万元。客户可在阳光公司经营的任何一家门店使用该储值卡进行消费。根据历史经验，阳光公司预期客户购买的储值卡中将有大约相当于储值卡面值金额1%（即1万元）的部分不会被消费。截至20×2年12月31日，客户使用该储值卡消费的金额为40万元。阳光公司为增值税一般纳税人，适用的增值税税率为13%，在客户使用该储值卡消费时发生增值税纳税义务。

本例中，阳光公司预期将有权获得与客户未行使的合同权利相关的金额为10 000元，该金额应当按照客户行使合同权利的模式按比例确认为收入。

阳光公司销售储值卡时，将收到的现金确认为负债：

合同负债 = 1 000 000 ÷ 1.13 = 884 955.75（元）

应交税费（待转销项税额） = 884 955.75 × 0.13 = 115 044.25（元）

借：库存现金	1 000 000
贷：合同负债	884 955.75
应交税费——待转销项税额	115 044.25

20×2年12月31日，根据储值卡的消费金额确认收入，同时将对应的待转销项税额确认为销项税额。

应交税费（待转销项税额转为进项税额） = 400 000 ÷ 1.13 × 13% = 46 017.70（元）

根据储值卡的消费金额确认的收入 = （400 000 + 10 000 × 400 000 ÷ 990 000） ÷ （1 + 13%） = 357 557.88（元）

借：合同负债	357 557.88
应交税费——待转销项税额	46 017.70
贷：主营业务收入	357 557.88
应交税费——应交增值税（销项税额）	46 017.70

(八) 主要责任人和代理人

企业应当根据其在向客户转让商品前是否拥有对该商品的控制权,来判断其从事交易时的身份是主要责任人还是代理人。企业在向客户转让商品前能够控制该商品的,该企业为主要责任人,应当按照已收或应收对价总额确认收入;否则,该企业为代理人,应当按照预期有权收取的佣金或手续费的金额确认收入,该金额应当按照已收或应收对价总额扣除应支付给其他相关方的价款后的净额,或者按照既定的佣金金额或比例等确定。企业与客户订立的包含多项可明确区分商品的合同中,企业需要分别判断其在这不同履约义务中的身份是主要责任人还是代理人。

当存在第三方参与企业向客户提供商品时,企业向客户转让特定商品之前能够控制该商品,从而应当作为主要责任人的情形包括:一是企业自该第三方取得商品或其他资产控制权后,再转让给客户;二是企业能够主导该第三方代表本企业向客户提供服务;三是企业自该第三方取得商品控制权后,通过提供重大的服务将该商品与其他商品整合成合同约定的某组合产出转让给客户。

如果企业仅仅是在特定商品的法定所有权转移给客户之前,暂时性地获得该特定商品的法定所有权,这并不意味着企业一定控制了该商品。实务中,企业在判断其在向客户转让特定商品之前是否已经拥有对该商品的控制权时,不应仅局限于合同的法律形式,而应当综合考虑所有相关事实和情况进行判断,这些事实和情况包括:

1. 企业承担向客户转让商品的主要责任。企业在判断其是否承担向客户转让商品的主要责任时,应当从客户的角度进行评估,即客户认为哪一方承担了主要责任,例如客户认为谁对商品的质量或性能负责、谁负责提供售后服务;谁负责解决客户投诉等。

2. 企业在转让商品之前或之后承担了该商品的存货风险。其中,存货风险主要是指存货可能发生减值、损毁或灭失等形成的损失。例如,如果企业在与客户订立合同之前已经购买或者承诺将自行购买特定商品,这可能表明企业在将该特定商品转让给客户之前,承担了该特定商品的存货风险,企业有能力主导特定商品的使用并从中取得几乎全部的经济利益;又如,在附有销售退回条款的销售中,企业将商品销售给客户之后,客户有权要求向该企业退货,这可能表明企业在转让商品之后仍然承担了该商品的存货风险。

3. 企业有权自主决定所交易商品的价格。企业有权决定客户为取得特定商品所需支付的价格,可能表明企业有能力主导有关商品的使用并从中获得几乎全部的经济利益。然而,在某些情况下,代理人可能在一定程度上也拥有定价权(例如在主要责任人规定的某一价格范围内决定价格),以便其在代表主要责任人向客户提供商品时,能够吸引更多的客户,从而赚取更多的收入。此时,即使代理人有一定的定价能力,也并不表明在与最终客户的交易中其身份是主要责任人,代理人只是放弃了一部分自己应当赚取的押金或手续费而已。

4. 其他相关事实和情况。企业在判断其是主要责任人还是代理人时,应当以该企业在特定商品转让给客户之前是否能够控制这些商品为原则。上述相关事实和情况不能凌驾于控制权的判断之上,也不构成一项单独或额外的评估,而只是帮助企业在难以评估特定商品转让给客户之前是否能够控制这些商品的情况下进行相关判断。此外,这些事实和情况并无权重之分,也不能被孤立地用于支持某一结论。企业应当根据相关商品的性质、合同条款的约定以及其他具体情况,综合进行判断。

【例 12-37】20×2 年 12 月,阳光旅行社从甲航空公司购买了一定数量的折扣机票,并对外销售。阳光旅行社向旅客销售机票时,可自行决定机票的价格等,未售出的机票不能退还给甲航空公司。

本案例中,阳光旅行社向客户提供的特定商品为机票,并在确定特定客户之前已经预先从航空公司购买了机票。因此,该权利在转让给客户之前已经存在。阳光旅行社从甲航空公司购入机票后,可以自行决定该机票的价格、向哪些客户销售等,阳光旅行社有能力主导该机票的使用并且能够获得其几乎全部的经济利益。因此,阳光旅行社在将机票销售给客户之前,能够控制该机票,阳光旅行社的身份是主要责任人。

【例 12-38】阳光公司是一家大型综合卖场,A 公司是一家服装生产企业。A 公司在阳光公司指定的场地设置柜台销售服装,阳光公司对卖场内销售的商品统一收款、开具发票并自行决定为客户办理退换货、赔偿等事项。阳光公司可以自行组织促销活动,此外 A 服装公司也可以在经阳光公司准许的前提下自行开展打折促销活动,但必须在阳光公司允许的价格范围内定价。A 服装公司负责柜台内商品的保管、调拨、储存,承担商品丢失损毁的风险,拥有未售商品的所有权,阳光公司将销售商品从客户处收取款项扣除 10% 后支付给 A 服装公司。

在案例中,从定价角度看,虽然阳光公司拥有部分对商品定价的权利,从客户角度看,也是由阳光公司承担售后责任。但从存货风险角度看,却是 A 服装公司承担了所有关于存货的风险,因此仍然是 A 服装公司在销售给客户前取得了商品的控制权,阳光公司为代理人,其扣除 10% 价款的行为可视为其赚取的代理费。

(九)授予知识产权许可

授予知识产权许可是指企业授予客户对企业拥有的知识产权享有相应权利。常见的知识产权包括软件和技术、影视和音乐等的版权、特许经营权以及专利权、商标权和其他版权等。企业向客户授予知识产权许可的,应当评估该知识产权许可是否构成单项履约义务,对于不构成单项履约义务的,企业应当将该知识产权许可和其他商品一起作为一项履约义务进行账务处理。

1. 不构成单项履约义务的授予知识产权许可。企业应当将该知识产权许可和其他商品一起作为一项履约义务进行账务处理。

授予知识产权许可不构成单项履约义务的情形（无法与合同中其他商品明确区分）包括：

（1）该知识产权许可构成有形商品的组成部分并且对于该商品的正常使用不可或缺（例如企业向客户销售设备和相关软件，该软件内嵌于设备之中，该设备必须安装了该软件之后才能正常使用）。

（2）客户只有将该知识产权许可和相关服务一起使用才能够从中获益（例如客户取得授权许可，但是只有通过企业提供的在线服务才能访问相关内容）。

2. 构成单项履约义务的授予知识产权许可。对于构成单项履约义务的，应进一步确定其是在某一时段内履行还是在某一时点履行。

同时满足下列条件时，应当作为在某一时段内履行的履约义务确认相关收入。

（1）合同要求或客户能够合理预期企业将从事对该项知识产权有重大影响的活动。企业从事的下列活动均会对该项知识产权有重大影响：第一，这些活动预期将显著改变该项知识产权的形式或者功能（例如知识产权的设计、内容、功能性等）；第二，客户从该项知识产权中获益的能力在很大程度上来源于或者取决于这些活动，即这些活动会改变该项知识产权的价值。

（2）该活动对客户将产生有利或不利影响。

（3）该活动不会导致向客户转让商品。

企业向客户授予知识产权许可不能同时满足上述条件的，则属于在某一时点履行的履约义务，并在该时点确认收入。在客户能够使用某项知识产权许可并开始从中获益之前，企业不能对此类知识产权许可确认收入。例如，企业授权客户在一定期间内使用软件，但是在企业向客户提供该软件的密钥之前，客户都无法使用该软件，不应确认收入。

在判断某项知识产权许可是属于在某一时段内履行的履约义务还是在某一时点履行的履约义务时，企业不应考虑下列因素：一是该许可在时间、地域或使用方面的限制；二是企业就其拥有的知识产权的有效性以及防止未经授权使用该知识产权许可所提供的保证。

企业向客户授予知识产权许可，并约定按客户实际销售或使用情况收取特许权使用费的，应当在下列两项孰晚的时点确认收入：一是客户后续销售或使用行为实际发生；二是企业履行相关履约义务。这是估计可变对价的例外规定，该例外规定只有在下列两种情形下才能使用：一是特许权使用费仅与知识产权许可相关；二是特许权使用费可能与合同中的知识产权许可和其他商品都相关，但是与知识产权许可相关的部分占有主导地位。企业使用该例外规定时，应当对特许权使用费整体采用该规定，而不应当将特许权使用费进行分拆。

如果与授予知识产权许可相关的对价同时包含固定金额和按客户实际销售或使用情况收取的变动金额两部分，则只有后者能采用该例外规定；而前者应当在相关履约义务履行的时点或期间内确认收入。对于不适用该例外规定的特许权使用费，应当按照估计可变对价的一般原则进行处理。

【例12-39】阳光公司是一家生产通信设备的公司，20×2年1月1日，阳光公司与乙公司签订专利许可合同，许可乙公司在5年内使用自己的专利技术生产A产品。根据合同的约定，阳光公司每年向乙公司收取由两部分金额组成的专利技术许可费，一是固定金额10万元，于每年年末收取；二是按照乙公司A产品销售额的2%计算的提成，于第二年年初收取。根据以往年度的经验和做法，阳光公司可合理预期不会实施对该专利技术产生重大影响的活动。20×2年12月31日，阳光公司收到乙公司支付的固定金额专利技术许可费10万元。20×2年度，乙公司销售A产品8万元。假设不考虑货币时间价值，不考虑税费及其他因素。

本案例中，阳光公司可合理预期不会实施对该专利技术产生重大影响的活动，应当作为在某一时点履行的履约义务。企业向客户授予知识产权许可，并约定按客户实际销售或使用情况收取特许权使用费的，应当在下列两项孰晚的时点确认收入：第一，客户后续销售或使用行为实际发生；第二，企业履行相关履约义务。即阳光公司按照乙公司A产品销售额的2%收取的提成应于20×3年12月31日确认收入。

20×2年1月1日的账务处理如下：

借：长期应收款　　　　　　　　　　　　　　　　100 000
　　贷：主营业务收入　　　　　　　　　　　　　　　100 000

20×2年12月31日的账务处理如下：

借：银行存款　　　　　　　　　　　　　　　　　100 000
　　贷：长期应收款　　　　　　　　　　　　　　　　100 000
借：应收账款（80 000×2%）　　　　　　　　　　　1 600
　　贷：主营业务收入　　　　　　　　　　　　　　　　1 600

（十）无需退回的初始费

企业在合同开始日向客户收取的无需退回的初始费通常包括入会费、初装费等。企业在合同开始日（或接近合同开始日）向客户收取的无需退回的初始费，应当计入交易价格，在实务操作中，应当具体区分以下几种情况进行不同的账务处理：

1. 该初始费与向客户转让已承诺的商品相关，并且该商品构成单项履约义务的，企业应当在转让该商品时，按照分摊至该商品的交易价格确认收入。

2. 该初始费与向客户转让已承诺的商品相关，但该商品不构成单项履约义务的，企业应当在包含该商品的单项履约义务履行时，按照分摊至该单项履约义务的交易价格确认收入。

3. 该初始费与向客户转让已承诺的商品不相关的，该初始费应当作为未来将转让商品的预收款，在未来转让该商品时确认为收入。

4. 企业收取了无需退回的初始费且为履行合同应开展初始活动，但这些活动本身并没有向客户转让已承诺的商品的，例如，企业为履行会员健身合同开展了一些行政管理性质的准备工作，该初始费与未来将转让的已承诺商品相关，应当在未来转让该商品时确认为收入，企业在确定履约进度时不应考虑这些初始活动；企业为该初始活动发生的支出应当按照合同成本部分的要求确认为一项资产或计入当期损益。

【例12-40】阳光公司为一家综合健身企业，年初开展了酬宾套餐活动，活动内容包括入会费300元，可以享受10次健身后的茶点服务，只有在每次健身完成后才能享受该项权利。健身卡1 000元，可健身10次，有效期为1年。

本案例中，套餐活动中，健身服务与茶点服务具有高度关联性，不满足企业向客户转让该商品的承诺与合同中其他承诺可单独区分这一条件。因此茶点服务不构成单项履约义务。应该与健身服务一起作为一项履约义务，在客户消费健身服务时一同确认收入。即每次提供健身服务时，确认收入130元。

七、收入的列报和披露

（一）列报

1. 合同资产和合同负债。合同一方已经履约的，即企业依据合同履行履约义务或客户依据合同支付合同对价，企业应当根据其履行履约义务与客户付款之间的关系，在资产负债表中列示合同资产或合同负债。企业拥有的、无条件（即仅取决于时间流逝）向客户收取对价的权利应当作为应收款项单独列示。同一合同下的合同资产和合同负债应当以净额列示，不同合同下的合同资产和合同负债不能互相抵销。

2. 合同履约成本和合同取得成本。对于确认为资产的合同履约成本，初始确认时摊销期限不超过一年或一个正常营业周期的，在资产负债表中计入"存货"项目；初始确认时摊销期限在一年或一个正常营业周期以上的，在资产负债表中计入"其他非流动资产"项目。

对于确认为资产的合同取得成本，初始确认时摊销期限不超过一年或一个正常营业周期的，在资产负债表中计入"其他流动资产"项目；初始确认时摊销期限在一年或一个正常营业周期以上的，在资产负债表中计入"其他非流动资产"项目。

（二）披露

企业应当在财务报表附注中充分披露与收入有关的下列定性和定量信息，以使财务报表使用者能够了解与客户之间的合同产生的收入及现金流量的性质、金额、时间分布和不确定性等相关信息。

1. 收入确认和计量所采用的会计政策。对于确定收入确认的时点和金额具有重大影响的判断以及这些判断的变更。

2. 与合同相关的信息。企业应当单独披露与客户的合同相关的下列信息，除非这些信息已经在利润表中单独列报：（1）本期确认的收入；（2）应收款项、合同资产和合同负债的账面价值；（3）履约义务；（4）分摊至剩余履约义务的交易价格。

3. 与合同成本有关的资产相关的信息。（1）在确定该资产的金额时所运用的判断；（2）该资产的摊销方法；（3）按该资产的主要类别（例如为取得合同发生的成本、为履行合同开展的初始活动发生的成本等）披露合同取得成本或合同履约成本的期末账面价值；（4）本期确认的摊销以及减值损失的金额等。

4. 有关简化处理方法的披露。如果企业选择对于合同中存在的重大融资成分或为取得合同发生的增量成本采取简化的处理方法，即企业因预计客户取得商品控制权与客户支付价款间隔未超过一年而未考虑合同中存在的重大融资成分，或者因与合同取得成本有关的资产的摊销期限未超过一年而将其在发生时计入当期损益的，企业应当对这一事实进行披露。

第二节 费 用

一、费用的概述

（一）费用的定义

费用有广义和狭义之分。广义的费用是指所有能导致企业经济利益流出的总额；狭义的费用仅指企业在销售商品、提供劳务等日常活动中所发生的经济利益的流出。我国会计准则所定义的费用是狭义的概念，即费用是指企业在日常活动中发生的、会导致所有者权益减少的、与向所有者分配利润无关的经济利益的总流出。费用的发生意味着资产的减少或负债的增加，收入表示企业经济利益的增加；而费用表示企业经济利益的减少。

（二）费用的特征

1. 费用在日常活动中发生。费用是企业在日常活动中发生的经济利益的流出，而不是从偶发的交易或事项中发生的经济利益的流出。

2. 费用会导致所有者权益减少。费用增加会间接影响所有者权益，使所有者权益减少。因为费用增加会使得利润总额和净利润减少，并使得提取的盈余公积和未分配利润减少，最终使得所有者权益减少。

3. 费用与利润分配无关。费用会导致经济利益流出，由于向所有者分配利润也会使经济利益流出，但这部分支出不属于费用，所以费用应该把分配利润排除，所以说费用和向所有者分配利润无关。

4. 费用是经济利益的总流出。值得注意的是，对于企业来说，费用肯定是企业的支出。但是，企业的所有支出，不一定都是费用。

（三）费用与成本和损失的关系

1. 费用与成本。费用与成本既有区别，也有联系。虽然两者都是支付或耗费的各项资产，但是严格来讲，成本并不等于费用。费用是相对于收入而言的，当这些支出和耗费与当期收入相配比时，即计入当期损益时，才成为当期的费用。费用与一定的期间相联系；而成本与一定的成本计算对象相联系。当期的成本不一定是当期的费用。例如，产品的生产成本在生产产品的报告期内不能确认为费用，而只有在销售产品的报告期内才能确认为费用。也就是说，生产产品的生产成本在产品没有销售之前，只是一种资产（在产品或产成品），只有产品销售以后才能作为产品销售成本，转作当期费用。

2. 费用与损失。从广义上讲，费用包括了损失。损失和费用一样都是经济利益的减少，这一点和费用在性质上没有差别。但从狭义上讲，费用与损失是有区别的。费用是相对于收入而言的，两者存在着配比关系；而损失与利得是相对应的，但两者不存在配比关系。损失，是指企业在非日常活动中发生的、会导致所有者权益减少的、与向所有者分配利润无关的经济利益的流出。也就是说，损失是某一个体除了费用或派给业主款项之外的偶发性支出。区分费用与损失，很大程度上取决于企业经营活动的性质。对于某一类企业属于费用的项目；对于另一类企业可能属于损失。我国《企业会计准则》将实现的利得与损失列作当期损益；将未实现的利得与损失计入其他综合收益。

（四）费用的分类

1. 按照经济内容分类。费用按照经济内容（或性质）进行分类，可细分为以下九类：

（1）外购材料，指企业为进行生产而耗用的一切从外部购入的原材料及主要材料、半成品、辅助材料、包装物、修理用配件和低值易耗品等。

（2）外购燃料，指企业为进行生产而耗用的从外部购进的各种燃料。

（3）外购动力，指企业为进行生产而耗用的从外部购进的各种动力。

（4）工资，指企业应计入成本费用的职工工资。

（5）提取的职工福利费用，指按照一定比例从成本费用中提取的职工福利费用。

（6）折旧费，指企业按照核定的固定资产折旧率计算提取的折旧费用。

（7）利息支出，指企业应计入成本费用的利息支出减去利息收入后的净额。

（8）税金，指企业应计入成本费用的各种税金。

（9）其他支出，指不属于以上各要素的费用支出。

2. 按照经济用途分类。费用按照经济用途分类，可分为直接材料、直接工资、其他直接支出、制造费用和期间费用。

（1）直接材料，指构成产品实体，或有助于产品形成的各项原料及主要材料、辅助材料、燃料、外购半成品和其他直接材料。

（2）直接工资，指直接从事产品生产人员的工资、奖金、津贴和补贴。

（3）其他直接支出，指直接从事产品生产人员的职工福利费。

（4）制造费用，指企业各生产单位为组织和管理生产所发生的各项费用。

（5）期间费用，指企业在生产经营过程中发生的销售费用、管理费用和财务费用。

3. 按照费用同产量之间的关系分类。按照费用同产量之间的关系，可以把费用分为固定费用和变动费用。所谓固定费用，是指产量在一定范围内，费用总额不随着产品产量的变动而变动的费用，例如固定资产折旧费、管理人员工资、办公费等。所谓变动费用，是指费用总额随着产品产量的变动而变动的费用，例如原材料费用和生产工人计件工资等。

（五）费用的确认与计量

1. 费用的确认。企业发生的费用如何进行确认，这是正确计算企业损益的重要问题。确认费用的标准主要有两点：一是某项资产的减少或负债的增加，如果不会减少企业的经济利益，就不能确认为费用。生产产品领用的材料、支付的工资和其他支出，虽然减少了存货和货币资金，即某种资产已经减少，但是，它又转化为另一种资产形式，企业的经济利益并没有因此而减少。因此，它只是成本而不是费用。只有产品已完工并销售时，才确认为费用。二是某项资产的减少或负债的增加必须能够准确地加以计量。如果某项资产的耗费不能够加以计量，也无法作出合理的估计，那么就不能在利润表中确认为费用。费用的确认一般以权责发生制和配比原则为基础。

（1）权责发生制。费用应按照权责发生制确认，凡应属于本期发生的费用，不论其款项是否支付，均确认为本期费用；反之，不属于本期发生的费用，即使其款项已在本期支付，也不确认为本期费用。

（2）配比原则。市场主体的经济活动带来收入的同时，也必然要发生相应的成本。配比原则是指某个会计期间或某个会计对象所取得的收入应与为取得该收入所发生的费用、成本相匹配，以正确计算在该会计期间、该会计主体所获得的净损益。配比原则的依据是受益原则，即谁受益，费用归谁负担。

在费用的确认过程中，首先要为费用的确认划定一个时间上的总体界限，即按照支出效益涉及的期间来确认费用。如果某项支出的效益仅涉及本会计年度（或一个营业周期），就应将其作为收益性支出，在一个会计期间内确认为费用；如果某项支出的效益涉及几个会计年度（或几个营业周期），该项支出则应予以资本化，不能作为当期费用，而应在以后各期逐渐确认为费用。

在此基础上，再按照费用与收入的关联关系来确认费用的实现。也就是说，按照与费用关联的收入实现的期间来确认费用实现的期间。费用与收入之间的关联或一致性不仅表现在经济性质上的因果性方面，也表现在时间方面，因此，联系收入确认费用的配比原则也就表现为以下几个方面：

①按因果关系直接确认。这种确认方法是以所发生的费用与所取得的具体收益项目之间的直接联系为基础，直接地、联合地将来自相同交易或其他事项的营业收入与费用合并起来予以确认。例如，在确认产品销售收入时，同时确认构成产品销售成本的各种费用，包括销售产品的生产成本、销售费用等。因为产品销售成本与产品销售收入之间存在着直接的因果关系。费用与收入之间的因果关系除了直接的因果关系，还存在着间接的因果关系。

②按系统且合理的分配方法加以确认。这种确认方法是以系统的、合理的分配程序为基础，在利润表中确认费用。收入与费用之间的内在联系不仅表现为经济性质上的因果性，而且表现为时间上的一致性。收入与费用的期间性特征决定了费用必须与同一期间的收入相配比，即本期确认的收入应该与本期的费用相配比。如果收入要等到未来期间实现，相应的费用或已耗成本就要递延到未来的实际受益期间。这时，费用便应当被系统、合理地分配于各个受益期间。例如，许多资产是涉及若干会计期间使得企业受益的，并且只能大致、间接地确定费用与收益的联系，例如固定资产、无形资产等资产。使用这些资产而发生的费用，一般用"系统而合理"的分配方法，在估计的有效期限内进行分配。可见，系统且合理的分配确认原则实质上仍然体现了收入与费用之间的内在联系，从时间上反映了收入与费用之间的关联性。

③按期间配比确认。部分支出不能与特定营业收入直接关联，在其发生期内消耗，但不产生未来的经济利益，或者是其受益期难以确定。有些支出与当期收入虽然存在着间接联系，但却找不出一个系统而合理分配的基础。会计中将这些支出与其发生的期间相联系，称为"期间配比"。例如，企业管理人员的工资，管理部门的办公费、

水电费、差旅费等。我们一般将这类费用称为期间费用，应当在它们的发生期内确认为费用。

2. 费用的计量。费用采用实际成本计量属性来计量，具有客观性和可验证性的特点。

在确认费用时，首先应当划分生产费用与非生产费用的界限。生产费用是指与企业日常生产经营活动有关的费用，例如生产产品所发生的原材料费用、人工费用等；非生产费用是指不属于生产费用的费用，例如用于购建固定资产所发生的费用，不属于生产费用。其次应当分清生产费用与产品成本的界限。生产费用与一定的期间相联系，而与生产的产品无关；产品成本与一定品种和数量的产品相联系，而不论发生在哪一期。最后应当分清生产费用与期间费用的界限。生产费用应当计入产品成本；而期间费用直接计入当期损益。

在确认费用时，对于确认为期间费用的费用，必须进一步划分为管理费用、销售费用和财务费用。对于确认为生产费用的费用，必须根据该费用发生的实际情况分别不同的费用性质将其确认为不同产品所负担的费用；对于几种产品共同发生的费用，必须按受益原则，采用一定方法和程序将其分配计入相关产品的生产成本。

二、期间费用

（一）期间费用的定义及特点

1. 期间费用的定义。期间费用是企业当期发生的费用中的重要组成部分，是指本期发生的、不能直接或间接归入某种产品成本的、直接计入损益的各项费用，包括管理费用、销售费用和财务费用。

2. 期间费用的特点。
（1）期间费用与产品生产活动没有直接联系，而与会计期间长短有关。
（2）期间费用在发生时即确认为当期费用。

（二）管理费用

1. 管理费用的定义。管理费用是指企业为组织和管理企业生产经营所发生的费用。

2. 管理费用的核算内容。管理费用主要包括企业在筹建期间内发生的开办费、董事会和行政管理部门在企业的经营管理中发生的或者应由企业统一负担的公司经费（包括行政管理部门职工工资及福利费、物料消耗、低值易耗品摊销、办公费和差旅费等）、工会经费、董事会费（包括董事会成员津贴、会议费和差旅费等）、聘请中介机构费、咨询费（含顾问费）、诉讼费、业务招待费、技术转让费、排污费、行政管理部门等发生的固定资产修理费用以及应交纳的残疾人就业保障金等。

3. 管理费用的确认与计量。企业发生的管理费用，在"管理费用"科目核算，并在"管理费用"科目中按费用项目设置明细账，进行明细核算。期末，"管理费用"科目的余额结转"本年利润"科目后无余额。

【例12-41】阳光公司20×2年8月发生的管理费用包括：以银行存款支付业务招待费5 000元；计提管理部门使用的固定资产折旧费用6 000元；分配管理人员工资12 000元，提取职工福利费1 680元；计算应交土地使用税3 500元；摊销无形资产3 000元。月末将全部管理费用予以结转。根据上述资料，应做账务处理如下：

支付业务招待费：

借：管理费用——业务招待费　　　　　　　　　　　　5 000
　　贷：银行存款　　　　　　　　　　　　　　　　　　　　5 000

计提折旧费：

借：管理费用——折旧费　　　　　　　　　　　　　　6 000
　　贷：累计折旧　　　　　　　　　　　　　　　　　　　　6 000

分配管理人员工资及福利费：

借：管理费用——工资及福利费　　　　　　　　　　13 680
　　贷：应付职工薪酬——工资　　　　　　　　　　　　12 000
　　　　　　　　　　——福利费　　　　　　　　　　　　1 680

计提应交土地使用税：

借：管理费用——土地使用税　　　　　　　　　　　　3 500
　　贷：应交税费——应交土地使用税　　　　　　　　　　3 500

摊销无形资产：

借：管理费用——无形资产摊销　　　　　　　　　　　3 000
　　贷：累计摊销　　　　　　　　　　　　　　　　　　　　3 000

月末结转管理费用：

借：本年利润　　　　　　　　　　　　　　　　　　　31 180
　　贷：管理费用　　　　　　　　　　　　　　　　　　　31 180

（三）销售费用

1. 销售费用的定义。销售费用是指企业在销售商品和材料、提供劳务的过程中发生的各种费用。

2. 销售费用的核算内容。销售费用的主要核算内容可以分为两类：(1) 产品销售过程中发生的费用；(2) 专设销售机构发生的费用。

销售费用主要包括企业在销售商品过程中发生的保险费、包装费、展览费和广告费、商品维修费、装卸费等（不包括构成合同履约成本从而应当计入主营业务成本的情形），以及为销售本企业商品而专设的销售机构（含销售网点、售后服务网点等）的职工薪酬、业务费、折旧费、固定资产修理费用等费用。

3. 销售费用的确认与计量。企业发生的销售费用，在"销售费用"科目核算，并在"销售费用"科目中按费用项目设置明细账，进行明细核算。期末，"销售费用"科目的余额结转"本年利润"科目后无余额。

企业应设置"销售费用"科目，核算企业在业务经营和管理过程中所发生的各项费用，包括折旧费、业务宣传费、业务招待费、电子设备运转费、钞币运送费、安全防范费、邮电费、劳动保护费、外事费、印刷费、低值易耗品摊销、职工工资及福利费、差旅费、水电费、职工教育经费、工会经费、会议费、诉讼费、公证费、咨询费、无形资产摊销、长期待摊费用摊销、取暖降温费、聘请中介机构费、技术转让费、绿化费、董事会费、财产保险费、劳动保险费、待业保险费、住房公积金、物业管理费、研究费用、提取保险保障基金等。

【例12-42】阳光公司20×2年8月发生的销售费用包括：以银行存款支付广告费5 000元；以现金支付应由公司负担的销售A产品的运输费800元；分配给专设销售机构的员工工资4 000元，提取职工福利费560元。月末将全部销售费用予以结转。根据上述资料，应做账务处理如下：

支付广告费：

借：销售费用——广告费 5 000
　　贷：银行存款 5 000

支付运输费：

借：销售费用——运输费 800
　　贷：银行存款 800

分配销售人员工资及福利费：

借：销售费用——工资及福利费 4 560
　　贷：应付职工薪酬——工资 4 000
　　　　　　　　　　——福利费 560

月末结转销售费用：

借：本年利润 10 360
　　贷：销售费用 10 360

（四）财务费用

1. 财务费用的定义。财务费用是指企业为筹集生产经营所需资金等而发生的应予费用化的筹资费用。

2. 财务费用的内容。

（1）利息净支出，是指企业短期借款利息、长期借款利息、应付票据利息、票据贴现利息、应付债券利息、长期应付引进外国设备款利息等利息支出减去银行存款等利息收入后的净额。

（2）汇兑净损失，是指企业因向银行结售或购入外汇而产生的银行买入、卖出价与记账所采用的汇率之间的差额，以及月度终了，各种外币账户的外币期末余额，按照期末汇率折合的记账本位币金额与账面记账本位币金额之间的差额等。

（3）金融机构手续费，是指发行债券所需支付的手续费、开出汇票的银行手续费、调剂外汇手续费等。

（4）其他费用。例如融资租入固定资产发生的融资租赁费用，以及筹集生产经营资金发生的其他费用等。

3. 财务费用的确认与计量。企业发生的财务费用，在"财务费用"科目核算，并在"财务费用"科目中按费用项目设置明细账，进行明细核算。期末，"财务费用"科目的余额结转"本年利润"科目后无余额。

【例12-43】阳光公司20×2年8月发生的财务费用包括：接银行通知，已划拨本月银行借款利息8 000元；银行转来存款利息3 000元。月末将全部销售费用予以结转。根据上述资料，应做账务处理如下：

支付利息费：

借：财务费用——利息支出　　　　　　　　　　　　　　8 000
　　贷：银行存款　　　　　　　　　　　　　　　　　　　　8 000

确认利息收入：

借：银行存款　　　　　　　　　　　　　　　　　　　　3 000
　　贷：财务费用——利息收入　　　　　　　　　　　　　　3 000

月末结转财务费用：

借：本年利润　　　　　　　　　　　　　　　　　　　　5 000
　　贷：财务费用　　　　　　　　　　　　　　　　　　　　5 000

（五）研发费用

研发费用是指企业进行研究与开发过程中发生的费用化支出，以及计入管理费用的自行开发无形资产的摊销金额。其包括"管理费用"科目下"研究费用"明细科目的当期发生额，以及"管理费用"科目下"无形资产摊销"明细科目的当期发生额。

三、所得税费用

所得税费用是指在会计税前利润（或利润总额）中扣除的所得税费用，其构成内容及确认方法取决于所得税的账务处理方法。按我国《企业会计准则》的规定，企业所得税的账务处理应采用资产负债表债务法。在资产负债表债务法下，所得税费用的构成内容包括当期所得税费用和递延所得税费用两部分。

(一) 资产负债表债务法

1. 资产负债表债务法的含义。资产负债表债务法在所得税的会计核算方面遵循了资产、负债的界定。从资产负债角度考虑，资产的账面价值代表的是某项资产在持续持有及最终处置的一定期间内为企业带来未来经济利益的总额；而其计税基础代表的是该期间内按照税法规定就该项资产可以税前扣除的总额。资产的账面价值小于其计税基础的，表明该项资产于未来期间产生的经济利益流入低于按照税法规定允许税前扣除的金额，产生可抵减未来期间应纳税所得额的因素，减少未来期间以所得税税款的方式流出企业的经济利益，应确认为递延所得税资产。反之，一项资产的账面价值大于其计税基础的，两者之间的差额会增加企业于未来期间的应纳税所得额及应交所得税，对企业形成经济利益流出的义务，应确认为递延所得税负债。

资产负债表债务法是基于资产负债表中所列示的资产、负债账面价值和计税基础经济含义的基础上，分析按照会计原则列报的账面价值与税法规定的差异，并就有关差异确定相关所得税影响的会计方法。相较于仅将当期实际应交所得税作为利润表中所得税费用的核算方法，资产负债表债务法除了能够反映企业已经持有的资产、负债及其变动对当期利润的影响外，还能够反映有关资产、负债对未来期间的所得税影响，在所得税核算领域贯彻了资产负债观。

2. 资产负债表债务法的程序。在采用资产负债表债务法核算所得税的情况下，企业一般应于每一资产负债表日进行所得税的核算。企业合并等特殊交易或事项发生时，在确认因交易或事项取得的资产、负债时即应同时确认相关的所得税影响。企业进行所得税核算一般应遵循以下程序：

(1) 按照相关会计准则规定确定资产负债表中除递延所得税资产和递延所得税负债以外的其他资产和负债项目的账面价值。资产、负债的账面价值，是指企业按照相关会计准则的规定进行核算后在资产负债表中列示的金额。对于计提了减值准备的各项资产，是指其账面余额减去已计提的减值准备后的金额。例如，企业持有的应收账款账面余额为100万元，企业对该应收账款计提了5万元的坏账准备，其账面价值为95万元。

(2) 按照会计准则中对于资产和负债计税基础的确定方法，以适用的税收法规为基础，确定资产负债表中有关资产、负债项目的计税基础。

(3) 比较资产、负债的账面价值与其计税基础，对于两者之间存在差异的，分析其性质，除准则中规定的特殊情况外，分别应纳税暂时性差异与可抵扣暂时性差异，确定资产负债表日递延所得税负债和递延所得税资产的应有金额，并与期初递延所得税资产和递延所得税负债的余额相比，确定当期应予进一步确认的递延所得税资产和递延所得税负债金额或应予转销的金额，作为递延所得税。

（4）就企业当期发生的交易或事项，按照适用的税法规定计算确定当期应纳税所得额，将应纳税所得额与适用的所得税税率计算的结果确认为当期应交所得税，作为当期所得税。

（5）确定利润表中的所得税费用。利润表中的所得税费用包括当期所得税（当期应交所得税）和递延所得税两个组成部分，企业在计算确定了当期所得税和递延所得税后，两者之和（或之差），是利润表中的所得税费用。

（二）资产、负债的计税基础

所得税会计的关键在于确定资产、负债的计税基础。在确定资产、负债的计税基础时，应严格遵循税收法规中对于资产的税务处理以及可税前扣除的费用等的规定进行。

1. 资产的计税基础。资产的计税基础，是指企业收回资产账面价值过程中，计算应纳税所得额时按照税法规定可以自应税经济利益中抵扣的金额，即某一项资产在未来期间收回该资产的账面价值时，计税时按照税法规定可以税前扣除的总金额。如果这些经济利益不需纳税，该资产的计税基础即为其账面价值。

资产在初始确认时，其计税基础一般为取得成本，即企业为取得某项资产支付的成本在未来期间准予税前扣除。在资产持续持有的过程中，其计税基础是指资产的取得成本减去以前期间按照税法规定已经税前扣除的金额后的余额。例如固定资产、无形资产等长期资产在某一资产负债表日的计税基础，是指其成本扣除按照税法规定已在以前期间税前扣除的累计折旧额或累计摊销额后的金额。

固定资产在持有期间进行后续计量时，由于会计与税法规定就折旧方法、折旧年限以及固定资产减值准备的提取等处理的不同，可能造成固定资产的账面价值与计税基础的差异。

会计准则规定，企业应当根据与固定资产有关的经济利益的预期实现方式合理选择折旧方法，例如可以按年限平均法计提折旧，也可以按照双倍余额递减法、年数总和法等计提折旧，前提是企业选用的有关折旧方法反映相关固定资产包含经济利益的实现方式。

税法中除某些按照规定可以加速折旧的情况外，基本上可以税前扣除的是按照年限平均法计提的折旧；另外，税法还就每一类固定资产的最低折旧年限作出了规定，而会计准则规定折旧年限是由企业根据固定资产的性质和使用情况合理确定的。如企业进行账务处理时确定的折旧年限与税法规定不同，也会因每一期间折旧额的差异产生固定资产在资产负债表日账面价值与计税基础的差异。

【例12-44】阳光公司于20×2年12月21日取得的某项固定资产,原价为750万元,使用年限为10年,会计上采用年限平均法计提折旧,净残值为0。税法规定该类(由于技术进步、产品更新换代较快的)固定资产采用加速折旧法计提的折旧可予税前扣除,该企业在计税时采用双倍余额递减法计列折旧,使用年限及净残值与会计相同。20×4年12月31日,企业估计该项固定资产的可收回金额为550万元,该固定资产以前期间未计提减值准备。

20×4年12月31日,该项固定资产的账面价值:750-75×2=600(万元),该账面价值大于其可收回金额550万元,两者之间的差额应计提50万元的固定资产减值准备。

20×4年12月31日,该项固定资产的账面价值=750-75×2-50=550(万元);其计税基础=750-750×20%-600×20%=480(万元)。

该项固定资产的账面价值550万元与其计税基础480万元之间存在的70万元差额,将于未来期间计入企业的应纳税所得额。

2. 负债的计税基础。负债的计税基础,是指负债的账面价值减去未来期间计算应纳税所得额时按照税法规定可予抵扣的金额。对于预收收入,所产生负债的计税基础是其账面价值减去未来期间非应税收入的金额。用公式表示为:

$$\text{负债的计税基础} = \text{账面价值} - \text{未来期间按照税法规定可予税前扣除的金额(或未来期间非应税收入的金额)}$$

负债的确认与偿还一般不会影响企业的损益,也不会影响其应纳税所得额,未来期间计算应纳税所得额时按照税法规定可予抵扣的金额为0,计税基础即为账面价值。但是,某些情况下,负债的确认可能会影响企业的损益,进而影响不同期间的应纳税所得额,使得其计税基础与账面价值之间产生差额,例如按照会计规定确认的某些预计负债等。

按照或有事项准则的规定,企业对于预计提供售后服务将发生的支出在满足有关确认条件时,销售当期即应确认为费用,同时确认预计负债。如果税法规定,与销售产品相关的支出应于实际发生时税前扣除。因该类事项产生的预计负债在期末的计税基础为其账面价值与未来期间可税前扣除的金额之间的差额,即为0。

其他交易或事项中确认的预计负债,应按照税法规定的计税原则确定其计税基础。某些情况下,因有些事项确认的预计负债,税法规定其支出无论是否实际发生均不允许税前扣除,即未来期间按照税法规定可予抵扣的金额为0,账面价值等于计税基础。

【例12-45】阳光公司20×2年因销售产品承诺提供3年的保修服务,在当年度利润表中确认了500万元的销售费用,同时确认为预计负债,当年度未发生任何保修支出。假定按照税法规定,与产品售后服务相关的费用在实际发生时允许税前扣除。

该项预计负债在阳光公司 20×2 年 12 月 31 日资产负债表中的账面价值为 500 万元。

该项预计负债的计税基础 = 账面价值 500 万元 - 未来期间计算应纳税所得额时按照税法规定可予抵扣的金额 500 万元 = 0。

该项负债的账面价值 500 万元与其计税基础 0 之间的暂时性差异可以理解为：未来期间企业实际发生 500 万元的经济利益流出用以履行产品保修义务时，税法规定允许税前扣除，即减少未来实际发生期间的应纳税所得额。

（三）暂时性差异

暂时性差异，是指资产、负债的账面价值与其计税基础不同产生的差额。因资产、负债的账面价值与其计税基础不同，产生了在未来收回资产或清偿负债的期间内，应纳税所得额增加或减少并导致未来期间应交所得税增加或减少的情况，形成企业的资产或负债，在有关暂时性差异发生当期，符合确认条件的情况下，应当确认相关的递延所得税负债或递延所得税资产。

根据暂时性差异对未来期间应纳税所得额的影响，分为应纳税暂时性差异和可抵扣暂时性差异。除因资产、负债的账面价值与其计税基础不同产生的暂时性差异以外，按照税法规定可以结转以后年度的未弥补亏损和税款抵减，也视同可抵扣暂时性差异处理。

1. 应纳税暂时性差异。应纳税暂时性差异，是指在确定未来收回资产或清偿负债期间的应纳税所得额时，将导致产生应税金额的暂时性差异，即在未来期间不考虑该事项影响的应纳税所得额的基础上，由于该暂时性差异的转回，会进一步增加转回期间的应纳税所得额和应交所得税金额，在其产生当期应当确认相关的递延所得税负债。应纳税暂时性差异通常产生于以下情况：

（1）资产的账面价值大于其计税基础。资产的账面价值代表的是企业在持续使用及最终出售该项资产时将取得的经济利益的总额，而计税基础代表的是资产在未来期间可予税前扣除的总金额。资产的账面价值大于其计税基础，该项资产未来期间产生的经济利益不能全部税前抵扣，两者之间的差额需要交税，产生应纳税暂时性差异。例如，一项资产的账面价值为 500 万元，计税基础如为 375 万元，两者之间的差额会造成未来期间应纳税所得额和应交所得税的增加，在其产生当期，应确认相关的递延所得税负债。

（2）负债的账面价值小于其计税基础。负债的账面价值为企业预计在未来期间清偿该项负债时的经济利益流出，而其计税基础代表的是账面价值在扣除税法规定未来期间允许税前扣除的金额之后的差额。负债的账面价值与其计税基础不同产生的暂时性差异，实质上是税法规定就该项负债在未来期间可以税前扣除的金额（即与该项负债相关的费用支出在未来期间可予税前扣除的金额)。负债的账面价值小于其计税基础,则意味着就该项负债在未来期间可以税前抵扣的金额为负数,即应在未来期间应纳税所得额的基础上调增,增加未来期间的应纳税所得额和应交所得税金额,产生应纳税暂时性差异,应确认相关的递延所得税负债。

2. 可抵扣暂时性差异。可抵扣暂时性差异是指在确定未来收回资产或清偿负债期间的应纳税所得额时,将导致产生可抵扣金额的暂时性差异。该差异在未来期间转回时会减少转回期间的应纳税所得额,减少未来期间的应交所得税。在可抵扣暂时性差异产生当期,符合确认条件时,应当确认相关的递延所得税资产。可抵扣暂时性差异一般产生于以下情况:

(1) 资产的账面价值小于其计税基础。意味着资产在未来期间产生的经济利益少,按照税法规定允许税前扣除的金额多,两者之间的差额可以减少企业在未来期间的应纳税所得额并减少应交所得税,符合有关条件时,应当确认相关的递延所得税资产。例如,一项资产的账面价值为 500 万元,计税基础为 650 万元,则企业在未来期间就该项资产可以在其自身取得经济利益的基础上多扣除 150 万元,未来期间应纳税所得额会减少,应交所得税也会减少,形成可抵扣暂时性差异。

(2) 负债的账面价值大于其计税基础。负债产生的暂时性差异实质上是税法规定就该项负债可以在未来期间税前扣除的金额。即:

$$\begin{aligned}\text{负债产生的暂时性差异} &= \text{账面价值} - \text{计税基础} \\ &= \text{账面价值} - \left(\text{账面价值} - \text{未来期间计税时按照税法规定可予税前扣除的金额}\right) \\ &= \text{未来期间计税时按照税法规定可予税前扣除的金额}\end{aligned}$$

负债的账面价值大于其计税基础,意味着未来期间按照税法规定与负债相关的全部或部分支出可以自未来应税经济利益中扣除,减少未来期间的应纳税所得额和应交所得税。符合有关确认条件时,应确认相关的递延所得税资产。

(四) 递延所得税费用的确认和计量

递延所得税费用,是指由于暂时性差异的发生或转回而确认的所得税费用。即当期确认的递延所得税负债与当期确认的递延所得税资产的差额。当期确认的递延所得税负债大于当期确认的递延所得税资产的差额,为当期确认的递延所得税费用;当期确认的递延所得税负债小于当期确认的递延所得税资产的差额,为当期确认的递延所得税收益,递延所得税收益应当抵减当期所得税费用。

【例 12-46】阳光公司适用的所得税税率为 25%,20×2 年 12 月 31 日该公司比较资产、负债的账面价值与其计税基础,确定应纳税暂时性差异为 3 000 万元,可抵扣暂时性差异为 2 250 万元。假定该公司递延所得税资产和递延所得税负债均无期初余额。该公司有关所得税的账务处理如下（会计分录的金额单位为万元）：

当期确认的递延所得税负债 = 3 000 × 25% = 750（万元）
当期确认的递延所得税资产 = 2 250 × 25% = 562.5（万元）
递延所得税费用 = 750 - 562.5 = 187.5（万元）

借：所得税费用——递延所得税费用　　　　　　　　187.5
　　递延所得税资产　　　　　　　　　　　　　　　562.5
　贷：递延所得税负债　　　　　　　　　　　　　　　　　750

（五）当期所得税费用的确认和计量

所得税会计的主要目的之一是为了确定当期应交所得税以及利润表中的所得税费用。在按照资产负债表债务法核算所得税的情况下，利润表中的所得税费用包括当期所得税和递延所得税两个部分。

当期所得税是指企业按照税法规定计算确定的针对当期发生的交易和事项，应交纳给税务部门的所得税金额，即当期应交所得税。企业在确定当期应交所得税时，对于当期发生的交易或事项，账务处理与税法处理不同的，应在会计利润的基础上，按照适用税收法规的规定进行调整，计算出当期应纳税所得额，按照应纳税所得额与适用所得税税率计算确定当期应交所得税。一般情况下，应纳税所得额可在会计利润的基础上，考虑会计与税收法规之间的差异，公式为：

应纳税所得额 = 会计利润 + 按照会计准则规定计入利润表但计税时不允许税前扣除的费用 ± 计入利润表的费用与按照税法规定可予税前抵扣的金额之间的差额 ± 计入利润表的收入与按照税法规定应计入应纳税所得额的收入之间的差额 - 税法规定的不征税收入 ± 其他需要调整的因素

式中，会计利润就是利润表中的利润总额，也称税前利润。经过调整后，当期应交所得税（即会计上确认的当期所得税费用）可按下列公式计算：

当期应交所得额 = 应纳税所得额 × 适用的所得税税率

【例 12 - 47】阳光公司 20 × 2 年度利润表中的利润总额为 6 000 万元，该公司适用的所得税税率为 25%。发生下列会计业务与纳税处理存在差别的交易和事项：

（1）国债利息收入 160 万元；
（2）非公益性捐赠支出 500 万元，按照税法规定不允许税前扣除；
（3）当期实际支付产品保修费用 100 万元；

(4) 违反环保法有关规定支付罚款 560 万元；

(5) 期末计提存货跌价准备 300 万元。

阳光公司的账务处理如下（会计分录的金额单位为万元）：

应纳税所得额 = 6 000 − 160 + 500 − 100 + 560 + 300 = 7 100（万元）

应交所得税 = 7 100 × 25% = 1 775（万元）

借：所得税费用——当期所得税费用　　　　　　　　　　1 775
　　贷：应交税费——应交所得税　　　　　　　　　　　　　　1 775

第三节　利　　润

一、利润的定义

企业作为独立的经济实体，应当以自己的经营收入抵补其成本费用，并且实现盈利。企业盈利的大小在很大程度上反映企业生产经营的经济效益，表明企业在每一会计期间的最终经营成果。

利润，是指企业在一定会计期间的经营成果。利润包括收入减去费用后的净额、直接计入当期利润的利得和损失等。其中，直接计入当期利润的利得和损失，是指应当计入当期损益、会导致所有者权益发生增减变动的、与所有者投入资本或者向所有者分配利润无关的利得或者损失。

收入减去费用后的净额反映的是企业日常活动的业绩，直接计入当期利润的利得和损失反映的是企业非日常活动的业绩。企业应当严格划分收入和利得、费用和损失之间的界线，以更加准确地反映企业的经营业绩。

利润的确认主要依赖于收入和费用，以及直接计入当期利润的利得和损失的确认；利润金额的计量主要取决于收入和费用金额，以及直接计入当期利润的利得和损失金额的计量。

二、利润的构成

在利润表中，利润包括营业利润、利润总额和净利润三个层次。

（一）营业利润

营业利润，是指企业通过一定期间的日常活动取得的利润。营业利润的具体构成，可用公式表示如下：

$$\begin{aligned}营业利润 =\ &营业收入 - 营业成本 - 税金及附加 - 销售费用 - 管理费用（不含研发费用） \\&- 研发费用 - 财务费用 + 其他收益 + 投资收益（-投资损失） \\&+ 净敞口套期收益（-净敞口套期损失） + 公允价值变动收益（-公允价值变动损失） \\&- 信用减值损失 - 资产减值损失 + 资产处置收益（-资产处置损失）\end{aligned}$$

式中，营业收入是指企业经营业务所实现的收入总额，包括主营业务收入和其他业务收入。营业成本是指企业经营业务所发生的实际成本总额，包括主营业务成本和其他业务成本。税金及附加是指企业经营业务应负担的税金及附加费用，例如消费税、城市维护建设税、资源税、教育费附加、房产税、城镇土地使用税、车船税、印花税等。研发费用是指企业在研究与开发过程中发生的费用化支出，是管理费用的一部分，在利润表中应将其从管理费用当中分离出来，单独列报。其他收益是指与企业日常活动相关但不属于营业收入的经济利益流入，主要包括与企业日常活动相关但不宜冲减成本费用而应计入其他收益的政府补助、代扣代缴税款手续费、增值税减免、债务人获得的部分债务重组收益等。资产减值损失是指企业计提各项资产减值（不含信用减值）准备所形成的损失。信用减值损失反映企业计提的各项金融工具的信用减值准备所确认的信用损失。公允价值变动收益（或损失）是指企业交易性金融资产等公允价值变动形成的应计入当期损益的利得（或损失）。投资收益（或损失）是指企业以各种方式对外投资所取得的收益（或发生的损失）。

（二）利润总额

利润总额，是指企业一定期间的营业利润，加上营业外收入减去营业外支出后的所得税前利润总额，即：

$$利润总额 = 营业利润 + 营业外收入 - 营业外支出$$

式中，营业外收入（或支出）是指企业发生的与日常活动无直接关系的各项利得（或损失）。

（三）净利润

净利润，是指企业一定期间的利润总额减去所得税费用后的净额，即：

$$净利润 = 利润总额 - 所得税费用$$

式中，所得税费用是指企业确认的应从当期利润总额中扣除的所得税费用。

三、营业外收支的账务处理

营业外收支,是指企业发生的与日常活动无直接关系的各项收支。营业外收支虽然与企业生产经营活动没有多大的关系,但从企业主体来考虑,同样带来收入或形成企业的支出,也是增加或减少利润的因素,对企业的利润总额及净利润产生较大的影响。

(一)营业外收入

营业外收入,是指企业发生的营业利润以外的收益。营业外收入并不是由企业经营资金耗费所产生的,不需要企业付出代价,实际上是一种纯收入,不可能也不需要与有关费用进行配比。因此,在账务处理上,应当严格区分营业外收入与营业收入的界限。营业外收入主要包括非流动资产毁损报废利得、与企业日常活动无关的政府补助、盘盈利得、捐赠利得等。

1. 非流动资产毁损报废利得,是指因自然灾害等发生毁损、已丧失使用功能而报废非流动资产所产生的清理收益。

2. 政府补助,是指与企业日常活动无关的、从政府无偿取得货币性资产或非货币性资产形成的利得。

3. 盘盈利得,是指企业对于现金等资产清查盘点中盘盈的资产,报经批准后计入营业外收入的金额。

4. 捐赠利得,是指企业接受捐赠产生的利得。企业接受的捐赠和债务豁免,按照会计准则规定符合确认条件的,通常应当确认为当期收益。但是,企业接受控股股东(或控制股东的子公司)或非控股股东(或非控股股东的子公司)直接或间接代为偿债、债务豁免或捐赠,经济实质表明属于控股股东或非控股股东对企业的资本性投入,应当将相关利得计入所有者权益(资本公积)。

企业发生破产重整,其非控股股东因执行人民法院批准的破产重整计划,通过让渡所持有的该企业部分股份向企业债权人偿债的,企业应将非控股股东所让渡股份按照其在让渡之日的公允价值计入所有者权益(资本公积),减少所豁免债务的账面价值,并将让渡股份公允价值与被豁免的债务账面价值之间的差额计入当期损益。控股股东按照破产重整计划让渡了所持有的部分该企业股权向企业债权人偿债的,该企业也按此原则处理。

企业应当通过"营业外收入"科目,核算营业外收入的取得和结转情况。该科目可按营业外收入项目进行明细核算。期末,应将该科目余额转入"本年利润"科目,结转后该科目无余额。

【例 12 - 48】阳光公司 20×2 年完成政府下达技能培训任务，收到财政补助资金 92 900 元，假定培训任务已经发生了费用。

根据上述资料，应做账务处理如下：

借：银行存款　　　　　　　　　　　　　　　　　　　92 900
　　贷：营业外收入　　　　　　　　　　　　　　　　　　92 900

（二）营业外支出

营业外支出，是指企业发生的营业利润以外的支出，主要包括非流动资产毁损报废损失、公益捐赠支出、非常损失、盘亏损失、企业未按规定交纳残疾人就业保障金交纳的滞纳金等。

非流动资产毁损报废损失，是指因自然灾害等发生毁损、已丧失使用功能而报废非流动资产所产生的清理损失。

公益性捐赠支出，是指企业对外进行公益性捐赠发生的支出。

非常损失，是指企业对于因客观因素（例如自然灾害等）造成的损失，在扣除保险公司赔偿后计入营业外支出的净损失。

企业应通过"营业外支出"科目，核算营业外支出的发生及结转情况。该科目可按营业外支出项目进行明细核算。期末，应将该科目余额转入"本年利润"科目，结转后该科目无余额。

需要注意的是，营业外收入和营业外支出应当分别核算。在具体核算时，不得以营业外支出直接冲减营业外收入，也不得以营业外收入冲减营业外支出，即企业在会计核算时，应当区别营业外收入和营业外支出进行核算。

四、利润的结转

企业应设置"本年利润"科目，核算企业当期实现的净利润（或发生的净亏损）。

企业期（月）末结转利润时，应将各损益类科目的金额转入本科目，结平各损益类科目。结转后本科目的贷方余额为当期实现的净利润；借方余额为当期发生的净亏损。

年度终了，应将本年收入利得和费用、损失相抵后结出的本年实现的净利润，转入"利润分配"科目，借记本科目，贷记"利润分配——未分配利润"科目；如为净亏损，做相反的会计分录。结转后本科目应无余额。

【例 12 - 49】阳光公司 20×2 年发生的各项费用包括：主营业务成本 1 526 400 元，营业税金及附加 55 000 元，其他业务成本 16 680 元，销售费用 10 360 元，管理费用 31 180 元，财务费用 5 000 元。年末将各项费用予以结转。

根据上述资料,应做账务处理如下:

借:本年利润   1 644 620

    贷:主营业务成本   1 526 400

        营业税金及附加   55 000

        其他业务成本   16 680

        销售费用   10 360

        管理费用   31 180

        财务费用   5 000

【例 12 - 50】阳光公司 20×2 年发生的各项收入包括:主营业务收入 2 258 400 元,其他业务收入 13 280 元,投资收益 69 630 元,营业外收入 92 900 元。年末将各项收入予以结转。

根据上述资料,应做账务处理如下:

借:主营业务收入   2 258 400

    其他业务收入   13 280

    投资收益   69 630

    营业外收入   92 900

    贷:本年利润   2 434 210

【例 12 - 51】阳光公司 20×2 年发生所得税费用 120 000 元。年末将所得税费用予以结转。

根据上述资料,应做账务处理如下:

借:本年利润   120 000

    贷:所得税费用   120 000

五、综合收益总额

净利润加上其他综合收益扣除所得税费用后的净额为综合收益总额。综合收益(也称全面收益)是一个主体在某一期间与非业主方面进行交易或发生其他事项和情况所引起的权益(净资产)变动。它包括这一期间内除业主投资和派给业主款以外的权益的一切变动。随着会计目标由受托责任观向决策有用观转移,以及企业面临的经济环境日趋多变和企业的经营活动日益复杂,传统的会计确认标准受到猛烈冲击,传统的财务报表已不能反映企业真实的财务状况和经营成果,会计计量出现了以公允价值替代历史成本计量基础的趋势。由于受传统收益确定模式的制约,许多未实现已确定收益只能绕过收益表直接进入资产负债表。这些做法使收益的透明性大受影响,降低了财务业绩信息的有用性。为了实现决策有用性的会计目标及克服传统会计收益报告模式的缺陷，2009年5月，财政部颁发的《企业会计准则解释第3号》要求，从2009年1月1日起，企业在利润表"每股收益"项下增列"其他综合收益"项目和"综合收益"项目。"其他综合收益"项目，反映企业根据会计准则规定直接计入所有者权益的各项利得和损失扣除所得税影响后的净额。"综合收益"项目，反映企业净利润与其他综合收益的合计金额。在利润表中报告综合收益将突出综合收益的理念，让投资者在评价企业当期和未来业绩时，会更加关注未包含在损益表中的其他利得和损失项目。

六、利润的分配

（一）利润分配的一般程序

企业当期实现的净利润，加上以前年度累计未分配利润，加上其他转入金额（如盈余公积转入），为可供分配的利润。根据我国《公司法》的相关规定，企业当期实现的净利润应首先弥补以前年度发生的亏损，然后提取盈余公积，再向投资者分配利润。分配后剩余的金额为未分配利润。

1. 提取法定盈余公积。根据我国《公司法》的相关规定，企业按净利润的10%提取法定盈余公积。公司法定盈余公积累计达到企业注册资本的50%以上时，可以不再提取。盈余公积可以用于公司以后年度弥补亏损和转增资本。

2. 提取任意盈余公积。企业提取法定盈余公积后，经股东大会决议，还可以从净利润中提取任意盈余公积以满足企业生产发展需要。任意盈余公积的提取比例由企业自行设定。

3. 向投资者分配利润。企业提取盈余公积后，可以按照规定向投资者分配利润。向投资者分配利润应按照投资者实缴的出资比例或持有股份的比例进行分配，但公司章程另有规定或者投资者另有约定的除外。

（二）利润分配的核算

企业应当设置"利润分配"科目，核算企业利润的分配（或亏损的弥补）和历年分配（或弥补）后的余额。该科目还应当分别按"提取法定盈余公积""提取任意盈余公积""应付现金股利（或利润）""转作股本的股利""盈余公积补亏"和"未分配利润"等进行明细核算。

年度终了的核算，将全年实现的净利润，自"本年利润"科目转入"利润分配——未分配利润"科目；将"利润分配"科目所属其他明细科目余额转入"未分配利润"明细科目；结转后，除"未分配利润"明细科目外，其他明细科目应无余额。

企业按有关法律规定提取的法定盈余公积，借记"利润分配——提取法定盈余公积"科目,贷记"盈余公积——法定盈余公积"科目;按股东大会或类似机构决议提取的任意盈余公积,借记"利润分配——提取任意盈余公积"科目,贷记"盈余公积——任意盈余公积"科目;按股东大会或类似机构决议分配给股东的现金股利,借记"利润分配——应付现金股利(或利润)"科目,贷记"应付股利"科目;按股东大会或类似机构决议分配给股东的股票股利,在办理增资手续后,借记"利润分配——转作股本的股利"科目,贷记"股本"或"实收资本"科目,如有差额,贷记"资本公积——股本溢价(或资本溢价)"科目;企业用盈余公积弥补亏损,借记"盈余公积——法定盈余公积(或任意盈余公积)"科目,贷记"利润分配——盈余公积补亏"科目。年度终了,将利润分配科目所属其他明细科目余额转入"未分配利润"明细科目,借记"利润分配——未分配利润"科目,贷记"利润分配——提取法定盈余公积""利润分配——提取任意盈余公积""利润分配——应付现金股利(或利润)""利润分配——转作股本的股利"等科目;或者借记"利润分配——盈余公积补亏"等科目,贷记"利润分配——未分配利润"科目。

【例12-52】根据前述【例12-49】~【例12-51】资料,结转阳光公司20×2年利润并进行利润分配核算。

根据上述资料,应做账务处理如下:

结转期末实现的净利润:

借:本年利润 669 590
　　贷:利润分配——未分配利润 669 590

提取盈余公积:

借:利润分配——提取法定盈余公积 66 959
　　贷:盈余公积——法定盈余公积 66 959

分派现金股利:

借:利润分配——应付现金股利 70 000
　　贷:盈余公积——法定盈余公积 70 000

分配股票股利:

借:利润分配——转作股本的股利 110 000
　　贷:股本 110 000

盈余公积补亏:

借:盈余公积 26 000
　　贷:利润分配——盈余公积补亏 26 000

【例12-53】根据前述【例12-52】资料,结转阳光公司20×2年"利润分配"明细账户发生额。

根据上述资料,应做账务处理如下:

结清借方发生额明细账户：

借：利润分配——未分配利润　　　　　　　　　　　　246 959
　　贷：利润分配——提取法定盈余公积　　　　　　　　66 959
　　　　　　　　——应付现金股利　　　　　　　　　　70 000
　　　　　　　　——转作股本的股利　　　　　　　　 110 000

结清贷方发生额明细账户：

借：利润分配——盈余公积补亏　　　　　　　　　　　 26 000
　　贷：利润分配——未分配利润　　　　　　　　　　　26 000

思考与练习

一、单项选择题

1. 企业应当在履行了合同中的履约义务，即在（　　）时确认收入。
   A. 签订合同　　　　　　　　　　B. 发出商品
   C. 客户取得相关商品控制权　　　D. 风险报酬转移

2. 当合同中包含两项或多项履约义务时，企业应当在合同开始日，将交易价格分摊各单项履约义务。具体分摊时采用的方法是（　　）。
   A. 直线法平均摊销
   B. 各单项履约义务所承诺商品的成本的相对比例
   C. 各单项履约义务所承诺商品的净收益的相对比例
   D. 各单项履约义务所承诺商品的单独售价的相对比例

3. 企业应当按照（　　）确定可变对价的最佳估计数。
   A. 固定价格　　　　　　　　　　B. 公允价值
   C. 期望值或最可能发生金额　　　D. 历史价格

4. 甲公司于20×3年8月接受一项产品安装任务，安装期6个月，合同总收入30万元，年度预收款项4万元，余款在安装完成时收回，当年实际发生成本8万元，预计还将发生成本16万元。假定该安装劳务属于在某一时段内履行的履约义务，且根据累计发生的合同成本占合同预计总成本的比例确认履约进度。则甲公司20×3年度确认收入为（　　）万元。
   A. 8　　　　　B. 10　　　　　C. 24　　　　　D. 0

5. 20×3年5月，甲公司与乙公司签订合同，销售给乙公司一台电视机。该电视机的法定质保期是3年，乙公司可选择延长5年的质保，即在未来8年内，如果该电视机发生质量问题，甲公司将负责免费维修。额外赠送的5年质保可单独出售，单独出售的价格为1 000元，因"五一"促销活动，乙公司只需要花费700元即可将质保期延长5年。不考虑其他因素，下列说法中不正确的是（　　）。

A. 3年的法定质保期不构成单项履约义务

B. 5年的延长质保期不构成单项履约义务

C. 5年的延长质保期与3年的法定质保期可明确区分

D. 甲公司共有两项履约义务

6. 20×3年10月，某电器商场举行促销活动，规定顾客购物每满100元积10分，每个积分可在次月起在购物时抵减1元。截至20×3年10月31日，客户共购买了80 000元的笔记本电脑，可获得8 000个积分。根据历史经验，该商场估计该积分的兑换率为95%。上述金额均不包含增值税，不考虑其他因素。则商场销售该笔记本电脑时，笔记本电脑应分摊的交易价格为（　　）元。（计算结果保留整数位）

A. 0　　　　　B. 6 941　　　　　C. 80 000　　　　　D. 73 059

7. 下列关于售后回购交易的账务处理不符合《企业会计准则》规定的是（　　）。

A. 企业因存在与客户的远期安排而负有回购义务或企业享有回购权利的，应当作为融资交易进行相应的账务处理

B. 企业到期未行使回购权利的，应当在该回购权利到期时终止确认金融负债，同时确认收入

C. 企业负有应客户要求回购商品义务的，客户具有行使该要求权重大经济动因的，企业应当将售后回购作为租赁交易或融资交易

D. 企业负有应客户要求回购商品义务的，客户不具有行使该要求权重大经济动因的，应当将其作为附有销售退回条款的销售交易

8. 公司20×3年10月1日，向乙公司销售A产品10万件，每件不含税价格1 000元，每件成本860元，增值税专用发票已开出，当日A产品已发出，且实际控制权已经转移给乙公司；当日收到乙公司支付的货款。协议约定，购货方于次年1月31日之前有权退货。甲公司根据经验，估计退货率为10%。20×3年12月31日，甲公司对退货率进行了重新评估，认为只有8%的A产品会被退回。假定不考虑增值税的影响，甲公司20×3年12月31日应调整营业收入的金额是（　　）万元。

A. 1 000　　　　　B. 200　　　　　C. 800　　　　　D. 2 000

9. 甲公司经营一家连锁超市，20×3年甲公司售出了16 000张储值卡，每张卡面值价值100元、200元、500元和1 000元不等，价值总计630万元。根据历史经验，该批储值卡中将有大约相当于储值卡面值金额5%部分不会被消费，该储值卡不兑现金不挂失。下列关于甲公司所做的账务处理中，正确的是（　　）。

A. 在收到储值卡相关款项时确认收入

B. 售出储值卡时即可确认收入

C. 按照顾客使用比例确认收入

D. 储值卡面值金额5%部分应确认为营业外收入

10. 下列各项中，不属于无需退回的初始费的是（　　）。

　　A. 某快餐店内需持卡消费，顾客在购买储值卡时需要先支付10元押金，该押金可退，但如果储值卡丢失则押金不予退还

　　B. 某餐饮店实行会员制，顾客可以花50元购买会员卡，持有该会员卡在餐饮店消费可以享受会员价格

　　C. 某电信公司与客户签订两年的服务合同，客户预付1 800元初始费用，以后每月只需再支付30元便可享限定的流量和通话时间，如果超过限定则按使用量额外付费

　　D. 某会员制健身俱乐部，向顾客一次性收取200元入会费，用于补偿俱乐部为客户进行登记注册的初始活动，年费还需单独支付

11. 下列各项中，不属于费用特征的是（　　）。

　　A. 日常活动发生　　　　　　B. 导致所有者权益减少
　　C. 导致资产减少　　　　　　D. 与利润分配无关

12. 下列各项中，不通过销售费用核算的是（　　）。

　　A. 广告费　　　　　　　　　B. 给予扣除的现金折扣
　　C. 销售部门员工的工资　　　D. 展览费

13. 在计算营业利润时，不涉及的损益项目是（　　）。

　　A. 资产减值损失　　　　　　B. 所得税费用
　　C. 投资净损益　　　　　　　D. 公允价值变动净损益

14. 企业出售的下列资产取得的收益中，应当列入营业外收入的是（　　）。

　　A. 出售无形资产的收入　　　B. 出售库存原材料的收入
　　C. 出售库存产成品的收入　　D. 出售长期股权投资的收入

15. 企业一定期间的净利润是指（　　）。

　　A. 营业利润加投资收益
　　B. 营业利润加公允价值变动净损益
　　C. 营业利润加营业外收支净额
　　D. 营业利润加营业外收支净额减所得税费用

二、多项选择题

1. 判断客户是否取得商品控制权时，应考虑的因素有（　　）。

　　A. 企业就该商品享有现时收款权利，即客户就该商品负有现时付款义务

　　B. 企业已将该商品的法定所有权转移给客户，即客户已拥有该商品的法定所有权

　　C. 企业已将该商品实物转移给客户，即客户已实际占用该商品

D. 企业已将该商品所有权上的主要风险和报酬转移给客户

2. 依据收入准则的规定,在确定交易价格时,属于企业应当考虑因素的有(   )。

　　A. 可变对价　　　　　　　　　B. 应收客户款项
　　C. 非现金对价　　　　　　　　D. 合同中存在的重大融资成分

3. A 公司与客户签订销售合同,合同约定以总价 150 万元的价格销售甲、乙、丙三种商品。甲、乙、丙三种商品的单独售价分别为 40 万元、60 万元、80 万元。A 公司经常将甲产品和乙产品打包按照 70 万元出售,丙产品单独按照 80 万元出售。不考虑其他因素,下列说法中正确的有(   )。

　　A. 甲产品应确认收入为 40 万元　　B. 乙产品应确认收入为 42 万元
　　C. 丙产品应确认收入为 80 万元　　D. 甲产品应确认收入为 28 万元

4. 下列各项中,属于与收入确认有关的步骤的有(   )。

　　A. 识别与客户订立的合同
　　B. 识别合同中的单项履约义务
　　C. 将交易价格分摊至各单项履约义务
　　D. 履行各单项履约义务时确认收入

5. 下列各项中,不属于判断企业取得商品控制权的要素的有(   )。

　　A. 能力　　　　　　　　　　　B. 商品价值
　　C. 市场环境　　　　　　　　　D. 能够获得商品大部分的经济利益

6. 关于附有质量保证条款的销售中的质量保证的账务处理,下列表述正确的有(   )。

　　A. 法定要求之外的质量保证,通常应作为单项履约义务
　　B. 企业提供额外服务的,应当作为单项履约义务
　　C. 企业销售商品提供的质量保证,均应与商品销售作为一项履约义务
　　D. 企业提供的质量保证属于向客户保证所销售商品符合既定标准的服务的,应作为或有事项进行账务处理

7. 企业为履行合同可能会发生的成本作为合同履约成本确认为一项资产,需要满足的条件有(   )。

　　A. 该成本预期能够收回
　　B. 该成本增加了企业现在用于履行履约义务的资源
　　C. 该成本增加了企业未来用于履行履约义务的资源
　　D. 该成本与一份当前或预期取得的合同直接相关

8. 下列各项中,属于企业增量成本的有(   )。

　　A. 支付给直接为客户提供所承诺服务的人员的工资
　　B. 支付给销售人员的销售佣金

C. 取得合同发生的投标费用

D. 企业因现有合同续约或发生合同变更需要支付的额外佣金

9. 下列各项中，不属于期间费用的有（　　）。

　　A. 销售费用　　　B. 管理费用　　　C. 制造费用　　　D. 待摊费用

10. 下列各项中，不通过费用科目核算的有（　　）。

　　A. 研发费用　　　　　　　　　　B. 管理人员的奖金

　　C. 广告费　　　　　　　　　　　D. 车间保险费

11. 下列各项中，可以通过财务费用核算的有（　　）。

　　A. 利息费用　　　　　　　　　　B. 利息收入

　　C. 享有的现金折扣　　　　　　　D. 发行债券支付的承销费

12. 下列各项中，不应确认为营业外收入的有（　　）。

　　A. 存货盘盈　　　　　　　　　　B. 固定资产出租收入

　　C. 固定资产盘盈　　　　　　　　D. 无法查明原因的现金溢余

13. 下列各项中，既影响企业营业利润又影响利润总额的有（　　）。

　　A. 出租包装物取得的收入　　　　B. 经营租出固定资产的折旧额

　　C. 接受捐赠利得　　　　　　　　D. 所得税费用

思考与练习答案

第十三章 财务报告

[学习目标]

通过本章的学习,了解财务报告的定义及其构成体系;明确财务报告的目标、意义及其编报要求;理解资产负债表、利润表、现金流量表、所有者权益变动表的结构、内容及格式;掌握资产负债表、利润表、现金流量表、所有者权益变动表的编报方法。

[思政目标]

我国企业是社会主义市场经济体系的主体,是新时代社会经济发展进步的生力军,是肩负中华民族伟大复兴历史重任的核心。企业财务报告的编报,必须遵循国家相关法律及会计法规,充分体现国家、企业及广大利益相关人需求,严格把好质量要求关,善于纠正错误,敢于同不正之风作斗争,杜绝违法乱纪现象发生。

第一节 财务报告概述

财务报告(亦称会计报告),是财务会计报告的简称,是正式对外揭示或表述会计主体财务会计信息的总结性书面报告文件,包括企业财务会计报告和政府与非营利组织会计报告。我国 2007 年 1 月 1 日开始施行的《企业会计准则——基本准则》表述"财务会计报告是指企业对外提供的反映企业某一特定日期的财务状况和某一会计期间的经营成果、现金流量等会计信息的文件";2017 年 1 月 1 日开始施行的《政府会计准则——基本准则》表述"政府决算报告是综合反映政府会计主体年度预算收支执行结果的文件""政府财务报告是反映政府会计主体某一特定日期的财务状况和某一会计期间的运行情况和现金流量等信息的文件"。本书主要介绍企业财务报告。

一、财务报告作用

财务报告是企业财务会计核算工作的最终环节、最终程序和最终成果,是财务会计信息的主要形式。编报高质量的财务报告,对有关各方具有非常重要的作用,且很大程度上代表了企业会计在经济管理中的作用,主要表现在以下几个方面:

（1）高层作用。为国家财政、税务、银行、审计等宏观经济管理部门提供财务信息依据，满足其了解情况、监督管理、配置资源、调整政策等需求。

（2）中层作用。为企业经营管理层提供财务信息依据，满足其考核评价、规范制度、调整措施、加强管理、提高效益等需求。

（3）低层作用。为投资人、债权人、社会公众、职工等提供财务信息依据，满足其知悉现状、利益分析、投资选择、职业规划等需求。

二、财务报告分类

我国 2007 年 1 月 1 日开始施行的《企业会计准则——基本准则》表述"财务会计报告包括会计报表及其附注和其他应当在财务会计报告中披露的相关信息和资料。会计报表至少应当包括资产负债表、利润表、现金流量表等报表。"其中，"会计报表及其附注"一般统称为财务报表，并且会计报表是财务报告中最主要部分，所以对会计报表的分类基本可以作为财务报告的分类主要包括以下几种情况：

1. 按会计报表编报时间（会计信息时间范围）不同，可以分为定期报表和不定期报表。定期报表是指依据会计政策规定，按明确的具体时间编报的会计报表，包括中期会计报表（旬报、月报、季报、半年报）和年度会计报表；不定期报表是指依据会计政策规定，按相关特别交易或事项发生的时间需要编报的会计报表，包括企业合并会计报表、企业破产清算会计报表、重大灾害事故会计报表、财产清查会计报表、责任审计会计报表等。

2. 按会计报表编报主体及会计信息空间范围不同，可以分为个别会计报表、合并会计报表和汇总会计报表。个别会计报表，亦称基本会计报表，是由单个独立企业会计主体在自身会计核算基础上对其账簿记录进行加工整理而编制的、主要反映企业自身的财务状况、经营成果和现金流量等信息的会计报表。合并会计报表是以母公司和子公司组成的企业集团为合并报表会计主体，根据母公司和所属纳入合并范围子公司的个别会计报表及相关资料，由母公司编制的综合反映企业集团财务状况、经营成果及现金流量等信息的会计报表，合并主体中的母公司与纳入合并范围的子公司之间是"控制"与"被控制"的股权投资与被投资的关系。汇总会计报表是以本行业或本系统为汇总报表会计主体，根据行业内或系统内的个别会计报表及相关资料，由主管单位或部门编制的全面反映本行业或本系统财务状况、经营成果及现金流量等信息的会计报表，汇总主体中的主管单位或部门与纳入汇总范围的相关主体之间是"上级"与"下级"的领导与被领导的关系。

此外，还有其他多种分类方式。例如，按会计报表主要反映信息内容不同，可以分为财务状况报表、经营成果报表等；按会计报表编报主次或地位不同，可以分为主要会计报表、次要会计报表或附表等；按会计报表反映会计主体资本运动状态不同，可以分为静态会计报表和动态会计报表；按会计报表报送对象不同，可以分为对外会计报表和对内会计报表；按会计报表编报方式不同，可以分为手工会计报表和电子会计报表；等等。

三、财务报告列报要求

（一）做好充分准备

1. 依据各项会计准则确认和计量的结果编制财务报告。企业应当根据实际发生的交易和事项，按照各项具体会计准则的规定进行确认和计量，并在此基础上编制财务报告。企业应当在附注中对这一情况作出声明，只有遵循了《企业会计准则》的所有规定时，财务报告才应当被称为"遵循了《企业会计准则》"。企业不应以在附注中披露代替对交易和事项的确认和计量。也就是说，企业如果采用不恰当的会计政策，不得通过在附注中披露等其他形式予以更正。

2. 明确列报基础。在编制财务报告的过程中，企业董事会应当对企业持续经营的能力进行评价，需要考虑的因素包括市场经营风险、企业目前或长期的盈利能力、偿债能力、财务弹性以及企业管理层改变经营政策的意向等。评价后对企业持续经营的能力产生严重怀疑的，应当在附注中披露导致对持续经营能力产生重大怀疑的重要的不确定因素。

非持续经营是企业在极端情况下呈现的一种状态。企业存在以下情况之一的，通常表明企业处于非持续经营状态：（1）企业已在当期进行清算或停止营业；（2）企业已经正式决定在下一个会计期间进行清算或停止营业；（3）企业已确定在当期或下一个会计期间没有其他可供选择的方案而将被迫进行清算或停止营业。企业处于非持续经营状态时，应当采用其他基础编制财务报告。例如，企业处于破产状态时，其资产应当采用可变现净值计量、负债应当按照其预计的结算金额计量等。在非持续经营情况下，企业应当在附注中声明财务报告未以持续经营为基础列报，披露未以持续经营为基础的原因以及财务报表的编制基础。

3. 重要性和项目列报。关于项目在财务报告中是单独列报还是合并列报，应当依据重要性原则来判断。

（1）性质或功能不同的项目，一般应当在财务报表中单独列报，例如存货和固定资产在性质上和功能上都有本质差别，必须分别在资产负债表上单独列报。但是不具有重要性的项目可以合并列报。

（2）性质或功能类似的项目，一般可以合并列报，但是对其具有重要性的类别应该单独列报。例如原材料、在产品等项目在性质上类似，均通过生产过程形成企业的产品存货，因此可以合并列报，合并之后的类别统称为"存货"，在资产负债表上列报。

（3）项目单独列报的原则不仅适用于报表，还适用于附注。某些项目的重要性程度不足以在资产负债表、利润表、现金流量表或所有者权益变动表中单独列报，但是可能对附注而言却具有重要性，在这种情况下应当在附注中单独披露。

（4）重要性是判断项目是否单独列报的重要标准。企业在进行重要性判断时，应当根据所处环境，从项目的性质和金额大小两方面予以判断：一方面，应当考虑该项目的性质是否属于企业日常活动、是否对企业的财务状况和经营成果具有较大影响等因素；另一方面，判断项目金额大小的重要性，应当通过单项金额占资产总额、负债总额、所有者权益总额、营业收入总额、净利润等直接相关项目金额的比重加以确定。

4. 列报的一致性。可比性是会计信息质量的一项重要质量要求，目的是使同一企业不同期间和同一期间不同企业的财务报表相互可比。为此，财务报告项目的列报应当在各个会计期间保持一致，不得随意变更。这一要求不仅只针对财务报表中的项目名称，还包括财务报表项目的分类、排列顺序等方面。在以下规定的特殊情况下，财务报告项目的列报是可以改变的：（1）会计准则要求改变。（2）企业经营业务的性质发生重大变化后，变更财务报告项目的列报能够提供更可靠、更相关的会计信息。

5. 财务报告项目金额间的相互抵销。财务报告项目应当以总额列报，资产和负债、收入和费用不能相互抵销，即不得以净额列报，但《企业会计准则》另有规定的除外。例如，企业欠客户的应付款不得与其他客户欠本企业的应收款相抵销，如果相互抵销就掩盖了交易的实质。下列两种情况不属于抵销，可以净额列示：

（1）资产项目按扣除减值准备后的净额列示，不属于抵销。对资产计提减值准备，表明资产价值确实已经发生减损，按扣除减值准备后的净额列示，才能反映资产当时的真实价值。

（2）非日常活动的发生具有偶然性，并非企业主要的业务，从重要性来讲，非日常活动产生的损益以收入扣减费用后的净额列示，更有利于报表使用者的理解，也不属于抵销。

6. 比较信息的列报。企业在列报当期财务报告时，至少应当提供所有列报项目上一可比会计期间的比较数据，以及与理解当期财务报告相关的说明，目的是向报告使用者提供对比数据，提高信息在会计期间的可比性，以反映企业财务状况、经营成果和现金流量的发展趋势，提高报表使用者的判断与决策能力。

在财务报告项目的列报确需发生变更的情况下，企业应当对上期比较数据按照当期的列报要求进行调整，并在附注中披露调整的原因和性质，以及调整的各项目金额。但是，在某些情况下，对上期比较数据进行调整是不切实可行的，应当在附注中披露不能调整的原因。

7. 会计报表表首的列报要求。会计报表分为表首、正表两部分，其中，在表首部分企业应当概括地说明下列基本信息：编报企业的名称，如企业名称在所属当期发生了变更的，还应明确标明；对资产负债表而言，须披露资产负债表日，而对利润表、现金流量表、所有者权益变动表而言，须披露报表涵盖的会计期间；货币名称和单位，按照我国《企业会计准则》的规定，企业应当以人民币作为记账本位币列报，并标明金额单位，如人民币元、人民币万元等；会计报表是合并报表的，应当予以标明。

8. 报告期间。企业至少应当编制年度财务报告。《会计法》规定，会计年度自公历1月1日起至12月31日止。因此，在编制年度财务报表时，可能存在年度财务报表涵盖的期间短于一年的情况，例如企业在年度中间（如3月1日）开始设立等，在这种情况下，企业应当披露年度财务报表的实际涵盖期间及其短于一年的原因，并说明由此引起财务报表项目与比较数据不具可比性这一事实。

（二）符合基本要求

1. 真实可靠。编报财务报告必须如实反映企业财务状况、经营成果等信息，不得弄虚作假，不得随意估计、篡改数据，不得隐瞒或谎报，以保证其真实可靠性。

2. 全面完整。编报财务报告必须全面系统完整地反映企业的全部经济内容和情况，必须按会计政策规定的报告种类、结构、格式和内容进行编报，不得漏编、漏列和漏报。

3. 编报及时。编报财务报告必须按会计政策规定的期限及时编制、及时报送，以保证会计信息使用者对会计信息的及时有效利用。

4. 便于理解。编报财务报告必须规范合理、清晰明了，不得深奥难懂、混乱不清，以便于会计信息使用者合理理解运用并作出正确经济决策。

第二节 资产负债表

一、资产负债表概述

（一）资产负债表定义及其作用

资产负债表是指反映企业某一特定日期（如会计期末、合并日等）财务状况的会计报表。它反映企业在某一特定日期所拥有或控制的经济资源、所承担的现时义务和所有者对净资产的要求权。它是以企业日常的会计核算资料为基础，根据基本会计等式"资产＝负债＋所有者权益"，依据一定的分类标准和顺序，将企业在某一特定日期的全部资产、负债和所有者权益项目进行适当分类、汇总、排序后编制而成的。它是企业必须编报的主要会计报表之一。

资产负债表能够反映企业资产、负债和所有者权益的全貌，作用如下：

(1) 反映企业某一特定日期资产总额及其构成状况，分析企业所拥有的经济资源及其分布利用情况。

(2) 反映企业某一特定日期所承担的负债总额及其构成情况，分析企业近期与未来较长时期内需要偿付的债务金额。

(3) 反映企业某一特定日期的所有者权益总额及其构成情况，了解企业现有的投资者在企业资产总额中享有的份额。

(4) 根据该表的相关数据计算流动比率、速动比率等指标，分析企业资产的变现能力、偿债能力等，从而有助于报表使用者的经济决策。

(二) 资产负债表结构、内容及格式

1. 资产负债表结构。资产负债表结构是指该报表的组成部分，一般包括"表首（表头）"和"主体（主表）"两部分：

(1) "表首"部分：报表名称，即资产负债表；编制单位，即会计信息主体单位；编制日期，如某年某月某日；报表编号，即会企01表；金额单位，如"元"或"万元"等。

(2) "主体"部分：包括设置的"栏目"数量和名称，以及资产、负债、所有者权益各要素的项目内容。

2. 资产负债表内容。资产负债表内容是指该报表"表首"部分及"主体"部分具体需要列报的项目，其中"主表"部分主要包括：(1) 资产，包括流动资产项目和非流动资产项目；(2) 负债，包括流动负债项目和非流动负债项目；(3) 所有者权益，包括投入资本项目和留存收益项目。

3. 资产负债表格式。资产负债表格式是指该报表"主体"部分中设置怎样的栏目及资产、负债、所有者权益要素及其项目列报位置和排列顺序的安排。

国际上流行的资产负债表格式主要有"账户式"（亦称"左右平衡式""横式"）和"报告式"（亦称"上下垂直式""纵式""立式""竖式"）两种。我国现行会计准则规定，企业统一采用"账户式"格式。

(1) "账户式"格式是分为左、右两方，并对称设置各四栏目：要素项目名称栏（项目）、项目行次栏（行次）、项目年初余额栏（年初余额或期初余额）和项目期末余额栏（期末余额）。左方列示资产要素各项目的栏目，按其流动性大小或变现快慢上下列示：流动性大或变现快的项目靠上列示，流动性小或变现慢的项目靠下列示。右方列示负债及所有者权益要素各项目的栏目，负债要素项目靠上，所有者权益要素项目靠下。其中，负债项目按其流动性大小（即偿还期先后）顺序上下列示：流动负债项目靠上列示，非流动负债项目靠下列示；所有者权益项目按其取得来源（或形成原因）顺序上下列示：投入资本及其变动靠上列示，留存收益项目等靠下列示。

(2)"报告式"格式是将资产、负债、所有者权益要素及其项目，按从上到下的次序分别列示，即靠上是资产及其项目内容、中间是负债要素及其项目内容、靠下是所有者权益要素及其项目内容，并从左到右依次设置四栏目：要素项目名称栏（项目）、项目行次栏（行次）、项目年初余额栏（年初余额或期初余额）和项目期末余额栏（期末余额）。

二、资产负债表填列方法

（一）资产负债表"表首"的填列

资产负债表的"表首"包括五项内容：(1)报表名称，即资产负债表；(2)编制单位，即会计信息主体单位；(3)编制日期，即某年某月某日；(4)报表编号，即会企01表；(5)金额单位，如"元"或"万元"等。"表首"部分据实填列，实务中主要填列编制单位和编制日期，其他项目在备用报表中一般已印制。

（二）资产负债表"余额栏"的填列

资产负债表各项目均需填列"年初余额（或期初余额）"和"期末余额"两栏金额。"年初余额"栏金额，一般应根据上年末资产负债表的"期末余额"栏内所列金额填列，若上年会计政策与本年会计政策不同，则需按本年会计政策对上年相关项目的余额进行适当调整后填列。"期末余额"栏金额，基本填列依据是企业日常账簿资料中各账户登记结账后的期末余额，主要有以下几种填列方法：

1. 直接根据相关账户期末余额填列的项目。

(1) 按相关总账户余额直接填列的项目，例如"交易性金融资产""短期借款""应付票据""应付职工薪酬""应交税费""资本公积""盈余公积"等项目。

(2) 按相关明细账户余额直接填列的项目，例如年末"未分配利润""一年内到期的非流动资产""一年内到期的非流动负债""研发支出"等项目。

2. 根据相关账户或项目余额计算后的数据填列的项目。

(1) 按相关总账户余额加减计算后填列的项目，例如"货币资金"项目，应根据"库存现金""银行存款""其他货币资金"等总账户的期末余额之和填列；"存货"项目，应根据"在途物资""材料采购""原材料""周转材料""委托加工物资""材料成本差异""生产成本""制造费用""库存商品""发出商品""委托代销商品""受托代销商品""代销商品款""存货跌价准备""开发成本""开发产品"等总账户的期末余额相加减后的金额填列；"长期股权投资"项目，应根据"长期股权投资"

与"长期股权投资减值准备"等总账户的期末余额之差填列;"固定资产"项目,应根据"固定资产"与"累计折旧""固定资产减值准备"等总账户的期末余额之差填列;中期报表中的"未分配利润"项目,应根据"本年利润"与"利润分配"总账户的期末余额计算后填列;等等。

(2) 按相关明细账户余额加减计算后填列的项目,例如"应收账款"项目,应根据"应收账款"和"预收账款"总账户所属明细账户借方余额之和减去"坏账准备"总账户中所属应收账款的准备余额之差填列;"预付账款"项目,应根据"预付账款"和"应付账款"总账户所属明细账户借方余额之和减去"坏账准备"总账户中所属预付账款的准备余额之差填列;"应付账款"项目,应根据"应付账款"和"预付账款"总账户所属明细账户贷方余额之和填列;"预收账款"项目,应根据"预收账款"和"应收账款"总账户所属明细账户贷方余额之和填列;等等。

(3) 按相关总账户和相关明细账户余额计算后填列的项目,例如"债权投资"项目,应根据"债权投资"总账户余额,减去该账户所属明细账户将于"一年内到期的债权投资"余额和"债权投资减值准备"余额之差填列;"长期借款"项目,应根据"长期借款"总账户余额,减去该账户所属明细账户将于"一年内到期的长期借款"余额之差填列;"应付债券"项目,应根据"应付债券"总账户余额,减去该账户所属明细账户将于"一年内到期的应付债券"余额之差填列;等等。

(4) 按相关报表中项目余额相加计算后填列的项目(共8项),例如"流动资产合计"项目,应根据前面已填列的各流动资产项目数据之和填列;"资产总计"项目,应根据前面已填列的"流动资产合计"与"非流动资产合计"项目数据之和填列;"负债合计"项目,应根据前面已填列的"流动负债合计"与"非流动负债合计"项目数据之和填列;"负债和所有者权益总计"项目,应根据前面已填列的"负债合计"与"所有者权益合计"项目数据之和填列;等等。

三、资产负债表编制实例

【例 13-1】阳光公司为增值税一般纳税人,适用的增值税税率为13%,适用的企业所得税率为25%,坏账准备按应收账款年末余额的3‰计提,20×2年度除计提固定资产减值准备导致固定资产账面价值与其计税基础产生可抵扣暂时性差异外,其他资产和负债项目的账面价值与其计税基础相等。预计阳光公司未来很可能获得足够的应纳税所得额用来抵扣其可抵扣暂时性差异。其20×1年12月31日的资产负债表("年初余额"栏略)如表13.1所示,其20×2年12月31日相关总账账户的余额如表13.2所示。

根据阳光公司20×1年12月31日的资产负债表及20×2年12月31日的"总账账户余额表"的资料,编制该公司20×2年12月31日的资产负债表,如表13.3

所示。

根据表13.1中的数据填列表13.3中的相关项目的"年初余额"栏的金额，根据表13.2中的数据填列表13.3中的相关项目的"期末余额"栏的金额。

表13.1　　　　　　　　　　　　　资产负债表　　　　　　　　　　　　　　会企01表
编制单位：阳光公司　　　　　　　20×1年12月31日　　　　　　　　　　　　单位：元

资产	期末余额	上年年末余额	负债和所有者权益（或股东权益）	期末余额	上年年末余额
流动资产：			流动负债：		
货币资金	843 780		短期借款	180 000	
交易性金融资产	9 000		交易性金融负债	—	
衍生金融资产	—		衍生金融负债	—	
应收票据	147 600		应付票据	120 000	
应收账款	179 460		应付账款	572 280	
应收款项融资	—		预收款项		
预付款项	60 000		合同负债		
其他应收款	3 000		应付职工薪酬	66 000	
存货	1 548 000		应交税费	21 960	
合同资产	—		其他应付款	30 600	
持有待售资产	—		持有待售负债	—	
一年内到期的非流动资产	—		一年内到期的非流动负债	600 000	
其他流动资产			其他流动负债		
流动资产合计	2 790 840		流动负债合计	1 590 840	
非流动资产：			非流动负债：		
债权投资	—		长期借款	360 000	
其他债权投资			应付债券	—	
长期应收款	—		其中：优先股	—	
长期股权投资	150 000		永续债		
其他权益工具投资			租赁负债		
其他非流动金融资产			长期应付款		
投资性房地产	—		预计负债		
固定资产	660 000		递延收益		
在建工程	900 000		递延所得税负债		
生产性生物资产	—		其他非流动负债	—	
油气资产	—		非流动负债合计	360 000	
使用权资产	—		负债合计	1 950 840	

续表

资产	期末余额	上年年末余额	负债和所有者权益（或股东权益）	期末余额	上年年末余额
无形资产	360 000		所有者权益（或股东权益）：		
开发支出	—		实收资本（或股本）	3 000 000	
商誉	—		其他权益工具	—	
长期待摊费用	180 000		其中：优先股	—	
递延所得税资产	—		永续债	—	
其他非流动资产	—		资本公积	—	
非流动资产合计	2 250 000		减：库存股	—	
			其他综合收益	—	
			专项储备	—	
			盈余公积	60 000	
			未分配利润	30 000	
			所有者权益（或股东权益）合计	3 090 000	
资产总计	5 040 840	—	负债和所有者权益（或股东权益）总计	5 040 840	—

表13.2　　　　　　　　　　　总账账户余额表

编制单位：阳光公司　　　　　20×2年12月31日　　　　　　　　　　单位：元

账户名称	借方	贷方	账户名称	借方	贷方
1. 库存现金	1 200		16. 材料成本差异	2 550	
2. 银行存款	483 498.6		17. 存货跌价准备		—
3. 其他货币资金	4 380		18. 委托加工物资	—	
4. 交易性金融资产	—		19. 其他债权投资	—	
5. 应收票据	39 600		20. 债权投资	—	
6. 应收账款	360 000		21. 债权投资减值准备		—
7. 应收利息	—		22. 长期股权投资	150 000	
8. 应收股利	—		23. 长期股权投资减值准备		—
9. 预付账款	60 000		24. 长期应收款	—	
10. 其他应收款	3 000		25. 未实现融资收益		—
11. 坏账准备		1 080	26. 投资性房地产	—	
12. 材料采购	165 000		27. 固定资产	1 440 600	
13. 原材料	27 000		28. 累计折旧		102 000
14. 周转材料	22 830		29. 固定资产减值准备		18 000
15. 库存商品	1 273 440		30. 工程物资	180 000	

续表

账户名称	借方	贷方	账户名称	借方	贷方
31. 在建工程	256 800		42. 应付利息		—
32. 无形资产	360 000		43. 应付股利		19 329.51
33. 累计摊销		36 000	44. 其他应付款		30 000
34. 长期待摊费用	180 000		45. 长期借款		696 000
35. 递延所得税资产	4 500		46. 应付债券		—
36. 短期借款		30 000	47. 长期应付款		
37. 应付票据		60 000	48. 专项应付款		
38. 应付账款		572 280	49. 递延所得税负债		
39. 预收账款		—	50. 实收资本		3 000 000
40. 应付职工薪酬		108 000	51. 盈余公积		74 862.24
41. 应交税费		136 038.6	52. 利润分配		130 808.25
合计	3 241 248.6	943 398.6	合计	1 773 150	4 071 000

表 13.3　　　　　　　　　　　　　　资产负债表　　　　　　　　　　　　　会企01表

编制单位：阳光公司　　　　　　　　　20×2年12月31日　　　　　　　　　　　单位：元

资产	期末余额	上年年末余额	负债和所有者权益（或股东权益）	期末余额	上年年末余额
流动资产：			流动负债：		
货币资金	489 078.6	843 780	短期借款	30 000	180 000
交易性金融资产	—	9 000	交易性金融负债	—	
衍生金融资产	—	—	衍生金融负债	—	
应收票据	39 600	147 600	应付票据	60 000	120 000
应收账款	358 920	179 460	应付账款	572 280	572 280
应收款项融资	—	—	预收款项	—	—
预付款项	60 000	60 000	合同负债	—	—
其他应收款	3 000	3 000	应付职工薪酬	108 000	66 000
存货	1 490 820	1 548 000	应交税费	136 038.6	21 960
合同资产	—	—	其他应付款	49 329.51	30 600
持有待售资产	—	—	持有待售负债	—	—
一年内到期的非流动资产	—	—	一年内到期的非流动负债	—	600 000
其他流动资产	—	—	其他流动负债	—	—
流动资产合计	2 441 418.6	2 790 840	流动负债合计	955 648.11	1 590 840
非流动资产：			非流动负债：		
债权投资	—	—	长期借款	696 000	360 000
其他债权投资	—	—	应付债券	—	—

续表

资产	期末余额	上年年末余额	负债和所有者权益（或股东权益）	期末余额	上年年末余额
长期应收款	—	—	其中：优先股	—	—
长期股权投资	150 000	150 000	永续债		
其他权益工具投资			租赁负债		
其他非流动金融资产	—	—	长期应付款	—	—
投资性房地产		—	预计负债		
固定资产	1 320 600	660 000	递延收益	—	—
在建工程	436 800	900 000	递延所得税负债		
生产性生物资产	—	—	其他非流动负债		
油气资产			非流动负债合计	696 000	360 000
使用权资产	—	—	负债合计	1 651 648.11	1 950 840
无形资产	324 000	360 000	所有者权益（或股东权益）：		
开发支出	—	—	实收资本（或股本）	3 000 000	3 000 000
商誉	—	—	其他权益工具	—	—
长期待摊费用	180 000	180 000	其中：优先股	—	—
递延所得税资产	4 500	—	永续债	—	—
其他非流动资产			资本公积	—	—
非流动资产合计	2 415 900	2 250 000	减：库存股	—	—
			其他综合收益	—	—
			专项储备	—	—
			盈余公积	74 862.24	60 000
			未分配利润	130 808.25	30 000
			所有者权益（或股东权益）合计	3 205 670.49	3 090 000
资产总计	4 857 318.6	5 040 840	负债和所有者权益（或股东权益）总计	4 857 318.6	5 040 840

第三节　利润表

一、利润表概述

（一）利润表定义及其作用

利润表，又称损益表或财务成果表，是反映企业在某一会计期间经营成果的会计报表。它是以财务成果会计等式"收入－费用＝利润"为基本理论依据，根据企业在某一会计期间的各项收入、费用及直接计入损益的利得和损失等项目编制而成，综合反映企业经营成果的会计报表。它是企业必须编报的主要会计报表之一。

利润表能够反映企业特定会计期间利润形成的原因、过程和结果，作用如下：(1) 通过编报利润表，可以让会计信息使用者从总体上了解企业收入、成本、费用、利得、损失及净利润（或净亏损）的形成及构成情况。(2) 可以通过不同时期的比较数据（本期数、本期累计数、上年数、上年累计数等）计算相关财务指标，分析企业的获利能力，预测企业利润的未来发展趋势。

（二）利润表结构、内容及格式

1. 利润表结构。利润表结构是指该报表的组成部分，一般包括"表首（表头）"和"主体（主表）"两部分：

（1）"表首"部分：报表名称，即利润表；编制单位，即会计信息主体单位；编制期间，如某年、某月等；报表编号，即会企02表；金额单位，如"元"或"万元"等。

（2）"主体"部分：包括设置的"栏目"数量和名称，以及收入、费用、利润各要素的项目内容。

2. 利润表内容。

利润表内容是指该报表"表首"部分及"主体"部分具体需要列报的项目，其中"主表"部分主要包括：(1) 收入及利得，包括"收入"要素项目和直接计入损益的利得项目；(2) 费用及损失，包括"费用"要素项目和直接计入损益的损失项目；(3) 利润，包括表现出的"净利润"或"净亏损"的结果项目。

其中，收入项目包括商品销售收入、提供劳务收入及让渡资产使用权收入等，会计实务中，这些收入项目分别在"主营业务收入""其他业务收入""投资收益""公允价值变动损益""资产处置损益""其他收益"等账户中核算。

费用项目包括应计入当期损益的已销售产品或已提供劳务的成本和期间费用等，会计实务中，这些费用项目分别在"主营业务成本""其他业务成本""税金及附加""销售费用""管理费用""财务费用""所得税费用""信用减值损失""资产减值损失"等账户中核算。

直接计入当期损益的利得和损失，是指应当计入当期损益、会导致所有者权益发生增减变动的、与所有者投入资本或者向所有者分配利润无关的利得和损失，例如相关资产公允价值变动损益、资产期末计价损失或者调整等。会计实务中，这些项目分别在"营业外收入""营业外支出"等账户中核算。

每股收益，是指股份有限公司的普通股股东每持有一股本公司股份所能享有的公司净利润金额或者需要承担的公司净亏损金额。

3. 利润表格式。利润表格式是指该报表"主体"部分中设置怎样的栏目及收入、费用、利润要素及其项目列报位置和排列顺序的安排。

国际上目前比较普遍的利润表格式主要有"单步式"和"多步式"两种。我国《企业会计准则》规定，企业的利润表应采用"多步式"结构。

（1）"单步式"格式是将企业当期影响财务成果的损益分为上、下两部分集中列示，即将影响增加成果的损益项目集中列示在上方并加总，将影响减少成果的损益项目集中列示在下方并加总，最后将"收入及利得合计"减去"费用和损失合计"得出"净利润（或净亏损为'－'号）"，同时从左到右依次设置四个栏目：要素项目名称栏（项目）、项目行次栏（行次）、项目本期金额栏（本期金额）和项目上期金额栏（上期金额）。

（2）"多步式"格式是将企业当期影响财务成果的损益分为"经营活动""非经营活动"及综合影响几部分分别列示，即将"经营活动"影响成果的损益项目集中列示在上方，将"非经营活动"影响成果的损益项目集中列示在中间，将综合影响成果的损益项目集中列示在后面，最后逐步计算得出"净利润（或净亏损为'－'号）"，同时从左到右依次设置四个栏目：要素项目名称栏（项目）、项目行次栏（行次）、项目本期金额栏（本期金额）和项目上期金额栏（上期金额）。具体操作分三步计算列示企业的净利润（或者净亏损）：第一步，以本期"营业收入"为基础，减去营业成本、税金及附加、销售费用、管理费用、财务费用、信用减值损失、资产减值损失等，加上或减去公允价值变动损益、投资收益、资产处置损益等，计算得出营业利润（或亏损为"－"号）；第二步，以"营业利润（或亏损）"为基础，加上营业外收入，减去营业外支出，计算得出利润总额（或亏损总额为"－"号）；第三步，以"利润总额（或亏损总额）"为基础，减去所得税费用，计算得出净利润（或净亏损为"－"）。

"单步式"格式简单明了、便于理解、计算编制容易，但不便于分析重点、考核评价业绩及采取改进增收降费措施，"多步式"格式与"单步式"格式优缺点相反。

二、利润表填列方法

（一）利润表"表首"的填列

利润表的"表首"包括五项内容：（1）报表名称，即利润表；（2）编制单位，即会计信息主体单位；（3）编制期间，如某年、某月等；（4）报表编号，即会企02表；（5）金额单位，如"元"或"万元"等。"表首"部分据实填列，实务中主要填列编制单位和编制期间，其他项目在备用报表中一般已印制。

(二) 利润表"金额栏"的填列

利润表的"上期金额"栏内的各项金额，应根据上年该期利润表"本期金额"栏内所列数字填列。如果上年度该期利润表规定的各项目名称和内容与本期不相一致的，则应对上年该期利润表各项目的名称和数字按照本期的规定进行调整，填入本期利润表的"上期金额"栏内。利润表"本期金额"栏各项目的填列，基本依据是企业日常账簿资料中各"损益类"账户登记结账后的"本期发生额"，一般应根据本期各损益类账户的本期发生额分析计算填列，其具体项目内容及填列方法如下：

1. "营业收入"项目。本项目反映企业本期经营业务活动所取得的收入总额，应根据"主营业务收入""其他业务收入"等总账户的发生额分析计算后填列。

2. "营业成本"项目。本项目反映企业本期经营业务活动发生的实际成本，应根据"主营业务成本""其他业务成本"等总账户的发生额分析计算后填列。

3. "税金及附加"项目。本项目反映企业本期经营业务活动应负担的消费税、城市维护建设税、资源税、土地增值税和教育费附加等，应根据"税金及附加"总账户的发生额分析计算后填列。

4. "销售费用"项目。本项目反映企业在本期销售商品等销售活动过程中发生的费用，应根据"销售费用"总账户的发生额分析计算后填列。

5. "管理费用"项目。本项目反映企业本期发生的各项行政管理费用，应根据"管理费用"总账户的发生分析计算后填列。若有单独列示的"研发费用"项目，则应根据"管理费用——研发费用"明细账户及"管理费用——无形资产摊销"明细账户的发生额分析填列。

6. "财务费用"项目。本项目反映企业本期发生的各项理财活动的费用，应根据"财务费用"总账户的发生额分析计算后填列。其中，"利息费用"和"利息收入"项目，应根据"财务费用"账户所属明细账户的发生额分析填列，且这两个项目作为"财务费用"项目其中项以正数填列。

7. "资产减值损失"项目。本项目反映企业本期期末确认的各项资产减值损失，应根据"资产减值损失"总账户的发生额分析计算后填列。

8. "信用减值损失"项目。本项目反映企业本期期末确认的各项摊余成本计量金融资产计提的坏账损失，应根据"信用减值损失"总账户的发生额分析计算后填列。

9. "资产处置收益"项目。本项目反映企业本期期末确认的各项资产处置净损失或净收益，应根据"资产处置损益"总账户的发生额分析计算后填列；如为净收益，则以分析金额直接填列；如为净损失，则以"-"号金额填列。

10. "公允价值变动收益"项目。本项目反映企业本期确认的交易性金融资产或交易性金融负债等的公允价值变动净额，应根据"公允价值变动损益"总科目的发生额分析计算后填列；如为净收益，则以分析金额直接填列；如为净损失，则以"-"号金额填列。

11. "投资收益"项目。本项目反映企业本期以各种方式对外投资所取得的收益或承担的损失，应根据"投资收益"总账户的发生额分析计算后填列；如为投资净收益，则以分析金额直接填列；如为投资净损失，则以"-"号金额填列。本项目下应当单独列示"其中：对联营企业和合营企业的投资收益"等子项目。

12. "营业利润"项目。本项目反映企业本期实现的经营业务利润，应根据上述有关"经营活动"损益项目金额计算后填列。如为亏损，则以"-"号金额填列。

13. "营业外收入"项目。本项目反映企业本期发生的与其生产经营无直接关系的各项利得，应根据"营业外收入"总账户的发生额分析计算后填列。

14. "营业外支出"项目。本项目反映企业本期发生的与其生产经营无直接关系的各项损失，应根据"营业外支出"总账户的发生额分析计算后填列。本项目下应当单独列示"其中：非流动资产处置损失"等子项目。

15. "利润总额"项目。本项目反映企业本期实现的利润总额，应根据上述有关项目金额计算后填列。如为亏损总额，则以"-"号金额填列。

16. "所得税费用"项目。本项目反映企业本期按规定应计入本期损益中的企业所得税费用，应根据"所得税费用"总账户的发生额分析计算后填列。

17. "净利润"项目。本项目反映企业本期实现的净利润金额，应根据上述有关项目金额计算后填列。如为净亏损，则以"-"号金额填列。本项目下应当单独列示"（一）持续经营净利润（净亏损以'-'号填列）；（二）终止经营净利润（净亏损以'-'号填列）"等子项目。

18. "其他综合收益的税后净额"项目及其各组成部分，应根据"其他综合收益"总账户及其所属明细账户的本期发生额分析计算填列。本项目下应当单独列示"（一）不能重分类进损益的其他综合收益；（二）将重分类进损益的其他综合收益"等子项目。

19. "每股收益"项目。本项目反映股份有限公司发行在外普通股票的每股收益额，应根据《企业会计准则第34号——每股收益》的规定分析计算后填列，同时计算填列"基本每股收益"和"稀释每股收益"两个项目的金额。

"本期金额"栏金额填列方法概括一下，主要有以下几种：（1）按相关总账户发生额分析计算后填列的项目，如"营业收入""营业成本""税金及附加""销售费用""所得税费用""营业外收入""营业外支出"等。（2）按相关明细账户发生额分析计算后填列的项目，如"研发费用""利息费用""利息收入""对联营企业和合营企业的投资收益""其他综合收益的税后净额"等。（3）按相关报表中项目金额或相关资料中数据分析计算后填列的项目（共6项），如"营业利润""利润总额""净利润""综合收益总额""基本每股收益""稀释每股收益"等。

三、利润表编制实例

【例 13-2】阳光公司 20×2 年度有关损益类账户的全年累计发生差额(即"结账前余额")如表 13.4 所示。根据表 13.4 中的数据,编制该公司 20×2 年度利润表("多步式"格式),如表 13.5 所示。

表 13.4　　　　　　　　　　损益类账户累计发生额的差额表
编制单位:阳光公司　　　　　　　　　20×2 年度　　　　　　　　　　　　　单位:元

账户名称	借方发生额	贷方发生额
主营业务收入		750 000
投资收益		18 900
营业外收入		30 000
主营业务成本	450 000	
税金及附加	1 200	
销售费用	12 000	
管理费用	94 260	
财务费用	24 900	
营业外支出	11 820	
所得税费用	51 180	
资产减值损失	18 000	
信用减值损失	540	
合计	663 900	798 900

表 13.5　　　　　　　　　　　　　利润表　　　　　　　　　　　　　会企 02 表
编制单位:阳光公司　　　　　　　　　20×2 年度　　　　　　　　　　　　　单位:元

项目	本期金额	上期金额
一、营业收入	750 000	
减:营业成本	450 000	
税金及附加	1 200	
销售费用	12 000	
管理费用	94 260	
研发费用	—	
财务费用	24 900	

续表

项目	本期金额	上期金额
其中：利息费用	—	
利息收入	—	
加：其他收益	—	
投资收益（损失以"-"号填列）	18 900	
其中：对联营企业和合营企业的投资收益	—	
以摊余成本计量的金融资产终止确认收益（损失以"-"号填列）	—	
净敞口套期收益（损失以"-"号填列）	—	
公允价值变动收益（损失以"-"号填列）	—	
信用减值损失（损失以"-"号填列）	-540	
资产减值损失（损失以"-"号填列）	-18 000	
资产处置收益（损失以"-"号填列）	—	
二、营业利润（亏损以"-"号填列）	168 000	
加：营业外收入	30 000	
减：营业外支出	11 820	
三、利润总额（亏损以"-"号填列）	186 180	
减：所得税费用	51 180	
四、净利润（净亏损以"-"号填列）	135 000	（略）
（一）持续经营净利润（净亏损以"-"号填列）		
（二）终止经营净利润（净亏损以"-"号填列）		
五、其他综合收益的税后净额	（略）	（略）
（一）不能重分类进损益的其他综合收益		
1. 重新计量设定受益计划变动额		
……		
（二）将重分类进损益的其他综合收益		
1. 权益法下可转损益的其他综合收益		
……		
六、综合收益总额	（略）	（略）
七、每股收益	（略）	（略）
（一）基本每股收益		
（二）稀释每股收益		

第四节 现金流量表

一、现金流量表概述

(一) 现金的定义及其内容

现金是指企业拥有的库存现金、可以随时用于支付的存款以及现金等价物。它不同于"库存现金"账户核算的现金;"库存现金"是指狭义的现金,而现金流量表的"现金"概念是指广义的现金,具体包括以下内容:

(1) 库存现金。它是指企业持有的、可随时用于日常零星支付的库存现金限额,即日常业务中"库存现金"账户核算的内容。

(2) 企业随时可以用于支付的存款。它主要指企业"银行存款"和"其他货币资金"账户中核算的随时可以用于支付的部分。不能随时用于支付的定期存款和冻结存款,不应包括在其中。

(3) 现金等价物。它是指企业持有的期限短、流动性强、易于转换为已知金额现金、价值变动风险很小的投资。其中,期限短,一般是指从购买日起三个月内到期;流动性强,强调了该投资的变现能力;而易于转换为已知金额的现金、价值变动风险很小,则强调了该投资的支付能力。

(二) 现金流量和现金净流量的定义及其分类

现金流量是指企业一定会计期间现金的流入和流出的内容和数量。它产生于不同的来源(即流入量),也有不同的用途(即流出量)。现金净流量是指企业现金流入量与流出量的差额,它反映了企业现金流量的最终结果,可能是正数(即为现金净流入量),也可能是负数(即为现金净流出量)。按《企业会计准则第31号——现金流量表》的规定,企业现金流量可以分为三类,即经营活动产生的现金流量、投资活动产生的现金流量和筹资活动产生的现金流量。

1. 经营活动产生的现金流量。经营活动是指企业投资活动和筹资活动以外的所有交易和事项。也就是说,除归属于企业投资活动和筹资活动以外的所有交易和事项,都可归属于经营活动。对于工商企业而言,经营活动主要包括销售商品、提供劳务、购买商品、接受劳务、支付税费等。

一般来说,经营活动产生的现金流入量项目主要有:(1) 销售商品、提供劳务收到的现金;(2) 收到的税费返还;(3) 收到的其他与经营活动有关的现金。经营活动产生的现金流出量项目主要有：(1) 购买商品、接受劳务支付的现金；(2) 支付给职工以及为职工支付的现金；(3) 支付的各项税费；(4) 支付的其他与经营活动有关的现金。

通过经营活动产生的现金流量，可以分析企业通过经营活动获取现金的能力，判断经营活动对企业现金流量净额的影响程度。

2. 投资活动产生的现金流量。投资活动是指企业长期资产的购建和不包括在现金等价物范围内的投资及其处置活动，包括实物资产投资和金融资产投资。其中，长期资产是指固定资产、无形资产、在建工程、其他长期资产等持有期限在一年或一个营业周期以上的资产。

一般来说，投资活动产生的现金流入量项目主要有：(1) 收回投资所收到的现金；(2) 取得投资收益所收到的现金；(3) 处置固定资产、无形资产和其他长期资产所收回的现金净额；(4) 处置子公司和其他营业单位所收到的现金净额；(5) 收到的其他与投资活动有关的现金。投资活动产生的现金流出量项目主要有：(1) 购建固定资产、无形资产和其他长期资产所支付的现金；(2) 投资所支付的现金；(3) 取得子公司和其他营业单位所支付的现金净额；(4) 支付的其他与投资活动有关的现金。

通过投资活动产生的现金流量，可以分析企业通过投资活动获取现金的能力，判断投资活动对企业现金流量净额的影响程度。

3. 筹资活动产生的现金流量。筹资活动是指导致企业资本及债务规模和构成发生变化的活动。这里所说的资本，包括实收资本（或者股本），也包括资本溢价（或者股本溢价）；这里所说的债务，指对外举债，包括向银行借款、发行债券等。应付账款、应付票据等商业应付款属于经营活动，不属于筹资活动。

一般来说，筹资活动产生的现金流入量项目主要有：(1) 吸收投资所收到的现金；(2) 取得借款所收到的现金；(3) 收到的其他与筹资活动有关的现金。筹资活动产生的现金流出量项目主要有：(1) 偿还债务所支付的现金；(2) 分配股利或者利润和偿付利息所支付的现金；(3) 支付的其他与筹资活动有关的现金。

通过筹资活动产生的现金流量，可以分析企业通过筹资活动获取现金的能力，判断筹资活动对企业现金流量净额的影响程度。

需要说明的是，企业在进行现金流量分类时，对于现金流量表中未特别指明的现金流量，应按照现金流量表的分类方法和重要性原则，判断某项交易或事项所产生的现金流量应当归属的类别或项目，对于重要的现金流入或者流出项目应当单独反映。对于一些特殊的、不经常发生的项目，如自然灾害、保险赔偿等，应根据其性质，分别归并到经营活动、投资活动或筹资活动的现金流量项目中。

(三) 现金流量表定义及其作用

现金流量表是反映企业某一特定会计期间现金流入量和流出量信息的会计报表，

它是一张动态的财务状况报表，也是企业必须编报的主要报表之一。

在市场经济条件下，企业现金的流量、流速、流向、时间分布及其不确定性对企业的生存和发展产生重大影响。企业现金充裕，就可以及时购入必要的材料物资和固定资产，及时支付工资、偿还债务、支付股利和利息；反之，企业现金不足，轻则影响企业的正常经营，重则危及企业的生存。按照《公司法》的规定，公司因不能清偿到期债务，可能被依法宣告破产。现金管理已经成为企业财务管理的一个重要方面，受到企业管理人员、投资者、债权人以及政府监管部门的密切关注。

现金流量表在评价企业经营业绩、衡量企业财务资源和财务风险以及预测企业未来前景方面，有着十分重要的作用，主要表现为以下三个方面。

1. 现金流量表有助于评价企业支付能力、偿债能力和资金周转能力。通过现金流量表，并配合资产负债表和利润表，将现金与流动负债进行比较，计算出现金比率；将现金流量净额与发生在外的普通股加权平均股数进行比较，计算出每股现金流量；将经营活动现金流量净额与净利润进行比较，计算出盈利现金比率。可以了解企业的现金能否偿还到期债务、支付股利和进行必要的固定资产投资，了解企业现金流转效率和效果等，从而便于投资者作出投资决策、债权人作出信贷决策。

2. 现金流量表有助于预测企业未来现金流量。评价过去是为了预测未来。通过现金流量表所反映的企业过去一定期间的现金流量以及其他生产经营指标，可以了解企业现金的来源和用途是否合理，了解经营活动产生的现金流量有多少，企业在多大程度上依赖外部资金，就可以据以预测企业未来现金流量，从而为企业编制现金流量计划、组织现金调度、合理节约地使用现金创造条件，为投资者和债权人评价企业的未来现金流量、作出投资和信贷决策提供必要信息。例如，根据上一期间销售商品和提供劳务产生的现金，参考下一期间的销售前景和收账政策、客户信用等因素，就可以预测下一期间销售商品、提供劳务产生的现金。通过上一期间用于支付工资的现金金额，再考虑下一期间用工规模、工资标准等其他因素，就可以预测下一期间支付工资所需要的现金。

3. 现金流量表有助于分析企业收益质量及影响现金净流量的因素。利润表中列示的净利润指标，反映了一个企业的财务成果，这是体现企业经营业绩的最重要的一个指标。但是，利润表是按照权责发生制基础编制的，它不能反映企业经营活动产生了多少现金，并且没有反映投资活动和筹资活动对企业财务状况的影响。通过编制现金流量表，可以掌握企业经营活动、投资活动和筹资活动的现金流量，将经营活动产生的现金流量与净利润相比较，就可以从现金流量的角度了解净利润的质量。并进一步判断是哪些因素影响现金流入，从而为分析和判断企业的财务前景提供信息。

（四）现金流量表结构、内容及格式

1. 现金流量表结构。现金流量表结构是指该报表的组成部分，一般包括"表首

(表头)""主体（主表或正表）"及"补充资料（附表）"三个部分。

（1）"表首"部分：报表名称，即现金流量表；编制单位，即会计信息主体单位；编制期间，例如某年等；报表编号，即会企03表；金额单位，例如"元"或"万元"等。

（2）"主体"部分：包括设置的"栏目"数量和名称，以及经营活动、投资活动、筹资活动等各项目内容。

（3）"补充资料"部分：包括设置的"栏目"数量和名称，以及将净利润调节为经营活动现金流量、不涉及现金收支的重大投资活动和筹资活动、现金及现金等价物净变动情况等各项目内容。

2. 现金流量表内容。现金流量表内容是指该报表"表首"部分、"主体"部分和"补充资料"具体需要列报的项目，其中"主体"部分主要包括六大项目：（1）经营活动产生的现金流量；（2）投资活动产生的现金流量；（3）筹资活动产生的现金流量；（4）汇率变动对现金及现金等价物的影响；（5）现金及现金等价物净增加额；（6）期末现金及现金等价物余额。

3. 现金流量表格式。现金流量表格式是指该报表"主体"部分和"补充资料"部分中设置怎样的栏目及其项目列报位置和排列顺序的安排。我国现行会计政策规定，企业现金流量表中的"主体"部分和"补充资料"部分，统一采用"报告式"格式。

"主体"部分格式按前述六大项目，依次从上到下排列，并且从左到右设置三个栏目：活动项目及结果名称栏（项目）、项目本期金额栏（本期金额）和项目上期金额栏（上期金额）。

"补充资料"部分格式按前述三大项目，依次从上到下排列：（1）将净利润调节为经营活动现金流量；（2）不涉及现金收支的重大投资活动和筹资活动；（3）现金及现金等价物变动情况，并且从左到右设置三个栏目：调整项目及结果名称栏（项目）、项目本期金额栏（本期金额）和项目上期金额栏（上期金额）。

其中，"主体"部分第一大项目中的"经营活动产生的现金流量净额"，与"补充资料"部分第一大项中"经营活动产生的现金流量净额"，应当核对相符；"主体"部分中第五大项目"现金及现金等价物净增加额"金额，与"补充资料"部分中第三大项目"现金及现金等价物净变动情况"（即现金及现金等价物净增加额）金额，应该核对相符。"主体"部分中的项目"净增加额"是根据各类项目现金流入量小计与流出量小计的差额计算得出的，"补充资料"部分中的"净增加额"是现金期末数与期初数的差额，二者计算依据不同，但计算结果应当核对相符。

二、现金流量表填列方法

(一) 现金流量表"表首"部分填列

现金流量表的"表首"包括五项内容：(1) 报表名称，即现金流量表；(2) 编制单位，即会计信息主体单位；(3) 编制期间，如某年等；(4) 报表编号，即会企03表；(5) 金额单位，如"元"或"万元"等。"表首"部分据实填列，实务中主要填列编制单位和编制期间，其他项目在备用报表中一般已印制。

(二) 现金流量表"主体"部分"本期金额"填列

一般运用"直接法"列示：

1. "经营活动产生的现金流量"各项目的内容和填列方法。经营活动产生的现金流量的列报方法有两种：一是直接法；二是间接法。直接法，是通过现金流入和现金流出的主要项目直接反映来自企业经营活动的现金流量的一种列报方法。采用这种方法列报经营活动的现金流量时，一般以利润表中的本期营业收入为起点，调整与经营活动有关的增减变动项目，然后计算出经营活动的现金流量。间接法，是以本期净利润为起点，将按权责发生制原则确认的净利润调节为现金净流量，同时剔除投资活动和筹资活动对现金净流量的影响，最后计算出经营活动的现金净流量。

我国《企业会计准则》规定，企业应当采用直接法编报现金流量表"正表"部分项目，同时要求在"补充资料"部分中提供"将净利润调节为经营活动现金净流量"的信息（即以间接法编报经营活动现金净流量）。

(1) "销售商品、提供劳务收到的现金"项目。本项目反映企业销售商品、提供劳务实际收到的现金（含增值税销项税额），具体包括：本期销售商品、提供劳务收到的现金，以及前期销售商品、提供劳务本期收到的现金和本期预收的款项，减去本期退回本期销售的商品和前期销售本期退回的商品而支付的现金。企业销售材料和代购代销业务收到的现金，也在本项目反映。

本项目应根据"库存现金""银行存款""应收账款""应收票据""预收账款""主营业务收入""其他业务收入""应交税费"等账户的记录分析计算后填列。通常可以采用以下公式之一计算得出：

$$\begin{aligned}\text{销售商品、提供劳务收到的现金} =\ & \text{当期销售商品、提供劳务收到的现金} + \text{当期收到前期的应收账款和应收票据} \\ & + \text{当期预收的账款} - \text{当期销售退回而支付的现金} + \text{当期收回前期核销的坏账损失}\end{aligned}$$

$$\begin{aligned}\text{销售商品、提供劳务收到的现金} =\ & \text{营业收入} + (\text{应交税费—应交增值税—销项税额}) \\ & + \text{应收票据减少数} + \text{应收账款减少(减:增加数)} + \text{预收账款增加数} \\ & - \text{应收票据贴现利息收益} - \text{当期计提的坏账准备等}\end{aligned}$$

(2)"收到的税费返还"项目。本项目反映企业收到返还的各种税费,包括收到返还的增值税、消费税、关税、企业所得税、教育费附加等。

本项目应根据"库存现金""银行存款""税金及附加""所得税费用"等账户的记录分析计算后填列。

(3)"收到的其他与经营活动有关的现金"项目。本项目反映企业除了上述各项目以外所收到的其他与经营活动有关的现金,例如罚款收入、流动资产损失中由个人赔偿的现金收入等。若某项其他与经营活动有关的现金流入金额较大,则应单列项目反映。

本项目应根据"库存现金""银行存款""营业外收入"等账户的记录分析计算填列。

(4)"购买商品、接受劳务支付的现金"项目。本项目反映企业购买商品、接受劳务供应而实际支付的现金,包括本期购买材料和商品、接受劳务供应而支付的现金(含增值税进项税额),本期支付前期购入商品、接受劳务的未付款以及本期预付款项,扣除本期发生的购货退出而收到的现金。

本项目应根据"库存现金""银行存款""应付账款""应付票据""预付账款""主营业务成本""材料采购""原材料""库存商品"等账户的记录分析计算后填列。通常可以采用以下公式之一计算得出:

$$\text{购买商品、接受劳务支付的现金} = \text{当期购买商品、接受劳务支付的现金} + \text{当期支付前期的应付账款和应付票据} + \text{当期预付账款} - \text{当期因购货退出而收到的现金}$$

$$\text{购买商品、接受劳务支付的现金} = \text{营业成本} + \text{应交税费(应交增值税进项税额)} + \text{应付账款减少数} + \text{应付票据减少数} + \text{预付账款增加数} + \text{存货增加数} - \text{当期列入生产成本、制造费用的职工薪酬} - \text{当期列入制造费用的固定资产折旧费等}$$

(5)"支付给职工以及为职工支付的现金"项目。本项目反映企业实际支付给职工,以及为职工支付的现金,包括本期实际支付给职工的工资、奖金、各种津贴和补贴等,以及为职工支付的其他费用。本项目不包括支付给离退休人员的各项费用及支付给在建工程人员的工资及其他费用。企业支付给离退休人员的各项费用(包括支付的统筹退休金以及未参加统筹的退休人员的费用),在"支付的其他与经营活动有关的现金"项目中反映;支付给在建工程人员的工资及其他费用,在"购建固定资产、无形资产和其他长期资产所支付的现金"项目反映。

本项目应当根据"应付职工薪酬""库存现金""银行存款"等账户的记录分析计算后填列。

企业为职工支付的养老、失业等社会保险基金、补充养老保险、住房公积金、支付给职工的住房困难补助,以及企业支付给职工或为职工支付的其他福利费用等,应按职工的工作性质和服务对象,分别在本项目和在"购建固定资产、无形资产和其他长期资产所支付的现金"项目中反映。

(6)"支付的各项税费"项目。本项目反映企业按规定支付的各种税费,包括企业本期发生并支付的税费,以及本期支付以前各期发生的税费和本期预交的税费。例如,支付的土地增值税、房产税、车船使用税、印花税、教育费附加、矿产资源补偿费等,但不包括计入固定资产价值而实际支付的耕地占用税等,也不包括本期退回的增值税、企业所得税。本期退回的增值税、企业所得税在"收到的税费返还"项目中反映。

本项目应根据"应交税费""库存现金""银行存款"等账户的记录分析计算填列。

(7)"支付其他与经营活动有关的现金"项目。本项目反映企业除上述各项目外所支付的其他与经营活动有关的现金,例如,罚款支出、支付的差旅费、业务招待费、保险费等。若其他与经营活动有关的现金流出金额较大,则应单列项目反映。

本项目应根据"库存现金""银行存款""其他应付款""管理费用""营业外支出"等有关账户的记录分析计算后填列。

2. "投资活动产生的现金流量"各项目的内容和填列方法。

(1)"收回投资收到的现金"项目。本项目反映企业出售、转让或到期收回除现金等价物以外的交易性金融资产、债权投资、其他债权投资、其他权益工具投资、长期股权投资而收到的现金,其中属于收回债权投资的,仅包括收回债权投资本金部分的现金,不包括收回债权投资而收到的利息现金及收回的非现金资产。

本项目应根据"交易性金融资产""债权投资""其他债权投资""其他权益工具投资""长期股权投资""投资收益""库存现金""银行存款"等账户的记录分析计算后填列。

(2)"取得投资收益收到的现金"项目。本项目反映企业因股权性投资而分得的现金股利或从子公司、联营企业和合营企业分回利润而收到的现金,以及因债权性投资而取得的现金利息收入。不包括股票股利。

本项目应根据"库存现金""银行存款""应收股利""应收利息""投资收益"等账户的记录分析计算后填列。

(3)"处置固定资产、无形资产和其他长期资产而收回的现金净额"项目。本项目反映企业处置固定资产、无形资产和其他长期资产所收到的现金,减去为处置这些资产而支付的有关费用后的净额,包括因自然灾害所造成的固定资产等长期资产损失而收到的保险赔偿收入。如收回的现金净额为负数,则应在"支付的其他与投资活动有关的现金"项目中反映。

本项目应根据"固定资产清理""营业外收入""营业外支出""库存现金""银

行存款"等账户的记录分析计算后填列。

（4）"处置子公司及其他营业单位收回的现金净额"项目。本项目反映企业处置子公司及其他营业单位而收到的现金净额。

本项目应根据"长期股权投资""库存现金""银行存款"等账户的记录分析计算后填列。

（5）"收到的其他与投资活动有关的现金"项目。本项目反映企业除了上述各项目以外，所收到的其他与投资活动有关的现金，如企业收回购买股票和债券时支付的已宣告但尚未发放的现金股利或已到付息期但尚未领取的债券利息等。若其他与投资活动有关的现金流入金额较大，则应单列项目反映。

本项目应根据"库存现金""银行存款""应收股利""应收利息""投资收益"等有关账户的记录分析计算后填列。

（6）"购建固定资产、无形资产和其他长期资产支付的现金"项目。本项目反映企业本期购买、建造固定资产、取得无形资产和其他长期资产所实际支付的现金。具体包括支付的价款、增值税、职工薪酬等，不包括为购建固定资产而发生的借款利息资本化的部分，以及融资租入固定资产支付的租赁费。企业支付的借款利息和融资租入固定资产支付的租赁费，在筹资活动产生的现金流量中反映，不在本项目中反映。

本项目应根据"固定资产""在建工程""工程物资""无形资产""库存现金""银行存款"等账户的记录分析计算后填列。

（7）"投资支付的现金"项目。本项目反映企业进行权益性投资和债权性投资所支付的现金，包括企业取得的除现金等价物以外的交易性金融资产、债权投资、其他债权投资、其他权益工具投资、长期股权投资等而支付的现金，以及支付的佣金、手续费等附加费用。

本项目应根据"交易性金融资产""债权投资""其他债权投资""其他权益工具投资""长期股权投资""库存现金""银行存款"等账户的记录分析计算后填列。

（8）"取得子公司及其他营业单位支付的现金净额"项目。本项目反映企业取得子公司及其他营业单位所支付的现金净额，即购买价格中支付现金的部分减去被购买方持有的现金和现金等价物后的净额。本项目应根据"长期股权投资""银行存款"等账户的记录分析计算后填列。

（9）"支付其他与投资活动有关的现金"项目。本项目反映企业除上述各项目以外所支付的其他与投资活动有关的现金，例如企业购买股票时实际支付的价款中包含的已宣告而尚未发放的现金股利、购买债券时支付的价款中包含的已到付息期但尚未领取的债券利息等。若某项其他与投资活动有关的现金流出金额较大，则应单列项目反映。

本项目应根据"库存现金""银行存款""应收股利""应收利息"等有关账户的

记录分析计算后填列。

3. "筹资活动产生的现金流量"各项目的内容和填列方法。

（1）"吸收投资收到的现金"项目。本项目反映企业收到的投资者投入的现金，包括以发行股票等方式筹集资金实际收到的款项净额（发行收入减去支付的佣金等发行费用后的净额）。企业以发行股票等方式筹集资金而由企业直接支付的审计、咨询等费用，不在本项目中填列，而在"支付其他与筹资活动有关的现金"项目中反映。本项目应根据"实收资本（或股本）""资本公积""库存现金""银行存款"等账户的记录分析计算后填列。

（2）"取得借款收到的现金"项目。本项目反映企业举借各种短期、长期债务所收到的现金。本项目应根据"短期借款""交易性金融负债""长期借款""应付债券""库存现金""银行存款"等账户的记录分析计算后填列。

（3）"收到其他与筹资活动有关的现金"项目。本项目反映企业除上述各项目外所收到的其他与筹资活动有关的现金。若某项其他与筹资活动有关的现金流入金额较大，则应单列项目反映。本项目应根据"库存现金""银行存款"等有关账户的记录分析计算后填列。

（4）"偿还债务支付的现金"项目。本项目反映企业偿还债务本金支付的现金，包括偿还金融企业的借款本金、偿还债券本金等。企业支付的借款利息和债券利息在"分配股利、利润或偿付利息支付的现金"项目中反映，不包括在本项目内。本项目应根据"短期借款""交易性金融负债""长期借款""应付债券""库存现金""银行存款"等账户的记录分析计算后填列。

（5）"分配股利、利润或偿付利息支付的现金"项目。本项目反映企业实际支付的现金股利、支付给其他投资单位的利润以及支付的借款利息、债券利息等。本项目应根据"应付股利""财务费用""应付债券""应付利息""长期借款""库存现金""银行存款"等账户的记录分析计算后填列。

（6）"支付其他与筹资活动有关的现金"项目。本项目反映企业除上述各项目外所支付的其他与筹资活动有关的现金，例如融资租入固定资产支付的租赁费等。若某项其他与筹资活动有关的现金流出金额较大，则应单列项目反映。本项目应根据"营业外支出""长期应付款""库存现金""银行存款"等有关账户的记录分析计算后填列。

4. "汇率变动对现金及现金等价物的影响"项目的内容和填列方法。本项目反映企业外币现金流量及境外子公司的现金流量折算为人民币时，所采用的现金流量发生日的汇率或平均汇率折算的人民币金额与"现金净增加额"中的外币现金净增加额按期末汇率折算的人民币金额之间的差额。

在编制现金流量表时，可逐笔计算当期外币业务发生的汇率变动对现金的影响，也可不必逐笔计算，而采用简化的计算方法，即通过报表补充资料中的"现金及现金等价物净增加额"数额与"主体"中"经营活动产生的现金流量净额""投资活动产生的现金流量净额""筹资活动产生的现金流量净额"三项之和比较，其差额即为"汇率变动对现金及现金等价物的影响"项目的金额。

（三）现金流量表"补充资料"部分"本期金额"填列

一般运用"间接法"和"直接法"结合列示。其中，第一部分是"间接法"；其他是"直接法"。

1. 将净利润调节为经营活动现金流量。净利润是按权责发生制原则确认和计量，而经营活动的现金流量净额按收付实现制确认和计量；而且当期净利润既包括经营净利润，又包括不属于经营活动的损益。因此，采用"间接法"将净利润调节为经营活动的现金流量净额时，主要需要调整四大类项目：一是实际没有支付现金的费用；二是实际没有收到现金的收益；三是属于非经营活动的损益；四是经营性应收、应付项目的增减变动。具体内容和填列方法如下：

（1）资产减值准备。本项目反映企业当期实际计提的各项资产减值准备，包括存货跌价准备、长期股权投资减值准备、投资性房地产减值准备、固定资产减值准备、在建工程减值准备、无形资产减值准备、商誉减值准备等。本项目应根据"资产减值损失""存货跌价准备""长期股权投资减值准备""投资性房地产减值准备""固定资产减值准备""在建工程减值准备""无形资产减值准备""商誉减值准备""资本公积"等账户的记录分析计算后填列。

（2）信用损失准备。本项目反映企业当期实际计提的各项金融资产信用损失准备，包括坏账准备、债权投资减值准备等。本项目应根据"信用减值损失""坏账准备""债权投资减值准备"等账户的记录分析计算后填列。

（3）固定资产折旧等。本项目反映企业本期累计计提的固定资产折旧等。本项目应根据"管理费用""制造费用""销售费用""其他业务成本""累计折旧""投资性房地产累计折旧"等账户的发生额分析计算后填列。

（4）无形资产摊销。本项目反映企业本期摊入成本费用的无形资产价值。本项目应根据"管理费用""累计摊销"等账户的发生额分析计算后填列。

（5）长期待摊费用摊销。本项目反映企业本期摊入成本费用的长期待摊费用金额。本项目应根据"管理费用""销售费用""制造费用""长期待摊费用"等账户的发生额分析计算后填列。

（6）处置固定资产、无形资产和其他长期资产的损失（收益以"-"号填列）。本项目反映企业本期处置固定资产、无形资产和其他长期资产发生的净损失。如为净收益，则以"-"号填列。本项目可以根据"营业外支出""营业外收入""固定资产清理"等账户所属的有关明细账户的记录分析计算后填列。

（7）固定资产报废损失（收益以"－"号填列）。本项目反映企业本期发生的固定资产盘亏（减盘盈）后或者报废清理后的净损失或者净收益。本项目应根据"营业外支出""营业外收入""固定资产清理""待处理财产损溢"等账户的有关明细账户发生额分析计算后填列；若为净收益，则以"－"号填列。

（8）公允价值变动损失（收益以"－"号填列）。本项目反映企业当期交易性金融资产、交易性金融负债等公允价值变动形成的计入当期损益的损失或者收益。本项目应根据"交易性金融资产""交易性金融负债""公允价值变动损益"等账户的发生额记录分析计算后填列。若为收益，则以"－"号填列。

（9）财务费用（收益以"－"号填列）。本项目反映企业本期实际发生的应属于投资活动或筹资活动的财务费用。属于投资活动、筹资活动的部分，在计算净利润时已扣除，但这部分发生的现金流出不属于经营活动现金流出的范畴，所以，在将净利润调节为经营活动的现金流量时，需要予以加回。本项目应根据"财务费用"账户的本期发生额记录分析计算后填列；若为理财收益，则以"－"号填列。

（10）投资损失（收益以"－"号填列）。本项目反映企业对外投资所实际发生的投资损失减去收益后的净损失。本项目应根据利润表中"投资收益"项目的数字直接填列；如为投资收益，则以"－"号填列。

（11）递延所得税资产减少（增加以"－"号填列）。本项目反映企业本期实际发生的递延所得税资产的净变动额。本项目应根据资产负债表"递延所得税资产"项目的期初、期末余额的差额填列。其期末数小于期初数的差额，直接以正数填列；期末数大于期初数的差额，则以"－"号填列。

（12）递延所得税负债增加（减少以"－"号填列）。本项目反映企业本期实际发生的递延所得税负债的净变动额。本项目应根据资产负债表"递延所得税负债"项目的期初、期末余额的差额填列。其期末数大于期初数的差额，直接以正数填列；期末数小于期初数的差额，则以"－"号填列。

（13）存货的减少（增加以"－"号填列）。本项目反映企业本期存货的增减变动额。如果其变动属于投资活动，则不包含在本项目内。本项目应根据资产负债表"存货"项目的期初、期末余额的差额分析计算后填列。其期末数小于期初数的差额，直接填列；期末数大于期初数的差额，则以"－"号填列。

（14）经营性应收项目的减少（增加以"－"号填列）。本项目反映企业本期经营性应收项目的增减变动额。经营性应收项目主要是指应收账款、应收票据和其他应收款等项目中与经营活动有关的部分以及应收的增值税销项税额等。本项目应根据资产负债表"应收账款""应收票据""预付账款""其他应收款"等项目的期初、期末余额的差额分析计算后填列；若期末数大于期初数的差额，则以"－"号金额填列。

（15）经营性应付项目的增加（减少以"-"号填列）。本项目反映企业本期经营性应付项目的增减变动额。经营性应付项目主要是指应付账款、应付票据、应付职工薪酬、应交税费、其他应付款等项目中与经营活动有关的部分以及应付的增值税进项税额等。本项目应根据资产负债表"应付账款""应付票据""预收账款""应付职工薪酬""应交税费""其他应付款"等项目的期初、期末余额的差额分析计算后填列；若期末数小于期初数的差额，则以"-"号填列。

（16）其他。本项目反映企业本期不属于上述项目但又与经营活动有关的其他现金收付项目的金额。本项目可以根据相关账户的发生额分析计算后填列。

2. 不涉及现金收支的重大投资和筹资活动。本项目反映企业一定会计期间影响资产、负债但不形成该期现金收支的所有重大投资和筹资活动的信息。这些重大投资和筹资活动是企业的重大理财活动，对以后相关各期的现金流量会产生重大影响，因此，应单列项目在"补充资料"中反映。目前，我国企业现金流量表"补充资料"中列示的不涉及现金收支的重大投资和筹资活动项目主要包括以下几项。

（1）债务转为资本。反映企业本期转为资本的债务金额。

（2）一年内到期的可转换公司债券。反映企业一年内到期的可转换公司债券的本息。

（3）融资租入固定资产。反映企业本期融资租入固定资产的"长期应付款"金额。

3. 现金及现金等价物的净变动情况。本项目反映企业一定会计期间现金及现金等价物的期末余额减去期初余额后的净增加额（或净减少额），是对现金流量表"主体"中"现金及现金等价物净增加额"项目的补充说明。本项目的金额应与"主体"部分中第五大项目的金额核对相符。

三、现金流量表编制方法及程序

企业可以根据经济业务量的规模及核算管理要求，自主选择采用"工作底稿法""T形账户法""分析计算法""现金流量日记账法"等方法，具体编制现金流量表。

（一）工作底稿法

工作底稿法，是以"现金流量表工作底稿（表）"为手段，以利润表和资产负债表数据为基础，结合有关账户记录和相关资料，对每一现金流量项目进行分析，编制专门的"调整分录"簿，并编制"现金流量表工作底稿"，进而编制完整现金流量表的一种方法。

"现金流量表工作底稿"内容，各项目按纵向从上到下分为三个部分，上面第一部分是资产负债表项目，其中又分为借方项目和贷方项目两个部分，中间第二部分是利润表项目，下面第三部分是现金流量表项目。各项目按横向从左到右分为五栏目，在资产负债表项目部分，第一栏是"项目"栏，填列资产负债表各项目名称；第二栏是"期初数"，用来填列资产负债表项目的期初数；第三栏是"调整分录"的借方；第四栏是"调整分录"的贷方；第五栏是"期末数"，用来填列资产负债表项目的期末数。在利润表项目和现金流量表项目部分，第一栏也是"项目"栏，用来填列利润表和现金流量表项目名称；第二栏空置不填；第三、第四栏是"调整分录"的借方和贷方；第五栏是"本期数"（其中，利润表部分这一栏数字应和本期利润表数字核对相符，现金流量表部分这一栏的数字可直接用来填列现金流量表"主体"中的22个现金流量项目"本期金额"栏金额）。"工作底稿法"具体程序如下：

1. 将资产负债表的期初数和期末数过入工作底稿的"期初数"栏和"期末数"栏。

2. 以利润表和资产负债表数据为基础，对当期业务进行分析并编制"调整分录"（它并非"会计分录"，既不在记账凭证上填写，更不会在账簿中登记，仅作为"底稿"依据）。

"调整分录"大体有这样几类：第一类涉及利润表中的收入、成本和费用项目以及资产负债表中的资产、负债及所有者权益项目，通过调整，将权责发生制基础的收入费用转换为现金制基础的；第二类是涉及资产负债表和现金流量表中的投资、筹资项目，反映投资和筹资活动的现金流量；第三类是涉及利润表和现金流量表中的投资和筹资项目，目的是将利润表中有关投资和筹资方面的收入和费用列入现金流量表投资、筹资活动的现金流量中去。此外，还有一些调整分录并不涉及现金收支，只是为了核对资产负债表项目的期初数、期末数变动情况。

在"调整分录"中，有关现金的事项，并不直接借记或贷记现金，而是分别记入"经营活动现金流量""投资活动现金流量""筹资活动现金流量"有关具体流量项目中，借记表明现金流入，贷记表明现金流出。

3. 将所编制的"调整分录"逐笔逐项地过入工作底稿中的"调整分录"相应部分。

4. 核对全部"调整分录"借方合计数、贷方合计数，二者应当相等，资产负债表各项目期初数加减调整分录中的借贷金额后，应当等于期末数。

5. 根据工作底稿中的现金流量表项目第五栏"期末数"部分的金额填列现金流量表"主体"部分的各类各项现金流量项目"本期金额"栏金额。

6. 根据相关资料和方法计算"补充资料"部分各类各项目的金额，并核对相关项目指标的正确性，最终编制出完整的现金流量表。

（二）T 形账户法

T 形账户法，是以"T 形账户"为手段，以利润表和资产负债表数据为基础，对每一现金流量项目进行分析编制"调整分录"，并设置记录"现金流量"等 T 形账户，从而编制现金流量表的一种方法。具体程序如下：

1. 为所有的非现金项目（包括资产负债表项目和利润表项目）分别开设 T 形账户，并将各自的期末、期初变动数过入各相关账户。

2. 开设一个大的"现金及现金等价物"T 形账户，左右两边分为经营活动、投资活动和筹资活动三个部分，左边记录现金流入，右边记录现金流出。与其他账户一样，先过入其期末、期初变动数。

3. 以利润表项目为基础，结合资产负债表分析每一个非现金项目的增减变动，并据此编制"调整分录"簿。

4. 将"调整分录"簿各分录"逐笔逐项"过入各 T 形账户，并进行核对，该账户借贷相抵后的余额与原先过入的期末、期初变动数应当一致。

5. 根据"现金及现金等价物"T 形账户记录各类各项现金流量项目金额填列现金流量表"主体"中各现金流量项目"本期金额"栏金额。

6. 根据相关资料和方法计算"补充资料"部分各类各项目的金额，并核对相关项目指标的正确性，最终编制出完整的现金流量表。

（三）分析计算法

分析计算法，是企业根据资产负债表、利润表和有关会计账户明细账的记录，直接一次分析计算确定现金流量表中各现金流量项目的金额，并据以编制现金流量表的一种方法。具体程序如下：

1. 按现金流量表"主体"部分各类各具体现金流量项目涉及的利润表、资产负债表项目和相关会计账户的数据，依次分别分析计算出现金流量表各项目的"本期金额"。

2. 根据上述计算的各项目金额填列现金流量表"主体"中对应项目"本期金额"栏。

3. 根据相关资料和方法计算"补充资料"部分各项目的金额，并核对相关项目指标的正确性，最终编制出完整的现金流量表。

（四）现金流量日记账法

现金流量日记账法，是以设置并登记"现金流量日记账"为基础，结合有关账户的记录，据以于期末编制出现金流量表的一种方法。具体程序如下：

1. 分别按现金流量表"主体"中的"经营活动产生的现金流量""投资活动产生

的现金流量""筹资活动产生的现金流量"设置三本多栏式日记账,即"流入量"专栏、"流出量"专栏和"净流量"专栏。其格式从略。

2. 以企业每日发生的引起属该表范围的现金流量变动的业务为依据,分别逐日逐笔地登记上述"现金流量日记账",并定期(如月末等)汇总计算并登记该类现金流量的"净流量"。

3. 期末(至少年末),根据上述日记账中的记录汇总计算并填列现金流量表"主体"中相对应项目的"本期金额"栏金额。

4. 根据相关资料和方法计算填列该表中"补充资料"部分有关项目的金额;并核对相关项目指标的正确性,从而编制出完整的现金流量表。

四、现金流量表编制实例

【例13-3】沿用【例13-1】和【例13-2】的资料,其他相关资料如下:

20×2年度利润表有关项目的明细资料为:

(1)管理费用的组成。职工薪酬10 260元,无形资产摊销36 000元,折旧费12 000元,支付其他费用36 000元。

(2)财务费用的组成。计提短期借款利息6 900元,支付应收票据(银行承兑汇票)贴现利息18 000元。

(3)信用损失及资产减值损失的组成。计提坏账准备540元(上年年末坏账准备余额为540元),计提固定资产减值准备18 000元。

(4)投资收益的组成。收到股息收入18 000元,与本金一起收回的交易性股票投资收益300元,自公允价值变动损益结转投资收益600元。

(5)处置固定资产情况。处置完毕后净收益30 000元(其资产原价为240 000元,累计折旧为90 000元,收到处置收入180 000元)。假定不考虑与固定资产处置有关的税费。

(6)营业外支出的组成。报废固定资产净损失11 820元(其所报废固定资产原价为120 000元,累计折旧为108 000元,支付清理费用300元,收到残值收入480元)。

(7)所得税费用的组成。当期所得税费用55 680元,递延所得税收益4 500元。

除上述项目外,利润表中的销售费用12 000元至期末已经支付。

20×2年12月31日资产负债表有关项目的明细资料为:

(1)本期收回交易性股票投资本金9 000元、公允价值变动600元,同时实现投资收益300元。

(2)存货中生产成本、制造费用的组成。职工薪酬194 940元,折旧费48 000元。

(3)应交税费的组成。本期增值税进项税额25 479.6元,增值税销项税额127 500

元,已交增值税 60 000 元;应交所得税期末余额为 12 058.2 元,应交所得税期初余额为 0;应交税费期末数中应由在建工程负担的部分为 60 000 元。

(4) 应付职工薪酬的期初数无应付在建工程人员的部分,本期支付在建工程人员职工薪酬 120 000 元。应付职工薪酬的期末数中应付在建工程人员的部分为 16 800 元。

(5) 应付利息均为短期借款利息,其中本期计提利息 6 900 元,支付利息 7 500 元。

(6) 本期用现金购买固定资产 60 600 元,购买工程物资 180 000 元。

(7) 本期用现金偿还短期借款 150 000 元,偿还一年内到期的长期借款 600 000 元,借入长期借款 336 000 元。

根据上述资料,采用"分析计算法"编制程序,编制阳光公司 20×2 年度的现金流量表如下:

首先,分析计算阳光公司 20×2 年度现金流量表"主体"部分的各项目金额:

(1) 销售商品、提供劳务收到的现金

= 营业收入 + 应交税费(应交增值税销项税额) + 应收票据减少数 + 应收账款减少数
  + 预收账款增加数 − 应收票据贴现利息收益 − 当期计提的坏账准备等

= 750 000 + 127 500 + (147 600 − 39 600) + (179 460 − 358 920) + 0 − 18 000 − 540

= 787 500(元)

(2) 购买商品、接受劳务支付的现金

= 营业成本 + 应交税费(应交增值税进项税额) + 应付账款减少数 + 应付票据减少数
  + 预付账款增加数 + 存货增加数 − 当期列入生产成本、制造费用的职工薪酬
  − 当期列入制造费用的固定资产折旧费等

= 450 000 + 25 479.6 + (572 280 − 572 280) + (120 000 − 60 000)
  + (60 000 − 60 000) + (1 490 820 − 1 548 000) − 194 940 − 48 000

= 235 359.6(元)

(3) 支付给职工以及为职工支付的现金

= 生产成本、制造费用、管理费用中职工薪酬 + 应付职工薪酬减少数(经营活动的)

= (194 940 + 10 260) + [(66 000 − 108 000) − (0 − 16 800)]

= 180 000(元)

(4) 支付的各项税费

= 当期所得税费用 + 税金及附加 + 应交税费(应交增值税已交税金)
  − 应交所得税增加数

= 55 680 + 1 200 + 60 000 − (12 058.2 − 0)

= 104 821.8(元)

(5) 支付的其他与经营活动有关的现金

= 销售费用 + 其他管理费用 = 12 000 + 36 000 = 48 000(元)

（6）收回投资收到的现金

＝交易性金融资产减少额＋长期股权投资减少额＋持有至到期投资（本金）减少额
　　＋与处置投资同时收回的股票投资收益

＝(9 000＋600)＋0＋0＋300＝9 900（元）

（7）取得投资收益收到的现金

＝收到的股息收入＝18 000 元

（8）处置固定资产、无形资产和其他长期资产收回的现金净额

＝固定资产清理净现金＋无形资产减少额＋营业外收入等

＝(480－300)＋180 000＝180 180（元）

（9）购建固定资产、无形资产和其他长期资产支付的现金

＝以现金购买固定资产、工程物资＋支付给在建工程人员的薪酬

＝60 600＋180 000＋120 000＝360 600（元）

（10）投资支付的现金

＝长期股权投资增加额＋持有至到期投资增加额等＝0 元

（11）取得借款收到的现金

＝短期借款增加额＋长期借款增加额等＝0＋336 000＝336 000（元）

（12）偿还债务支付的现金

＝短期借款账户借方发生额＋长期借款账户借方发生额

＝150 000＋600 000＝750 000（元）

（13）分配股利、利润或偿付利息支付的现金

＝应付利息、财务费用账户借方发生额等＝7 500 元

其次，分析计算"将净利润调节为经营活动现金流量"各项目的金额：

（1）净利润＝利润表中"净利润"项目的金额＝135 000 元

（2）资产减值准备＝18 000 元

（3）信用损失准备＝540 元

（4）固定资产折旧等＝"制造费用"借方分析计算金额
　　　　　　　　　＋"管理费用"借方分析计算金额
　　　　　　　　＝48 000＋12 000＝60 000（元）

（5）无形资产摊销＝"累计摊销"贷方分析计算金额＝36 000 元

（6）长期待摊费用摊销＝"长期待摊费用"贷方分析计算金额＝0 元

（7）处置固定资产、无形资产和其他长期资产的损失（收益以"－"号填列）

＝"营业外支出"借方分析计算金额－"营业外收入"贷方分析计算金额

＝0－30 000＝－30 000（元）

（8）固定资产报废损失（收益以"－"号填列）＝11 820 元

（9）财务费用（收益以"－"号填列）＝计提短期借款利息等＝6 900 元

（10）投资损失（收益以"－"号填列）＝"投资收益"发生额分析计算数
$$= -18\ 900\ 元$$

（11）递延所得税资产减少（增加以"－"号填列）＝0 － 4 500 ＝ － 4 500（元）

（12）存货的减少（增加以"－"号填列）＝1 548 000 － 1 490 820 ＝ 57 180（元）

（13）经营性应收项目的减少（增加以"－"号填列）

＝应收票据减少 ＋ 应收账款减少等 ＝（147 600 － 39 600）＋（179 460 － 358 920 － 540）

＝ － 72 000（元）

（14）经营性应付项目的增加（减少以"－"号填列）

＝应付票据增加 ＋ 应付账款增加 ＋ 应付职工薪酬增加 ＋ 应交税金增加等

＝（60 000 － 120 000）＋（572 280 － 572 280）＋（108 000 － 16 800 － 66 000）

　＋（136 038.6 － 60 000 － 21 960）

＝19 278.6（元）

最后，将以上计算数据分别填入现金流量表中，编制该公司 20×2 年度现金流量表（见表 13.6）。

表 13.6　　　　　　　　　　　　现金流量表　　　　　　　　　　　　会企 03 表
编制单位：阳光公司　　　　　　　　20×2 年度　　　　　　　　　　　　单位：元

项目	本期金额	上期金额（略）
一、经营活动产生的现金流量		
销售商品、提供劳务收到的现金	787 500	
收到的税费返还	—	
收到其他与经营活动有关的现金	—	
经营活动现金流入小计	787 500	
购买商品、接受劳务支付的现金	235 359.6	
支付给职工以及为职工支付的现金	180 000	
支付的各项税费	104 821.8	
支付其他与经营活动有关的现金	48 000	
经营活动现金流出小计	568 181.4	
经营活动产生的现金流量净额	219 318.6	
二、投资活动产生的现金流量		
收回投资收到的现金	9 900	
取得投资收益收到的现金	18 000	
处置固定资产、无形资产和其他长期资产收回的现金净额	180 180	
处置子公司及其他营业单位收回的现金净额	—	
收到其他与投资活动有关的现金	—	
投资活动现金流入小计	208 080	
购建固定资产、无形资产和其他长期资产支付的现金	360 600	

续表

项目	本期金额	上期金额（略）
投资支付的现金	—	
取得子公司及其他营业单位支付的现金净额	—	
支付其他与投资活动有关的现金	—	
投资活动现金流出小计	360 600	
投资活动产生的现金流量净额	-152 520	
三、筹资活动产生的现金流量		
吸收投资收到的现金	—	
取得借款收到的现金	336 000	
收到其他与筹资活动有关的现金	—	
筹资活动现金流入小计	336 000	
偿还债务支付的现金	750 000	
分配股利、利润或偿付利息支付的现金	7 500	
支付其他与筹资活动有关的现金	—	
筹资活动现金流出小计	757 500	
筹资活动产生的现金流量净额	-421 500	
四、汇率变动对现金及现金等价物的影响	—	
五、现金及现金等价物净增加额	-354 701.4	
加：期初现金及现金等价物余额	843 780	
六、期末现金及现金等价物余额	489 078.6	
补充资料	本期金额	上期金额（略）
1. 将净利润调节为经营活动现金流量		
净利润	135 000	
加：资产减值准备	18 000	
信用损失准备	540	
固定资产折旧、油气资产折耗、生产性生物资产折旧	60 000	
无形资产摊销	36 000	
长期待摊费用摊销	—	
处置固定资产、无形资产和其他长期资产的损失（收益以"-"号填列）	-30 000	
固定资产报废损失（收益以"-"号填列）	11 820	
公允价值变动损失（收益以"-"号填列）		
财务费用（收益以"-"号填列）	6 900	
投资损失（收益以"-"号填列）	-18 900	
递延所得税资产减少（增加以"-"号填列）	-4 500	
递延所得税负债增加（减少以"-"号填列）		

续表

项目	本期金额	上期金额（略）
存货的减少（增加以"-"号填列）	57 180	
经营性应收项目的减少（增加以"-"号填列）	-72 000	
经营性应付项目的增加（减少以"-"号填列）	19 278.6	
其他	—	
经营活动产生的现金流量净额	219 318.6	
2. 不涉及现金收支的重大投资和筹资活动		
债务转为股本	—	
一年内到期的可转换公司债券	—	
融资租入固定资产	—	
3. 现金及现金等价物净变动情况		
现金的期末余额	489 078.6	
减：现金的期初余额	843 780	
加：现金等价物期末余额	—	
减：现金等价物期初余额	—	
现金及现金等价物净增加额	-354 701.4	

第五节　所有者权益变动表

一、所有者权益变动表概述

（一）所有者权益变动表定义及其作用

所有者权益变动表，或称股东权益变动表，是反映企业所有者权益各组成部分在当期的增减变动情况及结果的会计报表。它是以企业日常的会计核算资料为基础，根据所有者权益各项目会计等式"期初余额＋本期增加额－本期减少额＝期末余额"，依据一定的格式和顺序，将企业在某一会计期间的全部所有者权益项目进行集中分析对比后编制而成的。它是企业必须编报的主要会计报表之一。

所有者权益变动表能够全面反映企业所有者权益的全貌，主要作用如下：

使报表阅读者可以了解企业年度内各项所有者权益（或股东权益，下同）的增减变动过程及其余额情况的重要结构性信息；可以分析判断其相关股权变化是否符合国家的相关法律法规的规定；可以分析了解其增减变动的原因。

（二）所有者权益变动表结构、内容及格式

1. 所有者权益变动表结构。所有者权益变动表结构是指该报表的组成部分，一般包括"表首（表头）"和"主体（主表）"两个部分：

（1）"表首"部分：报表名称，即所有者权益变动表；编制单位，即会计信息主体单位；编制期间，如某年等；报表编号，即会企04表；金额单位，如"元"或"万元"等。

（2）"主体"部分：包括设置"栏目""项目"名称，以及所有者权益要素各项目内容。

2. 所有者权益变动表内容。所有者权益变动表内容是指该报表"表首"部分及"主体"部分具体需要列报的项目，其中"主表"部分主要包括：

（1）实收资本（或股本），反映企业法定资本金的总额。

（2）其他权益工具（优先股、永续债、其他），反映除法定资本金外的特殊资本金额。

（3）资本公积，反映除资本金外的资本（股本）溢价和其他公积金。

（4）库存股，反映股份公司回购本公司股票的实际支付金额。

（5）其他综合收益，反映企业按规定未在当期损益中确认的各项利得和损失。

（6）盈余公积，反映企业历年按规定从当期净利润中提取的积累资金。

（7）未分配利润，反映企业留待以后年度进行分配的结存利润。

现行会计政策规定，所有者权益变动表至少应当单独列示反映下列信息的项目：净利润；直接计入所有者权益的利得和损失项目及其总额；会计政策变更和差错更正的累积影响金额；所有者投入资本和向所有者分配利润情况；按规定提取的盈余公积；实收资本（或者股本）、资本公积、盈余公积、未分配利润的期初和期末余额及其调节情况。

3. 所有者权益变动表格式。所有者权益变动表格式是指该报表"主体"部分中设置怎样的栏目及所有者权益要素项目列报位置和排列顺序的安排。

我国现行会计政策规定，所有者权益变动表应当以"矩阵"的形式列示：一方面，列示导致所有者权益变动的交易或事项；另一方面，按照所有者权益各组成部分及其总额列示交易或事项对所有者权益的影响。此外，就各项目分别"本年金额"和"上年金额"两个栏目填列。

二、所有者权益变动表填列方法

（一）所有者权益变动表"表首"的填列方法

所有者权益变动表的"表首"包括五项内容：（1）报表名称，即所有者权益变动

表；(2) 编制单位，即会计信息主体单位；(3) 编制期间，如某年等；(4) 报表编号，即会企 04 表；(5) 金额单位，如"元"或"万元"等。"表首"部分据实填列，实务中主要填列编制单位和编制期间，其他项目在备用报表中一般已印制。

(二) 所有者权益变动表"主体"中的"上年金额"栏的填列方法

所有者权益变动表"上年金额"栏内各项数据，应根据上年度所有者权益变动表的"本年金额"栏内所列数字填列。如果上年度所有者权益变动表规定的各项目名称和内容与本年度不相一致的，则应对上年度所有者权益变动表各项目的名称和数字按照本年度的规定进行调整，填入本年度该表的"上年金额"栏内。

(三) 所有者权益变动表"主体"中的"本年金额"栏的填列方法

所有者权益变动表"本年金额"栏内各项数据，一般应根据本年度"实收资本（或股本）""其他权益工具""资本公积""盈余公积""其他综合收益""利润分配""库存股""以前年度损益调整"等账户的年初、年末余额及本年发生额分析计算后填列。

三、所有者权益变动表编制实例

【例 13-4】沿用【例 13-1】~【例 13-3】的资料，阳光公司其他相关资料如下：20×2 年度提取盈余公积 14 862.24 元，向投资者分配利润 19 329.51 元。

根据上述资料，编制阳光公司 20×2 年度所有者权益变动表，如表 13.7 所示。

表 13.7　　　　　　　　　　所有者权益变动表　　　　　　　　　　会企 04 表
编制单位：阳光公司　　　　　　　　20×2 年度　　　　　　　　　　单位：元

项目	本年金额										
	实收资本（或股本）	其他权益工具			资本公积	减：库存股	其他综合收益	专项储备	盈余公积	未分配利润	所有者权益合计
		优先股	永续债	其他							
一、上年年末余额	3 000 000	—	—	—	—	—	—	—	60 000	30 000	3 090 000
加：会计政策变更	—	—	—	—	—	—	—	—	—	—	—
前期差错更正	—	—	—	—	—	—	—	—	—	—	—
其他	—	—	—	—	—	—	—	—	—	—	—
二、本年年初余额	3 000 000	—	—	—	—	—	—	—	60 000	30 000	3 090 000
三、本年增减变动金额（减少以"-"号填列）											

续表

项目	本年金额									
	实收资本（或股本）	其他权益工具			资本公积	减：库存股	其他综合收益	专项储备	盈余公积	未分配利润	所有者权益合计
		优先股	永续债	其他							
（一）综合收益总额										135 000	135 000
（二）所有者投入和减少资本											
1. 所有者投入的普通股											
2. 其他权益工具持有者投入资本											
3. 股份支付计入所有者权益的金额											
4. 其他											
（三）利润分配											
1. 提取盈余公积										14 862.24	-14 862.24	—
2. 对所有者（或股东）的分配											-19 329.51	-19 329.51
3. 其他											
（四）所有者权益内部结转											
1. 资本公积转增资本（或股本）											
2. 盈余公积转增资本（或股本）											
3. 盈余公积弥补亏损											
4. 设定受益计划变动额结转留存收益											
5. 其他综合收益结转留存收益											
6. 其他											
四、本年年末余额	3000 000									74 862.24	130 808.25	3 205 670.49

第六节 会计报表附注

一、会计报表附注概述

会计报表附注,简称附注,是资产负债表、利润表、现金流量表和所有者权益变动表等列示内容的文字描述或明细资料,以及未能在这些报表中列示项目的说明等。它是财务报表的重要组成部分,它有助于财务报告使用者更好地理解和利用会计报表信息,从而作出正确的经济决策。

《企业会计准则第 30 号——财务报表列报》对附注的披露要求是对企业会计报表附注披露的最低要求,应当适用于所有类型的企业。企业应当按照各具体会计准则的规定在附注中披露相关信息。企业在披露附注信息时,应当以定量、定性信息相结合,按照一定的结构对附注信息进行系统合理的排列和分类,以便于使用者理解和掌握运用。

二、会计报表附注主要内容

(一) 企业的基本情况

企业注册地、组织形式和总部地址。
企业的业务性质和主要经营活动。
母公司以及集团最终母公司的名称。
财务报告的批准报出者和财务报告批准报出日,或以签字人及其签字日期为准。
营业期限有限的企业,还应当披露其有关营业期限的信息。

(二) 财务报表的编制基础

财务报表的编制基础,是指财务报表是在持续经营基础上还是在非持续经营基础上编制的。企业一般是在持续经营基础上编制财务报表的,破产、清算属于非持续经营基础。

(三) 遵行《企业会计准则》的声明

企业应当声明编制的财务报表符合《企业会计准则》的要求,真实、完整地反映了企业的财务状况、经营成果和现金流量等有关信息。以此明确企业编制财务报表所依据的制度基础。如果企业编制的财务报表只是部分地遵循了《企业会计准则》,则附注中不得作出这种表述。

(四) 重要会计政策和会计估计的说明

企业应当披露采用的重要会计政策和会计估计，不重要的会计政策和会计估计可以不披露。在披露重要的会计政策和会计估计时，应当披露重要的会计政策的确定依据和财务报表项目的计量基础，以及会计估计中所采用的关键假设和不确定因素的确定依据。

(五) 会计政策和会计估计变更以及差错更正的说明

企业应当按照《企业会计准则第28号——会计政策、会计估计变更和差错更正》及其应用指南的规定，披露会计政策和会计估计变更以及差错更正的有关情况。

(六) 报表重要项目的说明

企业应当以文字和数字描述相结合，按照资产负债表、利润表、现金流量表、所有者权益变动表的顺序，尽可能以列表形式披露重要报表项目的构成或当期增减变动情况，并且注意项目明细金额合计应当与总项目金额核对相符。

1. 交易性金融资产的年初、期末公允价值说明。
2. 应收账款年初、期末账面余额说明（见表13.8）。

表13.8　　　　　　　　　　应收账款余额明细表

20×2年×月　　　　　　　　　　　　　　　　　　金额单位：元

按账龄结构分类	期末账面余额	年初账面余额
1年以内（含1年）		
1～2年（含2年）		
2～3年（含3年）		
3年以上		
合计		
按客户类别分类		
客户1		
客户2		
……		
其他客户		
合计		

3. 存货年初、期末余额、本期增减变动和跌价准备情况。

4. 债权投资年初、期末的摊余成本说明。

5. 其他债权投资的年初、期末公允价值说明。

6. 长期股权投资的年初、期末账面余额。

7. 投资性房地产年初、期末余额、本期增减变动，或者其公允价值的确定依据及公允价值金额的增减变动情况等。

8. 固定资产年初、期末余额、本期增减变动情况等（见表13.9）。

表 13.9　　　　　　　　　　固定资产余额及发生额明细表

20×2年　　　　　　　　　　　　　　金额单位：元

项目	年初账面余额	本期增加额	本期减少额	期末账面余额
一、原价合计				
其中：房屋建筑物				
机器设备				
运输工具				
……				
二、累计折旧合计				
其中：房屋建筑物				
机器设备				
运输工具				
……				
三、减值准备合计				
其中：房屋建筑物				
机器设备				
运输工具				
……				
四、账面价值合计				
其中：房屋建筑物				
机器设备				
运输工具				
……				

9. 无形资产年初、期末余额、本期增减变动情况等。

10. 交易性金融负债的年初、期末公允价值。

11. 应付职工薪酬的年初、期末余额、本期增减变动情况等（见表13.10）。

表13.10　　　　　　　　　　应付职工薪酬余额及发生额明细表
20×2年×月　　　　　　　　　　　　　金额单位：元

项目	年初账面余额	本期增加额	本期减少额	期末账面余额
一、工资、奖金、津贴和补贴				
二、职工福利				
三、社会保险				
其中：1. 医疗保险费				
2. 基本养老保险费				
3. 年金缴费				
4. 失业保险费				
5. 工伤保险费				
6. 生育保险费				
四、住房公积金				
五、工会经费和职工教育经费				
六、非货币性福利				
七、因解除劳动关系给予补偿				
八、其他				
其中：以现金结算的股份支付				
合计				

12. 应交税费的年初、期末余额。

13. 短期借款和长期借款的年初、期末余额。

14. 营业收入本期发生额、上期发生额。

15. 公允价值变动损益本期发生额、上期发生额。

16. 投资收益本期发生额、上期发生额。

17. 资产减值损失本期发生额、上期发生额。

18. 营业外收入本期发生额、上期发生额。

19. 营业外支出本期发生额、上期发生额。

20. 所得税费用。

（1）所得税费用（收益）的组成，包括当期所得税、递延所得税。

（2）所得税费用（收益）与会计利润的关系。

21. 取得政府补助的种类和金额。

22. 每股收益。

23. 非货币性资产交换。
24. 股份支付。
25. 债务重组。
26. 借款费用。
27. 企业合并。
28. 其他项目说明。

（七）或有事项

企业应当按照《企业会计准则第13号——或有事项》的相关规定进行披露。比如，企业应当在财务报表附注中披露当期发生的或有负债信息，包括：(1) 或有负债的种类及其形成原因；(2) 因或有负债产生的经济利益流出不确定性的说明；(3) 或有负债预计产生的财务影响及获得补偿的可能性，无法预计的，应当说明原因。

（八）资产负债表日后事项

企业应当按照《企业会计准则第29号——资产负债表日后事项》的相关规定进行披露。比如，企业对资产负债表日后事项的"调整事项"进行相关账务处理及报表调整后，如果涉及财务报表附注内容，应当调整报表附注相关项目的数字；还应当在财务报表附注中披露重要的"非调整事项"的性质、内容，及其对财务状况和经营成果的影响。

（九）关联方关系及其交易等

企业应当按照《企业会计准则第36号——关联方披露》的相关规定进行披露。本企业与关联方发生交易的，需分别说明各关联方关系的性质、交易类型及交易要素。交易要素至少应当包括以下内容：(1) 交易金额；(2) 未结算项目的金额、条款和条件，以及有关提供或取得担保的信息；(3) 未结算应收项目的还账准备金额；(4) 定价政策。

思考与练习

一、单项选择题

1. 下列不属于我国企业会计准则体系的是（　　）。
   A. 基本准则　　B. 具体准则　　C. 会计法　　D. 解释公告
2. 下列属于财务报告特点的是（　　）。
   A. 它主要是对外报告　　　　　　B. 主要反映企业某一时点的财务状况

C. 所有企业必须每日编报　　　　　D. 它就是财务报表

3. 资产负债表是反映企业（　　）的会计报表。
   A. 某段时期经营成果　　　　　　B. 特定日期经营成果
   C. 特定时期财务状况　　　　　　D. 某段时期财务状况

4. 在资产负债表下列各项目中，不能根据相关总账户余额直接填列的是（　　）。
   A. 应收股利　　　　　　　　　　B. 短期借款
   C. 应付职工薪酬　　　　　　　　D. 未分配利润

5. 下列内容中，不应列入资产负债表"存货"项目金额的是（　　）。
   A. 生产成本　　B. 工程物资　　C. 发出商品　　D. 库存商品

6. 企业编制利润表计算"营业利润"时不应包括的项目是（　　）。
   A. 其他业务成本　　　　　　　　B. 其他综合收益
   C. 投资收益　　　　　　　　　　D. 资产处置损益

7. 企业购买股票所支付价款中包含的已宣告但尚未发放的现金股利，在现金流量表中应列入的项目是（　　）。
   A. 支付其他与经营活动有关的现金　B. 投资支付的现金
   C. 分配股利或偿付利息支付的现金　D. 支付其他与投资活动有关的现金

8. 下列内容中，不符合现金流量表中"现金"概念的是（　　）。
   A. 企业银行汇票存款　　　　　　B. 企业持有的三个月内到期的国债
   C. 企业银行本票存款　　　　　　D. 企业持有不能随时用于支付的存款

9. 我国企业编制资产负债表所依据的基本等式是（　　）。
   A. 负债 = 资产 – 所有者权益
   B. 资产 + 费用 = 负债 + 收入 + 所有者权益
   C. 资产 = 负债 + 所有者权益
   D. 资产 – 负债 = 所有者权益

10. 现金流量表编制方法中，"直接法"和"间接法"主要是用来反映（　　）。
    A. 经营活动现金流量　　　　　　B. 投资活动现金流量
    C. 筹资活动现金流量　　　　　　D. 上述三种活动现金流量

二、多项选择题

1. 企业财务报告包括（　　）。
   A. 会计报表
   B. 会计报表附注
   C. 电视媒体中发布的相关企业信息
   D. 其他应当在财务报告中披露的相关信息和资料

2. 下列项目中，不应当作为营业外收入核算的有（　　）。

A. 获取出售固定资产净收益　　　　B. 出租无形资产租金收入
C. 出售多余原材料的销售收入　　　D. 接受投资者的资本捐赠

3. 我国企业会计利润表中属于"营业利润"损益的内容包括（　　）。
A. 营业收入和营业成本　　　　　　B. 投资收益和公允价值变动损益
C. 财务费用和资产减值损失　　　　D. 所得税费用和每股收益

4. 根据我国《企业会计准则第 30 号——财务报表列报》规定，企业财务报表至少应包括下列组成部分（　　）。
A. 资产负债表　　　　　　　　　　B. 利润表
C. 现金流量表　　　　　　　　　　D. 所有者权益变动表

5. 下列属于企业现金流量表中"筹资活动产生的现金流量"的有（　　）。
A. 取得短期借款　　　　　　　　　B. 偿还公司债券支付的现金
C. 支付的现金股利　　　　　　　　D. 增发股票收到的现金

6. 编制资产负债表时企业需按相关总账户余额分析计算后填列的项目有（　　）。
A. 存货　　　B. 无形资产　　　C. 固定资产　　　D. 交易性金融资产

7. 企业进行利润分配时，可供分配利润的来源包括（　　）。
A. 投资者投入　　　　　　　　　　B. 资本公积金转入
C. 本年净利润　　　　　　　　　　D. 年初未分配利润

8. 下列项目中，工业企业应列入资产负债表"存货"项目的包括（　　）。
A. 材料采购　　B. 工程物资　　C. 库存商品　　D. 委托加工物资
E. 原材料

9. 我国企业现金流量表将"现金流量"一般划分为（　　）。
A. 经营活动产生的现金流量　　　　B. 投资活动产生的现金流量
C. 筹资活动产生的现金流量　　　　D. 其他活动产生的现金流量

10. 在企业所有者权益变动表中，至少应单独列示反映的信息包括（　　）。
A. 综合收益总额
B. 所有者投入资本和向所有者分配利润等
C. 按规定提取的盈余公积金
D. 会计政策变更和前期差错更正的累积影响金额

三、判断题
1. 我国企业利润表格式是"单步式"的。　　　　　　　　　　　　　（　　）
2. 企业资产负债表中确认报告的资产都是企业拥有所有权的。　　　（　　）
3. 现金流量表补充资料中的"将净利润调节为经营活动的现金流量"部分内容，实际上是以"间接法"编制的经营活动的现金流量。　　　　　　　（　　）
4. 会计报表附注中必须说明企业所遵循的基本会计假定。　　　　　（　　）

5. 企业持有的交易性金融资产因为流动性强，所以它属于现金等价物。（　）

6. 非流动性资产处置的损失应该在利润表中单独列报。（　）

7. 现金流量表除了反映企业与现金有关的投资和筹资活动外，还能够反映不涉及现金的投资和筹资活动。（　）

8. 现金流量表"投资活动产生的现金流量"中的投资概念和企业日常会计核算的"交易性金融资产""债权投资""长期股权投资"等中的投资概念是一致的。（　）

9. 企业本期应收账款和应收票据的期末数小于年初数，说明本期就有现金流入。（　）

10. 资产负债表是反映企业某一特定时期财务状况的静态会计报表。（　）

四、计算题

大明公司 20×2 年 12 月末有关账户的结账余额资料如表 13.11 所示。

表 13.11　　　　大明公司 20×2 年 12 月末有关账户的结账余额　　　　单位：元

账户名称	借方余额	账户名称	贷方余额
1. 库存现金	8 000	16. 累计折旧	450 000
2. 银行存款	550 000	17. 应付利息	38 000
3. 在途物资	220 000	18. 应付股利	1 220 000
4. 原材料	360 000	19. 其他应付款	12 000
5. 生产成本	150 000	20. 实收资本	20 000 000
6. 库存商品	870 000	21. 资本公积	600 000
7. 长期应收款	5 000 000	22. 未实现融资收益	1 200 000
8. 固定资产	3 600 000	23. 盈余公积	3 100 000
9. 主营业务成本	6 200 000	24. 利润分配	300 000
10. 其他业务成本	700 000	25. 主营业务收入	9 000 000
11. 税金及附加	500 000	26. 其他业务收入	850 000
12. 管理费用	550 000	27. 投资收益	200 000
13. 销售费用	580 000	28. 营业外收入	40 000
14. 财务费用	250 000	29. 公允价值变动损益	70 000
15. 营业外支出	80 000	30. 存货跌价准备	40 000

要求：根据上述资料列式计算如下会计报表项目的"期末余额"或"本期金额"（公司的利润总额等于应纳税所得额，企业所得税率 25%）。

（1）"货币资金" =

（2）"存货" =

(3)"固定资产" =

(4)"其他应付款" =

(5)"营业收入" =

(6)"营业成本" =

(7)"营业利润" =

(8)"利润总额" =

(9)"所得税费用" =

(10)"净利润" =

(11)"流动资产合计" =

(12)"长期应收款" =

五、计算及账务处理题

大通公司 20×2 年度末结账前各损益类账户余额及相关资料如下：主营业务收入（贷方）4 000 000 元；主营业务成本（借方）3 000 000 元，税金及附加（借方）280 000 元，销售费用（借方）120 000 元，其他业务收入（贷方）2 600 000 元，其他业务成本（借方）1 800 000 元，管理费用（借方）700 000 元，财务费用（借方）240 000 元，投资收益（借方）20 000 元，营业外收入（贷方）310 000 元，营业外支出（借方）270 000 元。

要求：

（1）根据上述资料，计算大通公司 20×2 年度的企业所得税（企业利润总额与其应纳税所得额相等，没有其他所得税调整事项，企业所得税税率 25%）。

（2）编制公司计算应交所得税及净利润形成和年末结转净利润业务的会计分录。

（3）编制公司 20×2 年度的"利润表"（多步式）。

思考与练习答案

参考文献

[1] 中华人民共和国财政部. 企业会计准则——基本准则 [M]. 北京：中国财政经济出版社，2014.

[2] 中华人民共和国财政部. 企业会计准则第30号——财务报表列报 [M]. 北京：中国财政经济出版社，2014.

[3] 中华人民共和国财政部. 企业会计准则第31号——现金流量表 [M]. 北京：中国财政经济出版社，2006.

[4] 中华人民共和国财政部. 企业会计准则第32号——中期财务报告 [M]. 北京：中国财政经济出版社，2006.

[5] 中国注册会计师协会编写组. 会计 [M]. 北京：中国财政经济出版社，2023.

[6] 企业会计准则编审委员会. 企业会计准则案例讲解（2023年版）[M]. 上海：立信会计出版社，2023.

[7] 企业会计准则编审委员会. 企业会计准则案例讲解（2021年版）[M]. 上海：立信会计出版社，2021.

[8] 中华人民共和国财政部. 企业会计准则应用指南（2018年版）[M]. 上海：立信会计出版社，2018.

[9] 财政部会计财务评价中心. 中级会计实务 [M]. 北京：经济科学出版社，2023.

[10] 陈立军. 中级财务会计 [M]. 6版. 北京：中国人民大学出版社，2023.

[11] 王昌锐. 中级财务会计 [M]. 2版. 北京：中国财政经济出版社，2022.

[12] 施先旺，季华. 中级财务会计 [M]. 2版. 大连：东北财经大学出版社，2022.

[13] 刘永泽，陈立军. 中级财务会计 [M]. 7版. 大连：东北财经大学出版社，2021.

[14] 戴德明，林钢，等. 财务会计学 [M]. 北京：中国人民大学出版社，2021.

[15] 戴德明，林钢，赵西卜. 财务会计学 [M]. 北京：中国人民大学出版社，2021.

[16] 路国平，黄中生. 中级财务会计 [M]. 4版. 北京：高等教育出版社，

2021.

[17] 陈德萍,高慧云. 财务会计 [M]. 10 版. 大连：东北财经大学出版社, 2021.

[18] 周忠民. 会计学原理 [M]. 2 版. 大连：东北财经大学出版社, 2021.

[19] 林钢. 中级财务会计 [M]. 4 版. 北京：中国人民大学出版社, 2020.

[20] 赵敏,许红兵. 中级财务会计 [M]. 厦门：厦门大学出版社, 2020.

[21] 李雷,袁良荣. 中级财务会计 [M]. 北京：中国人民大学出版社, 2020.

[22] 赵健勇,季华. 中级财务会计 [M]. 3 版. 北京：中国人民大学出版社, 2020.

[23] 朱振东,李尚越. 中级财务会计 [M]. 3 版. 北京：北京理工大学出版社, 2020.

[24] 蔡维灿,林克明. 中级财务会计（含习题与实训）[M]. 3 版. 北京：北京理工大学出版社, 2020.

[25] 张新民. 中小企业财务报表分析 [M]. 北京：中国人民大学出版社, 2019.

[26] 戴维·斯派斯兰德,马克·尼尔森,韦恩·托马斯. 中级财务会计（第9版）[M]. 北京：中国人民大学出版社, 2019.

[27] 邹斌. 无形资产管理会计的发展与现状——评《无形资产会计研究》[J]. 财务与会计, 2020 (6)：89.

[28] 郑路航. 无形资产会计处理的经济后果及反思 [J]. 财会月刊, 2019 (13)：95 - 101.

[29] 王鹏程. 无形资产会计准则面临的重大挑战与改革方案展望（上）[J]. 中国注册会计师, 2022 (2)：79 - 84.

[30] 王鹏程. 无形资产会计准则面临的重大挑战与改革方案展望（下）[J]. 中国注册会计师, 2022 (6)：74 - 79.

[31] 何安宁,张为国,纪亚朋,等. 修订无形资产会计准则的一种思路——基于我国 A 股医药企业年报的案例研究 [J]. 财会月刊, 2022 (9)：104 - 114.